깨독

깨우자! 독해력!

깨독

중등 국어 독해 2 실력편

WRITERS

미래엔콘텐츠연구회

김미정 신한고 교사
김은정 진성고 교사
우 완 이화여고 교사
유성주 보성고 교사
윤여정 백석고 교사
이경호 중동고 교사
이세영 수일고 교사
최덕수 대구운암고 교사

COPYRIGHT

인쇄일 2022년 11월 21일(1판1쇄)
발행일 2022년 11월 21일

펴낸이 신광수
펴낸곳 ㈜미래엔
등록번호 제16-67호

교육개발1실장 하남규
개발책임 이충선
개발 황혜린, 오혜연, 심현진

콘텐츠서비스실장 김효정
콘텐츠서비스책임 이승연

디자인실장 손현지
디자인책임 김기욱
디자인 윤지혜, 김단비

CS본부장 강윤구
CS지원책임 강승훈

ISBN 979-11-6841-423-5

독해력을 깨울 시간!

어휘는 어렵고, 지문은 길어서 읽기가 힘들어.
나, 이대로 괜찮을까?

걱정하지 마! 너희 선배들도 다 같은 고민을 했거든.
그런 고민이 하나하나 모여서 만들어진 게 바로,
깨독이야!

국어가 어렵다는 생각은 버려.
네 안의 독해력을 깨우면
국어가 이렇게 쉬웠다고? 소리가 저절로 나올 걸~

우리 함께 독해력을 깨울 시간이야!

중등 국어 수능 독해
학습 전략

나의 수준 점검

Level.0

- 글을 읽고 글의 화제나 중심 내용을 찾기가 어려워요.
- 기초부터 다지며 수능 국어 공부를 시작하고 싶어요.

"독해 원리부터 익혀 기초를 다지는 훈련을 해 보세요."

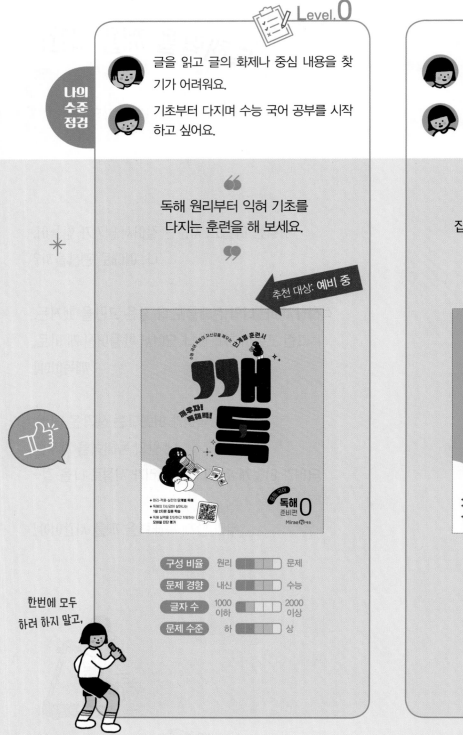

추천 대상: 예비 중

- 구성 비율: 원리 ↔ 문제
- 문제 경향: 내신 ↔ 수능
- 글자 수: 1000 이하 ↔ 2000 이상
- 문제 수준: 하 ↔ 상

Level.1

- 계획을 세워 공부하는 습관이 잡히지 않았어요.
- 인문, 사회, 과학, 기술, 예술 영역의 글을 읽으며 독해 능력을 기르고 싶어요.

"영역별로 비문학 지문을 집중하여 읽는 훈련을 해 보세요."

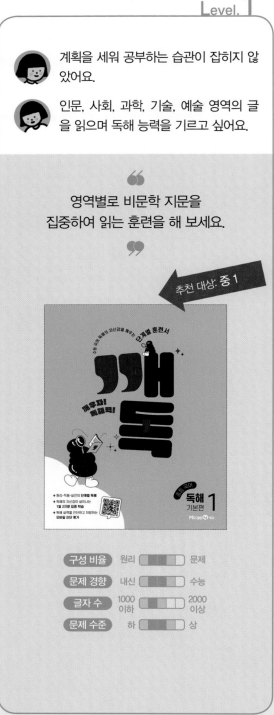

추천 대상: 중 1

- 구성 비율: 원리 ↔ 문제
- 문제 경향: 내신 ↔ 수능
- 글자 수: 1000 이하 ↔ 2000 이상
- 문제 수준: 하 ↔ 상

한번에 모두 하려 하지 말고,

수능 국어 1등급을
중학교 때부터 미리미리 준비하자.

Level.2

다양한 영역의 긴 지문을 읽고 독해 실력을 키우고 싶어요.

수준 높은 문제를 풀어 보고 싶어요.

"짧은 지문 – 긴 지문의 순서로
단계별 독해 훈련을 해 보세요."

추천 대상: 중 2

- 구성 비율: 원리 – 문제
- 문제 경향: 내신 – 수능
- 글자 수: 1000 이하 – 2000 이상
- 문제 수준: 하 – 상

Level.3

수능 국어 1등급을 목표로 꾸준히 공부하고 싶어요.

수능에 나오는 국어 지문과 문제 유형으로 공부하고 싶어요.

"실제 수능에 나오는 문제 유형에 따라
독해 훈련을 해 보세요."

추천 대상: 중 3

- 구성 비율: 원리 – 문제
- 문제 경향: 내신 – 수능
- 글자 수: 1000 이하 – 2000 이상
- 문제 수준: 하 – 상

차근차근
하나씩 -

구성과 특징

1 독해 원리 알아보기

독해 원리의 핵심을 학습하며 스스로 독해하는 방법을 익혀요.

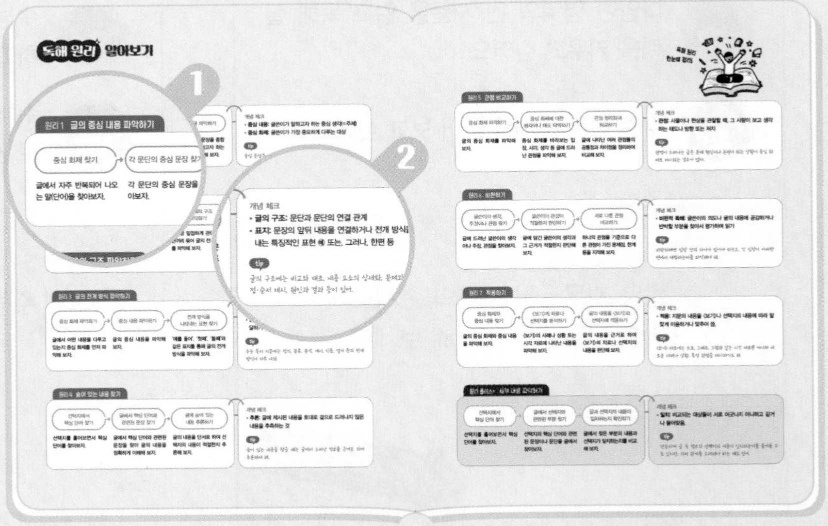

❶ 독해 원리 알아보기

단계별로 도식화한 독해 원리를 바탕으로 하여 지문을 독해하는 방법을 확인해요.

❷ 개념 체크 & TIP

독해 원리의 핵심 개념과 읽기 팁을 확인하며 독해 원리를 이해해요.

2 독해력 깨우기

비슷한 주제로 엮인 짧은 지문-긴 지문으로 실전 훈련하며 독해 실력을 키워요.

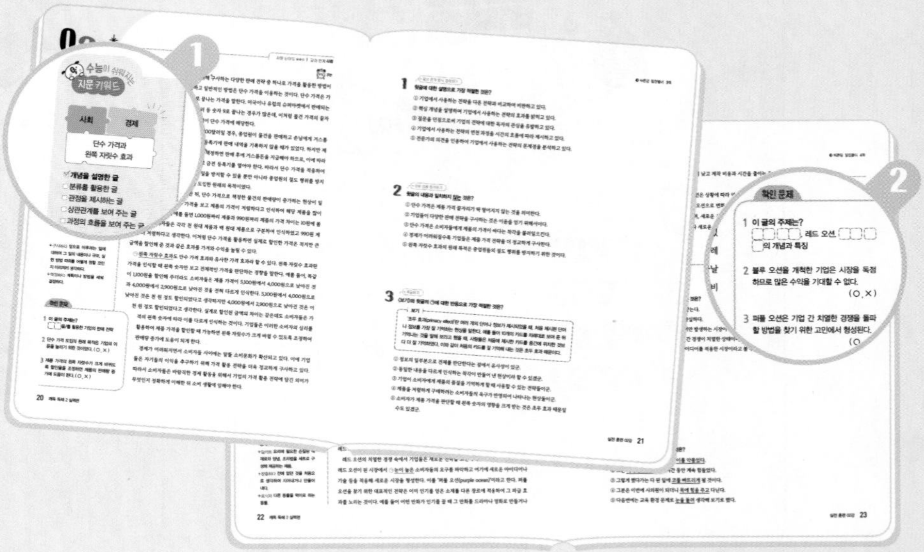

❶ 수능이 쉬워지는 지문 키워드

수능이 쉬워지는 지문 키워드 로 수능에 출제되는 대표적인 지문 유형과 지문의 핵심 내용을 확인해요.

❷ 확인 문제

빈칸 넣기, O, × 문제 등 간단한 확인 문제로 지문의 내용을 정확히 이해했는지 점검해요.

수능형 실전 문제로
깨우자 독해력!

3 독해력 다지기

독해에 도움이 되는 배경지식과 어휘력을 쌓아요.

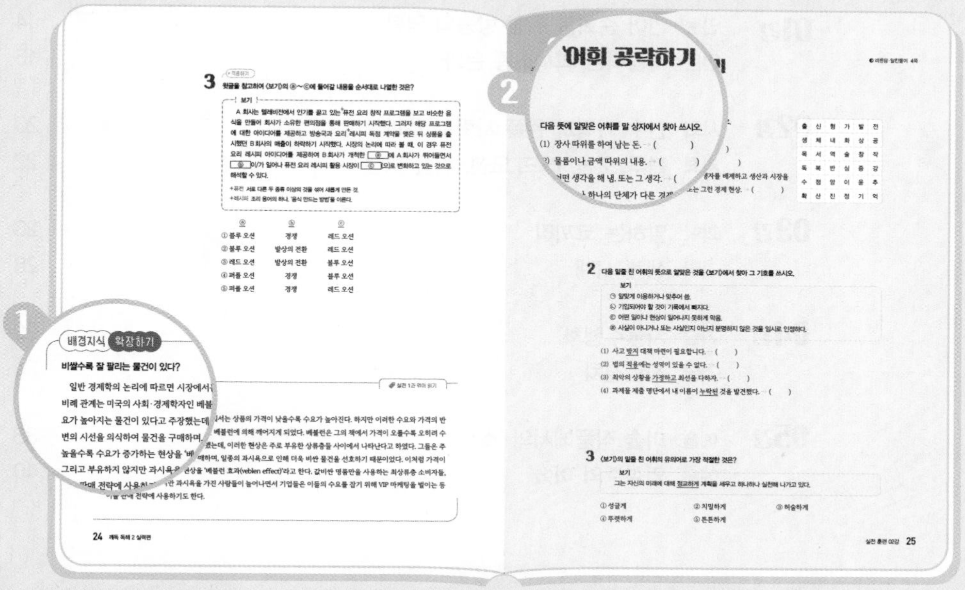

❶ 배경지식 확장하기

지문과 관련 있는 배경지식을 읽으며 지문 이해력을 높이고 독해력을 강화해요.

❷ 어휘 공략하기

지문과 관련 있는 핵심 어휘를 학습하며 어휘력을 높여요.

모바일 진단 평가

- '학습 전 – 학습 중간 – 학습 완료 후' **총 3회의** 모바일 진단 평가로 자신의 독해 실력을 진단해요.
- 수능 국어 **예상 등급**과 **학습 처방**을 통해 스스로 실력을 점검해요.

차례

독해 원리 알아보기

진단 평가 1회

실전 훈련 1

실전 훈련 2

실전 훈련 3

실전 훈련 4

실전 훈련 5

학습 계획표

5주 완성

1주	1일 □ 월 일	2일 □ 월 일	3일 □ 월 일	4일 □ 월 일	5일 □ 월 일
2주	6일 □ 월 일	7일 □ 월 일	8일 □ 월 일	9일 □ 월 일	10일 □ 월 일
3주	11일 □ 월 일	12일 □ 월 일	13일 □ 월 일	14일 □ 월 일	15일 □ 월 일
4주	16일 □ 월 일	17일 □ 월 일	18일 □ 월 일	19일 □ 월 일	20일 □ 월 일
5주	21일 □ 월 일	22일 □ 월 일	23일 □ 월 일	24일 □ 월 일	목표 달성

#계획표 #공부 습관 #꾸준히 #천천히 #1일 2지문

'학습 플래너'를 활용하여
나만의 학습 계획을 세워 보세요.

3주 완성

1주	1일 ☐ 월 일	2일 ☐ 월 일	3일 ☐ 월 일	4일 ☐ 월 일	5일 ☐ 월 일
2주	6일 ☐ 월 일	7일 ☐ 월 일	8일 ☐ 월 일	9일 ☐ 월 일	10일 ☐ 월 일
3주	11일 ☐ 월 일	12일 ☐ 월 일	13일 ☐ 월 일	14일 ☐ 월 일	15일 ☐ 월 일

#계획표 #방학 집중 #단기 완성 #1일 4지문

깨독 독해편을 완벽하게 사용하는 Tip

1. 필기 도구와 깨독 독해 책 준비하기
2. 학습 날짜와 분량을 적어서 계획표 완성하기
3. 계획표에 따라 공부하고 ✓표 하기
4. 틀린 문제를 정리하여 나만의 오답 노트 만들기

독해 원리 알아보기

원리 1 글의 중심 내용 파악하기

중심 화제 찾기 → 각 문단의 중심 문장 찾기 → 중심 내용 파악하기

- **중심 화제 찾기**: 글에서 자주 반복되어 나오는 말(단어)을 찾아보자.
- **각 문단의 중심 문장 찾기**: 각 문단의 중심 문장을 찾아보자.
- **중심 내용 파악하기**: 각 문단의 중심 문장을 종합하여 글에서 말하고자 하는 중심 내용을 파악해 보자.

개념 체크
- **중심 내용:** 글쓴이가 말하고자 하는 중심 생각(=주제)
- **중심 화제:** 글쓴이가 가장 중요하게 다루는 대상

tip
중심 문장은 각 문단의 처음이나 끝에 위치하는 경우가 많아.

원리 2 글의 구조 파악하기

각 문단의 중심 내용 파악하기 → 문단 간의 연결 관계 파악하기 → 글 전체의 구조 파악하기

- **각 문단의 중심 내용 파악하기**: 각 문단의 중심 문장을 바탕으로 문단별 중심 내용을 요약해 보자.
- **문단 간의 연결 관계 파악하기**: 글에 쓰인 표지를 통해 각 문단끼리 어떤 의미 관계를 맺고 있는지 살펴보자.
- **글 전체의 구조 파악하기**: 내용상 밀접하게 관련된 문단끼리 묶어 글의 전체 구조를 파악해 보자.

개념 체크
- **글의 구조:** 문단과 문단의 연결 관계
- **표지:** 문장의 앞뒤 내용을 연결하거나 전개 방식을 드러내는 특징적인 표현 ⓔ 또는, 그러나, 한편 등

tip
글의 구조에는 비교와 대조, 내용 요소의 상세화, 문제와 해결, 과정·순서 제시, 원인과 결과 등이 있어.

원리 3 글의 전개 방식 파악하기

중심 화제 파악하기 → 중심 내용 파악하기 → 전개 방식을 나타내는 표현 찾기

- **중심 화제 파악하기**: 글에서 어떤 내용을 다루고 있는지 중심 화제를 먼저 파악해 보자.
- **중심 내용 파악하기**: 글의 중심 내용을 파악해 보자.
- **전개 방식을 나타내는 표현 찾기**: '예를 들어', '첫째', '둘째'와 같은 표지를 통해 글의 전개 방식을 파악해 보자.

개념 체크
- **글의 전개 방식:** 글쓴이가 자신의 생각을 효과적으로 전달하기 위해 선택한 설명 방식

tip
수능 독서 지문에는 정의, 분류, 분석, 예시, 인용, 열거 등의 전개 방식이 자주 나와.

원리 4 숨어 있는 내용 찾기

선택지에서 핵심 단어 찾기 → 글에서 핵심 단어와 관련된 문장 찾기 → 글에 숨어 있는 내용 추론하기

- **선택지에서 핵심 단어 찾기**: 선택지를 훑어보면서 핵심 단어를 찾아보자.
- **글에서 핵심 단어와 관련된 문장 찾기**: 글에서 핵심 단어와 관련된 문장을 찾아 글의 내용을 정확하게 이해해 보자.
- **글에 숨어 있는 내용 추론하기**: 글의 내용을 단서로 하여 선택지의 내용이 적절한지 추론해 보자.

개념 체크
- **추론:** 글에 제시된 내용을 토대로 겉으로 드러나지 않은 내용을 추측하는 것

tip
숨어 있는 내용을 찾을 때는 글에서 드러난 정보를 근거로 하여 추론해야 해.

원리 5 관점 비교하기

중심 화제 파악하기 → 중심 화제에 대한 생각이나 태도 파악하기 → 관점 정리하여 비교하기

- 중심 화제 파악하기: 글의 중심 화제를 파악해 보자.
- 중심 화제에 대한 생각이나 태도 파악하기: 중심 화제를 바라보는 입장, 시각, 생각 등 글에 드러난 관점을 파악해 보자.
- 관점 정리하여 비교하기: 글에 나타난 여러 관점들의 공통점과 차이점을 정리하여 비교해 보자.

개념 체크
- **관점:** 사물이나 현상을 관찰할 때, 그 사람이 보고 생각하는 태도나 방향 또는 처지

tip
관점이 드러나는 글은 문제 현상이나 논란이 되는 상황이 중심 화제로 제시되는 경우가 많아.

원리 6 비판하기

글쓴이의 생각, 주장이나 관점 찾기 → 글쓴이의 관점이 적절한지 판단하기 → 서로 다른 관점 비교하기

- 글쓴이의 생각, 주장이나 관점 찾기: 글에 드러난 글쓴이의 생각이나 주장, 관점을 찾아보자.
- 글쓴이의 관점이 적절한지 판단하기: 글에 담긴 글쓴이의 생각과 그 근거가 적절한지 판단해 보자.
- 서로 다른 관점 비교하기: 하나의 관점을 기준으로 다른 관점이 가진 문제점, 한계 등을 지적해 보자.

개념 체크
- **비판적 독해:** 글쓴이의 의도나 글의 내용에 공감하거나 반박할 부분을 찾아서 평가하며 읽기

tip
비판하려면 입장 간의 차이가 있어야 하므로, 각 입장이 어떠한 면에서 대립하는지를 파악해야 해.

원리 7 적용하기

중심 화제와 중심 내용 찾기 → 〈보기〉의 자료나 선택지를 분석하기 → 글의 내용을 〈보기〉와 선택지에 적용하기

- 중심 화제와 중심 내용 찾기: 글의 중심 화제와 중심 내용을 파악해 보자.
- 〈보기〉의 자료나 선택지를 분석하기: 〈보기〉의 사례나 상황 또는 시각 자료에 나타난 내용을 파악해 보자.
- 글의 내용을 〈보기〉와 선택지에 적용하기: 글의 내용을 근거로 하여 〈보기〉의 자료나 선택지의 내용을 판단해 보자.

개념 체크
- **적용:** 지문의 내용을 〈보기〉나 선택지의 내용에 따라 알맞게 이용하거나 맞추어 씀.

tip
〈보기〉 자료에는 도표, 그래프, 그림과 같은 시각 자료뿐 아니라 새로운 사례나 상황, 특정 관점을 제시하기도 해.

원리 플러스+ 세부 내용 파악하기

선택지에서 핵심 단어 찾기 → 글에서 선택지와 관련된 부분 찾기 → 글과 선택지의 내용이 일치하는지 확인하기

- 선택지에서 핵심 단어 찾기: 선택지를 훑어보면서 핵심 단어를 찾아보자.
- 글에서 선택지와 관련된 부분 찾기: 선택지의 핵심 단어와 관련된 문장이나 문단을 글에서 찾아보자.
- 글과 선택지의 내용이 일치하는지 확인하기: 글에서 찾은 부분의 내용과 선택지가 일치하는지를 비교해 보자.

개념 체크
- **일치:** 비교되는 대상들이 서로 어긋나지 아니하고 같거나 들어맞음.

tip
단순하게 글 속 정보와 선택지의 내용이 일치하는지를 물어볼 수도 있지만, 의미 관계를 고려해야 하는 때도 있어.

수능형 실전 문제로 깨우자!

실전 훈련 1

강	학습 내용	학습 확인
01강	인문 언어 순화를 위한 방송의 역할 인문 바람직한 의사소통 문화	
02강	사회 단수 가격과 왼쪽 자릿수 효과 사회 블루 오션, 레드 오션, 퍼플 오션	
03강	과학 말하는 코끼리 과학 생체 시계	
04강	기술 자율주행차 기술 친환경차	
05강	예술 미술 작품에서의 '소' 예술 인상주의 미술	

01강 실전 1

지문 난이도 ★☆☆ | 교과 연계 국어

다음 글을 읽고 물음에 답하시오. 목표 6분

한글은 자음과 모음을 나타내는 글자가 각각 따로 만들어진 음소 글자이자, 자음자와 모음자를 합쳐서 사용하는 음절 글자이다. 따라서 한글은 많지 않은 자모음만으로도 수많은 음절을 표현할 수 있으며, 이 때문에 배움과 사용이 쉽다는 장점이 있다. 또, 요즘과 같이 디지털 매체 이용 환경이 활성화된 현대 사회에서는 이러한 장점이 더욱 부각되기도 한다. 중국어나 일본어와 비교하면, 한글은 디지털 단말기를 사용하여 의사소통할 때 자음과 모음을 조합해 훨씬 편리하게 입력할 수 있기 때문이다.

그런데 이처럼 자모음을 조합해 글자를 쉽게 만들어 낼 수 있고, 배움과 사용이 쉽다는 한글의 장점이 오히려 신조어나 문법에 맞지 않는 문장 사용 등과 같은 언어 파괴 현상을 초래하기도 한다. 발음이나 모양이 유사한 말로 변형한 '띵작'(명작), '커엽다'(귀엽다), 말을 줄여 만든 '최애'(최고로 애정하는), '낄끼빠빠'(낄 땐 끼고 빠질 땐 빠진다) 등이 그러한 예이다.

문제는 언어 파괴 현상이 단순한 변형이나 줄임 말에서 더 나아가, 거친 언어나 비하 발언으로 연결되기도 한다는 것이다. 특정 집단을 모욕하고 비하하는 의도를 담아 단어의 마지막에 벌레를 뜻하는 한자인 '충(蟲)'을 붙인 말을 사용하는 사례가 이에 해당한다. 또한 2022년 한 설문 조사 기관에서 진행한 설문 결과에 ⓐ 따르면, 청소년이 사용하는 변용된 한글에 대해 20대의 70%가 언어유희로 느낀다고 답한 반면 40대 이상은 50~60%가 언어폭력으로 느낀다고 답하였다. 이를 통해 신조어 사용에 익숙한 젊은 세대층이 언어 파괴와 폭력에 더 무뎌졌음을 알 수 있다.

이러한 청소년들의 언어를 순화하고 언어생활을 개선하기 위해 방송을 활용하는 방안을 생각해 볼 수 있다. 방송 언어는 온갖 말을 변용, 생산할 수 있을 뿐만 아니라 이를 널리 전파하고 대량으로 수용하게 하는 힘이 있다. 뉴스, 드라마, 영화, 토론, 간담, 스포츠, 다큐멘터리, 쇼 등 다양한 텍스트 속에서 현실감 있는 언어 사용 환경이 구축되어 있는 셈이다. 또한 방송 언어 가이드라인에서는 정확하고 올바른 표현의 사용 및 욕설과 비속어 사용 금지, 차별적 언어 사용 자제와 같은 방송 언어 일반 원칙을 제시하고 있다. 하지만 최근 방송가에서는 오히려 현실의 유행을 담기 위해 신조어나 줄임 말을 갈수록 무분별하게 사용하고 노출하는 것을 볼 수 있다.

'2016년 청소년 매체 이용 및 유해 환경 실태 조사'에 따르면 청소년의 85.9%가 주 1회 이상 지상파 텔레비전을 시청하고, 73.3%는 주 1회 이상 유료 방송 채널을 시청하는 것으로 나타났다. 청소년들의 방송 시청 비율이 높고 방송 언어가 지닌 힘이 큰 만큼 방송을 제작할 때는 방송이 청소년의 언어생활에 미치는 영향에 대해 생각해야 할 필요가 있다. 즉, ㉠ 바른 말 사용을 통해 국민의 품격 있는 언어생활에 도움이 되는 방송의 공적 책임 수행이 요구되는 것이다.

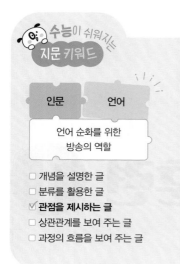

수능이 쉬워지는 지문 키워드

인문 | 언어

언어 순화를 위한 방송의 역할

□ 개념을 설명한 글
□ 분류를 활용한 글
☑ **관점을 제시하는 글**
□ 상관관계를 보여 주는 글
□ 과정의 흐름을 보여 주는 글

✦**부각되다** 어떤 사물이 특징지어져 두드러지게 되다.
✦**초래하다** 일의 결과로서 어떤 현상을 생겨나게 하다.
✦**언어유희** 말이나 글자를 소재로 하는 놀이.
✦**순화하다** 불순한 것을 걸러서 순수하게 하다.
✦**수행** 생각하거나 계획한 대로 일을 해냄.

확인 문제

1 **이 글의 주제는?**
청소년의 언어생활 개선을 위한 □□의 역할

2 한글은 디지털 이용 환경에서 글자 입력 방식이 중국어보다 편리하다. (○ , ×)

3 방송 언어는 말을 변용, 생산, 전파하고 수용하게 하는 역할을 한다. (○ , ×)

◐ 바른답·알찬풀이 1쪽

1

세부 내용 파악하기

윗글을 통해 알 수 있는 내용으로 적절하지 않은 것은?

① 한글의 장점
② 방송에서의 순우리말 사용 사례
③ 청소년들의 방송 매체 이용 실태
④ 방송 언어 가이드라인에 제시된 방송 언어 일반 원칙
⑤ 변용된 한글과 신조어 사용에 대한 세대 간 인식 차이

2

숨어 있는 내용 찾기

㉠과 같은 주장의 전제로 가장 적절한 것은?

① 언어생활은 방송에 노출된 시간에 영향을 받는다.
② 사람의 언어 사용 능력은 태어날 때부터 결정된다.
③ 사용하기 쉬운 언어일수록 신조어도 다양하게 생겨난다.
④ 언어 사용 습관은 성장 과정에서 만난 친구들의 영향을 받는다.
⑤ 특정 언어의 사용을 활성화하기 위해서는 전문적인 훈련이 요구된다.

3

어휘의 의미 파악하기

ⓐ와 가장 가까운 뜻으로 쓰인 것은?

① 우리는 명령에 따라 급히 움직였다.
② 노래를 잘하기로는 그를 따를 사람이 없다.
③ 식순에 따라 다음 순서로 애국가 제창이 있겠습니다.
④ 우리는 선생님이 보여 주시는 동작을 그대로 따라서 했다.
⑤ 새로운 일을 시작하는 데는 많은 어려움이 따를 것으로 예상된다.

01강 실전 2

지문 난이도 ★★☆ | 교과 연계 국어

수능이 쉬워지는 지문 키워드

인문 | 언어

바람직한 의사소통 문화

- □ 개념을 설명한 글
- □ 분류를 활용한 글
- ☑ **관점을 제시하는 글**
- □ 상관관계를 보여 주는 글
- □ 과정의 흐름을 보여 주는 글

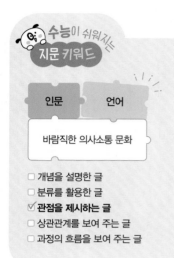

다음 글을 읽고 물음에 답하시오. 목표 9분

한 초등학교에서 학생들이 비속어를 사용할 때마다 온도계의 눈금이 한 칸씩 내려가는 '고운 말 온도계'를 설치하고 교실의 변화를 관찰했다. 이 실험은 자신이 내뱉은 욕설의 결과로 온도계가 변하는 것을 직접 확인한 학생이 스스로 언어 습관을 개선하도록 하는 것을 목표로 하였다. 변화는 바로 나타났다. 학생들은 실시간으로 변하는 온도계를 보며 스스로 부끄러움을 느꼈고, 고운 말을 더욱 많이 사용하게 되었다. 하지만 효과는 이뿐만이 아니었다. 고운 말을 사용함에 따라 학급 내에서 발생하는 다툼까지 줄어들게 된 것이다. 주로 욕설과 같은 언어 사용으로 다툼이 많이 일어났던 만큼, 말이 고와지자 반의 분위기까지 부드럽게 변한 것이다.

인간이 사회를 구성하고 유지하며 발전하게 하는 데 있어서 언어, 즉 말은 반드시 필요한 수단 중 하나이다. 말은 사람들이 서로 관계를 맺게 하는 수단이면서 동시에 여러 가지 문제를 해결할 수 있는 단서가 되기도 한다. 위의 실험에서 알 수 있듯, 말을 어떻게 하느냐는 삶에서 중요한 문제이다. 옛사람들은 말 한마디를 해도 가려서 하고, 글 한 줄을 써도 상대에게 상처를 주지 않기 위해 세심하게 배려했다. ㉠ '삼사일언(三思一言)', '말 한마디에 천금이 오르내린다'라는 말이 있을 정도로 말과 글을 중요하게 여겼으며, 이를 바탕으로 인물을 평가하기도 했다.

하지만 언제부터인지 사람들의 말이 점점 거칠어지고, 상대방을 배려하기보다는 비웃고, 깎아내리고, 비난하는 말들이 늘어나게 되었다. 길을 걷다가 중학생 또래의 청초하고 해맑은 아이들 입에서 거친 욕설이 줄줄이 흘러나오는 것을 보고 경악했다는 어른이 많다. 더구나 요즘 청소년 사이에 널리 퍼져 있는 욕은 그것이 욕설이라는 것조차 의식하지 못하는, 습관화된 언어폭력이라고 할 정도이다. 욕을 쓰지 않으면 대화가 안 될 정도로 욕설이 일상화된 현실은 우리 사회가 심각하게 반성할 문제이다.

또한 욕설이나 비속어는 아니지만 사회적·문화적 차별 의식을 담고 있는 표현들이 있다. 이러한 차별 의식을 담은 표현들은 사람들 사이의 원활한 의사소통을 기반으로 한 사회를 만드는 데 방해가 되기도 한다. 몇몇 직업에 대한 호칭이 바뀐 이유는 그러한 차별을 없앰으로써 보다 나은 사회를 만들기 위한 노력의 일환이라고 볼 수 있다. 예컨대 옛날의 '식모'는 요즈음 '가정부', 나아가 '가사 도우미'로 불린다. '우체부'는 '집배원', '청소부'는 '환경미화원', '간호원'은 '간호사'로 바뀌었다. 직업에 따른 차별을 없애고 좀 더 격(格)을 높여 직업에 대한 자부심을 부추기는 방향으로 변한 것이다. 이와 비슷한 차별적 표현에는 '미혼모', '여의사', '출가외인', '사내녀석이 그것도 못 해?'와 같은 성차별적 표현이 있고, '절름발이 행정', '장님 코끼리 더듬기', '꿀 먹은 벙어리' 같은 신체 차별적 표현도 있다. '유색 인종', '혼혈아' 같은 표현들은 인종에 따른 차별 표현으로, 한때 '살색'이라고 부르던 색을 '살구색'으로 바꾼 것은 이러한 표현에 담긴 차별 의식을 없애기 위해서이다.

말은 어떻게 쓰느냐에 따라 남을 즐겁게도 하고 기분을 상하게도 한다. 따라서 말을 요령 있

✦ **삼사일언** 세 번 생각하고 한 번 말한다는 뜻으로, 말을 할 때는 신중히 생각한 후에야 해야 함을 이르는 말.

✦ **일환** 서로 아주 가까운 관계로 연결되어 있는 여러 것 가운데 한 부분.

✦ **격** 주위 환경이나 형편에 자연스럽게 어울리는 분수나 품위.

✦ **출가외인** 결혼한 딸을 일컫는 말로, 남이나 마찬가지라는 의미를 담고 있음.

게 사용하면 자신의 의도를 더 잘 달성할 수 있으며, 사회 전체의 언어문화도 바꿀 수 있다. 그런데 개인의 언어생활은 오랜 시간에 걸쳐 형성되고 습관으로 굳어졌기 때문에 자신의 언어 행위를 인식하고 성찰하기가 쉽지 않다. 따라서 자신의 언어 사용 태도를 점검하고 성찰하려는 노력과 함께 상대방에 대한 배려와 존중을 항상 염두에 두어야 한다. 『논어』에 나오는 '내가 싫어하는 것은 남에게도 베풀지 말라.'라는 구절은 입을 열고 펜을 들기 전에 한 번쯤 되뇌어 볼 만한 명구이다. 언어폭력은 언어폭력을 부르며, 결국은 심리적인 상처나 물리적인 충돌로 번진다. 내 입에서 나가는 말 한마디, 내가 종이에 적는 글 한 구절이 자신의 품격뿐 아니라 공동체 전체의 행복과도 직결된다는 점을 의식하며 바람직한 의사소통 문화를 형성해야 한다.

확인 문제

1 이 글의 주제는?
바른 언어생활을 위해 필요한 ☐☐와/과 ☐☐의 자세

2 옛날 사람들은 말과 글을 통해 인물을 평가하기도 하였다. (○ , ×)

3 '청소부'보다 '환경미화원'이 직업에 대한 자부심을 높이는 표현이다. (○ , ×)

1

글의 전개 방식 파악하기

윗글의 내용 전개 방식에 대한 설명으로 가장 적절한 것은?

① 낯선 대상에 대한 개념을 정의하고 있다.
② 질문을 활용하여 독자의 관심을 유발하고 있다.
③ 글쓴이와 다른 사람의 관점 차이를 부각하고 있다.
④ 예상되는 반론을 반박하면서 주장을 강화하고 있다.
⑤ 구체적인 예시를 사용하여 독자의 이해를 돕고 있다.

2

어휘의 의미 파악하기

㉠과 유사한 의미를 나타내는 표현으로 적절하지 않은 것은?

① 혀 아래 도끼 들었다.
② 발 없는 말이 천 리 간다.
③ 글 속에도 글 있고 말 속에도 말 있다.
④ 낮말은 새가 듣고 밤말은 쥐가 듣는다.
⑤ 가루는 칠수록 고와지고 말은 할수록 거칠어진다.

3 적용하기

윗글과 〈보기〉를 비교하여 이해한 내용으로 적절하지 않은 것은?

보기

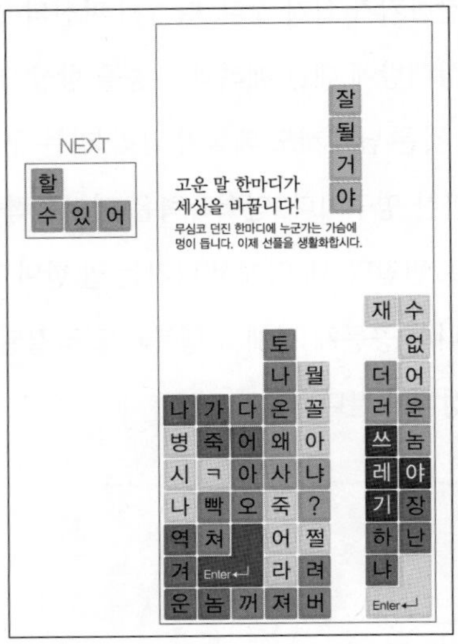

① 윗글과 〈보기〉는 동일한 제재를 다루고 있군.

② 윗글과 달리 〈보기〉는 주장을 직접적으로 제시하고 있군.

③ 윗글은 〈보기〉와 달리 주장을 두 가지로 나누어 전개하고 있군.

④ 윗글과 달리 〈보기〉는 시각적인 요소를 이용하여 주장을 전달하고 있군.

⑤ 윗글과 〈보기〉는 모두 관용적 표현을 활용하여 주장을 뒷받침하고 있군.

배경지식 확장하기

실전 1, 2와 엮어 읽기

아직도 법령에 이런 단어가 쓰인다고?

서울시 여성가족재단은 지난 2020년 9월, 성평등 주간을 맞아 법령과 행정 용어에서 여전히 사용하고 있는 성차별 언어를 바꾸기 위해 새로운 용어 사용을 제안하는 성평등 언어 사전을 발표하였다. 이 언어 사전은 총 821명의 시민이 제안한 개선안을 국어 및 여성계 전문가의 자문 회의를 거쳐 선정하여 발표한 것이다.

이 사전에는 '학생의 아버지나 형이라는 뜻으로, 학생의 보호자를 이르는 말'인 '학부형(學父兄)'을 '학부모'로, 출산율 감소와 인구 문제의 책임이 여성에게 있는 것으로 잘못 생각하게 할 수 있는 '저출산(低出産)'이라는 용어를 '저출생(低出生)'으로 수정하여 수록하였다. 또한 결혼을 (해야 하는데) 아직 못 한 상태를 의미하는 '미혼(未婚)'이라는 단어 대신에 결혼을 하지 않은 상태라는 의미만을 전달하는 '비혼(非婚)', 엄마 중심의 육아를 강조하는 '유모차(乳母車)' 대신 '유아차(乳兒車)'라는 용어를 사용할 것을 권고하였다.

01강 어휘 공략하기

◐ 바른답·알찬풀이 2쪽

1 다음 뜻에 알맞은 어휘를 말 상자에서 찾아 쓰시오.

변	용	반	신	봉	평
강	박	수	단	변	당
만	산	행	술	창	경
연	역	세	방	출	악
하	질	동	지	식	하
다	자	진	적	목	다

(1) 소스라치게 깜짝 놀라다. → (　　　　　　　　　)

(2) 전염병이나 나쁜 현상이 퍼지다. → (　　　　　　　　　)

(3) 생각하거나 계획한 대로 일을 해냄. → (　　　　　　　　　)

(4) 어떤 목적을 이루기 위한 방법. 또는 그 도구. → (　　　　　　　　　)

2 다음 밑줄 친 어휘의 뜻으로 알맞은 것을 〈보기〉에서 찾아 그 기호를 쓰시오.

보기
㉠ 깔보고 욕되게 하다.
㉡ 체제, 체계 따위의 기초를 닦아 세우다.
㉢ 하나의 종합된 음의 느낌을 주는 말소리의 단위.
㉣ 화려하지 않으면서 맑고 깨끗한 아름다움을 지니고 있다.

(1) 그는 나를 비겁자라고 <u>모욕하였다</u>. → (　　　　)

(2) '아침'은 두 개의 <u>음절</u>로 이루어진 말이다. → (　　　　)

(3) 들판에 한 송이의 들국화가 <u>청초하게</u> 피어 있다. → (　　　　)

(4) 그는 올해 들어서 새로운 작품 세계를 <u>구축했다</u>는 평가를 받는다. → (　　　　)

3 〈보기〉에서 밑줄 친 어휘의 표준 발음으로 가장 적절한 것은?

보기
중국어나 일본어와 비교하면, 한글은 디지털 단말기를 사용하여 의사소통할 때 자음과 모음을 조합해 훨씬 <u>편리하게</u> 입력할 수 있다.

① [편니하게]　② [편리하게]　③ [펼리하게]
④ [펴리하게]　⑤ [펼니하게]

02강 실전 1

다음 글을 읽고 물음에 답하시오. 목표 8분

기업들이 이윤을 추구하기 위해 구사하는 다양한 판매 전략 중 하나로 가격을 활용한 방법이 있다. 그리고 그중 가장 흔하고 일반적인 방법은 단수 가격을 이용하는 것이다. 단수 가격은 가격의 끝자리가 홀수, 특히 9로 끝나는 가격을 말한다. 미국이나 유럽의 슈퍼마켓에서 판매되는 물건 가격을 보면 9달러, 99달러 등 숫자 9로 끝나는 경우가 많은데, 이처럼 물건 가격의 끝자리 숫자가 딱 떨어지지 않는 가격이 단수 가격에 해당한다.

과거에 제품 가격이 10달러나 100달러일 경우, 종업원이 물건을 판매하고 손님에게 거스름돈을 내줄 필요가 없으므로 금전 등록기에 판매 내역을 기록하지 않을 때가 있었다. 하지만 제품 가격을 9달러나 99달러와 같이 책정하면 판매 후에 거스름돈을 지급해야 하므로, 이에 따라 종업원들은 판매 내역을 기록하고 금전 등록기를 열어야 한다. 따라서 단수 가격을 적용하여 판매하면 판매 내역이 누락되는 일을 방지할 수 있을 뿐만 아니라 종업원의 절도 행위를 방지할 수 있다. 이것이 단수 가격을 도입한 원래의 목적이였다.

하지만 단수 가격을 도입한 뒤, 단수 가격으로 책정한 물건의 판매량이 증가하는 현상이 일어났다. 소비자들이 단수 가격을 보고 제품의 가격이 저렴하다고 인식하여 해당 제품을 많이 사기 시작한 것이다. 예를 들면 1,000원짜리 제품과 990원짜리 제품의 가격 차이는 10원에 불과하지만, 소비자들은 각각 천 원대 제품과 백 원대 제품으로 구분하여 인식하였고 990원 제품을 더 저렴하다고 생각한다. 이처럼 단수 가격을 활용하면 실제로 할인한 가격은 적지만 큰 금액을 할인해 준 것과 같은 효과를 가져와 수익을 늘릴 수 있다.

㉠ 왼쪽 자릿수 효과도 단수 가격 효과와 유사한 가격 효과라 할 수 있다. 왼쪽 자릿수 효과란 가격을 인식할 때 왼쪽 숫자만 보고 전체적인 가격을 판단하는 경향을 말한다. 예를 들어, 똑같이 1,100원을 할인해 주더라도 소비자들은 제품 가격이 5,100원에서 4,000원으로 낮아진 것과 4,000원에서 2,900원으로 낮아진 것을 전혀 다르게 인식한다. 5,100원에서 4,000원으로 낮아진 것은 천 원 정도 할인되었다고 생각하지만 4,000원에서 2,900원으로 낮아진 것은 이천 원 정도 할인되었다고 생각한다. 실제로 할인된 금액의 차이는 같은데도 소비자들은 가격의 왼쪽 숫자에 따라 이를 다르게 인식하는 것이다. 기업들은 이러한 소비자의 심리를 활용하여 제품 가격을 할인할 때 가능하면 왼쪽 자릿수가 크게 바뀔 수 있도록 조정하여 판매량 증가에 도움이 되게 한다.

경제가 어려워지면서 소비자들 사이에는 알뜰 소비문화가 확산되고 있다. 이에 기업들은 자기들의 이익을 추구하기 위해 가격 활용 전략을 더욱 정교하게 구사하고 있다. 따라서 소비자들은 바람직한 경제 활동을 위해서 기업의 가격 활용 전략에 담긴 의미가 무엇인지 정확하게 이해한 뒤 소비 생활에 임해야 한다.

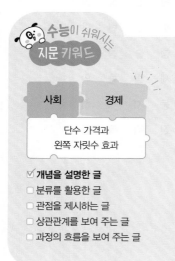

수능이 쉬워지는 지문 키워드

사회 | 경제

단수 가격과 왼쪽 자릿수 효과

- ☑ **개념을 설명한 글**
- ☐ 분류를 활용한 글
- ☐ 관점을 제시하는 글
- ☐ 상관관계를 보여 주는 글
- ☐ 과정의 흐름을 보여 주는 글

✦ **구사하다** 앞으로 이루려는 일에 대하여 그 일의 내용이나 규모, 실현 방법 따위를 어떻게 정할 것인지 이리저리 생각하다.

✦ **책정하다** 계획이나 방법을 세워 결정하다.

확인 문제

1 이 글의 주제는?
☐☐을/를 활용한 기업의 판매 전략

2 단수 가격 도입의 원래 목적은 기업의 이윤을 늘리기 위한 것이었다. (○ , ×)

3 제품 가격의 왼쪽 자릿수가 크게 바뀌도록 할인율을 조정하면 제품의 판매량 증가에 도움이 된다. (○ , ×)

1 글의 전개 방식 파악하기

윗글에 대한 설명으로 가장 적절한 것은?

① 기업에서 사용하는 전략을 다른 전략과 비교하며 비판하고 있다.

② 핵심 개념을 설명하며 기업에서 사용하는 전략의 효과를 밝히고 있다.

③ 질문을 던짐으로써 기업의 전략에 대한 독자의 관심을 유발하고 있다.

④ 기업에서 사용하는 전략의 변천 과정을 시간의 흐름에 따라 제시하고 있다.

⑤ 전문가의 의견을 인용하여 기업에서 사용하는 전략의 문제점을 분석하고 있다.

2 세부 내용 파악하기

윗글의 내용과 일치하지 않는 것은?

① 단수 가격은 제품 가격 끝자리가 딱 떨어지지 않는 것을 의미한다.

② 기업들이 다양한 판매 전략을 구사하는 것은 이윤을 얻기 위해서이다.

③ 단수 가격은 소비자들에게 제품의 가격이 싸다는 착각을 불러일으킨다.

④ 경제가 어려워질수록 기업들은 제품 가격 전략을 더 정교하게 구사한다.

⑤ 왼쪽 자릿수 효과의 원래 목적은 종업원들의 절도 행위를 방지하기 위한 것이다.

3 적용하기

〈보기〉와 윗글의 ㉠에 대한 반응으로 가장 적절한 것은?

보기

'초두 효과(primacy effect)'란 여러 개의 단어나 정보가 제시되었을 때, 처음 제시된 단어나 정보를 가장 잘 기억하는 현상을 말한다. 예를 들어 10개의 카드를 차례대로 보여 준 뒤 기억나는 것을 말해 보라고 했을 때, 사람들은 처음에 제시한 카드를 중간에 위치한 것보다 더 잘 기억하였다. 이와 같이 처음의 카드를 잘 기억해 내는 것은 초두 효과 때문이다.

① 정보의 일부분으로 전체를 판단한다는 점에서 유사성이 있군.

② 동일한 내용을 다르게 인식하는 착각이 만들어 낸 현상이라 할 수 있겠군.

③ 기업이 소비자에게 제품의 품질을 기억하게 할 때 사용할 수 있는 전략들이군.

④ 제품을 저렴하게 구매하려는 소비자들의 욕구가 반영되어 나타나는 현상들이군.

⑤ 소비자가 제품 가격을 판단할 때 왼쪽 숫자의 영향을 크게 받는 것은 초두 효과 때문일 수도 있겠군.

02강 실전 2

수능이 쉬워지는 지문 키워드

사회 | 경제

블루 오션, 레드 오션, 퍼플 오션

- □ 개념을 설명한 글
- ☑ **분류를 활용한 글**
- □ 관점을 제시하는 글
- □ 상관관계를 보여 주는 글
- □ 과정의 흐름을 보여 주는 글

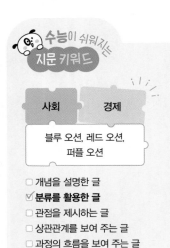

다음 글을 읽고 물음에 답하시오. 목표 7분

최근 전 세계적인 감염병의 확산으로 기계를 이용한 주문 방식과 온라인 배달 주문 방식이 일반화되면서 키오스크와 배달원에 대한 수요가 증가하였다. 이와 같이 사회의 상황이 변하게 되면 시장의 상황도 변화하면서 새로운 시장이 형성된다.

시장이 새롭게 형성되는 초반에는 대상의 존재 자체에 대한 정보가 알려지지 않아서 생산자나 소비자가 많지 않고, 경쟁자도 거의 없는 평화로운 상태를 유지하게 된다. 그래서 경제학에서는 이런 시장을 평화로운 푸른 바다를 의미하는 '블루 오션(blue ocean)'이라고 부른다. 예를 들어 좀 더 편리하게 집밥을 해 먹기를 원하는 소비자들이 증가하고 있다는 것을 파악한 어느 한 기업이 밀키트를 최초로 만들어서 판매하면 밀키트의 편리함에 반한 소비자들이 몰리면서 큰 시장을 형성하게 되고 이 기업은 시장을 독점하게 되므로 많은 이익을 창출할 수 있다. 이렇게 다른 경쟁자가 거의 없는 시장이 바로 블루 오션이다. 블루 오션에서는 시장의 수요가 경쟁이 아니라 창조에 의해 형성된다는 특징이 있다. 그리고 시장의 규모가 정해져 있지 않아 높은 수익을 얻을 수 있고 빠르게 성장할 수 있는 기회도 있다.

기존의 시장들 사이의 작은 빈틈에 해당하는 시장인 틈새시장도 블루 오션의 일종이다. 이 시장은 특정한 성격을 지닌 작은 규모의 소비자층을 발견하여 그들을 대상으로 판매 목표를 설정한다. 즉, 남들이 아직 모르는 시장의 빈틈을 노리는 것이다. 예를 들어 자장면과 짬뽕, 탕수육을 모두 먹고 싶어 하는 사람들이 있다고 가정하자. 이들을 위해 세 종류의 음식을 조금씩 담을 수 있는 일인용 그릇을 만들어 중국 음식점에 판매하는 기업은 주방 용품 시장에서 틈새시장을 개척한 경우라고 할 수 있다. 틈새시장은 기존의 상품을 시장의 요구에 맞게 조금만 변형해도 새로운 시장을 개척할 수 있으며, 시대 상황의 변화를 빠르게 반영하여 블루 오션을 형성하게 된다.

그러나 시간이 흘러 시장이 포화 상태에 이르게 되면 블루 오션은 더 이상 블루 오션이 아닐 수 있다. 이익을 얻고자 하는 새로운 기업들이 해당 시장에 뛰어들면 경쟁이 발생하기 때문이다. 앞서 언급한 밀키트의 경우, 다른 기업들도 새로운 밀키트를 시장에 내놓으면서 업체들은 소비자들의 선택을 받기 위해 치열한 경쟁을 하게 된다. 이러한 시장 상황을 바다의 포식자들이 먹이를 낚아채기 위해 서로 경쟁하는 모습에 비유하여 '레드 오션(red ocean)'이라고 한다. 즉, 레드 오션은 경쟁 업체들이 고객을 확보하기 위해 치열한 경쟁을 벌이는 상태를 말한다.

레드 오션의 치열한 경쟁 속에서 기업들은 새로운 전략을 고민하기도 한다. 그 결과, 기업은 레드 오션이 된 시장에서 ㉠ <u>눈이 높은</u> 소비자들의 요구를 파악하고 여기에 새로운 아이디어나 기술 등을 적용해 새로운 시장을 형성한다. 이를 '퍼플 오션(purple ocean)'이라고 한다. 퍼플 오션을 찾기 위한 대표적인 전략은 이미 인기를 얻은 소재를 다른 장르에 적용하여 그 파급 효과를 노리는 것이다. 예를 들어 어떤 만화가 인기를 끌 때 그 만화를 드라마나 영화로 만들거나

- ✦**일반화되다** 개별적인 것이나 특수한 것이 일반적인 것으로 되다.
- ✦**수요** 어떤 소비의 대상이 되는 상품에 대한 요구.
- ✦**밀키트** 요리에 필요한 손질된 식재료와 양념, 조리법을 세트로 구성해 제공하는 제품.
- ✦**창출하다** 전에 없던 것을 처음으로 생각하여 지어내거나 만들어 내다.
- ✦**포식자** 다른 동물을 먹이로 하는 동물.

등장인물과 관련된 상품을 개발하면 실패할 위험이 낮고 제작 비용과 시간을 줄이는 효과를 거둘 수 있다.

지금까지 언급한 블루 오션, 레드 오션, 퍼플 오션은 상황에 따라 언제든지 바뀔 수 있다. 블루 오션이나 퍼플 오션이 경쟁이 심한 레드 오션으로 변화하기도 한다. 그리고 레드 오션에서 새로운 퍼플 오션이 형성되기도 하며, 새로운 블루 오션이 갑자기 나타날 수도 있다. 소비자의 관심이 집중된 곳에는 언제나 새로운 생산자들이 유입되지만, 소비자의 욕구는 항상 변화하기 때문이다.

확인 문제

1 이 글의 주제는?
□□ □□, 레드 오션, □□□□의 개념과 특징

2 블루 오션을 개척한 기업은 시장을 독점하므로 많은 수익을 기대할 수 없다. (O, X)

3 퍼플 오션은 기업 간 치열한 경쟁을 돌파할 방법을 찾기 위한 고민에서 형성된다. (O, X)

1 • 세부 내용 파악하기

윗글의 내용에 대한 이해로 적절하지 <u>않은</u> 것은?

① 시장은 사회 상황의 변화에 영향을 받는다.
② 블루 오션에서는 시장의 규모가 불확실하다.
③ 틈새시장은 포화 상태가 된 시장에서만 발생하는 시장이다.
④ 레드 오션은 블루 오션과 달리 기업 간 경쟁이 치열한 상태이다.
⑤ 블루 오션과 퍼플 오션은 새로운 아이디어를 적용한 시장이라고 볼 수 있다.

2 • 어휘의 의미 파악하기

㉠과 유사한 표현으로 볼 수 <u>없는</u> 것은?

① 그는 이번 일은 꼭 해내겠다고 <u>이를 악물었다</u>.
② 그는 <u>머리가 아파서</u> 시험 시간 동안 계속 힘들었다.
③ 그렇게 했다가는 다 된 일에 <u>코를 빠뜨리게</u> 될 것이다.
④ 그분은 이번에 시의원이 되더니 <u>목에 힘을 주고</u> 다닌다.
⑤ 다음번에는 교육 환경 문제로 <u>눈을 돌려</u> 생각해 보기로 했다.

3 • 적용하기

윗글을 참고하여 〈보기〉의 ⓐ~ⓒ에 들어갈 내용을 순서대로 나열한 것은?

보기

A 회사는 텔레비전에서 인기를 끌고 있는 ✦퓨전 요리 창작 프로그램을 보고 비슷한 음식을 만들어 회사가 소유한 편의점을 통해 판매하기 시작했다. 그러자 해당 프로그램에 대한 아이디어를 제공하고 방송국과 요리 ✦레시피 독점 계약을 맺은 뒤 상품을 출시했던 B 회사의 매출이 하락하기 시작했다. 시장의 논리에 따라 볼 때, 이 경우 퓨전 요리 레시피 아이디어를 제공하여 B 회사가 개척한 [ⓐ]에 A 회사가 뛰어들면서 [ⓑ]이 일어나 퓨전 요리 레시피 활용 시장이 [ⓒ]으로 변화하고 있는 것으로 해석할 수 있다.

✦**퓨전** 서로 다른 두 종류 이상의 것을 섞어 새롭게 만든 것.
✦**레시피** 조리 용어의 하나. '음식 만드는 방법'을 이른다.

	ⓐ	ⓑ	ⓒ
①	블루 오션	경쟁	레드 오션
②	블루 오션	발상의 전환	레드 오션
③	레드 오션	발상의 전환	블루 오션
④	퍼플 오션	경쟁	블루 오션
⑤	퍼플 오션	경쟁	레드 오션

배경지식 확장하기

실전 1과 엮어 읽기

비쌀수록 잘 팔리는 물건이 있다?

일반 경제학의 논리에 따르면 시장에서는 상품의 가격이 낮을수록 수요가 높아진다. 하지만 이러한 수요와 가격의 반비례 관계는 미국의 사회·경제학자인 베블런에 의해 깨어지게 되었다. 베블런은 그의 책에서 가격이 오를수록 오히려 수요가 높아지는 물건이 있다고 주장했는데, 이러한 현상은 주로 부유한 상류층들 사이에서 나타난다고 하였다. 그들은 주변의 시선을 의식하여 물건을 구매하며, 일종의 과시욕으로 인해 더욱 비싼 물건을 선호하기 때문이었다. 이처럼 가격이 높을수록 수요가 증가하는 현상을 '베블런 효과(veblen effect)'라고 한다. 값비싼 명품만을 사용하는 최상류층 소비자들, 그리고 부유하지 않지만 과시욕을 가진 사람들이 늘어나면서 기업들은 이들의 수요를 잡기 위해 VIP 마케팅을 벌이는 등 이를 판매 전략에 사용하기도 한다.

02강 어휘 공략하기

◐ 바른답·알찬풀이 4쪽

1 다음 뜻에 알맞은 어휘를 말 상자에서 찾아 쓰시오.

출	신	형	가	발	전
생	체	내	화	상	공
목	서	역	술	창	작
독	복	반	심	증	강
수	점	앙	이	윤	추
확	산	진	정	기	억

(1) 장사 따위를 하여 남는 돈. → (　　　　)

(2) 물품이나 금액 따위의 내용. → (　　　　)

(3) 어떤 생각을 해 냄. 또는 그 생각. → (　　　　)

(4) 개인이나 하나의 단체가 다른 경쟁자를 배제하고 생산과 시장을 지배하여 이익을 독차지함. 또는 그런 경제 현상. → (　　　　)

2 다음 밑줄 친 어휘의 뜻으로 알맞은 것을 〈보기〉에서 찾아 그 기호를 쓰시오.

보기

㉠ 알맞게 이용하거나 맞추어 씀.
㉡ 기입되어야 할 것이 기록에서 빠지다.
㉢ 어떤 일이나 현상이 일어나지 못하게 막음.
㉣ 사실이 아니거나 또는 사실인지 아닌지 분명하지 않은 것을 임시로 인정하다.

(1) 사고 <u>방지</u> 대책 마련이 필요합니다. → (　　)

(2) 법의 <u>적용</u>에는 성역이 있을 수 없다. → (　　)

(3) 최악의 상황을 <u>가정하고</u> 최선을 다하자. → (　　)

(4) 과제물 제출 명단에서 내 이름이 <u>누락된</u> 것을 발견했다. → (　　)

3 〈보기〉의 밑줄 친 어휘의 유의어로 가장 적절한 것은?

보기

그는 자신의 미래에 대해 <u>정교하게</u> 계획을 세우고 하나하나 실천해 나가고 있다.

① 성글게　② 치밀하게　③ 허술하게
④ 뚜렷하게　⑤ 튼튼하게

03강 실전 1

지문 난이도 ★★☆ | 교과 연계 과학

다음 글을 읽고 물음에 답하시오.

목표 8분

사람과 동물이 언어를 통해 의사소통할 수 있는가의 문제는 많은 사람의 흥미를 끄는 주제이다. 반려동물을 키워 본 많은 사람들이 자신이 아끼는 동물과 대화를 하는 장면을 상상해 보곤 한다. 그런데 이러한 상상이 현실로 나타난 적이 있는데, 바로 우리나라의 한 놀이공원 동물원에 있는 말하는 코끼리 '코식이'이다. 코식이는 텔레비전 프로그램에 출연한 뒤 곧바로 유명해졌고, 한국에 사람의 발성을 모방하는 코끼리가 있다는 것을 들은 오스트리아의 한 대학교 연구 팀이 코식이를 연구하여 생물학 연구지에 실었다.

코식이는 사육사가 평소 사용하는 '안녕, 앉아, 아니야, 누워, 좋아' 등 5단어 이상의 말을 따라 할 수 있다. 앵무새나 구관조의 소리가 사람의 소리와 분명하게 구분되는 것과 달리 코식이가 내는 소리는 사람의 소리와 매우 유사하다. 하지만 일반적으로 코끼리는 본래 사람이 들을 수 없는 범위인 ✦주파수 20헤르츠(Hz) 미만의 저음을 내며 서로 의사소통을 한다는 점에서 사람들의 의사소통과 차이가 있다. 코끼리가 소리를 내는 방법에 대해서는 두 가지 가설이 있는데, 코끼리가 사람처럼 폐에서 공기를 내보낼 때 성대가 떨려 소리를 낸다는 가설과 고양이의 가르랑거리는 소리처럼 성대 근육을 씰룩거려 소리를 낸다는 가설이다.

전문가들의 연구 결과 코식이의 소리는 사람의 발성과 같은 원리로 나는 것이었다. 다만 주파수가 훨씬 낮았는데 이는 성대의 크기와 관계가 있다. 즉, 성대가 클수록 주파수가 낮고 작을수록 높다. 당연히 코끼리는 사람보다 성대의 크기가 훨씬 크므로 저음을 내는 것이다. 그런데 코식이는 어떻게 사람 목소리의 주파수 영역에서 자음과 모음이 분절된 소리를 낼 수 있을까? 연구자들은 코식이가 코를 말아 입의 오른쪽 방향에서 코끝을 입안에 밀어 넣은 뒤 혀를 눌러 소리를 만든다고 추측했다. 마치 사람이 손가락을 입에 넣어 주파수가 높은 휘파람을 내는 것과 비슷하다는 것이다. 하지만 연구자들이 코식이의 행동을 면밀히 관찰한 바에 따르면 코식이는 자기가 ㉠ 내는 소리가 무슨 뜻인지 알고 있지는 않은 것 같다고 한다.

코식이가 소리를 내는 원리가 밝혀지고 나자, 그가 왜 뜻도 모르는 사람 목소리를 흉내 내려고 하는지에 대한 의문이 생겨났다. 연구자들은 코식이가 암컷 코끼리 없이 생존한 기간이 7년여에 달하는 것에 주목했다. 연구자들은 논문에서 코식이가 사람 소리를 흉내 내게 된 건 ✦유대와 발달이 중요한 시기에 같은 종으로부터 격리된 환경에서 사람만이 유일한 사회적 접촉 대상이었기 때문이라며 발성 학습이 사회적 유대를 강화하는 한 ✦방편이었던 셈이라고 해석했다. 사람들은 코식이가 사람처럼 행동한다고 환호했지만 결국 코식이가 원한 것은 사람과의 수준 높은 대화가 아니라 안정적인 관계와 따뜻한 관심이었던 것이다.

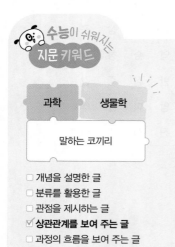

수능이 쉬워지는 지문 키워드

과학 / 생물학

말하는 코끼리

- ☐ 개념을 설명한 글
- ☐ 분류를 활용한 글
- ☐ 관점을 제시하는 글
- ☑ **상관관계를 보여 주는 글**
- ☐ 과정의 흐름을 보여 주는 글

✦**주파수** 전파나 음파가 1초 동안에 흔들려 움직이는 횟수.

✦**유대** 끈과 띠라는 뜻으로, 둘 이상을 서로 연결하거나 결합하게 하는 것. 또는 그런 관계.

✦**방편** 그때그때의 경우에 따라 편하고 쉽게 이용하는 수단과 방법.

확인 문제

1 **이 글의 주제는?**
'코식이'가 ☐☐의 목소리를 흉내 내는 원리와 그 ☐☐

2 코식이는 사람의 목소리를 흉내 내면서 그 말의 뜻을 이해하게 되었다. (○ , ×)

3 코식이는 사람들과 유사한 소리를 내는 능력이 앵무새나 구관조보다 더 뛰어났다. (○ , ×)

1 세부 내용 파악하기

윗글을 읽고 알 수 있는 내용으로 적절하지 않은 것은?

① 코끼리가 내는 소리의 주파수

② 성대의 크기와 주파수의 상관관계

③ 코식이가 암컷 코끼리 없이 생존한 기간

④ 코식이가 사람과 비슷한 소리를 내는 원리

⑤ 코식이가 다른 코끼리와 유대 관계를 가지는 방법

2 숨어 있는 내용 찾기

윗글을 바탕으로 추론한 내용으로 가장 적절한 것은?

① 코끼리들이 서로 의사소통을 할 때 내는 소리의 주파수는 사람이 들을 수 있는 범위이다.

② 코식이는 사람이 손가락을 입에 넣어 휘파람을 내는 것과 같은 주파수의 소리를 낼 수 있다.

③ 코끼리는 다른 코끼리와 소통을 많이 할수록 사람의 목소리와 거의 동일한 소리를 낼 수 있게 된다.

④ 코식이가 사람의 목소리와 유사한 소리를 낸 것은 격리된 환경에서 다른 대상과 유대 관계를 형성하기 위해서이다.

⑤ 코식이의 목소리가 사람의 소리와 유사해질수록 코식이는 자신이 내는 소리가 무슨 뜻인지 점차 이해할 수 있게 된다.

3 어휘의 의미 파악하기

밑줄 친 단어 중 ㉠과 문맥적 의미가 가장 유사한 것은?

① 시내에 가게를 새로 냈다.

② 학급 친구들에게 점심을 냈다.

③ 그는 인기척을 내고 방문을 열었다.

④ 교실 안에 있는 청소 도구를 복도로 냈다.

⑤ 아이가 손가락으로 문풍지에 구멍을 냈다.

03강 실전 2

지문 난이도 ★★☆ | 교과 연계 과학

다음 글을 읽고 물음에 답하시오.

목표 9분

수능이 쉬워지는 지문 키워드

과학 / 생명 과학 / 생체 시계

☑ **개념을 설명한 글**
☐ 분류를 활용한 글
☐ 관점을 제시하는 글
☐ 상관관계를 보여 주는 글
☐ 과정의 흐름을 보여 주는 글

해가 뜨는 시각에 잠을 깨고 해가 지면 자연스럽게 잠자리에 드는 일은 우리에게 너무나 당연하게 여겨진다. 머릿속에 시계가 들어 있는 것도 아닌데 옛날부터 그러한 리듬에 따라서 살아왔다. 이러한 사실을 통해 우리 몸에 시간을 측정하는 시계 같은 기관이 있음을 짐작할 수 있다. 우리 몸에 내재되어 있는 이 시계의 존재는 오래전부터 경험으로 알려져 왔으며, 이 시계의 위치를 찾기 위해 과학자들은 지난 100여 년간 큰 노력을 해 왔다. 그렇다면 우리 몸의 생체 시계는 과연 어디에 있으며 우리 생활에 어떤 영향을 미칠까?

모든 신체 기관이 ✦주기적인 운동을 하니 신체 기관이 그 자체로 시계일 수도 있지만 대부분은 생체 시계를 따라 움직이는 것일 뿐이다. 이렇게 생체의 ✦일주기 운동을 관리하는 생체 시계를 '중앙 통제 시계'라고 하는데, 모든 신체 기관은 이 주인 시계에 맞춰 신체 조직과 기능의 변화를 일으킨다는 점에서 부수적인 시계인 셈이다. 중앙 통제 시계를 찾는 가장 좋은 방법은 신체 기관의 각 영역을 하나씩 망가뜨리면서, 그래도 일주기 운동이 살아남아 있는지 관찰하는 것이다.

이 과정을 통해 찾은 곳이 바로 뇌에 있는 시교차상 핵이다. 빛이 눈으로 들어온 뒤 가게 되는 뇌의 좌우 신경이 교차하는 곳인 시교차 위에 있어 시교차상 핵이라 불리는 곳인데, 이곳은 생체 시계가 빛의 영향을 받다 보니 오랫동안 가장 그럴듯한 생체 시계 후보로 ✦간주됐다. 시교차상 핵은 2만여 개의 신경 세포로 이루어져 있다. 살아 있는 쥐의 시교차상 핵에 전극을 꽂아 신경 세포들의 전기 신호를 측정해 그래프로 나타내면, 24시간을 간격으로 주기적인 물결 무늬에 가까운 곡선 형태가 그려진다. 그리고 이곳을 망가뜨리면 몸 안 대부분의 기관에서 24시간을 주기로 활동이 반복되는 양상이 사라진다. 즉 시교차상 핵이 바로 중앙 통제 시계인 것이다.

이 실험에서 또 하나 흥미를 끄는 것은 시교차상 핵의 2만여 개 신경 세포들에서 서로 다른 주기가 측정된다는 점이다. 시교차상 핵의 신경 세포를 모두 꺼내 적절한 환경으로 만들어진 접시 위에서 키우면서 이들의 일주기 리듬을 측정하자, 그 범위는 20시간에서 28시간 사이로 나타났다. 그런데 이렇게 서로 다른 주기를 가졌던 신경 세포가 체내에서 활동할 때에는 정확히 24시간에 맞춰 리듬을 만들어 낸다. 이 리듬을 자세히 살펴보면, 오전 7시가 지나면 멜라토닌 ✦호르몬 분비가 멈추고 8시 30분 무렵에 장운동이 활발해진다. 오후 3시 30분쯤은 반응 속도가 하루 중 가장 활발하여 업무 능력이 최고조에 달하고 오후 5시 무렵은 근육의 힘과 유연성이 최고일 때이며 심장과 폐의 기능도 가장 활발하다. 그리고 밤 9시쯤에는 멜라토닌 호르몬이 분비되기 시작하여 새벽 2시경에는 최고치에 달하면서 새벽 2시 전후에는 가장 깊은 수면을 취할 수 있다.

이 리듬이 망가지면 판단도 흐려지고 업무의 실수도 잦아지는데, 응급실에서 벌어지는 판단 실수의 많은 경우가 의사와 간호사의 일주기 리듬이 망가진 탓에 발생한다. 우크라이나의 체르

✦주기적 일정한 간격을 두고 되풀이하여 진행하거나 나타나는 것.
✦일주기 하루를 주기로 하여 나타나는 생물 활동이나 이동의 변화 현상.
✦간주되다 상태, 모양, 성질 따위가 그와 같다고 여겨지다.
✦호르몬 몸의 한 부분에서 나와 몸 안을 돌면서 다른 조직이나 기관의 활동을 조절하는 물질.

노빌과 미국 스리마일섬의 원자력 발전소 사고도 모두 밤 12시부터 새벽 4시, 일주기 리듬을 거스른 직원들의 판단 착오로 벌어진 대형 사고였다. 이렇듯 생체 리듬을 무시해서 벌어진 사고를 통해 현대를 살아가는 우리에게 생체 시계의 특성을 정확히 이해하고 일상생활을 하는 것이 무엇보다도 중요하다는 것을 알 수 있다. 우리 몸은 해가 있는 동안은 깨어 있고, 해가 진 다음에는 잠을 자도록 진화해 왔으므로 아침에 일어나고 밤에 잠을 자야 생체 시계를 거스르지 않는다. 그러나 해 뜨기 전에 일어나야 하고 밤늦게까지 일을 해야 하는 현대인들은 대부분 생체 시계와 맞지 않는 삶을 살아가고 있다. 생체 시계를 정확히 지키면서 살아가기는 어렵더라도, 건강을 위해 적절한 관리는 반드시 필요하다.

확인 문제

1 이 글의 주제는?
□□□□의 특성과 이를 지켜야 하는 이유

2 주기적인 운동을 하는 모든 신체 기관은 '중앙 통제 시계'에 맞춰 변화를 일으킨다. (○, ×)

3 근육의 힘과 유연성이 최고일 때, 멜라토닌 호르몬이 분비되기 시작한다. (○, ×)

1

• 글의 전개 방식 파악하기

윗글에 대한 설명으로 적절하지 않은 것은?

① 구체적인 실험 결과를 제시하여 글의 신뢰성을 높이고 있다.
② 질문에 대한 답을 구하는 과정을 바탕으로 글을 전개하고 있다.
③ 다양한 사례를 제시하여 글에 대한 독자의 이해를 높이고 있다.
④ 객관적인 과학 정보를 바탕으로 글쓴이의 의견을 제시하고 있다.
⑤ 여러 이론을 소개하고 그에 대한 글쓴이의 생각을 드러내고 있다.

2

• 세부 내용 파악하기

윗글을 이해한 내용으로 적절하지 않은 것은?

① 모든 신체 기관은 중앙 통제 시계에 맞춰 신체적 변화를 일으킨다.
② 시교차상 핵의 많은 신경 세포들은 항상 서로 동일한 주기를 갖는다.
③ 시교차상 핵은 오랫동안 가장 그럴듯한 생체 시계 후보로 여겨졌다.
④ 사람들의 일주기 리듬이 망가지면 대형 사고가 발생할 위험성이 높아진다.
⑤ 시교차상 핵이 망가지면 체내 기관의 활동이 24시간을 주기로 반복되는 양상이 사라진다.

적용하기

3 윗글을 바탕으로 〈보기〉의 '구자명 씨'를 이해한 내용으로 적절하지 않은 것은?

보기

맞벌이 부부 우리 동네 구자명 씨 / 일곱 달 아기 엄마 구자명 씨는
출근 버스에 오르기가 무섭게 / 아침 햇살 속에서 졸기 시작한다
경기도 안산에서 서울 여의도까지 / 경적 소리에도 아랑곳없이
옆으로 앞으로 꾸벅꾸벅 존다

차창 밖으론 사계절이 흐르고 / 진달래 피고 밤꽃 흐드러져도 꼭
부처님처럼 졸고 있는 구자명 씨
그래 저 십 분은 / 간밤 아기에게 젖 물린 시간이고
또 저 십 분은 / 간밤 시어머니 약시중 든 시간이고
그래그래 저 십 분은 / 새벽녘 만취해서 돌아온 남편을 위하여 버린 시간일 거야

– 고정희, 「우리 동네 구자명 씨」

① 구자명 씨는 어쩔 수 없이 생체 시계를 거스르는 삶을 사는 것 같아.
② 멜라토닌 호르몬이 분비되고 있을 때 구자명 씨는 잠을 제대로 청하지 못했을 것 같아.
③ 새벽녘에 남편이 만취한 상태로 돌아오는 일은 구자명 씨의 생체 리듬이 무너지게 만드는 것 같아.
④ 구자명 씨처럼 해가 떠 있는 동안에 졸 수밖에 없는 삶이 지속되면 판단도 흐려지고 업무 실수도 잦아질 수 있어.
⑤ 구자명 씨는 근육의 힘과 심장의 기능이 가장 활발할 때 아기에게 젖을 물리고 시어머니 약시중을 들었을 것 같아.

배경지식 확장하기

실전 2와 엮어 읽기

봄이 되면 몸이 나른하고 피곤한 까닭은 무엇일까?

긴 겨울이 지나고 따뜻한 봄이 오면 때맞춰 찾아오는 손님이 있다. 바로 '춘곤증(春困症)'이다. 춘곤증은 겨울에서 봄으로 계절이 변했는데 몸은 아직 그 변화에 적응하지 못해서 생기는 현상이다. 봄철에 유난히 나른하고 피곤하며 졸음이 쏟아지는 사람이 많은데, 이는 모두 춘곤증으로 생긴 증상이다. 이러한 증상과 그 시기 탓에 이름도 춘곤증이라고 불린다. 춘곤증은 봄이 되면 겨울보다 낮의 길이도 길어지고 외부 활동도 늘어나서 생기는 일시적인 증상인데, 이 역시 생체 리듬이 변하면서 발생하는 현상 중 하나이다. 춘곤증은 보통 2~3주의 적응 기간이 지나면 사라지지만, 이 시기를 잘 극복하려면 규칙적으로 생활하고 영양소가 풍부한 음식을 잘 챙겨 먹는 것이 중요하다. 낮에 졸음이 밀려올 때면 15분 내외의 낮잠을 자는 것도 효과적이다.

어휘 공략하기

◐ 바른답·알찬풀이 6쪽

1 다음 뜻에 알맞은 어휘를 말 상자에서 찾아 쓰시오.

(1) 사물이나 현상의 모양이나 상태. → (　　　　)

(2) 가지고 있는 생각이나 뜻이 서로 통함. → (　　　　)

(3) 딱딱하지 아니하고 부드러운 성질. 또는 그런 정도. → (　　　　)

(4) 끈과 띠라는 뜻으로, 둘 이상을 서로 연결하거나 결합하게 하는 것. 또는 그런 관계. → (　　　　)

전	의	사	소	통	인
공	천	진	양	상	궁
술	유	세	허	기	한
강	김	연	체	지	적
생	용	장	성	적	안
화	유	대	억	추	확

2 다음 밑줄 친 어휘의 뜻으로 알맞은 것을 〈보기〉에서 찾아 그 기호를 쓰시오.

보기

㉠ 상태, 모양, 성질 따위가 그와 같다고 여겨지다.
㉡ 세포에서 만들어진 액체를 세포 밖으로 내보내는 것.
㉢ 연구에서 어떤 내용을 설명하려고 예상한 것으로 아직 증명되지 않은 가정.
㉣ 목구멍의 가운데에 있는 내쉬는 숨에 의해 떨려서 소리를 내는 주름 모양의 기관.

(1) 노래를 많이 불러서 성대에 무리가 왔다. → (　　)

(2) 눈물의 분비가 잘되지 않으면 눈이 메마르기 쉽다. → (　　)

(3) 그는 자신이 제시한 가설을 검증하기 위해 노력했다. → (　　)

(4) 일부의 의견이 대다수의 의견인 것처럼 간주되고 있다. → (　　)

3 어휘의 의미 관계가 바르게 연결된 것은 ○표, 바르게 연결되지 않은 것은 ×표 하시오.

(1) 면밀히 —비슷한 말— 자세히 (○ , ×)

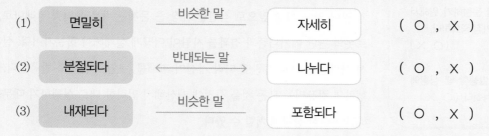

(2) 분절되다 ←반대되는 말→ 나뉘다 (○ , ×)

(3) 내재되다 —비슷한 말— 포함되다 (○ , ×)

04강 실전 1

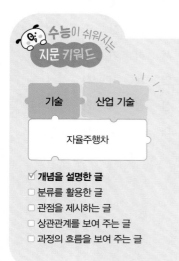

수능이 쉬워지는 지문 키워드

기술 / 산업 기술 / 자율주행차

☑ **개념을 설명한 글**
□ 분류를 활용한 글
□ 관점을 제시하는 글
□ 상관관계를 보여 주는 글
□ 과정의 흐름을 보여 주는 글

다음 글을 읽고 물음에 답하시오. 목표 8분

21세기에 접어들자 로봇과 자동화의 시대가 열렸으며, 자동차의 모습은 탁월한 안정성과 경제적 효과를 고려한 자율주행차의 모습으로 발달하게 되었다. 자율주행차란 운전자가 핸들과 가속 페달, 브레이크 등을 조작하지 않아도 센서를 통해 주변 환경을 인식하고 경로와 움직임을 결정하며 스스로 목적지까지 찾아가는 자동차를 말한다. 이러한 자율주행차는 차량과 교통 시설을 효율적으로 사용하게 하고 경제적 이득을 가져올 수 있으며, 궁극적으로 현재의 자동차 문화와 경제 구조를 변화시킬 수 있어 주목받고 있다.

자율주행차의 작동 과정은 크게 '인지 – 판단 – 제어'의 3단계로 나뉜다. 인지 단계에서는 센서로 자동차 주변의 환경을 인식한다. 판단 단계에서는 센서를 통해 인식한 환경 정보를 해석하고, 더욱더 안전하게 주행할 수 있는 경로를 판단한다. 제어 단계에서는 판단 단계에서 결정한 것을 실행한다. 인간의 사고와 행동이 감각 기관을 통해 수용한 정보를 바탕으로 이루어지듯, 자율주행차가 안전하게 운행하기 위해서는 센서의 기능이 매우 중요하다.

자율주행차에는 카메라와 레이더, 초음파 센서, 라이다와 같은 센서가 사용된다. 카메라는 렌즈를 통해 차량 주변의 사물이 어떤 종류인지 식별하여 분류하고 상황을 인식하는 역할을 한다. 질감이나 색상과 같은 평면의 정보를 포착할 수 있지만 장거리 또는 외부 환경에 취약하다는 단점이 있다. 레이더는 전자기파를 발사하여 반사되는 신호를 바탕으로 차량 주변에 있는 사물과의 거리, 속도, 방향과 같은 정보를 얻는다. 레이더는 카메라와 달리 날씨와 같은 외부 환경에 영향을 받지 않으며, 주파수의 종류에 따라 단거리부터 중장거리까지 감지할 수 있다는 장점이 있다. 하지만 표지판과 같은 물체를 정밀하게 측정할 수 없고 직선거리만 측정할 수 있다. 초음파 센서는 주로 자동차의 앞뒤로 장착되며 주차할 때 주변의 장애물을 감지하는 역할을 한다. 초음파 센서는 가격이 저렴하지만 그 역할이 장애물을 판별하는 정도일 뿐이며 탐지할 수 있는 거리가 짧다. 라이다는 카메라와 레이더, 초음파 센서가 정밀한 3차원 정보를 제공할 수 없다는 점을 보완하기 위해 자율주행차에 사용되기 시작한 센서로, 초당 수십 번의 레이저를 주변 사물과 주고받으며 사물과의 원근감과 형태, 거리, 속도를 인식하고 3차원의 정보를 얻는다. 센서 중에서 가장 해상도와 정확도가 높지만 가격이 매우 비싸고 빛을 이용하기 때문에 날씨가 좋지 않으면 정확도가 떨어진다.

이처럼 자율주행차가 널리 쓰이기 위해서는 가격과 인프라 구축 등 해결해야 할 문제가 많이 있다. 그중 앞으로 직면할 가장 큰 문제는 바로 윤리적 딜레마로, 구체적으로는 로봇의 판단 메커니즘과 결과를 사람이 어떻게 설계해야 하는가이다. 실제 사고 상황에서 사람은 본능과 습관에 따라 자신이 피해를 ㉠ 입지 않도록 반응한다. 하지만 자율주행차의 컴퓨터는 모든 것을 사전에 계산해서 입력한 대로 실행하기 때문에 사고가 발생하면 곤란한 상황에 처할 수 있다.

✦궁극적 더할 나위 없는 지경에 도달하는 것.
✦인프라 생산이나 생활의 기반을 형성하는 중요한 구조물.
✦딜레마 선택해야 할 길은 두 가지 중 하나로 정해져 있는데, 그 어느 쪽을 선택해도 바람직하지 못한 결과가 나오게 되는 곤란한 상황.
✦메커니즘 사물의 작용 원리나 구조.

확인 문제

1 이 글의 주제는?
□□□□□의 작동 과정과 해결 과제

2 자율주행차가 안전하게 운행하기 위해서는 브레이크의 기능이 가장 중요하다. (○, ×)

3 자율주행차는 사고가 발생할 때 상황에 따른 유연한 대처가 가능하다. (○, ×)

◐ 바른답·알찬풀이 7쪽

1

세부 내용 파악하기

윗글의 내용과 일치하지 않는 것은?

① 사람들은 사고가 났을 때 본능이나 습관에 따라 행동한다.

② 자율주행차는 사람이 직접 운전하지 않아도 주행이 가능하다.

③ 자율주행차는 모든 것을 사전에 계산해서 입력한 대로 실행한다.

④ 자율주행차의 도입은 자동차 문화와 경제 구조를 변화시킬 수 있다.

⑤ 자율주행차 운행과 관련해 해결해야 할 가장 어려운 문제는 법규를 정리하는 것이다.

2

적용하기

윗글을 바탕으로 〈보기〉의 ⓐ~ⓔ에 대해 이해한 내용으로 적절하지 않은 것은?

보기

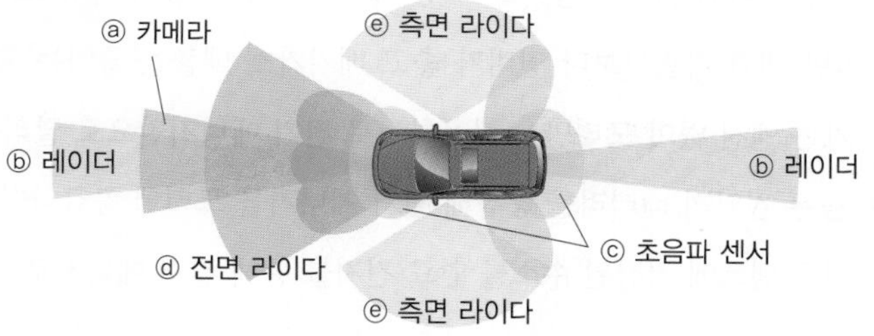

① ⓐ는 평면적인 정보를 수집할 수 있지만 멀리 있는 정보는 측정이 어렵겠군.

② ⓑ는 주파수의 종류를 조절하면 대부분의 거리를 감지할 수 있겠군.

③ ⓒ는 가격이 저렴하며 사물의 형태와 거리, 속도까지 인식할 수 있어 효율적이군.

④ ⓓ와 ⓔ는 다른 센서에 비해 비교적 최근에 장착되기 시작했겠군.

⑤ ⓐ와 ⓔ는 날씨의 영향을 받는다는 공통점이 있군.

3

어휘의 의미 파악하기

㉠과 문맥적 의미가 다른 것은?

① 동생은 한겨울에 동상을 입었다.

② 그는 낡은 체육복을 입고 있었다.

③ 그는 경기에 출전하여 상처를 입었다.

④ 마을은 태풍으로 인해 막대한 피해를 입었다.

⑤ 그녀는 선생님으로부터 큰 은혜를 입게 되었다.

04강 실전 2

지문 난이도 ★★★ | 기출 고1 학평

다음 글을 읽고 물음에 답하시오.

목표 11분

최근 유럽 연합에서는 2035년부터 내연 기관차 신규 판매를 금지하는 법안이 통과되는 등 전 세계 주요 국가에서 친환경차에 대한 관심이 높아지고 있다. 이러한 움직임은 ✦화석 연료가 점차 ✦고갈되는 상황에서 자연스러운 현상이다. 이와 같은 흐름 속에서 세계 각국이 온실가스의 배출을 줄이기 위해 자동차 분야의 규제를 강화함에 따라 친환경차가 주목을 받고 있다.

친환경차에는 전기차, 수소 전기차, 하이브리드차가 있는데 이 중 전기차와 수소 전기차는 전기 에너지를 운동 에너지로 변환하여 주는 모터만으로 ✦구동되고, 하이브리드차는 화석 연료를 사용하는 엔진과 모터를 함께 사용하여 구동된다. 내연 기관을 사용한 차는 마찰 제동 장치를 사용하므로 차가 속도를 줄일 때 운동 에너지가 열에너지로 변환된 후 사라지는 반면, 친환경차는 속도를 줄일 때 운동 에너지를 전기 에너지로 변환하고 이를 배터리에 충전하여 다시 사용할 수 있게 하는 장치를 사용해 에너지 효율을 높인다. 하이브리드차는 출발할 때에는 전기 에너지를 이용하여 모터를 구동하고 주행 시에는 주행 상황에 따라 모터와 엔진을 적절히 이용하므로 일반 내연 기관차보다 연비가 좋고 배기가스 배출을 줄이는 효과가 있다. 전기차와 수소 전기차는 엔진 없이 모터만을 사용하므로 전기 에너지만으로 달리는 차라고 할 수 있다. 전기차는 높은 전압의 배터리를 충전해 전기 에너지를 모터에 공급하여 차를 움직이고, 수소 전기차는 연료 탱크에 저장된 수소를 연료 전지를 통해 전기 에너지로 변환하여 차를 구동한다.

연료 전지는 차량을 구동할 때 필요한 수준의 전기 에너지를 발전시키기 위해 다수의 연료 전지를 일렬로 연결하여 가로로 쌓아 만드는데 이를 '스택(stack)'이라 한다. 연료 전지는 저장된 수소와 외부로부터 공급되는 공기 속 산소가 만나 일어나는 산화·환원 반응 과정을 통해 전기 에너지를 생성한다. 여기서 산화란 어떤 물질이 전자를 내어 주는 것을, 환원이란 전자를 받아들이는 것을 의미한다. 이렇게 물질이 전자를 얻거나 잃는 것을 이온화라고도 하는데 물질이 전자를 얻으면 음이온이, 전자를 잃으면 양이온이 된다. 수소 전기차에는 특수한 성분이 포함된 ✦촉매와, 마찬가지로 특수한 물질이 포함된 연료 전지가 많이 사용되는데, 이들은 다른 연료 전지에 비해 외부에 공급하는 힘이 크고 저온에서도 작동이 되며 구조도 간단하다. 연료 전지의 −극과 +극에 사용되는 촉매 속에 들어있는 성분은 −극에서는 수소의 산화 반응을, +극에서는 산소의 환원 반응을 활성화한다. 그리고 두 극 사이에 있는 특수한 물질은 양이온의 이동을 돕고 음이온과 전자의 이동은 억제하는 역할을 한다.

연료 전지에서 전기가 생성되는 과정은 수소를 저장한 연료 탱크로부터 수소가 −극으로, 공기 공급기로 유입되는 외부의 공기 속 산소가 +극으로 공급되며 시작된다. −극에 공급된 수소는 촉매 속 특수한 성분에 의해 수소 양이온과 전자로 분리되고, 수소 양이온은 연료 전지의 특수한 물질을 통과해 +극으로, 전자는 외부 회로를 통해 +극으로 이동한다. 이렇게 전자가

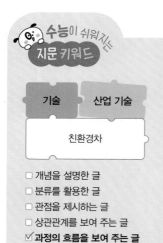

수능이 쉬워지는 지문 키워드

기술 | 산업 기술

친환경차

□ 개념을 설명한 글
□ 분류를 활용한 글
□ 관점을 제시하는 글
□ 상관관계를 보여 주는 글
☑ **과정의 흐름을 보여 주는 글**

✦**화석 연료** 아주 옛날에 살았던 생물이 땅속에 묻혀 화석같이 굳어져 오늘날 연료로 이용하는 물질.

✦**고갈되다** 어떤 일의 바탕이 되는 돈이나 물자, 소재, 인력 따위가 다 하여 없어지다.

✦**구동되다** 동력이 가해져 움직이다.

✦**촉매** 자신은 변하지 않으면서 다른 물질의 반응 속도를 빠르게 하거나 늦추는 일. 또는 그런 물질.

✦**축전되다** 많은 양의 전기를 모으는 장치나 전기 에너지를 화학 에너지로 바꾸어 모아 두었다가 필요한 때에 전기로 재생하는 장치에 전기가 모아져 두어지다.

외부 회로로 흐르며 전기 에너지가 발생하는데, 생성된 전기 에너지는 모터로 전해져 동력원이 되고 일부는 배터리에 축전된다. +극에서는 공급된 산소가 외부 회로를 통해 이동해 온 전자와 결합해 산소 음이온이 된 후, 수소 양이온과 만나 물이 되어 외부로 배출된다.

수소 전기차에 사용되는 수소는 가솔린의 세 배나 되는 단위 질량당 에너지 밀도를 지니고 있어 에너지 효율이 높다. 그리고 수소와 산소의 반응을 이용하므로 오염 물질이나 온실가스의 배출이 적고 외부로부터 공급되는 공기를 필터로 정화하여 사용한 후 배출하므로 공기를 정화하는 기능도 한다. 그러나 고가인 성분과 특수 물질을 사용해 연료 전지를 제작해 가격이 비싸다는 점, 수소는 높은 압력으로 압축해야 하므로 폭발할 위험성이 커 보관과 이동에 어려움이 있다는 점 등 해결해야 할 문제들이 남아 있다.

확인 문제

1 이 글의 주제는?
□□□□의 종류와 구동 과정 및 해결 과제

2 친환경차는 속도를 줄일 때 특별한 장치를 활용하여 에너지 효율을 높이고 있다. (○, ×)

3 수소 전기차에 사용되는 수소는 가솔린보다 단위 질량당 에너지 밀도가 높다. (○, ×)

1 세부 내용 파악하기

윗글에서 알 수 있는 내용으로 적절하지 않은 것은?

① 친환경차의 종류
② 스택(stack)의 개념
③ 하이브리드차의 문제점
④ 친환경차가 주목받는 이유
⑤ 하이브리드차가 구동되는 방식

2 세부 내용 파악하기

윗글을 이해한 내용으로 적절하지 않은 것은?

① 하이브리드차는 주행 시에 상황에 따라 모터와 엔진을 적절히 이용한다.
② 수소 전기차의 특수한 물질은 양이온과 전자의 이동을 억제하는 역할을 한다.
③ 엔진이 없이 모터로만 구동된다는 점은 전기차와 수소 전기차의 공통점이다.
④ 수소 전기차는 외부 공기를 정화하여 배출하므로 공기를 정화하는 기능을 한다.
⑤ 내연 기관차가 속도를 줄일 때에는 운동 에너지가 열에너지로 변환된 후 사라진다.

3

적용하기

〈보기〉는 수소 전기차의 연료 전지에서 전기가 생성되는 과정이다. ㉠~㉣의 순서로 가장 적절한 것은?

보기

연료 탱크의 수소가 −극으로, 외부 공기 속 산소가 +극으로 공급된다.

↓

㉠ 수소 양이온이 +극으로 이동한다.
㉡ 전자가 외부 회로로 흐르며 전기 에너지가 발생한다.
㉢ −극에 공급된 수소가 수소 양이온과 전자로 분리된다.
㉣ 전기 에너지가 모터의 동력원이 되거나 배터리에 축전된다.

↓

+극에서는 산소가 산소 음이온이 된 후, 수소 양이온과 만나 물이 되어 외부로 배출된다.

① ㉠ - ㉡ - ㉢ - ㉣
② ㉡ - ㉠ - ㉢ - ㉣
③ ㉢ - ㉠ - ㉡ - ㉣
④ ㉢ - ㉡ - ㉠ - ㉣
⑤ ㉣ - ㉢ - ㉠ - ㉡

배경지식 확장하기

실전 1, 2와 엮어 읽기

미래 자동차는 무엇을 말할까?

친환경 전기차와 수소 전기차, 정보 통신 기술(ICT)과 인공 지능(AI)에 기반한 자율주행차를 포괄하여 보통 '미래 자동차'라고 부른다. '미래 자동차'라고 하면 전기차나 수소 전기차가 가장 익숙하지만, 미래 자동차의 범위는 전기차·수소 전기차와 같은 친환경차뿐 아니라 자율주행차, 이동 서비스 산업까지 포괄하는 큰 개념이라 할 수 있다. 최근 세계 자동차 산업을 살펴보면 내연 기관차 시장의 수요 감소로 미래 자동차에 대한 개발과 서비스에 대규모 투자가 이루어지고 있다. 우리나라의 미래 자동차는 통신 기반과 친환경차 성능 면에서 매우 우수하여 경쟁력이 있다. 통신 환경은 자율주행차와 연결 서비스 지원이 가능한 세계 최고 수준을 갖추고 있으며, 전기차·수소 전기차도 효율성과 주행 거리 면에서 성능이 우수하다.

어휘 공략하기

◐ 바른답·알찬풀이 8쪽

1 제시된 초성을 참고하여 다음 문장의 빈칸에 들어갈 어휘를 쓰시오.

(1) 기준을 모두 ㅊ ㅈ 한 사람만 그 자리에 지원할 수 있다. → (　　　　)

(2) 에너지의 낭비가 심해 화석 연료가 빠르게 ㄱ ㄱ 되고 있다. → (　　　　)

(3) 현관 조명에 부착된 센서는 움직임을 ㅇ ㅅ 하여 자동으로 작동한다. → (　　　　)

2 다음 밑줄 친 어휘의 뜻으로 알맞은 것을 〈보기〉에서 찾아 그 기호를 쓰시오.

보기

㉠ 동력이 가해져 움직이다.
㉡ 안에서 밖으로 밀어 내보내다.
㉢ 어떤 일이나 사물을 직접 당하거나 접하다.
㉣ 어느 온도에서 한 물질의 단위 부피만큼의 질량.

(1) 소금물은 물보다 <u>밀도</u>가 높다. → (　　)
(2) 그 팀은 심각한 위기 상황에 <u>직면해</u> 있다. → (　　)
(3) 공장에서 오염된 물을 하천으로 <u>배출하였다</u>. → (　　)
(4) 추운 겨울날에는 자동차의 미끄럼 방지 장치가 <u>구동된다</u>. → (　　)

3 밑줄 친 부분의 띄어쓰기가 가장 적절한 것은?

① 자율주행차는 안전 기준을 <u>충족 해야</u> 한다.
② 엄청난 규모의 생산을 <u>할 수 있는</u> 시간이다.
③ 보행자가 발을 <u>헛 디뎌</u> 도로 위로 넘어졌다.
④ 짧은 <u>순간 이지만</u> 운전자는 본능적으로 행동한다.
⑤ 그것은 경제적 이득을 가져올 <u>뿐만아니라</u> 경제 구조를 바꿀 것이다.

다음 글을 읽고 물음에 답하시오.

목표 8분

미술사에 있어서 소는 동서고금을 가리지 않고 작품의 대상이 되었고 다양하게 표현되어 왔다. 소는 선사 시대의 미술을 대표하는 스페인의 알타미라 동굴 벽화와 프랑스의 라스코 동굴 벽화에서도 발견되는데, 이로 미루어 볼 때 소가 오랜 세월에 걸쳐 그림의 소재로 ㉠ 빈번하게 다루어졌음을 알 수 있다. 알타미라 동굴 벽화와 라스코 동굴 벽화를 확대하여 살펴보면 두 벽화에는 들소가 매우 사실적으로 묘사되어 있다. 그렇다면 선사 시대 사람들은 왜 동굴 안에 소를 그렸을까?

학자들의 연구 결과 원시인들이 동굴 벽면에 들소를 그린 까닭은 사냥의 성공을 기원하기 위한 것이라고 밝혀졌다. 원시인들은 주로 사냥과 채집을 통해 생활하였기 때문에 동굴의 벽면에 사냥 대상인 동물을 그려 놓고 창을 던지면 실제로 짐승이 죽는다고 믿었다. 특히 들소는 힘이 세며 몹시 거칠고 사나운 동물이므로, 강한 힘을 상징함과 동시에 원시인들에게는 최고의 사냥감이기도 했다. 그래서 원시인들은 사냥하러 가기 전 들소 그림을 그리는 일종의 의식 행위를 하기도 했는데, 그들은 이 과정을 통해 두려움을 없애고 용감하게 사냥에 나갈 수 있었다.

소는 우리나라의 그림에서도 흔히 찾아볼 수 있다. 조선 시대 풍속화의 거장인 김홍도는 농부가 소의 도움으로 쟁기질을 하는 장면을 그림으로 남겼는데, 이를 통해 조선 시대만의 독특한 농사법을 엿볼 수 있으며 당시에 소가 매우 중요한 존재였다는 것을 알 수 있다. 또한 한국 근대 미술의 거장인 이중섭의 그림에는 분노하는 소의 모습이 그려져 있다. 이중섭의 「흰 소」는 한눈에도 무척 거칠고 사나워 보이는 소가 그려져 있다. 소의 표정과 동작, 색, 붓질에서도 강한 분노가 느껴진다. 소의 몸은 어두운색으로 표현되었고 힘이 들어간 근육의 ㉡ 윤곽은 흰색이다. 이중섭은 이 색들을 꼼꼼하게 덧칠하지 않고 강하고 빠르게 칠하였는데, 그 결과 소 근육의 움직임과 화난 감정이 더욱 생생하게 표현되었다. 그런데 이중섭은 왜 흰 소의 분노한 모습을 그렸을까? 그 이유는 그가 그린 그림 속 흰 소는 현실의 평범한 소가 아니라 화가의 ㉢ 분신이기 때문이다. 그는 6·25 전쟁 동안 부산과 제주도를 오가며 힘든 피란살이를 한 경험이 있다. 이 때문에 그는 가난에 시달렸으며 사랑하는 가족과 영원히 헤어지는 아픔도 겪었다. 따라서 이중섭은 바로 한민족의 비극과 자신이 겪은 고통의 감정을 성난 소의 모습으로 표현한 것이다. 또한 분노하는 소의 모습에 현실의 절망과 불행에도 절대 굴복하지 않겠다는 예술가의 의지까지 ㉣ 투영했다.

이처럼 소는 미술사에서 인류가 표현하고자 한 의식의 단면들을 다채롭게 드러내는 역할을 하였다. 이와 같이 같은 대상이라도 예술가에 의해 다양하게 ㉤ 변주되어 표현된 작품을 비교하여 감상하는 것은 시대에 따른 인식의 변화와 지역에 따른 문화의 다양성을 이해하는 하나의 방편이 될 수 있다.

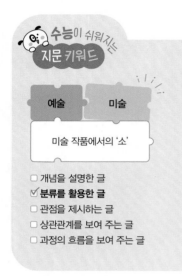

수능이 쉬워지는 지문 키워드

예술 | 미술

미술 작품에서의 '소'

- □ 개념을 설명한 글
- ☑ **분류를 활용한 글**
- □ 관점을 제시하는 글
- □ 상관관계를 보여 주는 글
- □ 과정의 흐름을 보여 주는 글

✦ **동서고금** 동양과 서양, 옛날과 지금을 이르는 말.
✦ **거장** 예술, 과학 따위의 어느 일정 분야에서 특히 뛰어난 사람.
✦ **단면** 사물이나 사건의 여러 현상 가운데 한 부분적인 측면.

확인 문제

1 **이 글의 주제는?**
□□ □□ 속에 나타난 '□'의 다양한 모습과 의미

2 원시인들이 동굴 벽면에 들소를 그린 것은 사냥의 성공을 기원하기 위한 것이다. (○, ×)

3 이중섭의 그림 속 소의 모습에서 우리나라의 독특한 농사법을 엿볼 수 있다. (○, ×)

◐ 바른답·알찬풀이 9쪽

세부 내용 파악하기

1 윗글을 읽고 알 수 있는 내용으로 적절하지 않은 것은?

① 소는 오랜 세월 동안 그림에서 다양한 모습으로 표현되어 왔다.

② 이중섭의 소 그림에는 근육의 윤곽이 꼼꼼하게 여러 번 칠해져 있다.

③ 같은 대상을 그린 다양한 그림을 감상하면서 문화의 다양성을 이해할 수 있다.

④ 선사 시대 사람들은 동굴의 동물 벽화에 창을 던지면 실제로 짐승이 죽는다고 믿었다.

⑤ 원시인들은 사냥하러 가기 전 소 그림을 그리면서 두려움을 없애고 용감하게 사냥을 나갈 수 있었다.

적용하기

2 윗글을 바탕으로 〈보기〉를 이해한 내용으로 가장 적절한 것은?

보기

유럽의 화가 밀레의 「송아지의 탄생」에는 농사일을 하던 암소가 송아지를 낳은 이후의 상황이 나타나 있다. 이 그림에는 농민들이 갓 태어난 송아지를 마른 풀이 깔린 들것에 태우고, 조심스럽게 집으로 이동하는 모습이 사실적으로 그려져 있는데, 이러한 상황 묘사에서 소를 진심으로 아끼는 농민들의 마음이 느껴진다.

① 소는 인간에게 노동의 즐거움을 안겨 주는 대상이었다.

② 소는 인간이 자신의 삶을 반성하게 하는 역할을 하였다.

③ 소는 인간의 다양한 삶과 의식의 단면을 드러내는 역할을 하였다.

④ 소는 인간이 처한 가난한 현실을 상징적으로 드러내는 소재가 되었다.

⑤ 소는 큰일을 앞둔 인간이 마음의 평온과 용기를 얻게 하는 수단이었다.

어휘의 의미 파악하기

3 문맥상 ㉠~㉤과 바꾸어 쓸 수 없는 것은?

① ㉠: 자주

② ㉡: 테두리

③ ㉢: 변신

④ ㉣: 반영했다

⑤ ㉤: 변화되어

05강 실전 2

수능이 쉬워지는 지문 키워드

예술 | 미술

인상주의 미술

- □ 개념을 설명한 글
- □ 분류를 활용한 글
- □ 관점을 제시하는 글
- □ 상관관계를 보여 주는 글
- ☑ 과정의 흐름을 보여 주는 글

다음 글을 읽고 물음에 답하시오. 목표 9분

15세기 초에 등장한 사실주의 미술은 19세기까지 서양 미술의 주류를 이루었다. 사실주의 미술가들은 약 4백여 년간 세상을 생생하게 재현하는 것을 그들 예술 목표로 삼았다. 따라서 ㉠ 사실주의 화가들은 보다 더 실제의 세상과 가까운 모습을 그림으로 재현하기 위해 해부학, 광학, 색채학 등을 미술에 적용하였고, 그 결과 원근법이나 색채 명암법과 같은 다양한 기법을 개발하였다. 그러나 1839년 프랑스의 화가이자 발명가인 다게르에 의해 사진이 발명되고 폭발적으로 보급되자 사실주의 미술은 위기에 빠지게 되었다. 사실주의 미술이 자연을 최대한 그대로 재현하려고 아무리 노력해도 사진만큼 똑같을 수는 없었기 때문이다. 결국 회화는 대상을 사실적으로 재현하는 역할을 사진에 넘겨주게 되었고, 그에 따라 화가들은 회화의 의미에 대해 고민하게 되었다. 19세기 말 등장한 인상주의와 후기 인상주의는 전통적인 회화에서 중시되었던 사실주의적 회화 기법을 거부하고 회화의 새로운 경향을 추구하였다.

㉡ 인상주의 화가들은 색이 빛에 의해 계속해서 변화하기 때문에 대상의 고유한 색은 존재하지 않는다고 생각하였다. 인상주의 화가 모네는 대상을 사실적으로 재현하는 회화적 전통에서 벗어나기 위해 빛에 따라 달라지는 사물의 색과 그에 따른 순간적 인상을 표현하고자 하였다. ㉢ 모네는 대상의 세세한 모습보다는 전체적인 느낌과 분위기, 빛의 효과에 주목했다. 그 결과 빛에 의한 대상의 순간적 인상을 포착하여 대상을 빠른 속도로 그려 내었다. 그에 따라 그림에 거친 붓 자국과 물감을 덩어리로 찍어 바른 듯한 흔적이 남아 있는 경우가 많았다. 이로 인해 대상의 윤곽이 뚜렷하지 않아 색깔이 주는 느낌이 형태를 표현하는 것을 압도하는 듯한 느낌을 준다. 이와 같은 기법은 그가 사실적으로 그리는 것에 더 이상 치중하지 않았음을 보여 주는 것이었다. 그러나 모네 역시 대상을 '눈에 보이는 대로' 표현하려 했다는 점에서 이전 회화에서 추구했던 사실적 표현에서 완전히 벗어나지는 못했다는 평가를 받았다.

㉣ 후기 인상주의 화가들은 재현 위주의 사실적 회화에서 근본적으로 벗어나는 새로운 방식을 추구하였다. 후기 인상주의 화가 ㉤ 세잔은 "회화에는 눈과 두뇌가 필요하다. 이 둘은 서로 도와야 하는데, 모네가 가진 것은 눈뿐이다."라고 말하면서 사물의 눈에 보이지 않는 형태까지 찾아 표현하고자 하였다. 이러한 시도는 회화란 감각으로 인식하는 세계를 재현하는 것이 아니라 대상의 본질을 나타내야 한다는 생각에서 비롯되었다. 세잔은 하나의 눈이 아니라 두 개의 눈으로 보는 세계가 진실이라고 믿었고, 두 눈으로 보는 세계를 평면에 그리려고 했다. 그는 대상을 전통적 원근법에 억지로 맞추지 않고 이중 시점을 적용하여 대상을 다른 각도에서 바라보려 하였고, 이를 한 폭의 그림 안에 표현하였다. 또한 질서 있는 화면 구성을 위해 대상의 선택과 배치가 자유로운 정물화를 선호하였다.

세잔은 사물의 본질을 표현하기 위해서는 '보이는 것'을 그리는 것이 아니라 '아는 것'을 그려야 한다고 주장하였다. 그 결과 자연을 관찰하고 분석하여 사물은 본질적으로 구, 원통, 원뿔의

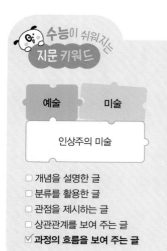

✦ **사실주의** 일반적으로 현실을 있는 그대로 묘사·재현하려고 하는 창작 태도.

✦ **원근법** 그림이나 사진 등에서, 멀고 가까움을 느낄 수 있도록 표현하는 방법.

✦ **명암법** 회화에서, 한 가지 색상의 명도 차에 의하여 입체감을 나타내는 기법.

✦ **회화** 여러 가지 선이나 색채로 평면상에 형상을 그려 내는 조형 미술.

✦ **입체파** 대상을 기하학적 형태로 분해하고 여러 방향으로 본 상태를 한 화면에 평면적으로 표현하는 미술 갈래.

◐ 바른답·알찬풀이 10쪽

단순한 형태로 이루어졌다는 결론에 도달하였다. 이를 회화에서 구현하기 위해 그는 이중 시점에서 더 나아가 형태를 단순화하여 대상의 본질을 표현하려 하였고, 윤곽선을 강조하여 대상의 존재감을 부각하려 하였다. 회화의 정체성에 대한 고민에서 비롯된 그의 이러한 화풍은 입체파 화가들에게 직접적인 영향을 미치게 되었다.

확인 문제

1 이 글의 주제는?
[ ][ ][ ][ ] 미술의 등장과 그 특징

2 사진은 사실주의 미술보다 대상의 모습을 더 사실적으로 표현할 수 있었다. (○, ×)

3 세잔은 색채를 강조하여 대상의 존재감을 부각하고자 하였다. (○, ×)

1 세부 내용 파악하기

윗글에서 알 수 있는 내용으로 적절하지 않은 것은?

① 세잔이 선호한 회화의 종류
② 사실주의 미술이 등장한 시기
③ 사진의 등장이 회화에 끼친 영향
④ 세잔의 그림에 대한 모네의 평가
⑤ 인상주의 미술과 사실주의 미술의 차이점

2 세부 내용 파악하기

윗글의 내용과 일치하지 않는 것은?

① 사실주의 미술은 다양한 학문을 적용하여 세상을 그대로 재현하려고 하였다.
② 세잔은 전통적 원근법에서 벗어나 대상을 다양한 각도에서 관찰하여 그림을 그렸다.
③ 모네는 대상을 눈에 보이는 대로 표현함으로써 사실주의 미술의 틀을 완전히 벗어났다.
④ 세잔은 사물의 보이지 않는 형태를 표현하기 위해 두 눈으로 보는 세계를 평면에 그리려고 하였다.
⑤ 모네는 빛에 의한 대상의 순간적 인상을 포착하기 위해 물감을 덩어리로 찍어 바른 듯이 그려 내었다.

3

적용하기

㉠~㉤이 〈보기〉의 그림을 보고 나눌 수 있는 대화로 적절하지 않은 것은?

보기

① ㉠: 해부학과 색채학을 적용해서 소의 모습을 실제와 가깝게 재현해 봐야겠어.

② ㉡: 사물은 빛을 받아 색이 구현되므로, 황소가 지닌 고유한 색은 존재하지 않아.

③ ㉢: 거칠고 빠른 붓질로 황소의 모습을 사실적으로 그려 내야겠어.

④ ㉣: 황소를 사실적으로 그리는 것에서 벗어나 새로운 방식의 그림으로 나타내야겠어.

⑤ ㉤: 황소의 모습을 단순화하고 윤곽선을 강조해 그림으로써 황소의 존재감을 강조해야겠어.

배경지식 확장하기

실전 2와 엮어 읽기

순간의 색을 기다린 인상주의

인상주의 화가들은 사물의 고유한 색보다는 태양 빛에 의해 시시각각 달라지는 순간적인 색을 그림으로 표현하려고 노력했다. 그러다 보니 빛이 바뀌기 전에 그림을 완성하기 위해 서두를 수밖에 없었다. 심지어는 팔레트에 물감을 섞을 시간조차 없어 도화지에 물감을 짜서 색을 칠하기도 했고, 잠시 자리를 비운 동안에 빛이 달라져 원하는 풍경을 그리지 못할까 봐 화장실에 가는 것도 참으면서 그림을 그린 화가들도 있었다. 대표적인 인상주의 화가로는 모네, 르누아르, 마네 등이 있다.

05강 어휘 공략하기

◐ 바른답·알찬풀이 10쪽

1 다음 뜻에 알맞은 어휘를 〈보기〉에서 찾아 쓰시오.

> **보기**
>
> 붓질　　원시인　　정체성　　존재감

(1) 붓을 놀려 그림을 그리는 일. → (　　　　)

(2) 현생 인류 이전의 고대 인류. → (　　　　)

(3) 변하지 아니하는 존재의 본질을 깨닫는 성질. → (　　　　)

(4) 사람, 사물, 느낌 따위가 실제로 있다고 생각하는 느낌. → (　　　　)

2 다음 어휘와 뜻이 비슷한 어휘를 골라 ○표 하시오.

(1)

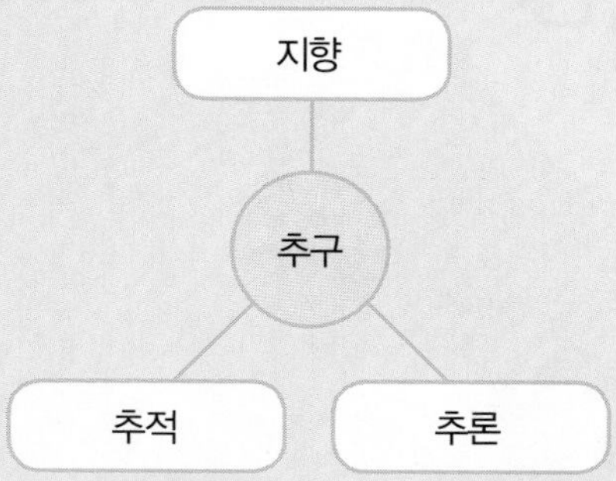

(2)

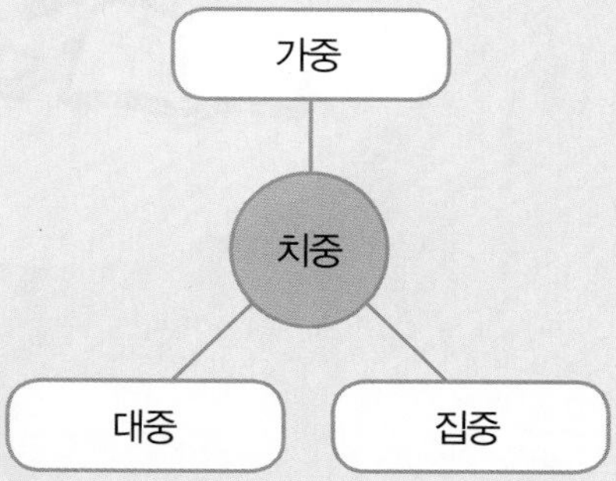

3 〈보기〉의 밑줄 친 부분과 같은 음운 변동이 일어난 것으로 가장 적절한 것은?

> **보기**
>
> 그는 물감을 꼼꼼하게 덧칠하지 <u>않고[안코]</u> 강하고 빠르게 칠했다.

① 나는 현실의 절망에 굴복하지 <u>않겠다</u>.

② 그는 사물의 모습을 그대로 재현하지 <u>않았다</u>.

③ 세상에 대상의 고유한 색은 존재하지 <u>않는다</u>.

④ 이것도 <u>넓게</u> 보면 현실의 재현이라 할 수 있다.

⑤ 사실주의는 사진의 사실성을 따라갈 수 <u>없었다</u>.

수능형 실전 문제로 깨우자!

실전 훈련 2

강	학습 내용	학습 확인
06강	인문 순자의 '불구지천' 인문 흄의 경험론	
07강	사회 빛 공해의 심각성 사회 지구를 위협하는 플라스틱	
08강	과학 구름의 생성과 강수 과학 적란운과 집중 호우	
09강	기술 정보 통신 기술 시스템 기술 패킷 교환 방식	
10강	예술 칸타타와 소나타 예술 그레고리안 선법	

06강 실전 1

지문 난이도 ★☆☆ | 기출 고1 학평

다음 글을 읽고 물음에 답하시오.

목표 6분

고대 중국인들은 인간이 하지 못하는 불가능한 일을 하늘이 해결해 준다고 믿었다. 그들에게 하늘은 인간에게 자신의 의지를 심어 두려움을 갖고 복종하게 하는 존재이자, 인간의 모든 일을 책임지고 맡아서 처리하는 ✦신성한 존재로 인식되었다. 이러한 하늘에 대한 인식은 결과적으로 하늘이 인간의 행운, 불운, 권선징악을 결정하고, 더 나아가 왕조의 탄생, 정치적 변화와 같은 한 사회의 운명까지 결정한다는 믿음을 낳았다. 하지만 이러한 인식은 인간의 지혜가 성숙하고 문명이 발달하면서 크게 변화하게 되었다.

순자는 하늘에 대한 그 당시까지의 인식을 획기적으로 변화시켰다. 순자는 고대 중국인들과 달리 하늘을 단지 자연 현상으로만 바라보았다. 그가 생각한 하늘은 별, 해와 달, 사계절, 추위와 더위, 바람 등의 모든 자연 현상을 가리킨다. 따라서 하늘은 사람을 가난하게 만들거나 병들게 할 수 없고, 재앙을 내리거나 ✦길흉화복(吉凶禍福)을 결정해 줄 수도 없다. 순자가 볼 때 사람이 받게 되는 재앙이나 복의 원인은 인간 자신에게 있는 것이지, 하늘에 있는 것이 아니다. 태평하고 평화로운 세상이든 어지럽고 불안한 세상이든 세상이 그렇게 만들어진 이유 또한 하늘과는 상관없는 것이다.

순자는 자연 현상으로서의 하늘이 인간의 길과는 상관없는 그 자체의 길을 가지고 있다고 보았다. ✦천체는 정해져 있는 불변의 궤도를 따라 움직이고, 사계절 역시 정해진 주기를 따라 변한다. 비가 내리거나 바람이 부는 것 또한 제 나름의 질서와 법칙을 따를 뿐이다. 물론 일식이나 월식이 일어나기도 하고 비바람이 아무 때나 일거나 괴이한 별이 갑자기 출현하기도 하지만 이런 일은 항상 일어나지 않고, 하늘이 이를 통해 인간에게 길흉을 알려 주는 것은 더욱 아니다. 즉, 하늘은 인간에게 아무 이야기를 하지 않는데 하늘에 기대고 싶은 인간이 하늘과 관련된 이야기를 만들어 낸다는 것이다. 그래서 순자는 하늘에 담긴 뜻이 무엇인지 알려고 노력할 필요가 없다는 뜻의 ㉠ <u>'불구지천(不求知天)'</u>의 자세를 강조했다.

순자의 불구지천은 하늘이 의지를 갖고 있다고 주장하며 그것이 무엇인지 알아내겠다고 덤비는 태도, 즉 하늘에 대한 종교적인 인식과 접근을 비판하려는 것이다. 순자는 ✦천재지변(天災地變)이 닥쳤을 때 공포에 떨면서 하늘의 뜻을 알려 하고 하늘에 도움을 구할 것이 아니라, 우리가 해야 할 일을 적극적으로 찾아 위기를 극복해야 한다고 주장했다. 이처럼 순자의 관심은 하늘에 있지 않고 사람에 있었고, 특히 인간 사회의 질서를 바로잡고 나라를 다스리는 일인 정치에 많은 관심을 두었다.

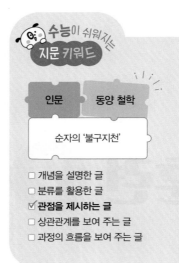

수능이 쉬워지는 지문 키워드

인문 | 동양 철학

순자의 '불구지천'

- □ 개념을 설명한 글
- □ 분류를 활용한 글
- ☑ **관점을 제시하는 글**
- □ 상관관계를 보여 주는 글
- □ 과정의 흐름을 보여 주는 글

✦**신성하다** 함부로 가까이할 수 없을 만큼 고결하고 거룩하다.

✦**길흉화복** 좋은 일과 나쁜 일, 불행한 일과 행복한 일.

✦**천체** 우주에 존재하는 모든 물체. 항성, 행성, 위성, 혜성, 인공위성 따위를 통틀어 이르는 말.

✦**천재지변** 지진, 홍수, 태풍 따위의 자연 현상으로 인한 재앙.

확인 문제

1 이 글의 주제는?
□□을/를 자연 현상으로 인식하고, 인간의 의지를 중시한 순자의 사상

2 순자는 하늘이 자연 현상일 뿐, 인간과 사회의 운명을 결정할 수 없다고 보았다. (○, ×)

3 순자는 인간의 일이 정해진 주기에 따라 움직인다고 보았다. (○, ×)

◐ 바른답·알찬풀이 11쪽

1 • 글의 전개 방식 파악하기

윗글의 논지 전개 방식으로 가장 적절한 것은?

① 이론이 만들어진 과정을 시간 순서에 따라 제시하고 있다.
② 문제 상황을 제시한 후 그 원인을 다양한 측면에서 분석하고 있다.
③ 특정 견해에 대한 비판들을 반박한 후 그 이론의 의미를 밝히고 있다.
④ 상반된 입장의 장단점을 분석한 후 더 나은 결론을 이끌어 내고 있다.
⑤ 특정 대상에 대한 새로운 관점을 제시한 후 그 내용을 상세히 설명하고 있다.

2 • 숨어 있는 내용 찾기

㉠에 담긴 순자의 생각으로 적절하지 않은 것은?

① 하늘은 인간의 길과 다른 제 나름의 길을 가지고 있다.
② 인간은 재앙이 닥쳤을 때 하늘의 뜻을 알기 위해 노력할 필요가 없다.
③ 인간이 종교적인 인식을 바탕으로 하늘을 대하는 것은 어리석은 일이다.
④ 하늘은 인간에게 자신의 의지를 심어 두려움을 느끼게 만드는 존재이다.
⑤ 갑자기 비바람이 불더라도 하늘이 이를 통해 길흉을 알려 주려는 것은 아니다.

3 • 관점 비교하기

〈보기〉의 맹자가 윗글의 순자에게 할 수 있는 말로 가장 적절한 것은?

보기

맹자는 하늘이라는 존재가 도덕적인 의의를 가진다고 보았다. 그는 하늘이 인륜, 즉 인간의 윤리와 도덕의 근원이며, 인륜은 하늘의 덕성이 나타난 것으로 보았다. 따라서 사람이 하늘의 덕성을 본받아 그것을 자신의 덕으로 삼고, 이를 노력하고 실현해 나가면 사람의 덕성과 하늘의 덕성이 서로 통하게 된다고 생각했다.

① 당신은 저처럼 자연에 하늘의 덕이 담겨 있다고 보았군요.
② 당신은 저처럼 하늘과 사람이 하나가 되어야 한다고 생각했군요.
③ 당신은 저처럼 하늘에서 사람의 도덕적 삶의 근원을 찾으려 했군요.
④ 당신은 저와 달리 하늘과 무관하게 사람의 할 일을 중요하게 여겼군요.
⑤ 당신은 저와 달리 덕을 쌓으면 현실의 문제를 해결할 수 있다고 보았군요.

06강 실전 2

지문 난이도 ★★☆ | 기출 고1 학평

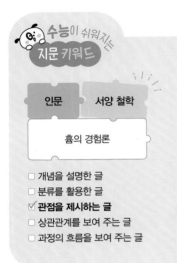

수능이 쉬워지는 지문 키워드

인문 | 서양 철학

흄의 경험론

□ 개념을 설명한 글
□ 분류를 활용한 글
☑ **관점을 제시하는 글**
□ 상관관계를 보여 주는 글
□ 과정의 흐름을 보여 주는 글

다음 글을 읽고 물음에 답하시오. 목표 9분

18세기 경험론의 대표적인 철학자 흄은 '모든 지식은 경험에서 나온다.'라고 주장하였다. 그는 지식을 얻거나 진리를 탐구하는 과정에서 경험을 가장 중요하게 여겼으며, 이성을 중심으로 진리를 탐구한 데카르트의 '합리론'을 비판하며 새로운 철학 이론을 구축하려 하였다. 그러나 흄은 경험만 지나치게 중시한 나머지, 서양 근대 철학사에서 극단적인 회의주의자로 평가받는다.

흄은 지식의 근원은 경험이라고 보고, 경험을 '인상'과 '관념'으로 구분하여 설명하였다. '인상'은 오감(五感), 즉 시각, 청각, 후각, 미각, 촉각과 같이 우리 몸의 감각 기관을 통해 얻는 감각이나 감정 등을 말한다. '관념'은 오감을 통해서 얻은 인상을 머릿속에 떠올리는 것을 가리킨다. 예를 들어, 혀로 소금의 '짠맛'을 느끼는 것은 인상이고, 머릿속으로 '짠맛'을 떠올리는 것은 관념이다.

흄은 인상을 '단순 인상'과 '복합 인상'으로, 관념 역시 '단순 관념'과 '복합 관념'으로 구분하였다. '단순 인상'은 오감 중에 하나의 감각을 통해 얻은 인상을 가리킨다. '짜다'라고 느끼는 것은 미각만을 통해 얻은 단순 인상이다. 그리고 '복합 인상'은 두 개 이상의 단순 인상들이 결합된 인상을 의미한다. 우리는 소금에서 미각을 통해 '짜다'라는 인상도 얻지만 동시에 시각을 통해 '희다'라는 인상을 얻을 수 있다. 소금에서 얻은 이 두 가지 단순 인상들이 결합된 인상이 복합 인상을 의미한다.

흄은 다시 단순 인상을 바탕으로 머릿속에 형성되는 관념을 '단순 관념', 복합 인상을 바탕으로 형성되는 관념을 '복합 관념'으로 나누었다. 흄은 단순 인상이 없으면 단순 관념은 존재할 수 없다고 보았다. 미각을 통해 특정한 맛에 대한 인상을 얻지 못하면, 그 맛을 관념으로 떠올리지 못하기 때문이다. 그러나 복합 인상이 없더라도 복합 관념은 존재할 수 있다. 예를 들어, 황금색을 띠면서 동시에 짠맛을 내는 '황금 소금'은 현실에는 없어 경험할 수 없기 때문에 결과적으로 그에 대한 복합 인상을 얻을 수 없다. 그러나 '황금'과 '소금' 각각에 대한 단순 인상은 존재하기 때문에, 이들을 결합하여 황금색을 띠면서 짠맛을 내는 '황금 소금'이라는 복합 관념을 머릿속에 떠올릴 수 있다. 하지만 ㉠ 흄은 '황금 소금'처럼 복합 관념이 존재한다 하더라도 이는 과학적 지식이 될 수 없다고 말하였다.

한편 흄은 인과 관계를 바탕으로 한 과학적 탐구 방식에 대해서도 비판적인 태도를 보였다. '까마귀 날자 배 떨어진다.'라는 속담에서, 우리는 까마귀가 날아오르는 사건을 '원인'으로, 배가 떨어지는 사건을 '결과'로 이해해 둘을 인과 관계로 설명한다. 그러나 흄은 두 사건이 시간적·공간적으로 매우 가깝게 일어나는 것만 관찰할 수 있을 뿐, 두 사건이 필연적인 관계를 맺는지, 인과 관계인지는 단정할 수 없다고 보았다. 흄은 인과 관계가 시공간적으로 인접한 사건들에 대한 관찰자의 주관적인 판단에 의해 만들어지는 것으로 여겨, 인과 관계를 바탕으로 탐구한 과학적 지식은 진리가 되기 어렵다고 ⓐ 보았다.

✦**구축하다** 체제, 체계 따위의 기초를 닦아 세우다.
✦**극단적** 마음이나 행동이 한쪽으로 완전히 치우친 것.
✦**회의주의자** 사람의 감각이나 인식은 주관적이고 상대적이어서 사람의 능력으로는 절대적인 진리를 알 수 없다고 보는 사상을 따르거나 주장하는 사람.
✦**근원** 사물이 비롯되는 근본이나 원인.
✦**필연적** 사물의 관련이나 일의 결과가 반드시 그렇게 될 수밖에 없는 것.
✦**고수하다** 가진 물건이나 힘, 의견 등을 굳게 지키다.

또한 흄은 우리가 진리를 알 수 있는가의 문제에 대해서도 회의적인 태도를 보였다. 전통적인 진리관에서는 진술한 내용이 사실과 일치할 때 그것을 진리라고 보았다. 하지만 흄은 진술한 내용이 사실과 일치하는지를 판단할 수 없다고 보았다. 예를 들어 '소금이 짜다.'라는 진술이 진리가 되려면 실제로 소금이 짜다는 것을 확인하면 된다. 그런데 흄에 따르면 우리는 감각 기관을 통해서만 세상을 인식할 수 있기 때문에 '소금이 짜다.'라는 진술은 '내 입에는 소금이 짜게 느껴진다.'라는 진술에 불과할 뿐 실제로 소금이 짠지를 확인할 방법이 없는 것이다. 경험을 통해서 얻은 지식으로는 그것이 진리인지 아닌지 확인할 수 없다는 것이 흄의 입장이다.

이처럼 흄은 지나치게 경험론적 입장을 고수한 나머지, 과학적 지식조차 회의적으로 바라보았다는 점에서 비판을 받기도 하였다. 하지만 그는 이성만 중시했던 당시의 철학 사상에 문제를 던지고 경험을 바탕으로 지식과 진리의 문제를 탐구했다는 점에서 근대 철학에 새로운 방향성을 제시했다는 평가를 받는다.

확인 문제

1 이 글의 주제는?
□□을/를 바탕으로 지식을 추구하며 근대 철학에 새로운 방향성을 제시한 흄의 철학

2 흄은 복합 인상 없이는 복합 관념이 존재할 수 없다고 보았다. (○, ×)

3 흄은 두 사건이 인과 관계를 맺고 있다면 과학적 지식이 될 수 있다고 보았다. (○, ×)

1

• 세부 내용 파악하기

윗글을 통해 알 수 있는 내용이 아닌 것은?

① 데카르트는 이성을 중시하는 관점에서 진리를 찾으려고 하였다.
② 전통적 진리관에 따르면 진리 여부를 판단하는 것은 불가능하다.
③ 흄은 지식의 탐구 과정에서 감각을 통해 얻은 경험을 중시하였다.
④ 흄은 경험을 통해 얻은 지식의 진리 여부는 알 수 없다고 보았다.
⑤ 흄은 합리론에 반기를 들고 새로운 철학 이론을 구축하고자 하였다.

2

• 숨어 있는 내용 찾기

㉠의 이유로 가장 적절한 것은?

① 진술한 내용이 사실과 일치하지 않으므로
② 머릿속으로 관념의 내용을 떠올릴 수 없으므로
③ 단순 인상들이 결합하여 복합 인상을 만들어 낸 것이므로
④ 경험을 통해서 얻은 지식은 이성을 통해서 얻은 지식과 다르므로
⑤ 인상을 갖지 않고 관념만 있는 것은 경험에 의한 것이라 볼 수 없으므로

● 적용하기

3 **윗글의 '흄'의 관점에서 〈보기〉를 이해한 내용으로 적절하지 않은 것은?**

보기

① 사과를 보면서 달콤한 맛을 떠올리는 것은 관념에 해당한다.

② 사과를 보면서 '이 사과는 빨개.'라고 느끼는 것은 단순 인상에 해당한다.

③ '이 사과는 빨개.'라는 진술은 사과가 빨갛다는 사실이 확인되므로 진리이다.

④ 사과를 먹는 것과 피부가 고와지는 것 사이에 인과 관계가 있다고 단정할 수 없다.

⑤ '매일 사과를 먹으니 피부가 고와졌어.'라는 생각은 행위자의 주관적 판단에 불과하다.

● 어휘의 의미 파악하기

4 **ⓐ와 문맥적 의미가 가장 가까운 것은?**

① 도서관에서 수상한 사람을 보았다.

② 친구가 끓인 된장찌개의 맛을 보았다.

③ 올해 교내 체육 대회에서 사회를 보았다.

④ 부모님이 외출하셔서 주말 내내 집을 보았다.

⑤ 그 일은 형의 실수 때문에 생긴 일이라고 보았다.

배경지식 확장하기

실전 2와 엮어 읽기

진리는 절대적이지 않아! 의심하는 철학 '회의주의'

'회의'란 마음속에 의심을 품는다는 뜻으로, 회의주의는 철학자들이 인간의 인식이 주관적·상대적이라고 생각해서 진리의 절대성을 의심하고 궁극적인 판단을 하지 않으려는 태도를 말한다. 흄은 18세기 회의주의 철학의 대표적인 인물로, 경험론과 회의주의를 결합하여 귀납적·연역적 사고가 모두 진리가 될 수 없다고 주장하였다. 그러나 그는 철학을 부정하거나 허무한 것이라 여기지 않았으며, 사람들에게 많은 질문을 던지는 등 개방적인 태도를 보였다. 흄은 회의주의적 경험론을 통해, 당시 지식인들에게 겸손하게 성찰하는 자세로 항상 자기 생각이 틀릴 수 있다는 생각을 가지고 학문에 임해야 한다고 말하였다.

어휘 공략하기

◐ 바른답·알찬풀이 12쪽

1 다음 뜻에 알맞은 어휘를 말 상자에서 찾아 쓰시오.

술	관	기	획	기	적
신	념	강	평	범	다
선	유	수	절	길	발
고	수	하	다	린	곡
난	세	주	각	근	복
권	정	도	하	원	건

(1) 어떤 일에 대한 견해나 생각. → (　　　　)

(2) 사물이 비롯되는 근본이나 원인. → (　　　　)

(3) 가진 물건이나 힘, 의견 등을 굳게 지키다. → (　　　　)

(4) 어떤 과정이나 분야에서 전혀 새로운 시기를 열어 놓을 만큼 뚜렷이 구분되는 것. → (　　　　)

2 다음 밑줄 친 어휘의 뜻으로 알맞은 것을 〈보기〉에서 찾아 그 기호를 쓰시오.

보기

㉠ 체제, 체계 따위의 기초를 닦아 세우다.
㉡ 의심을 품음. 또는 마음속에 품고 있는 의심.
㉢ 함부로 가까이할 수 없을 만큼 고결하고 거룩하다.
㉣ 사물의 관련이나 일의 결과가 반드시 그렇게 될 수밖에 없는 것.

(1) 정부의 정책에 대해 많은 학자들이 회의를 품었다. → (　　)

(2) 인구의 도시 집중화 현상은 근대화의 필연적인 결과이다. → (　　)

(3) 기업을 운영하려면 고객과의 신뢰를 구축하는 것이 중요하다. → (　　)

(4) 고대 그리스의 올림픽 개막식은 지금과 달리 신성한 종교 의식과 같았다. → (　　)

3 다음 밑줄 친 부분에 해당하는 예로 가장 적절한 것은?

보기

실질적인 의미를 지닌 두 개의 말이 결합해서 하나의 단어를 만들 때, 이를 '합성어'라 한다. '집'과 '안'이 결합한 '집안', '돌'과 '다리'가 결합한 '돌다리'가 합성어의 대표적인 예이다.

① 짠맛　② 소금　③ 관념
④ 경험　⑤ 부채질

07강 실전 1

다음 글을 읽고 물음에 답하시오. 목표 6분

우리 몸은 낮과 밤에 알맞은 생체 리듬이 정해져 있어 낮에는 활동하고 밤에는 휴식과 잠을 자도록 설계되어 있다. 만약 밤에 가로등, 간판의 불빛과 같은 건물 내외부의 조명 때문에 잠을 못 자면 어떻게 될까? 생체 리듬이 깨지고 수면 장애에 시달려 건강을 해칠 수 있다. 이처럼 인공조명을 지나치게 많이 사용하여 생기는 빛이 사람과 환경 등에 피해를 주는 상태를 '빛 공해'라고 한다. 환경부에 따르면 2017년 빛 공해 관련 민원은 7천여 건이었다고 한다. 소음과 먼지처럼 이제 '빛'도 사람의 건강을 해치는 요인이 된 것이다.

그럼 빛 공해는 우리 몸에 어떻게 피해를 줄까? 우리 몸에는 생체 리듬을 조절하는 멜라토닌이라는 호르몬이 있다. 멜라토닌은 노화를 ✦억제하고 면역력 강화, 학습 능력과도 관련이 깊다. 멜라토닌은 주로 깜깜한 밤에 생성되기 때문에 밤에 빛에 노출되면 멜라토닌 생성률이 떨어질 수밖에 없다. 멜라토닌이 감소하면 면역력이 떨어지고 수면 장애나 불면증이 나타나는데, 이는 우울증, 비만, 당뇨, 더 나아가 암과 같은 정신적, 신체적 질병을 일으킬 수 있고, 어린아이에게는 성장 장애로 이어질 수 있다.

빛 공해는 인간에게만 피해를 주는 것이 아니다. 우리가 알아차리지 못하는 사이 수많은 동물과 곤충도 빛 공해로 피해를 보고 있다. 철새들은 별빛을 보며 길을 찾아야 하는데, 도시의 환한 불빛 때문에 별이 보이지 않아 길을 잃기도 하고 지상의 큰 건물에서 뿜어져 나오는 밝은 빛에 이끌려 내려오다 건물에 부딪혀 죽기도 한다. 부엉이, 늑대와 같은 ✦야행성 동물들은 사람들의 거주지에서 나오는 불빛 때문에 먹이 찾기, 짝짓기 기회를 놓친다. 양서류, 파충류들은 주로 어두운 곳에서 알을 낳고 기르는데, 강가나 해변에 설치된 조명 때문에 방해를 받는다. 곤충들도 빛에 대한 반응이 저마다 다르다. 반딧불이는 불빛 때문에 짝짓기가 힘들게 되자 아예 깊은 산속으로 사라져 버렸고, 나방은 불빛을 향해 몰려들다가 떼로 죽는다. 낮에만 울었던 매미가 이제 밤낮없이 울게 된 것도 도심의 밤을 밝히는 불빛이 밤과 낮을 구별하지 못하게 만들었기 때문이다.

이러한 빛 공해의 심각성이 알려진 것은 비교적 최근의 일이다. 세계보건기구(WHO)는 2007년에 빛 공해를 ✦발암 물질로 지정했고, 이를 계기로 각국에서도 관련 법을 마련하고 있다. 우리나라는 2013년 '인공조명에 의한 빛 공해 방지법'을 ✦제정해 빛 공해를 규제할 근거를 처음 마련했다. 그러나 크고 작은 빛 공해 피해를 호소하는 이들이 여전히 많으며, 빛 공해가 생태계 전체에 심각한 피해를 주고 있다는 인식 역시 부족한 상황이다. 빛 공해에 대한 더 높은 관심이 필요한 시점이다.

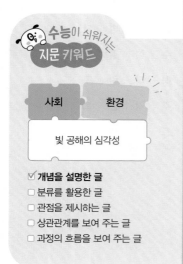

수능이 쉬워지는 지문 키워드

사회 | 환경

빛 공해의 심각성

☑ **개념을 설명한 글**
□ 분류를 활용한 글
□ 관점을 제시하는 글
□ 상관관계를 보여 주는 글
□ 과정의 흐름을 보여 주는 글

✦**억제하다** 감정이나 욕망, 충동적 행동 따위를 내리눌러서 그치게 하다.
✦**야행성** 낮에는 쉬고 밤에 활동하는 동물의 습성.
✦**발암** 암이 생김. 또는 암이 생기게 함.
✦**제정하다** 제도나 법률 따위를 만들어서 정하다.

확인 문제

1 **이 글의 주제는?**
인간과 동물, 곤충 모두에게 피해를 주는 □□□의 심각성

2 자연조명과 인공조명 모두 빛 공해를 일으킨다. (○, ×)

3 우리 몸의 생체 리듬을 조절하는 멜라토닌 호르몬은 주로 밤에 생성된다. (○, ×)

◐ 바른답·알찬풀이 13쪽

1 글의 전개 방식 파악하기

윗글에 쓰인 전개 방식으로 적절하지 않은 것은?

① 정의의 방식으로 빛 공해의 개념을 제시하고 있다.

② 분류의 방식으로 빛 공해의 종류와 각각의 특징을 설명하고 있다.

③ 열거의 방식으로 빛 공해가 일으키는 여러 질병을 제시하고 있다.

④ 구체적인 사례를 통해 빛 공해가 생태계에 일으키는 문제점을 강조하고 있다.

⑤ 묻고 답하는 형식을 사용해 빛 공해가 우리 몸에 미치는 영향을 언급하고 있다.

2 숨어 있는 내용 찾기

윗글로 미루어 알 수 있는 내용으로 적절하지 않은 것은?

① 동물들은 저마다 다른 생체 리듬을 갖고 있다.

② 인구 밀도가 높은 곳일수록 더 많은 빛 공해를 일으킨다.

③ 인공조명이 많은 지역에서는 야행성 동물과 곤충이 살기 힘들다.

④ 도시에서는 소음이나 먼지보다 빛 때문에 생기는 피해가 더 크다.

⑤ 예전에는 빛이 건강을 해치는 요인이 된다고 생각하는 사람들이 많지 않았다.

3 적용하기

윗글을 읽고 〈보기〉에 대해 보인 반응으로 적절하지 않은 것은?

보기

최근 농촌의 논밭 주변으로 가로등이 많이 설치되어 가로등 근처의 농작물들이 빛 공해에 시달리고 있다. 벼는 낮에 영양분을 저장해 두었다가 밤에 벼 이삭을 만든다. 벼 이삭이 잘 익으려면 주변의 빛 밝기가 5럭스✦를 넘지 않아야 하는데, 가로등의 밝기는 30~50럭스나 된다. 가장 밝은 보름달이 0.3럭스밖에 되지 않는 것과 비교하면 지나치게 밝은 수준이다. 최근 조사에 따르면 빛 공해에 노출된 벼의 수확량이 21%나 감소한 것으로 나타났다. 이 밖에도 빛의 영향을 받는 농작물이 있다. 빛에 민감한 시금치는 빛 밝기가 0.7럭스를 넘지 않아야 하며, 콩, 팥, 호박 같은 작물들도 하루에 빛을 쬐는 시간이 12시간을 넘지 않아야 제때 꽃이 피고 열매를 맺을 수 있다.

✦**럭스(lux)** 빛의 조명도를 나타내는 단위. 기호는 'lx'라고 표기함.

① 빛 공해는 동물이나 곤충뿐 아니라 농작물에도 피해를 주는군.

② 가로등의 불빛은 벼의 입장에서는 과도한 빛 공해가 될 수 있겠군.

③ 빛의 밝기뿐 아니라 빛에 노출되는 시간도 빛 공해의 요인이 되겠군.

④ 빛 공해는 농작물의 멜라토닌 생성을 방해해 각종 질병을 일으키는군.

⑤ 논밭 주변으로 가로등을 설치할 때는 빛과 관련된 농작물들의 특성을 파악해야겠군.

07강 실전 2

수능이 쉬워지는 지문 키워드

사회 환경

지구를 위협하는 플라스틱

☑ **개념을 설명한 글**
□ 분류를 활용한 글
□ 관점을 제시하는 글
□ 상관관계를 보여 주는 글
□ 과정의 흐름을 보여 주는 글

다음 글을 읽고 물음에 답하시오. 목표 9분

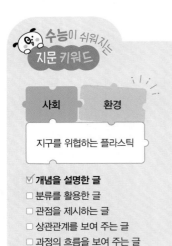

미국의 사진작가 크리스 조던은 2009년에 북태평양 미드웨이섬에서 촬영한 충격적인 사진을 공개했다. 사진 속에는 ✦멸종 위기 조류인 앨버트로스가 몸속에 플라스틱이 가득 찬 상태로 죽어 있었다. 미드웨이섬은 태평양 한가운데 있는 섬으로, 폐플라스틱들이 해류를 따라와 모이는 곳이다. 앨버트로스는 폐플라스틱 조각을 먹이로 착각해 먹다가 영양실조로 죽은 것이다. 이는 플라스틱이 지구에 얼마나 큰 위협이 되고 있는지를 상징적으로 보여 준다.

플라스틱은 석유에서 뽑아낸 원료를 결합해 만든 ✦고분자 화합물로, 열이나 압력을 가하여 ✦성형할 수 있는 재료나 이 재료를 활용해 만든 물건을 말한다. 최초의 플라스틱인 베이클라이트는 1907년에 만들어졌는데, 플라스틱은 유리나 금속에 비해 무게가 가볍고 ✦내구성이 좋으며 가공이 쉽고 가격까지 저렴해 '인류 최고의 발명품'이라는 극찬을 받으며 1950년대부터 수요가 폭발적으로 늘어나기 시작했다.

이러한 플라스틱이 지구에 위협적인 존재가 된 이유는 너무 많은 플라스틱이 생산되기 때문이다. 2020년 기준 전 세계 플라스틱 생산량은 3억 6,700만 톤으로, 2040년에 이르면 13억 톤까지 늘어날 전망이다. 싼값에 대량 생산되는 플라스틱은 사용 기간이 평균 6개월 미만이다. 특히 일회용 플라스틱은 평균 사용 시간이 30초도 되지 않기 때문에, 플라스틱 생산은 곧 대량의 폐플라스틱 발생으로 이어진다. 플라스틱이 위협적인 존재가 된 또 다른 이유는 플라스틱이 좀처럼 썩지 않는 물질이라는 데 있다. 종이는 2~6주, 면 티셔츠는 5~6주면 분해가 되지만, 독특한 탄소 구조 화합물인 플라스틱은 자연 분해되려면 500년 이상이 ✦소요된다. 최초로 만들어진 플라스틱도 아직 이 지구상 어딘가에 남아 있는 셈이다.

폐플라스틱의 대부분은 땅에 묻는 매립 방식으로 처리된다. 국제 학술지 사이언스 어드밴스에 따르면 지난 65년간 전 세계 폐플라스틱의 79%가 매립되었다. 불에 태우는 소각 방식도 있지만, 다이옥신 등 독성 물질을 많이 배출하여 그 비율이 12%밖에 되지 않는다. 매립된 플라스틱은 분해가 거의 되지 않은 채 장시간 토양과 지하수를 오염시키고 육지 생물의 ✦생장을 방해한다. 또 ㉠폐플라스틱이 강을 거쳐 바다로 흘러가 피해 규모가 커진다. 바다로 이동한 플라스틱은 바람과 해류에 의해서 잘게 부서져 작은 입자의 미세 플라스틱으로 바뀌는데, 이 입자들이 해양 생물의 몸속에 쌓이고 먹이 사슬을 따라 상위 포식자에게로 침투하여, 결과적으로 우리의 식탁까지 올라오게 된다. 해양 보전 센터는 2019년 현재 육지에서 버려져 바다로 이동한 플라스틱과 바다에 직접 버려진 플라스틱을 합치면 1억 5천만 톤에 달하고, 이들이 지속적으로 미세 플라스틱으로 바뀌는 중이라고 보았다.

한편 폐플라스틱의 재활용 비율은 9%밖에 되지 않는다. 재활용은 열과 압력을 가해 폐플라스틱을 분해한 후 다시 가공해 다른 용도의 플라스틱을 만드는 것으로, 매립과 소각보다는 환경을 고려한 방식이다. 그러나 플라스틱 재활용은 여전히 기술적인 한계가 많다. 같은 플라스

✦**멸종** 생물의 한 종류가 아주 없어짐. 또는 생물의 한 종류를 아주 없애 버림.
✦**고분자** 화합물 가운데 분자량이 약 1만 이상이거나 화학 결합으로 거의 무한 개의 원자가 결합해 있는 분자.
✦**성형하다** 일정한 형체를 만들다.
✦**내구성** 물질이 원래의 상태에서 변질되거나 변형됨이 없이 오래 견디는 성질.
✦**소요되다** 필요로 되거나 요구되다.
✦**생장** 나서 자람. 또는 그런 과정.

틱이라 하더라도 합성 방식에 따라 폴리에틸렌, 폴리프로필렌 등 재질이 제각각인데, 이 중 재활용이 안 되는 재질이 있을 뿐 아니라 재활용이 되더라도 이를 위해서는 같은 재질들끼리 나누어 수거해야 하는데 여기에 ⓐ드는 비용이 크다. 또 수거된 폐플라스틱을 분해하고 다시 가공하기 위한 시설이나 기술에도 많은 비용이 들고, 이 과정에서 열이나 압력을 가할 때 발생하는 유해 물질과 환경 호르몬도 큰 걸림돌이다.

전문가들은 플라스틱으로부터 지구를 지키기 위해서 ㉮플라스틱 재활용 기술 개발, ㉯플라스틱 배출 감소, ㉰플라스틱 재사용의 증가가 동시에 이루어져야 한다고 주장한다. '플라스틱 재활용 기술 개발'은 재활용 기술의 한계를 보완해 재활용되는 플라스틱의 비율을 최대한 높이는 것을 목적으로 한다. '플라스틱 배출 감소'는 플라스틱 사용을 최대한 줄임으로써 플라스틱의 생산과 배출 자체를 줄이자는 더 근본적인 방법이다. '플라스틱 재사용'은 재활용과 달리 사용된 플라스틱 제품을 수거해 용도에 맞게 세척한 후 같은 용도로 재사용하는 것이다. 재활용보다 비용이 적게 들고 환경 친화적이며 소비자의 이해와 동참을 이끌어 내기 쉽다는 장점이 있다.

확인 문제

1 **이 글의 주제는?**
지구에 큰 위협이 되는 □□□□ 문제와 해결 방안

2 지금까지 버려진 플라스틱은 대부분 땅에 매립되었다. (○ , ×)

3 플라스틱을 재질별로 수거하면 모두 재활용할 수 있다. (○ , ×)

1

• 세부 내용 파악하기

윗글의 내용과 일치하지 않는 것은?

① 땅에 매립된 폐플라스틱은 쉽게 분해되지 않는다.
② 플라스틱은 내구성이 뛰어나면서 가격도 저렴하다.
③ 플라스틱 재사용은 재활용에 비해 비용이 적게 든다.
④ 플라스틱은 합성 방식에 따라 다양한 재질로 나뉜다.
⑤ 플라스틱을 재사용할 때 토양과 지하수가 오염될 수 있다.

2

• 숨어 있는 내용 찾기

㉠의 이유로 가장 적절한 것은?

① 플라스틱의 결합 구조가 바뀌기 때문에
② 이전보다 바람과 해류가 자주 발생하기 때문에
③ 해양 생태계의 먹이 사슬을 망가트리기 때문에
④ 플라스틱이 토양과 지하수를 오염시키기 때문에
⑤ 피해가 먹이 사슬을 거쳐 생태계 전체로 퍼져 나가기 때문에

3 적용하기

㉮~㉰에 해당하는 예를 〈보기〉에서 찾아 바르게 연결한 것은?

보기

Ⓐ ○○ 커피는 일회용 플라스틱 컵 대신 '텀블러'라고 불리는 다회용 컵을 가져온 고객에게 할인된 가격에 음료를 판매하고, 플라스틱 빨대 대신 재활용 종이로 만든 빨대를 제공하고 있다.

Ⓑ □□ 화장품은 플라스틱 화장품 용기를 반납하는 소비자에게 보증금을 돌려주는 방식으로 매년 50톤의 용기를 수거한다. 수거한 용기는 별도의 정밀한 세척과 살균 과정을 거쳐 같은 화장품을 담아 재포장해 판매하고 있다.

Ⓒ △△ 화학은 여러 재질의 폐플라스틱을 한꺼번에 녹인 후 기존 플라스틱 제품보다 분해가 잘되는 저분자 화합 플라스틱 제품으로 생산하는 설비를 개발해 운영하고 있다. 이로 인해 유해 물질 배출도 1/5로 줄어드는 효과를 보았다.

	㉮	㉯	㉰
①	Ⓐ	Ⓑ	Ⓒ
②	Ⓐ	Ⓒ	Ⓑ
③	Ⓑ	Ⓐ	Ⓒ
④	Ⓒ	Ⓐ	Ⓑ
⑤	Ⓒ	Ⓑ	Ⓐ

4 어휘의 의미 파악하기

ⓐ의 문맥적 의미와 가장 가까운 것은?

① 형의 편을 드는 동생이 원망스럽다.

② 꽃은 햇볕이 드는 곳에 심어야 한다.

③ 고기가 익는 데에는 시간이 드는 법이다.

④ 어서 붉은 단풍이 드는 가을이 왔으면 좋겠다.

⑤ 밥을 먹은 후 졸음이 몰려와 잠자리에 드는 중이다.

배경지식 확장하기

실전 1과 엮어 읽기

'빛 공해'라는 말은 누가 만들었을까?

'빛 공해'라는 말은 천문학자들이 처음 사용하였다. 별과 달, 행성 등을 관찰하면서 연구하는 천문학자들에게는 깜깜한 환경이 필수적이다. 하지만 태양 에너지와 공기 분자들이 결합하여 자연적으로 오렌지색을 띠는 '자연적 천광 현상'에 더해 도시의 불빛으로 인해 밤하늘이 오렌지색을 띠는 '인공적 천광 현상'이 발생하게 되면서 별을 관찰하기가 매우 힘들어졌다. 이 때문에 천문학자들은 인공적 천광 현상을 '빛 공해'라고 부르기 시작하였다. 천문학 연구소가 주로 외딴섬이나 깊은 산속에 위치한 이유도 빛 공해를 피하기 위해서이다.

어휘 공략하기

◐ 바른답·알찬풀이 14쪽

1 다음 뜻에 알맞은 어휘를 말 상자에서 찾아 쓰시오.

제	출	하	다	막	간
기	생	장	투	시	상
물	해	발	잔	내	력
건	초	란	소	구	자
리	주	야	행	성	물
억	제	하	다	도	질

(1) 나서 자람. 또는 그런 과정. → (　　　　　)

(2) 낮에는 쉬고 밤에 활동하는 동물의 습성. → (　　　　　)

(3) 감정이나 욕망, 충동적 행동 따위를 내리눌러서 그치게 하다. → (　　　　　)

(4) 물질이 원래의 상태에서 변질되거나 변형됨이 없이 오래 견디는 성질. → (　　　　　)

2 다음 밑줄 친 어휘의 뜻으로 알맞은 것을 〈보기〉에서 찾아 그 기호를 쓰시오.

보기
㉠ 일정한 형체를 만들다.
㉡ 불에 태워서 없애 버림.
㉢ 제도나 법률 따위를 만들어 정하다.
㉣ 생물의 한 종류가 아주 없어짐. 또는 생물의 한 종류를 아주 없애 버림.

(1) 쓰레기 <u>소각</u> 시설 설치 문제로 갈등을 겪고 있다. → (　　　)

(2) 메주를 <u>성형할</u> 때는 특별한 기구나 틀이 필요하지 않다. → (　　　)

(3) 법을 <u>제정하거나</u> 개정할 때에는 다양한 의견을 살펴야 한다. → (　　　)

(4) 불법 사냥 때문에 <u>멸종</u>의 위기에 놓인 야생 동물이 많이 있다. → (　　　)

3 다음 문장의 (　　) 안에서 올바른 표기를 골라 ○표 하시오.

(1) 시계 바늘이 오후 세 시를 (가리키고 , 가르키고) 있었다.

(2) 우리 몸은 낮과 밤에 (알맞는 , 알맞은) 생체 리듬이 정해져 있다.

(3) 전 세계 연간 플라스틱 (생산량 , 생산양)이 급격히 증가하고 있다.

08강 실전 1

지문 난이도 ★☆☆ | 교과 연계 과학

다음 글을 읽고 물음에 답하시오.

목표 6분

수증기를 포함한 공기 덩어리가 가열되어 상승하면, 주변의 압력은 낮아지고 부피가 커지면서 기온이 낮아진다. 공기 덩어리가 더 높이 상승하여 기온이 낮아지면 공기 중 수증기가 물방울로 응결하기 시작하는데, 이 때의 온도인 이슬점에 도달하면 물방울이 되고, 기온이 0℃ 이하로 내려가면 얼음 알갱이가 되기도 한다. 이렇게 만들어진 물방울이나 얼음 알갱이가 하늘에 떠 있는 것을 구름이라고 한다. 이처럼 공기보다 무거운 물방울이나 얼음 알갱이가 구름을 이루어 하늘에 떠 있는 이유는 무엇일까? 바로 물방울과 얼음 알갱이의 크기가 매우 작아서 떠 있으려는 ✦부력이 아래로 떨어지려는 중력보다 크기 때문이다.

구름이 만들어지려면 ✦지표 근처에 있는 공기가 상승해야 한다. 공기가 상승하는 경우는 지표면의 일부가 가열될 때, 이동하는 공기가 산을 타고 오를 때, 따뜻한 공기와 찬 공기가 만날 때이다. 그런데 비는 어떻게 내리게 될까? 비나 눈은 구름에서 내리지만, 구름이 있다고 해서 반드시 비나 눈이 내리는 것은 아니다. 구름 ✦입자의 크기는 매우 작기 때문에 약 100만 개 이상의 구름 입자가 모여야 빗방울이 되어 지표로 떨어질 수 있다. 이처럼 구름에서 비나 눈 등이 만들어져 지표로 떨어지는 현상을 강수라고 한다.

유리판에 분무기로 물을 여러 번 뿌리면 작은 물방울들이 합쳐지면서 물이 아래로 흘러내리는 것을 볼 수 있다. 날씨가 더운 열대 지방에서는 이와 비슷한 과정으로 비가 내린다. 열대 지방의 구름은 높은 온도에서 생성되므로 대부분 물방울로만 이루어져 있다. 이러한 구름에서는 크고 작은 물방울들이 부딪치고 뭉쳐져서 점점 커지면 빗방울이 되어 지표로 떨어진다. 이와 같은 강수 이론을 병합설이라고 한다.

우리나라와 같은 중위도 지방이나 고위도 지방에서는 구름이 생성되는 온도가 낮아 구름에 물방울과 ✦빙정이 함께 존재한다. 이때 구름 속에서 빙정이 커지고 무거워져 떨어지면 눈이 되고, 떨어지는 도중에 따뜻한 대기층을 통과하여 녹으면 비가 된다. 이와 같은 강수 이론을 빙정설이라고 한다.

수능이 쉬워지는 지문 키워드

과학 | 지구 과학

구름의 생성과 강수

- □ 개념을 설명한 글
- □ 분류를 활용한 글
- □ 관점을 제시하는 글
- □ 상관관계를 보여 주는 글
- ☑ **과정의 흐름을 보여 주는 글**

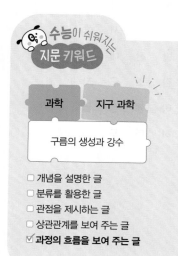

✦**부력** 액체나 기체 속에 있는 물체를 위로 떠오르게 하는 힘.
✦**지표** 지구의 표면. 또는 땅의 겉면.
✦**입자** 물질을 구성하는 미세한 크기의 물체.
✦**빙정** 대기의 온도가 0℃ 이하일 때 대기 속에 생기는 눈 따위와 같은 작은 얼음의 결정.

확인 문제

1 **이 글의 주제는?**
구름이 형성되는 과정과 □□ 이론

2 구름이 만들어지기 위해서는 공기 덩어리가 상승해야 한다. (○ , ×)

3 고위도 지방의 구름에서 비가 내리는 현상을 설명하는 강수 이론은 병합설이다. (○ , ×)

◐ 바른답·알찬풀이 15쪽

1

세부 내용 파악하기

윗글의 내용과 일치하지 않는 것은?

① 빗방울이 지표로 떨어지는 강수 현상은 약 100만 개 이상의 구름 입자가 모여야 일어난다.

② 지표 근처에 있는 공기가 상승하거나 따뜻한 공기끼리 만날 때 구름의 형성이 자주 일어난다.

③ 상승한 공기 덩어리의 수증기는 이슬점에 도달하면 물방울이 되고, 0℃ 이하로 내려가면 얼음 알갱이가 된다.

④ 공기보다 무거운 구름 속 물방울과 얼음 알갱이가 하늘에 떠 있을 수 있는 이유는 부력이 중력보다 크기 때문이다.

⑤ 크고 작은 물방울이 뭉쳐져서 빗방울이 되어 지표로 떨어진다는 강수 이론은 날씨가 더운 열대 지방에 주로 내리는 비 현상을 설명한다.

2

적용하기

윗글을 바탕으로 〈보기〉를 이해한 내용으로 적절하지 않은 것은?

보기

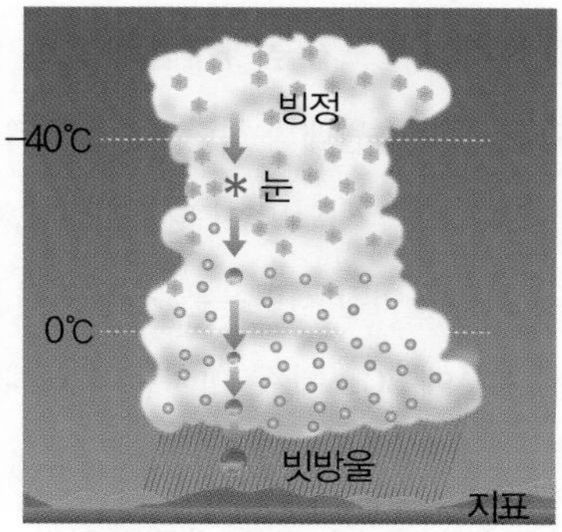

① 빙정이 눈이 되는 것은 빙정의 크기, 무게와 관련 있겠군.

② 우리나라와 같은 중위도 지방에서 주로 볼 수 있는 구름이군.

③ 기온이 0℃보다 낮으면 눈은 빗방울이 되어 많은 비를 내리겠군.

④ 빗방울이 되어 내리는 것은 대기층을 통과하면서 눈이 녹았기 때문이군.

⑤ 구름 속에 빙정이 존재하는 것은 구름이 만들어지는 온도와 관련 있겠군.

08강 실전 2

지문 난이도 ★★☆ | 기출 고1 학평

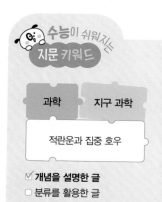

수능이 쉬워지는 지문 키워드

과학 | 지구 과학

적란운과 집중 호우

☑ 개념을 설명한 글
□ 분류를 활용한 글
□ 관점을 제시하는 글
□ 상관관계를 보여 주는 글
□ 과정의 흐름을 보여 주는 글

다음 글을 읽고 물음에 답하시오.

목표 9분

짧은 시간 내에 엄청나게 많이 내리는 비를 '집중 호우'라고 한다. 집중 호우는 일반적으로 1시간에 30㎜ 이상, 또는 하루에 80㎜ 이상의 비가 내릴 때, 그리고 연 강수량의 10%에 해당하는 비가 하루에 내릴 때를 가리킨다. 그런데 짧은 시간 내에 어떻게 이처럼 많은 비가 내릴 수 있을까?

따뜻한 공기가 차가운 공기 쪽으로 이동하면서 차가운 공기 위로 타고 올라갈 때 생기는 전선을 온난 전선이라고 한다. 이 온난 전선에서는 전선면의 기울기가 완만하기 때문에 공기의 상승 운동이 약하고 전선면을 따라 구름이 넓게 퍼지는 층운형 구름이 형성되며, 전선 앞쪽의 넓은 지역에서는 지속적으로 약한 비가 내린다. 아울러 공기에 포함된 수증기의 양이 충분하지 않으면 상승하던 공기는 더 이상 열을 공급받지 못하게 되면서 주변의 대기보다 차가워지게 되고, 그렇게 되면 공기는 더 상승하지 못하고 구름도 발달하기 어렵게 된다.

한편, 상승하는 공기가 일반적인 공기에 비해 따뜻하고 습한 공기일 경우에는 상승 과정에서 수증기가 냉각되어 작은 물방울이나 얼음 알갱이로 응결하며 방출하는 열이 그 공기에 지속적으로 공급되면서 일반적인 공기보다 더 높은 고도에서도 계속 새로운 구름들을 만들어 낸다. 구름이 형성될 때는 열이 외부로 방출되는데, 이 열이 상승하는 공기에 공급되면 공기가 더 높은 고도로 상승하게 한다. 이렇게 따뜻하고 습한 공기의 상승 운동이 활발할 때 구름이 만들어지면서 아래쪽부터 차곡차곡 쌓이게 되어 두터운 구름층을 형성하게 된다. 이렇게 형성된 구름을 적란운이라고 한다. 적란운은 형성되는 높이에 따라 소나기를 내릴 수도 있고 집중 호우를 내릴 수도 있다.

일반적으로 적란운은 지표에서 2~3㎞ 이내에서 형성된다. 적란운에서 비가 내리면 적란운 아래에 있는 공기는 온도가 내려가 밀도가 높아지면서 밀도가 낮은 주위로 넓게 퍼져 나가게 된다. 이때 주위에 퍼진 차가운 공기가 원래의 적란운으로부터 떨어진 장소에서 다시 따뜻하고 습한 공기와 만나는 경우가 있다. 그렇게 되면 이 따뜻하고 습한 공기가 상승하면서 새로운 적란운을 만들게 된다. 이때 새로 만들어진 적란운은 기존 적란운과 떨어져 있기 때문에 각각의 적란운 바로 아래 지역에만 30분에 30㎜에 못 미치는 비가 내린 후 그치게 된다. 이때 내리는 비가 바로 ㉠ 소나기이다.

그런데 만일 기존의 적란운에서 가까운 곳에 새로운 적란운이 생기면 어떻게 될까? 이때는 두 개 이상의 적란운이 겹쳐지면서 한 지역에 동시에 많은 양의 비를 쏟아붓는 ㉡ 집중 호우가 발생하게 된다. 이러한 집중 호우를 발생시키는 적란운을 형성하는 공기는 일반적인 적란운을 형성하는 공기보다 그 온도와 습도가 훨씬 더 높다. 그래서 일반적인 적란운보다 고도가 더 낮은 곳에서부터 구름이 형성될 수 있으므로, 지표에서 수백 미터에 불과한 높이에 적란운이 형성된다. 이렇게 형성된 적란운의 바닥과 지표 사이는 공간이 좁아서 이 공간에 있는 공기의 양

✦**강수량** 비, 눈, 우박, 안개 따위로 일정 기간 동안 일정한 곳에 내린 물의 총량.
✦**전선면** 밀도와 기온이 다른 두 공기 덩어리의 경계면.
✦**냉각되다** 식어서 차게 되다.
✦**응결하다** 한 덩어리로 엉기어 뭉치다.
✦**고도** 평균 해수면 등을 0으로 하여 측정한 어떤 물체의 높이.
✦**유입되다** 액체나 기체, 열 따위가 어떤 곳으로 흘러들게 되다.
✦**일시** (주로 '일시에' 꼴로 쓰여) 같은 때.

◐ 바른답·알찬풀이 16쪽

도 적다. 그래서 비가 내리더라도 차가워진 공기가 멀리 퍼지지 못한다. 이런 상황에서 매우 따뜻하고 습한 공기가 ✦유입되면 이 공기가 상승하면서 기존의 적란운 바로 가까이에 새로운 적란운을 형성하게 된다. 이러한 과정이 반복되면서 기존의 적란운과 동일한 장소에 여러 개의 적란운들이 몰려 형성되기 때문에 특정한 지역에 엄청난 양의 비가 ✦일시에 집중적으로 쏟아지게 된다.

확인 문제

1 **이 글의 주제는?**
□□□의 형성과 □□ □□의 발생 원리

2 적란운은 차고 습한 공기가 상승하는 과정에서 만들어진 구름이 층층이 쌓인 구름층을 말한다. (○ , ×)

3 소나기는 적당히 떨어진 각각의 적란운 바로 아래 지역에 잠시 내리는 비를 가리킨다. (○ , ×)

1

• 세부 내용 파악하기

윗글의 내용과 일치하지 않는 것은?

① 구름이 만들어질 때는 주위로 열을 방출하게 된다.
② 구름에는 작은 물방울이나 얼음 알갱이가 포함되어 있다.
③ 적란운이 만들어질 때는 아래쪽에서부터 구름층이 형성된다.
④ 하루에 연 강수량의 10% 이상의 비가 내리면 집중 호우라고 할 수 있다.
⑤ 온난 전선면의 기울기는 가팔라서 공기의 상승 운동이 약하여 구름층이 넓게 퍼진다.

2

• 숨어 있는 내용 찾기

㉠과 ㉡이 발생하는 차이로 가장 적절한 것은?

① 적란운에 유입되는 공기의 종류
② 적란운이 형성되는 장소의 지형
③ 적란운이 형성되는 시점과 공기의 밀도
④ 적란운의 형성 속도와 공기의 상승 속도
⑤ 적란운이 위치한 고도와 적란운 사이의 거리

3

(• 적용하기)

윗글을 바탕으로 〈보기〉의 ⓐ~ⓒ를 이해할 때, 적절하지 않은 것은?

보기

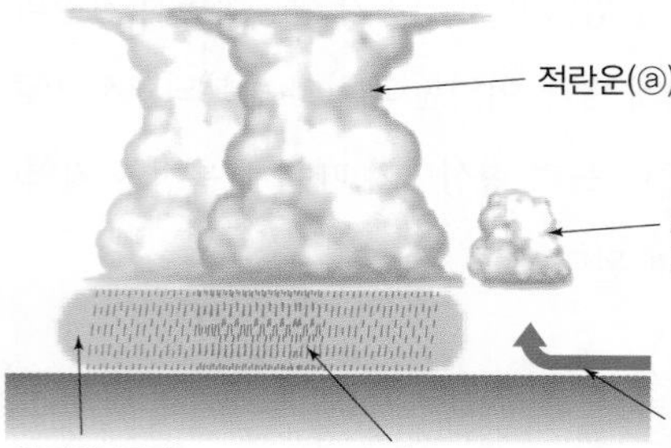

① ⓐ는 일반적인 공기보다 높은 곳에서 만들어지는 구름이라 할 수 있군.

② ⓐ의 바닥과 지표 사이의 공기의 양이 많을수록 집중 호우의 가능성이 높아지겠군.

③ ⓐ와 ⓑ가 가깝게 많이 몰려 있을수록 단시간에 내리는 비의 양이 많아지겠군.

④ ⓒ가 습기가 적고 차가운 공기라면 집중 호우 지역이 더 확대되지는 않겠군.

⑤ ⓒ가 비에 의해 식은 차가운 공기와 만났기 때문에 ⓑ가 발생한 것으로 볼 수 있겠군.

배경지식 확장하기

실전 1, 2와 엮어 읽기

강제로 비를 내리게 할 수 있을까?

하늘에 구름층이 형성되어 있는데 응결이 되지 않아 비가 오지 않을 때가 있다. 이때 구름 속에 응결핵, 즉 비의 씨앗을 인위적으로 뿌려 구름 입자를 뭉쳐서 비를 내리게 하는데 이를 인공 강우라고 한다. 1946년 미국에서 4,000m 상공의 구름 속에 드라이아이스를 뿌려 눈송이를 만드는 데 성공한 것이 최초의 인공 강우이다.

인공 강우는 가뭄이나 미세 먼지가 심할 때, 화재를 진압해야 할 때 등 비가 필요할 때 주로 사용되며, 큰 행사를 앞두고 미리 비를 내리게 하여 행사 도중에 비가 내리지 않게 하기도 한다. 현재 중국이 가장 최고의 인공 강우 기술력을 보유하고 있으며 우리나라도 인공 강우 실험을 계속 진행하고 있다.

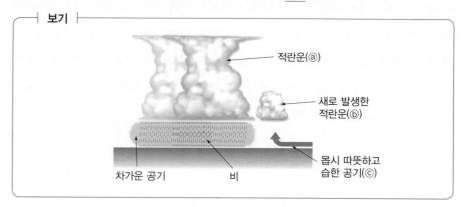

08강 어휘 공략하기

◐ 바른답·알찬풀이 16쪽

1 다음 뜻에 알맞은 어휘를 말 상자에서 찾아 쓰시오.

(1) 낮은 데서 위로 올라감. → (   )

(2) 지구의 표면. 또는 땅의 겉면. → (   )

(3) 물질을 구성하는 미세한 크기의 물체. → (   )

(4) 평균 해수면 등을 0으로 하여 측정한 어떤 물체의 높이.
→ (   )

중	기	고	도	봉	평
강	박	논	기	변	소
탕	상	승	군	창	비
역	모	반	지	표	발
통	입	성	생	강	다
적	자	진	면	목	각

2 다음 밑줄 친 어휘의 뜻으로 알맞은 것을 〈보기〉에서 찾아 그 기호를 쓰시오.

보기

㉠ 같은 일을 되풀이함.
㉡ 나타나 보이는 현재의 상태.
㉢ 요구나 필요에 따라 물품 따위를 제공함.
㉣ 지리상의 어떤 지역이나 대상이 제법 크게 형성됨.

(1) 똑같은 실수를 반복해서는 안 된다. → (   )

(2) 여름철에는 북태평양 고기압이 발달한다. → (   )

(3) 때 이른 더위로 에어컨을 많이 써서 전력 공급에 차질을 빚고 있다. → (   )

(4) 감염병 예방 조치를 잘하여서 환자의 수가 감소하는 현상이 뚜렷하다. → (   )

3 어휘의 의미 관계가 바르게 연결된 것은 ○표, 바르게 연결되지 않은 것은 ×표 하시오.

(1)	높은	←반대되는 말→	낮은	(○ , X)
(2)	외부	←반대되는 말→	내부	(○ , X)
(3)	발생	비슷한 말	발전	(○ , X)
(4)	동일하다	비슷한 말	유사하다	(○ , X)

09강 실전 1

다음 글을 읽고 물음에 답하시오. 목표 6분

정보란 다양한 자료를 우리에게 유용한 형태로 가공한 것을 말한다. 정보의 형태는 아날로그 정보와 디지털 정보로 구분할 수 있다. 아날로그 정보는 정보를 연속적으로 표현해 사실 그대로를 표현하는 것이고, 디지털 정보는 정보를 0과 1로 이루어진 불연속적인 정보로 표현하는 방식이다. 디지털 정보는 압축하여 용량을 줄이기 쉽고, 복사나 수정이 쉬우며, 정보의 종류가 달라도 같은 방법으로 저장하고 전송할 수 있어서 아날로그 정보보다 편리하게 이용할 수 있다. 오늘날 우리가 다루는 정보 통신 기기는 대부분 디지털 형식의 정보를 이용한다. 정보 통신 기술은 정보 기술과 통신 기술을 결합한 용어로, 정보의 수집·가공·저장·송수신 등 정보를 생산자로부터 사용자에게 전달하는 모든 과정에 사용되는 기술을 말한다.

현대에는 다양한 정보 통신 기기를 바탕으로 한 정보 통신 기술 시스템을 통해 정보를 네트워크상에서 송수신할 수 있다. 정보 통신 기술 시스템이란 정보를 만들어 처리하고 전송하는 데 필요한 다양한 요소를 모아 구성한 것으로, 정보 처리 시스템과 정보 전송 시스템으로 구성된다.

정보 처리 시스템은 정보의 입력과 생산에 대한 시스템으로, 투입, 과정, 산출, 되먹임의 단계를 거친다. 투입은 수집한 자료를 입력자가 키보드, 마이크, 카메라, 센서 등을 이용하여 정보 처리 기기에 자료를 입력하는 단계이고, 과정은 자료의 가공 및 변환 단계로 수집된 자료를 원하는 형태로 정보 처리 기기 내부에서 가공하고 변환한다. 산출은 정보를 생산하는 단계로 정보 생산이 완료되어 모니터, 프린터 등의 출력 장치를 통해 출력하거나 저장 장치에 저장한다. 되먹임은 정보가 제대로 생산되었는지 검증하고 오류 발생 시 재처리를 요구한다.

[A]

정보 전송 시스템은 정보의 전달에 대한 시스템으로, 투입, 과정, 산출, 되먹임의 단계를 거친다. 투입은 정보의 입력 단계로서, 송신자 측에서 입력된 정보나 기기 내부에 저장된 정보를 전송하도록 정보 단말 장치를 조작한다. 과정은 정보의 변환과 전송 단계로, 기기 내부에서 정보 전달에 적합한 신호 형태로 변환하여 다른 정보 단말 장치로 전송한다. 산출은 정보의 전달 단계로서, 수신자 측의 정보 단말 장치로 정보 전달이 완료되어 수신된 정보를 저장하거나 출력한다. 되먹임은 정보의 검증 및 재전송 요구의 단계로, 정보가 제대로 전달되었는지 확인하고 오류 발생 시 재전송을 요구한다.

오늘날에는 정보 통신 기술 분야의 융합화, 지능화, 네트워크화가 더욱 가속화되면서 우리 생활의 거의 모든 곳에 영향을 미치고 있다. 모든 정보 기기가 개인 간에 유기적으로 연결되고 활용됨으로써 전 세계 어느 곳에나 신속하고 정확하게 정보를 전달할 수 있게 되었다. 이 외에도 스마트폰으로 날씨 정보나 버스 도착 예정 시간을 보는 것, 내비게이션으로 길을 찾는 것 등은 모두 정보 통신 기술의 발달로 가능해진 일이다.

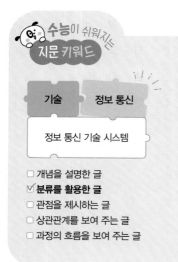

수능이 쉬워지는 지문 키워드

기술 | 정보 통신

정보 통신 기술 시스템

- □ 개념을 설명한 글
- ☑ **분류를 활용한 글**
- □ 관점을 제시하는 글
- □ 상관관계를 보여 주는 글
- □ 과정의 흐름을 보여 주는 글

✦ **전송하다** 전하여 보내다.
✦ **산출** 계산하여 냄.
✦ **융합** 다른 종류의 것이 녹아서 서로 구별이 없게 하나로 합하여지거나 그렇게 만듦.
✦ **지능화** 기계 따위에 감각 기능과 인식 기능을 가지도록 함.

확인 문제

1 **이 글의 주제는?**
정보의 유형과 □□ □□ □□ 시스템에 대한 이해

2 오늘날의 정보 통신 기기는 주로 아날로그 형식의 정보를 다룬다. (○, ×)

3 정보 통신 기술 시스템은 정보 처리 시스템과 정보 전송 시스템으로 구성된다. (○, ×)

◐ 바른답·알찬풀이 17쪽

1 • 세부 내용 파악하기

윗글의 내용과 일치하지 <u>않는</u> 것은?

① 정보를 표현하는 형태는 아날로그 정보와 디지털 정보로 구분된다.
② 디지털 정보는 수정이 가능하나 정보의 종류가 다르면 저장이나 전송이 어렵다.
③ 정보 통신 기기에서 정보 통신 기술 시스템을 통해 정보를 보내거나 받을 수 있다.
④ 아날로그 정보는 정보를 연달아 이어지게 표현해 사실 그대로를 표현하는 정보이다.
⑤ 오늘날의 정보 기기는 개인끼리 연결되므로 세계 어디서나 빠르고 정확하게 정보를 주고받을 수 있다.

2 • 적용하기

[A]를 바탕으로 〈보기〉의 ㉠~㉣을 이해한 내용으로 적절하지 <u>않은</u> 것은?

보기

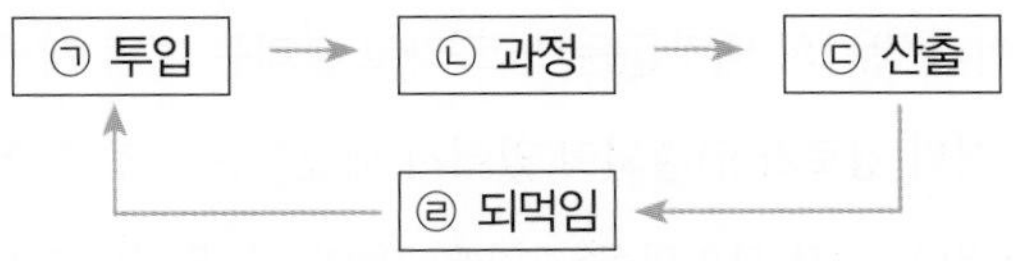

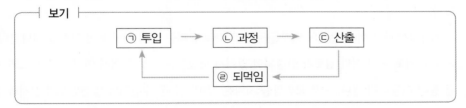

① 정보 처리 시스템이나 정보 전송 시스템에서 ㉠은 모두 정보를 입력하는 단계이다.
② 정보 처리 시스템이나 정보 전송 시스템에서 ㉡은 모두 정보를 다른 단말 장치에 전달한다.
③ 정보 전송 시스템은 정보 처리 시스템과는 달리 ㉡에서 정보 전달에 용이한 신호로 정보를 변환한다.
④ 정보 전송 시스템은 정보 처리 시스템과는 달리 ㉢은 수신자 측에서 진행되는 단계이다.
⑤ 정보 처리 시스템에서 ㉣은 오류 발생 시 입력자에게 요구되는 단계이다.

수능이 쉬워지는 지문 키워드

기술 | 정보 통신

패킷 교환 방식

□ 개념을 설명한 글
□ 분류를 활용한 글
□ 관점을 제시하는 글
□ 상관관계를 보여 주는 글
☑ 과정의 흐름을 보여 주는 글

다음 글을 읽고 물음에 답하시오. 목표 9분

일상에서 종이로 편지를 보낼 때는 편지 한 통이 통째로 전달된다. 그러나 현대 사회에서는 다수의 컴퓨터를 유선이나 무선의 통신 매체로 연결하여 서로 자료를 주고받을 수 있는 네트워크를 통해 이메일(e-mail) 등을 주고받는다. 이때 네트워크상에서의 이메일은 그 내용이 조각조각으로 나뉘어 전송된다. 이렇게 나뉜 조각은 수신자에게 전송된 후 재결합되어 수신자는 한 통의 이메일을 받아 볼 수 있다. 이러한 정보 전달 방식을 패킷 교환 방식이라 한다.

'패킷'은 원래 우편 용어로, 'package(소화물)'와 'bucket(덩어리)'의 합성어이다. 네트워크상에서 정보를 효율적으로 전송·교환하기 위해 용량이 큰 정보를 적당한 길이로 쪼개어 받는 사람 메일 주소로 전달하는데, 이 하나하나의 조각을 패킷이라고 한다. 보통 한 패킷은 1,024비트의 데이터를 담을 수 있다.

패킷은 크게 헤더부와 데이터 영역으로 구성된다. 헤더부에는 메시지가 최종적으로 전달될 주소와 패킷의 일련번호 등의 정보가 들어 있고, 데이터 영역에는 메시지 자체의 내용이 들어 있다. 네트워크상에서 정보를 보낼 때 ㉠ 패킷으로 나누어 정보를 전달하는 것을 패킷 교환이라고 한다.

패킷 교환은 다음과 같은 순서로 진행된다. 먼저 긴 메시지는 여러 개의 패킷으로 나뉘고 각 패킷에는 헤더가 부착된다. 각각의 패킷은 버퍼와 여러 개의 노드로 이루어진 '패킷 교환망'을 지나게 된다. 패킷이 한꺼번에 많이 나가면 경로가 막힐 수도 있기 때문에 패킷들은 우선 '버퍼'라는 기억 장치에 잠시 저장된다. 버퍼는 패킷이 원활하게 전송될 수 있도록 먼저 도착한 패킷을 보내고 나머지 패킷들을 잠시 저장해 둔다. 그러나 버퍼 공간의 크기가 유한하기 때문에 도착하는 패킷과 전송을 위해 대기 중인 패킷들로 꽉 차 있는 경우에는 지연을 겪을 수 있다. 이때 도착하는 패킷 혹은 이미 대기 중인 패킷이 폐기되는 패킷 손실(packet loss)이 발생할 수도 있다.

버퍼에서 나온 이후 각각의 패킷들은 '노드'라고 불리는 여러 개의 통신 지점을 지나간다. 노드 하나에도 여러 개의 경로가 연결되어 있어서 패킷들은 서로 흩어져 여러 개의 노드와 경로를 통해 이동하게 된다. 패킷 교환망을 지나온 각 패킷들은 수신지에 일련번호의 순서와 상관없이 개별적으로 도착한다. 수신지에 모두 도착하면 패킷들은 일련번호의 순서에 맞게 원래의 메시지로 재결합된다. 만약 수신지에서 일련번호 순서대로 재결합이 되지 못했거나 패킷이 모두 전송되지 못했을 경우 '발신 후 수신 불능'이나 '수신 후 에러 메시지'를 받을 수도 있다.

패킷 교환 방식은 작은 단위로 나눠진 패킷들이 여러 개의 노드를 통해서 서로 다른 경로로 전송된 후 나중에 합쳐지기 때문에 기존의 정보 전송 방식에 비해 많은 양의 데이터를 빠르게 전송할 수 있다. 패킷들이 각기 다른 경로로 전송되기 때문에 데이터 전송 시 하나의 경로에 과부하가 발생하여 전송이 지연되더라도 다른 경로를 통해 패킷을 전송할 수 있다는 장점이 있

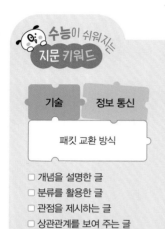

✦**부착되다** 떨어지지 아니하게 붙다.
✦**노드** 데이터 통신망에서 데이터를 전송하는 통로에 접속되는 하나 이상의 기능 단위. 주로 통신망의 분기점이나 단말기의 접속점을 이룬다.
✦**원활하다** 모난 데가 없고 원만하다.
✦**유한하다** 수, 양, 공간, 시간 따위에 일정한 한도나 한계가 있다.
✦**지연** 무슨 일을 더디게 끌어 시간을 늦춤. 또는 시간이 늦추어짐.
✦**불능** 할 수 없음.
✦**과부하** 기기나 장치가 다룰 수 있는 정상치를 넘은 상태.

◐ 바른답·알찬풀이 17쪽

다. 이 방식을 활용하면 패킷들을 기기의 처리 속도에 맞추어 전송할 수 있어서 처리 속도가 다른 기기들 간에도 정보 전송이 가능하다. 또한 보내야 할 데이터가 큰 경우에도 여러 패킷으로 나눠어 전송되므로 정보를 원활하게 전송할 수 있다.

확인 문제

1 **이 글의 주제는?**
네트워크상에서 정보를 전달하는 방식인 □□□□ 방식

2 패킷은 네트워크상에서 정보를 적당하게 쪼개어 받는 사람 메일 주소로 전달하는 조각을 말한다. (○ , ×)

3 패킷은 하나의 경로만을 이용하므로 안전한 전송이 이루어진다. (○ , ×)

1

• 글의 전개 방식 파악하기

윗글에 쓰인 전개 방식으로 적절하지 않은 것은?

① 용어의 유래를 활용해 패킷의 개념을 제시하고 있다.
② 구체적인 수치를 활용해 패킷의 특성을 제시하고 있다.
③ 영역을 구분하여 패킷을 이루는 구성을 설명하고 있다.
④ 비유적 표현을 활용하여 패킷이 지닌 장점을 설명하고 있다.
⑤ 과거와 현재를 대비하여 정보의 전달 방식을 비교하고 있다.

2

• 숨어 있는 내용 찾기

㉠의 이유로 가장 적절한 것은?

① 용량이 큰 정보를 받는 사람에게 쉽게 전달하기 위해서
② 패킷을 보낼 때 하나의 경로만을 이용하게 하기 위해서
③ 수신 후 에러 메시지가 뜨는 정보의 원인을 찾아내기 위해서
④ 중요한 정보를 담고 있는 패킷을 선별해 먼저 처리하기 위해서
⑤ 패킷을 전달하는 기기들 간의 처리 속도를 균등하게 맞추기 위해서

3 • 적용하기

윗글을 바탕으로 〈보기〉의 ⓐ~ⓓ를 이해한 내용으로 적절하지 않은 것은?

보기

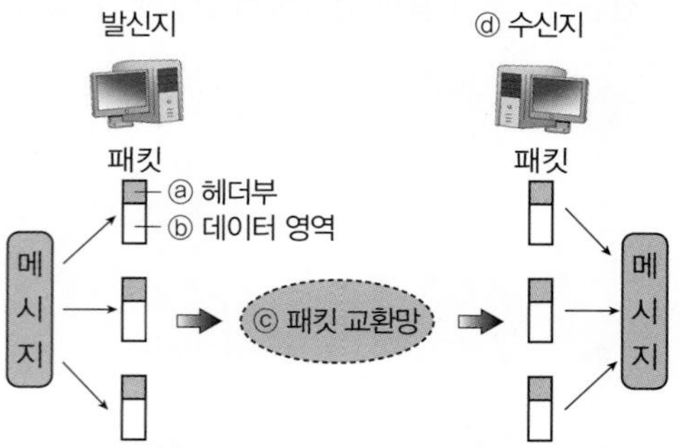

① ⓐ에는 메시지가 전달될 주소와 패킷의 일련번호에 대한 정보가 담겨 있다.

② ⓑ에는 ⓓ에 전달하고자 하는 메시지의 내용이 담겨 있다.

③ ⓒ에 있는 임시 저장 장치에 패킷이 꽉 차 있으면 전송 지연이 일어날 수 있다.

④ ⓒ를 지난 패킷들은 일련번호의 순서에 따라 개별적으로 ⓓ에 도착한다.

⑤ ⓓ에 도착한 패킷들은 일련번호의 순서에 맞게 원래의 메시지로 재결합된다.

배경지식 확장하기

실전 1, 2와 엮어 읽기

사물끼리 정보를 주고받는 사물 인터넷 시대

사물 인터넷(IoT, Internet of Things)이란 센서를 부착한 각종 기기가 서로 인터넷에 연결되어 실시간으로 데이터를 주고받아 스스로 분석, 수집, 저장하는 기술이나 환경을 의미한다. 사람의 개입이 없어도 무선 통신 기술을 활용하여 인터넷으로 연결된 사물들끼리 스스로 알아서 필요한 정보를 주고받는다. 사물 인터넷 기술이 발달하면 인터넷으로 연결된 주변의 모든 사물이 상호 작용하며, 사람들은 각자에게 맞추어진 유용한 정보들을 실시간으로 얻을 수 있다. 사물 인터넷은 현재 몸에 지니는 작은 전자 기기부터 카메라, 가전제품, 버스, 전철 등 다양한 분야에서 적용되고 있다. 사물 인터넷 기술을 활용할 수 있는 분야는 무궁무진하므로 앞으로 가정, 사회, 산업 등 다양한 분야에서 사물 인터넷 기술이 적용되어 우리 생활을 더욱 편리하게 바꿀 것이다.

어휘 공략하기

◐ 바른답·알찬풀이 18쪽

1 **다음 뜻에 알맞은 어휘를 말 상자에서 찾아 쓰시오.**

(1) 할 수 없음. → (   )

(2) 계산하여 냄. → (   )

(3) 전하여 보냄. → (   )

(4) 기기나 장치가 다룰 수 있는 정상치를 넘은 상태. → (   )

산	타	발	생	봉	평
출	박	논	기	변	지
탕	상	전	송	일	다
역	불	반	과	구	분
통	능	성	수	부	다
적	자	검	증	목	하

2 **다음 밑줄 친 어휘의 뜻으로 알맞은 것을 〈보기〉에서 찾아 그 기호를 쓰시오.**

보기

㉠ 때나 기회를 기다림.

㉡ 달라져서 바뀜. 또는 다르게 하여 바꿈.

㉢ 받아야 할 것을 필요에 의하여 달라고 청함. 또는 그 청.

㉣ 학문, 기술, 문명, 사회 따위의 현상이 보다 높은 수준에 이름.

(1) 문자를 소리로 변환해 주는 장치가 있다. → (   )

(2) 통신 산업의 발달로 먼 거리에서 소통하기가 편리해졌다. → (   )

(3) 무더운 날에는 에어컨을 틀어 달라는 손님의 요구가 많다. → (   )

(4) 감기가 유행하자 병원에는 진료를 대기하는 사람이 줄을 서 있다. → (   )

3 **다음 밑줄 친 어휘의 문맥적 의미를 찾아 바르게 연결하시오.**

(1) 안경을 새로 맞추었다.

(2) 시간대별로 입장할 인원을 맞추었다.

(3) 시험을 본 뒤 친구와 서로 답을 맞추었다.

(4) 우리는 운동을 하면서 서로 마음을 맞추었다.

㉠ 일정한 수량이 되게 하다.

㉡ 서로 어긋남이 없이 조화를 이루다.

㉢ 일정한 규격의 물건을 만들도록 미리 주문을 하다.

㉣ 둘 이상의 일정한 대상들을 나란히 놓고 비교하여 살피다.

10강 실전 1

다음 글을 읽고 물음에 답하시오. 목표 8분

칸타타(cantata)는 17세기 바로크 시대 이탈리아에서 생겨난 성악곡의 한 형식으로, 독창인 아리아와 레치타티보, 중창, 합창 등으로 이루어진다. 칸타타의 ✦어원은 이탈리아어로 '노래 부르다'를 뜻하는 'cantare'로, 초기에는 ✦하프시코드로만 반주하는 독창의 실내 음악에서 출발하였다가 점차 다른 악기들과 ✦성부가 보충되었다.

칸타타는 17세기와 18세기에 많이 만들어졌는데, 일반적으로 두 개의 레치타티보와 두 개의 아리아로 구성되었고, 노래를 부를 때는 소프라노를 포함하여 여러 성부를 섞어 사용하는 방법을 구사하였다. 바흐는 이 시기에 칸타타를 200여 곡 넘게 창작하면서 음악의 완성도를 높인 작곡가이다. 그는 특히 음악적으로 극적 효과를 중시하고 간결하고 예리한 가사 내용을 강조한 칸타타를 창작하는 데 중점을 두었다. 바흐의 칸타타는 가사 내용이 종교적인지 세속적인지에 따라 각각 교회 칸타타와 세속 칸타타로 구분된다.

바흐의 칸타타에서 대부분을 차지하는 교회 칸타타는 진실한 신앙심을 바탕으로 교훈적인 가사의 의미를 음악으로 표현하면서도 감정의 변화를 표현할 때 극적 효과를 강조했다. 교회 칸타타의 가사는 ✦설교의 기능을 가지므로 성경의 구절을 인용하거나 성경 구절에 어구를 더하는 방향으로 만들어졌다. 세속 칸타타는 결혼이나 생일, 대학 행사 등을 위해 만들어진 것이 대부분인데, 현실적인 경향이 뚜렷하여 자연에 대한 사랑, 해학 등 세속적인 감각을 살펴볼 수 있다.

한편, 17세기에 칸타타와 대비되는 음악 형식으로 기악곡을 총칭하는 소나타(sonata)가 등장했다. 소나타는 '울리다, 연주하다'라는 뜻의 이탈리아어 'sonare'에서 유래했으며, 17세기 말에 '느림-빠름-느림-빠름' 네 개의 악장 구조로 표준화되었다. 바로크 시대의 소나타는 여러 개의 선율로 이루어진 성악곡을 건반 악기와 독주 악기로 연주하며, 주제 대립에 의한 대조적인 형식의 음악을 띠는 기악 앙상블 음악을 의미한다.

소나타 형식은 크게 제시부, 발전부, 재현부, 코다의 4부로 ㉠ <u>이루어진다</u>. [A: 제시부는 악곡의 맨 처음에 두 개의 주제를 보여 주는 부분으로, 성격이 다른 제1주제와 제2주제가 등장한다. 제1주제는 제1악장의 성격을 좌우하며, 곡의 전체적인 성격까지 나타낸다. 제2주제는 서정적인 성격을 띠며, 관례적으로 제1주제가 장조일 때 5도 올라간 딸림조로 나타나는 등 조바꿈을 연결하는 장치가 사용된다. 발전부는 제시부에서 선보인 주제들을 조바꿈하고 변형하여 새로운 화음으로 재편성하는 등 작곡가의 기교와 재능이 마음껏 발휘되는 부분이다. 재현부는 다시 두 개의 주제가 나타나며, 제시부의 형식과 내용이 ✦흡사하나 제1·2주제가 같은 조성으로 나타난다는 점에서 제시부와 차이를 보인다. 마지막으로 코다는 소나타의 짧은 종결 부분으로, 보통은 제시부의 악구와 유사하지만 새로운 주제가 등장해 곡을 끝낼 수도 있다.]

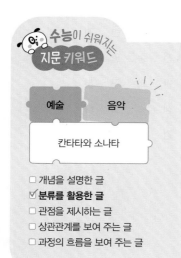

수능이 쉬워지는 지문 키워드

예술 / 음악

칸타타와 소나타

- □ 개념을 설명한 글
- ☑ **분류를 활용한 글**
- □ 관점을 제시하는 글
- □ 상관관계를 보여 주는 글
- □ 과정의 흐름을 보여 주는 글

✦**어원** 어떤 단어의 근원적인 형태. 또는 어떤 말이 생겨난 근원.
✦**하프시코드** 겉모습이 그랜드 피아노를 작게 만든 것처럼 생긴 대형 쳄발로.
✦**성부** 다성 음악을 구성하는 각 부분.
✦**설교** 종교의 교리를 설명함.
✦**흡사하다** 거의 같을 정도로 비슷하다.

확인 문제

1 이 글의 주제는?
□□□와 □□□의 음악적 구성과 특징

2 세속 칸타타는 종교적 교훈을 강조할 목적으로 불렸다. (○, ×)

3 소나타의 음악 형식은 칸타타와 대비된다. (○, ×)

1

세부 내용 파악하기

윗글을 읽고 알 수 있는 내용으로 적절하지 않은 것은?

① 칸타타의 구성과 노래 방식
② 소나타 형식의 구성과 특징
③ 칸타타와 소나타라는 음악 용어의 유래
④ 교회 칸타타와 세속 칸타타에서 다루는 주된 내용
⑤ 칸타타에서 레치타티보보다 아리아를 중시하는 이유

2

숨어 있는 내용 찾기

[A]를 바탕으로 〈보기〉를 이해한 내용으로 적절하지 않은 것은?

보기

ⓐ 제시부 ➡ ⓑ 발전부 ➡ ⓒ 재현부 ➡ ⓓ 코다

① ⓐ에서는 음악적 성격이 다른 두 주제가 제시되겠군.
② ⓑ는 ⓐ에 제시된 주제를 통합하여 연주하는 단계이겠군.
③ ⓑ는 작곡가의 능력이 가장 잘 드러나는 부분이겠군.
④ ⓒ에서는 ⓐ의 주제가 재현되지만, 음악적 성격에서는 차이를 보이겠군.
⑤ ⓓ는 종결부이지만, ⓐ처럼 주제가 제시될 수도 있겠군.

3

어휘의 의미 파악하기

㉠과 가장 유사한 의미로 사용된 것은?

① 두 사람 간에 합의가 이루어졌다.
② 태풍 피해자들을 위한 기도가 이루어졌다.
③ 동생의 오랜 소원이 이루어져서 매우 기뻤다.
④ 주변에서 이루어질 수 없는 사랑이라고 반대하였다.
⑤ 국어의 문장 성분은 주성분, 부속 성분, 독립 성분으로 이루어져 있다.

10강 실전 2

수능이 쉬워지는 지문 키워드

예술 | 음악

그레고리안 선법

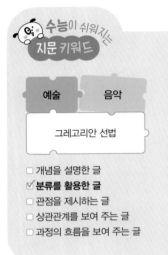

□ 개념을 설명한 글
☑ **분류를 활용한 글**
□ 관점을 제시하는 글
□ 상관관계를 보여 주는 글
□ 과정의 흐름을 보여 주는 글

다음 글을 읽고 물음에 답하시오. 목표 9분

중세 시대 유럽의 수도원에서 미사 때 사용하던 ㉠그레고리오 성가는 남성이 부르는 무반주의 음악이다. 미사나 수도원에서의 기도 등 가톨릭의 종교 의식에서는 언어를 단순히 나열하여 읽기보다 운율에 맞추어 낭송하는 것이 특징인데, 이처럼 낭송할 때의 운율을 가락으로 정리한 형태의 음악이 그레고리오 성가이다. 이렇게 다양한 운율을 그레고리오 성가로 정리하여 보급하는 데는 7세기 초 교황 그레고리오 대제의 공이 컸다. 그는 유럽 지역에 구전되던 성가들을 모아서 교회마다 서로 달랐던 노래들을 하나로 통일시켜 모든 교회가 동일한 성가를 사용하도록 하였다. 이때 정리된 성가들은 그레고리오 교황의 이름을 따라 그레고리오 성가로 불리게 되었다.

그레고리안 선법은 그레고리오 성가들에 쓰인 선법을 그레고리오 대제가 체계화한 것이다. 이 선법은 남성이 부를 수 있는 한정된 음역으로 이루어져 있다. ㉡화음을 사용하지 않는 단선율의 음악이었으며 무반주 형태의 합창이나 독창으로 불렸다. 그레고리안 선법은 중요한 2개의 음인 '종지음'과 '중심음'을 가지고 있는데, 종지음은 멜로디를 끝마치는 음이며 중심음은 멜로디 전체에서 반드시 사용되는 음이다. 그레고리안 선법은 종지음이 각각 다른 4개의 '정격 선법'과 여기서 파생된 4개의 '변격 선법'으로 나뉜다.

정격 선법에는 그리스 각 지역의 이름을 딴 도리아, 프리지아, 리디아, 믹소리디아가 있다. 정격 선법의 음역은 각각의 종지음으로부터 한 옥타브 위까지이다. 리디아는 '바'가 종지음이므로, 그 음역은 종지음 '바'에서 한 옥타브 위의 '바'까지가 된다. 그리고 종지음을 기준으로 하여 5도 위의 음이 중심음으로 결정된다. 리디아는 종지음이 '바'이므로, '바'부터 시작하여 다섯 번째에 해당하는 음인 '다' 음이 중심음이 되는 것이다.

변격 선법은 종지음이 같은 정격 선법에서 파생된 것이다. 변격 선법 명칭은 짝이 되는 정격 선법 명칭에 하이포(Hypo)라는 접두어를 붙여 불렀다. 변격 선법은 종지음의 아래 4도에서 종지음 위 5도까지의 음역을 가지며, 중심음은 종지음의 3도 위의 음이다. 하이포-리디아는 종지음이 '바'이고 중심음이 '가'가 되는 것이다.

그레고리안 선법은 서양 음악의 이론적 체계를 이끄는 가장 중요한 시작점이라는 데에 의의가 있다. 또한 이것은 교회 음악으로만 머문 것이 아니라 바로크, 고전주의 음악에 영향을 끼쳤

✦**미사** 천주교에서 드리는 예배 의식.
✦**보급하다** 널리 펴서 많은 사람들에게 골고루 미치게 하여 누리게 하다.
✦**대제** '황제'를 높여 부르는 말.
✦**선법** 악곡 중에 사용되는 음을 옥타브 사이에 음높이 순으로 배열한 것.
✦**체계화하다** 일정한 원리에 따라서 낱낱의 부분이 짜임새 있게 조직되어 통일된 전체로 되게 하다.
✦**파생되다** 사물이 어떤 근원으로부터 갈려 나와 생기게 되다.
✦**재현되다** 다시 나타나다.

◐ 바른답·알찬풀이 20쪽

으며, 오늘날의 많은 작품에서도 재현되고 있다는 점은 주목할 만하다. 고전파 시대의 대표적인 음악가 베토벤은 ㉢ 현악 4중주 제15장 3악장의 주제부로 리디아 선법의 변격인 하이포-리디아를 사용하여 병에서 회복한 기쁨과 신에 대한 감사의 마음을 종교적인 분위기로 표현했다.

확인 문제

1 이 글의 주제는?
□□□□□ □□의 유형과 음악사적 의의

2 변격 선법에서 중심음은 종지음보다 항상 높은 음이다. (○ , ×)

3 그레고리안 선법은 바로크, 고전주의 음악에 대항하여 등장했다. (○ , ×)

1

세부 내용 파악하기

㉠에 대한 이해로 적절하지 않은 것은?

① 당시 유럽에서 말로 전하여 내려오는 노래들을 바탕으로 하였다.
② 성당에서 미사를 드릴 때나 수도원에서 기도 의식을 행할 때 불렀다.
③ 남성이 부를 수 있는 음역으로 이루어져 반주 없이 운율에 맞추어 불렀다.
④ 그레고리오 대제가 다양하게 불리던 성가들을 모아 동일하게 불리도록 만들었다.
⑤ 베토벤은 신에 대한 감사를 표현하기 위해 '다'가 중심음인 정격 선법을 활용하였다.

2

숨어 있는 내용 찾기

〈보기〉를 바탕으로 ㉡의 이유를 추론한 내용을 가장 적절한 것은?

보기

그레고리오 성가의 가사는 라틴어로 쓰였으며, 그 내용은 성스럽고 엄숙하였다. 가사와 악보를 읽을 수 없던 평민은 이 성가를 부르기 어려웠으므로 주로 남자 수도사들이 불렀다. 종교 의식에서 성가를 부르는 사람은 하나님의 말씀을 온전히 전달하는 역할을 하였다. 당시에는 악기로 연주하는 음악을 불경스럽다고 생각하는 경향이 있어, 반주나 박자 등을 최대한 배제한 채 오로지 사람의 음성으로만 불렀다. 이 때문에 그레고리오 성가는 미묘하고 자유로운 리듬을 지녔으며, 박자의 구분이 없고 단조로운 느낌을 준다.

① 하나님의 말씀이 훼손없이 그대로 전달되기를 바랐기 때문이겠군.
② 중세 유럽에서 불리던 성가를 원문 그대로 부르기 어려웠기 때문이겠군.
③ 성가의 내용이 어렵고 복잡해서 악기에 맞춰 연주하기 어려웠기 때문이겠군.
④ 당시 사람들은 하나님의 말씀을 담을 만큼 연주 실력이 좋지 않다고 생각했기 때문이겠군.
⑤ 하나님의 말씀에 대한 해석은 각자 다를 수 있기 때문에 인위적인 요소를 최대한 배제하려 했기 때문이겠군.

(• 적용하기)

3 〈보기〉는 ⓒ의 주제부 악보이다. 이를 이해한 내용으로 적절하지 <u>않은</u> 것은?

보기

① 중심음인 '가' 음은 주제부의 첫 마디에서 사용되고 있다.

② 종지음인 '바' 음은 주제부의 여러 마디에 사용되고 있다.

③ 하이포-리디아 음역의 모든 음이 주제부에 사용되고 있다.

④ 하이포-리디아 음역의 가장 낮은 음으로부터 주제부가 시작된다.

⑤ 주제부의 음역은 낮은 '다' 음에서 높은 '다' 음까지 한 옥타브이다.

배경지식 확장하기

실전 1과 엮어 읽기

'교회 음악의 아버지' 바흐

'서양 음악의 아버지'로 익숙한 바흐는 칸타타를 비롯해 협주곡, 소나타, 변주곡 등 다양한 장르의 곡을 수많이 작곡하였다. 바흐의 음악에서 무엇보다 큰 비중을 차지하는 것은 교회 칸타타였는데, 독실한 루터교 가문에서 태어난 그는 깊은 신앙심을 바탕으로 예배를 위한 교회 칸타타를 작곡하였다. 또한 교회 칸타타 이외에 매주의 예배와 기타 축제일, 결혼식이나 장례식 등에 사용되는 칸타타를 작곡하기도 하였다. 안타깝게도 이후 그가 작곡한 교회 칸타타의 약 20%는 전해지지 않지만, 현존하는 칸타타만 해도 약 200곡 정도로 많은 곡을 작곡했으며 교회 오르가니스트로 일하던 처음 몇 년 동안은 매주 한 곡 정도의 칸타타를 썼다고 전해지기도 한다. 바흐가 이처럼 많은 수의 칸타타를 쓴 것은 후세나 자신의 명성을 위해서가 아닌, 오로지 기도하는 신자들을 위한 것이었으며, 때문에 바흐는 교회 음악의 아버지로 불린다.

어휘 공략하기

◐ 바른답·알찬풀이 20쪽

1 **다음 뜻에 알맞은 어휘를 말 상자에서 찾아 쓰시오.**

중	기	반	신	봉	재
강	박	종	결	변	평
보	구	란	술	파	비
급	전	반	방	어	발
하	되	양	지	선	원
다	다	진	면	목	각

(1) 일을 끝냄. → (　　　　)

(2) 말로 전하여 내려오다. → (　　　　)

(3) 어떤 단어의 근원적인 형태. 또는 어떤 말이 생겨난 근원. → (　　　　)

(4) 널리 펴서 많은 사람들에게 골고루 미치게 하여 누리게 하다. → (　　　　)

2 **다음 문장에 들어갈 어휘로 알맞은 것을 골라 ∨표 하시오.**

(1) 전통문화의 확산을 위해 국악 (□보급 / □보완)에 힘써야 한다.

(2) 여기저기에서 제출한 서류들을 (□수리 / □정리)하느라고 애썼다.

(3) 더위로 상한 건강을 (□회귀 / □회복)하기 위해 좋은 음식을 준비했다.

(4) 20세기 미술은 사물의 (□실현 / □재현)보다는 내적인 심성의 표현에 주력했다.

3 **다음 밑줄 친 조사의 쓰임을 찾아 바르게 연결하시오.**

(1) 동생은 방금 집에 갔다.

(2) 요란한 소리에 잠을 깼다.

(3) 그는 자기 일에 열의가 대단하다.

㉠ 앞말이 원인의 부사어임을 나타내는 격 조사.

㉡ 앞말이 진행 방향의 부사어임을 나타내는 격 조사.

㉢ 앞말이 어떤 움직임을 일으키게 하는 대상의 부사어임을 나타내는 격 조사.

수능형 실전 문제로 깨우자!

실전 훈련 3

강	학습 내용	학습 확인
11강	인문 논증과 오류 인문 명제의 표준 형식	
12강	사회 소비자의 청약 철회권 사회 재산권의 제약	
13강	과학 물질의 특성 과학 김치의 숙성 과정	
14강	기술 생명 기술의 발달 기술 적정 기술	
15강	예술 한옥의 건축 원리 예술 네거티비즘적 사고	

11강 실전 1

지문 난이도 ★★☆ | 교과 연계 국어

수능이 쉬워지는 지문 키워드

인문 | 논리학

논증과 오류

□ 개념을 설명한 글
☑ **분류를 활용한 글**
□ 관점을 제시하는 글
□ 상관관계를 보여 주는 글
□ 과정의 흐름을 보여 주는 글

다음 글을 읽고 물음에 답하시오. (목표 8분)

한 학생이 한국에 있는 백조를 열 마리 관찰했는데 모두 흰색이었기 때문에, 이를 근거로 '모든 백조는 희다.'라고 주장했다고 하자. 이처럼 근거를 바탕으로 주장하는 것을 논리학에서 논증이라 하며, 이때 근거를 '전제', 주장은 '결론'이라고 한다. 논증에는 연역 논증과 귀납 논증이 있는데, 이 둘은 전제가 결론을 어느 정도로 뒷받침하는가에 따라 결정된다.

연역 논증은 전제들이 모두 참이면 결론도 반드시 참이 된다. 연역 논증의 대표적인 형태로 삼단 논법이 있는데, 두 개의 전제로 하나의 결론을 도출하는 방식이다. 예를 들어 '모든 동물은 죽는다.'와 '호랑이는 동물이다.'를 전제로 삼으면 '호랑이는 죽는다.'라는 결론은 반드시 참이다. 그 이유는 두 번째 전제의 주어인 호랑이는 첫 번째 전제에서 주어로 사용된 동물에 포함되기 때문이다. 이처럼 연역 논증에서는 결론의 내용이 이미 전제에 포함되어 있으므로, 전제들이 참이면 결론은 반드시 참이 된다.

귀납 논증은 전제들이 모두 참이라고 해도 결론은 거짓일 수 있는 논증이다. 귀납 논증은 여러 사례들을 관찰하여 일반화된 결론을 이끌어 내는 것으로, 이때 일반화란 '모두 어떤 특성을 가진다.'를 찾는 것이다. 앞서 언급한 학생은 열 마리의 백조를 관찰하여 '모든 백조는 희다.'라는 일반화된 결론을 이끌어 냈으므로 귀납 논증을 사용한 것이다. 만약 똑같은 결론이라도 열 마리보다는 백 마리의 백조를 관찰했거나, 한국뿐만 아니라 다른 나라의 백조도 조사했다면 그 결론은 더 믿을 수 있는 것이 된다.

하지만 전 세계에 있는 모든 백조를 다 관찰할 수는 없다. 그리고 실제로 호주에서는 검은 백조가 관찰된 적이 있다. 이처럼 귀납 논증은 참인 전제에서도 거짓인 결론이 도출될 수 있으며, 이 경우를 논리학에서는 '오류'라고 부른다. 따라서 귀납 논증은 오류를 줄이기 위해 노력해야 한다. 따라서 충분한 수의 사례를 관찰해야 하고, 다양한 집단에 속한 대상을 관찰해야 좋은 귀납 논증으로 평가받는다.

그런데 사례가 충분하지 않으면 '성급한 일반화의 오류'가 발생한다. '나의 휴대 전화는 OO 공장에서 생산되었는데, 고장이 자주 났다. 그러므로 OO 공장에서 생산되는 휴대 전화는 모두 고장이 자주 날 것이다.'라는 논증을 보자. 이는 자신의 휴대 전화를 근거로 OO 공장의 모든 휴대 전화를 일반화하였으므로 오류가 된다. 한편, 관찰한 대상이 여러 개라 하더라도 표본이 한정되고 특정 집단에 치우치면 '편향된 통계의 오류'가 발생한다. 예를 들어 '10대부터 20대의 많은 여성들에게 조사했더니 가수 △△ 씨가 인기가 있었다. 그러므로 △△ 씨는 대다수 여성들에게 인기가 있다.'라는 논증에는 오류가 있다. 그 이유는 [㉠] 때문이다.

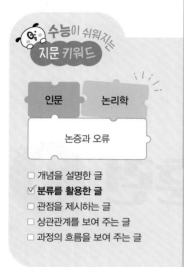

✦**논리학** 바르게 판단하고 인식하기 위한 생각의 형식과 방법 등을 연구하는 학문.
✦**도출하다** 판단이나 결론 따위를 이끌어 내다.
✦**편향되다** 한쪽으로 치우치게 되다.

확인 문제

1 이 글의 주제는?
논증의 종류와 [ ][ ] [ ][ ]에서 발생할 수 있는 오류

2 연역 논증 중에서 두 개의 전제로 하나의 결론을 도출하는 형태를 삼단 논법이라 한다. (○, ×)

3 귀납 논증은 전제들이 모두 참이라고 해도 결론은 거짓일 수 있는 논증이다. (○, ×)

◐ 바른답·알찬풀이 21쪽

1

• 글의 전개 방식 파악하기

윗글의 내용 전개 방식에 대한 이해로 가장 적절한 것은?

① 삼단 논법을 설명한 후, 연역 논증이 귀납 논증보다 더 유용한 이유를 설명하고 있다.

② 연역 논증과 귀납 논증을 비교한 뒤, 논증 과정에서 발생할 수 있는 오류를 설명하고 있다.

③ 연역 및 귀납 논증이 처음 등장한 시기와 각각의 논증을 구성하는 방식을 설명하고 있다.

④ 연역 및 귀납 논증의 개념을 설명한 후, 연역 논증의 신뢰성을 높이기 위한 방법을 소개하고 있다.

⑤ 논증에서 오류가 일어나는 이유를 설명한 후, 오류 발생에서 연역 논증과 귀납 논증의 공통점과 차이점을 비교하고 있다.

2

• 적용하기

윗글을 바탕으로 〈보기〉를 이해한 내용으로 적절하지 않은 것은?

보기
ㄱ. 모든 학생은 학교에 간다. 철수는 학생이다. 그러므로 철수는 학교에 간다. ㄴ. 어제 □□ 대학에 다니는 한 학생을 만났는데, 영어를 무척 잘했다. 오늘도 □□ 대학에 다니는 다른 학생을 만났는데, 이 학생도 영어를 무척 잘했다. 그러므로 □□ 대학에 다니는 모든 학생은 영어를 잘할 것이다.

① ㄱ에서 두 번째 문장의 주어는 첫 번째 전제의 주어에 포함되는군.

② ㄱ에서 세 번째 문장의 내용은 이미 앞의 두 문장에 포함되어 있군.

③ ㄴ은 더 많은 대학생을 관찰한 사례가 있어야 좋은 논증이 되겠군.

④ ㄴ에서 세 번째 문장은 앞의 두 문장에 비해 일반화된 내용이 담겨 있군.

⑤ ㄴ에는 두 개의 전제로 하나의 결론을 도출하는 삼단 논법이 사용되었군.

3

• 숨어 있는 내용 찾기

㉠에 들어갈 내용으로 가장 적절한 것은?

① 남성을 조사 대상에 포함시키지 않았기

② 응답자가 자신의 나이를 모를 수도 있기

③ 응답자들은 △△ 씨를 실제로 만난 것은 아니기

④ 30대 이상의 여성들을 조사 대상에 포함시키지 않았기

⑤ 연령별로 한 명씩이 아닌 많은 여성들을 대상으로 조사를 했기

수능이 쉬워지는 지문 키워드

인문 | 논리학

명제의 표준 형식

☑ 개념을 설명한 글
□ 분류를 활용한 글
□ 관점을 제시하는 글
□ 상관관계를 보여 주는 글
□ 과정의 흐름을 보여 주는 글

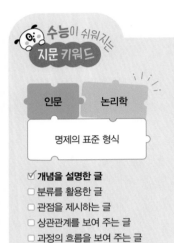

다음 글을 읽고 물음에 답하시오. 목표 9분

우리가 일상에서 언어를 사용할 때 같은 문장인데도 사람마다 다르게 판단하여 표현할 때가 있다. 예를 들어 '그는 이제야 눈을 떴다.'라는 문장을 보자. 이 문장은 '그는 지금까지 감았던 눈을 떴다.'라고 판단하여 표현할 수 있고, '그는 이제야 사물을 제대로 볼 수 있게 되었다.'라고 판단하여 표현할 수도 있다. 그런데 논리학이란 세상에 있는 여러 사물 또는 대상을 ✦명확하게 판단하려는 학문이므로, 논리학에서는 문장의 뜻이 분명하게 하나로 정해져야 한다.

논리학에서 쓰이는 문장을 명제라고 하며, 명제란 그 내용이 참인지 거짓인지 명확하게 판단할 수 있는 문장을 뜻한다. 명제들은 일상 언어와 달리 그 뜻이 애매하거나 ✦모호하지 않기 위해 ✦표준 형식으로 고쳐야 한다. 오래전에 아리스토텔레스는 명제의 표준 형식을 네 종류로 ⓐ나누고, 이를 각각 '전체 긍정 명제', '전체 부정 명제', '부분 긍정 명제', '부분 부정 명제'라고 이름을 붙였다.

전체 긍정 명제는 "모든 학생은 철학자이다."와 같이 '모든 ~는 ~이다.'라는 형식을 사용한다. 그러면 앞의 문장은 '학생의 전부가 철학자이다.'라는 뜻이 된다. 그러나 전체 부정 명제에는 "모든 학생은 철학자가 아니다."라는 형식을 쓰지는 않는다는 점에 주의해야 한다. 왜냐하면 그 문장이 '학생 한 사람도 철학자가 아니다.'를 뜻하는 것인지, 아니면 '학생 중에는 철학자가 아닌 사람도 있다.'를 뜻하는 것인지 분명하지 않기 때문이다. 따라서 전체 부정의 뜻을 분명하게 나타내어 줄 수 있는 표준 형식은 "어느 학생도 철학자가 아니다."와 같이 '어느 ~도 ~가 아니다.'라는 형식을 사용한다. 그러면 앞의 문장은 '학생 한 사람도 철학자가 아니다.'라는 뜻이 명확해진다.

부분 긍정 명제는 "어떤 학생은 철학자이다."와 같이 '어떤 ~는 ~이다.'라는 형식을 사용한다. 그러면 이 문장은 '학생 중에서 어느 누군가는 철학자이다.'라는 뜻이 된다. 마지막으로 부분 부정 명제는 "어떤 학생은 철학자가 아니다."에서와 같이 '어떤 ~는 ~가 아니다.'라는 형식이면 된다. 그러면 이 문장은 '학생 중에서 어느 누군가는 철학자가 아니다.'라는 뜻이 된다.

만약 일상 언어의 문장을 표준 형식으로 고치려면 어떻게 해야 할까? 일상 언어로 쓰인 문장을 적절하게 해석한 후, 이해한 뜻에 따라서 그것에 맞는 네 가지 표준 형식 중 하나를 골라 고쳐 주면 된다. 예를 들어 "고래는 포유동물이다."라는 일상 언어의 문장은 모든 고래에 대한 긍정을 뜻하는 것이므로 이것을 표준 형식의 명제로 고치면 "모든 고래는 포유동물이다."가 된다. 그러나 "칼을 쓰는 자는 칼로 망한다."라는 문장은 전체 긍정의 뜻으로 받아들일 수도 있고 부분 긍정의 뜻으로 받아들일 수도 있다. 즉, "칼을 쓰는 모든 사람은 칼로 망하는 사람이다."라고 한다면 전체 긍정이 되지만, "칼을 쓰는 어떤 사람은 칼로 망하는 사람이다."라고 한다면 부분 긍정이 되기 때문이다. 둘 중에서 ㉠어느 쪽 해석이 옳은가라는 문제는 논리학의 관심 문제가 아니다. 만약 그 문장을 사실의 서술로 보는 사람은 부분 긍정 명제로 바꾸면 된다. 반면, 그

✦**명확하다** 명백하고 확실하다.
✦**모호하다** 말이나 태도가 흐리터분하여 분명하지 않다.
✦**표준** 사물의 정도나 성격 따위를 알기 위한 근거나 기준.
✦**보편적** 모든 것에 두루 미치거나 통하는 것.
✦**범위** 일정하게 한정된 영역.

◐ 바른답·알찬풀이 22쪽

문장을 하나의 교훈적인 말로 받아들이는 사람은 그것이 하나의 보편적인 법칙을 뜻하는 것으로 이해하기 때문에 전체 긍정 명제로 바꾸면 된다.

이와 같이 일상 언어의 문장은 논리적으로 의미가 분명하지 않은 것이 많다. 그것이 이용되는 경우에 따라서, 또 내용에 따라서 그 의미가 다르게 이해되어야 할 때가 많다. 이러한 문제는 논리학의 범위에 속하지 않으므로 문장을 사용하는 사람이 자기의 의도에 맞게 표준 형식의 문장으로 바꾸어 사용하면 된다. 그리고 그러한 문장을 표준 형식의 명제로 고치고자 할 때는 먼저 적절한 해석을 한 후, 그것이 이해되는 뜻에 따라서 그것에 맞는 형식으로 고쳐 주면 된다.

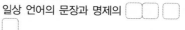

확인 문제

1 이 글의 주제는?
일상 언어의 문장과 명제의 □□ □ □

2 명제는 뜻이 애매하거나 모호하지 않아야 한다. (○, ×)

3 전체 부정 명제의 표준 형식은 '모든 ~는 ~가 아니다.'이다. (○, ×)

1

• 세부 내용 파악하기

윗글의 내용과 일치하는 것은?

① "어떤 학생은 철학자이다."는 전체 부정 명제이다.
② 명제란 참인지 거짓인지를 판단할 수 있는 내용이 담긴 문장이다.
③ 아리스토텔레스가 이름을 붙인 명제의 형식에 부정 명제는 있었지만 긍정 명제는 없다.
④ "칼을 쓰는 자는 칼로 망한다."를 교훈으로 받아들인 사람은 부분 긍정 명제로 이해한 것이다.
⑤ "모든 학생은 철학자가 아니다."라는 명제의 표준 형식은 '모든 ~는 ~가 아니다.'라는 형식이 될 수 있다.

2

• 숨어 있는 내용 찾기

㉠의 이유로 가장 적절한 것은?

① 일상 언어는 논리학의 표준 명제로 고칠 수 없기 때문에
② 논리학은 명제의 형식에 대해서 문제를 삼지 않기 때문에
③ 일상 언어의 문장과 논리학의 문장은 본질적으로 다르기 때문에
④ 논리학은 일상 언어의 문장을 네 가지 기본 명제의 형식으로 고친 다음 해석해야 하기 때문에
⑤ 일상 언어의 문장은 읽는 사람에 따라서 혹은 그것이 쓰이는 상황에 따라서 논리적 의미가 다르기 때문에

3
• 적용하기

윗글을 바탕으로 〈보기〉의 ㉮~㉲를 표준 형식의 명제로 고친 것으로 적절하지 않은 것은?

보기

㉮ 원숭이도 나무에서 떨어진다.
㉯ 소수의 사람들만이 특혜를 받았다.
㉰ 경마에 미친 사람은 경마만 좋아한다.
㉱ 비가 오는 날이면 언제나 그는 택시를 탄다.
㉲ 이번 여름은 피서지마다 초만원을 이루었다.

① ㉮: 어떤 원숭이는 나무에서 떨어지는 원숭이이다.

② ㉯: 어떤 사람은 특혜를 받은 사람이다.

③ ㉰: 경마에 미친 모든 사람은 경마를 좋아한다.

④ ㉱: 비가 오는 모든 날은 그가 택시를 타는 날이다.

⑤ ㉲: 이번 여름의 모든 피서지는 초만원을 이루는 곳이다.

4
• 어휘의 의미 파악하기

ⓐ의 문맥상 의미와 가장 유사한 것은?

① 20을 5로 나누면 4가 된다.

② 차라도 한잔 나누면서 이야기를 합시다.

③ 수익금을 직원들에게 공평하게 나누었다.

④ 피자를 세 조각으로 나누면 한 사람이 못 먹는다.

⑤ 물건을 불량품과 정상 제품으로 나누는 작업을 해야 한다.

배경지식 확장하기

실전 1과 엮어 읽기

귀납 논증의 한계

영국의 철학자 러셀은 자신의 책에서 '닭 이야기'를 통해 과거의 경험으로 미루어 미래를 예측하는 것의 한계를 지적했다. 어느 농장의 닭들은 주인을 마음씨 좋은 농부로 믿었다. 주인이 늘 미소를 머금고 나타나 모이를 주었기 때문이다. 그래서 닭들은 점차 그를 믿게 되었고, 매일 같은 시간에 종이 울리면 의심하지 않고 먹이를 먹으러 달려갔다. 그러던 어느 날, 여느 날과 같이 기쁜 마음으로 달려간 닭은 끝내 돌아오지 못했다. 주인이 닭을 잡아서 요리했기 때문이다.

러셀은 이 이야기를 통해 아무리 많은 관찰을 한 것이어도 그 결과는 단 하나의 예상치 못한 반대 사례로 무너져 내릴 수 있다는 귀납 논증의 한계를 지적하였다.

어휘 공략하기

◐ 바른답·알찬풀이 22쪽

1 다음 뜻에 알맞은 어휘를 말 상자에서 찾아 쓰시오.

모	하	수	도	명	표
일	언	상	철	확	쾌
편	향	되	다	하	국
판	지	전	제	다	보
논	리	학	결	론	편
단	탄	생	타	당	적

(1) 명백하고 확실하다. → (　　　　　　　　)

(2) 한쪽으로 치우치게 되다. → (　　　　　　　　)

(3) 모든 것에 두루 미치거나 통하는 것. → (　　　　　　)

(4) 바르게 판단하고 인식하기 위한 생각의 형식과 방법 등을 연구하는 학문. → (　　　　　　)

2 다음 밑줄 친 어휘의 뜻으로 알맞은 것을 〈보기〉에서 찾아 그 기호를 쓰시오.

보기

㉠ 판단이나 결론 따위를 이끌어 내다.
㉡ 말이나 태도가 흐리터분하여 분명하지 않다.
㉢ 사물의 정도나 성격 따위를 알기 위한 근거나 기준.

(1) 문장이 모호하여 의미를 알 수가 없다. → (　　　)

(2) 개발자들은 과학이 정한 표준에 의해서 제품을 판단한다. → (　　　)

(3) 협상이 계속 진행되었지만 합의를 도출하기는 어려울 것이라고 전망했다. → (　　　)

3 〈보기〉의 설명을 참고하여 밑줄 친 어휘에 해당하는 것에 ○표 하시오.

보기

수사와 수 관형사는 모두 문장에서 사물의 수량이나 순서를 가리키지만, 다음과 같이 구분된다. 먼저, 수사는 뒤에 조사와 함께 쓰인다. '육에 일을 더하면 칠이다.'에서 '육'과 '일'이 수사에 해당한다. 반면 수 관형사는 단위를 나타내는 의존 명사와 함께 쓰인다. '백조를 열 마리 관찰했다.'에서 '열'은 '짐승이나 물고기, 벌레 따위를 세는 단위'인 '마리'와 함께 쓰이는 수 관형사이다.

(1) 철수는 장기를 다섯 판이나 두었다. (수사, 수 관형사)

(2) 영희는 달리기 시합에서 넷째로 들어왔다. (수사, 수 관형사)

다음 글을 읽고 물음에 답하시오. 목표 6분

[A] 인터넷 쇼핑몰에서 옷을 한 벌 샀다고 가정해 보자. 화면으로 봤을 땐 마음에 쏙 들었는데, 막상 옷을 받아 보니 색상과 디자인이 마음에 들지 않았다. 그래서 바로 반품을 하려고 판매자에게 연락을 했고, 이에 판매자는 반품이 불가능하다는 공지를 사전에 하였으므로 안 된다고 답변하였다. ㉠ 이런 경우 반품이 정말 불가능한 것일까?

이러한 문제를 해결하기 위해 우리나라는 1979년부터 「소비자 기본법」을 제정하여 판매자와 소비자 간의 분쟁을 줄이고 소비자의 권익을 보장하기 위한 상황을 규정하고 있다. 앞의 사례처럼 인터넷 쇼핑으로 구입한 상품을 반품하는 경우 소비자는 그 상품을 받은 날로부터 7일 이내에 반품할 수 있다. 이는 소비자에게 법이 보장하는 '청약 철회권'이 있기 때문이다. 여기서 ㉡ '청약'이란 소비자가 상품이나 서비스를 구입하겠다는 의사 표시를 말하고, '철회'는 다시 거두어들인다는 뜻이다. 즉, 청약 철회권이란 소비자가 법이 정한 기간 안에 청약을 자유로이 철회하고 계약을 없던 것으로 되돌릴 수 있는 권리를 말한다.

그런데 소비자가 청약 철회권을 행사할 수 없는 경우가 있다. 우선 상품을 잃어버리거나 훼손하는 등 소비자가 잘못한 경우, 소비자가 상품을 쓰거나 소비하여서 그 상품의 가치가 현저히 감소한 경우에는 청약을 철회할 수 없다. 또한 시간이 지나 상품의 재판매가 곤란한 경우도 있다. ㉢ 예를 들면 과일이나 야채와 같은 신선 식품류는 시간이 지나면 신선도가 떨어져 재판매를 할 수 없다. 영화 디브이디(DVD)나 게임 시디(CD) 등과 같이 복제가 가능한 상품도 포장이 훼손된 경우에는 청약을 철회할 수 없다.

이와 달리 판매자가 소비자의 청약 철회를 방해하는 행위가 있다. 먼저 판매자가 거짓된 사실을 알려 소비자를 속이는 경우이다. ㉣ 예를 들면 '흰색 옷은 반품이 불가합니다.', '세일 상품은 반품이 불가합니다.', '고객의 단순 변심으로 인한 반품은 불가합니다.'와 같은 문구를 판매자가 인터넷 쇼핑몰에 게시하는 행위이다. 다음으로 판매자가 소비자에게 청약 철회를 이유로 반품 배송비 외에 위약금, 취소 수수료 등 추가적인 비용을 요구하는 경우이다. 예를 들어 소비자가 인터넷 쇼핑몰에서 구입한 옷을 반품하는데 판매자가 반품 배송비 외에 인건비, 포장비 등을 추가적으로 요구하는 것이 이에 해당한다. ⓐ 판매자의 이러한 행위로 인해 소비자가 청약 철회권을 행사하는 데 어려움을 느끼게 된다.

지금까지의 설명을 종합해 보면 ㉤ 소비자는 청약 철회권을 행사할 수 없는 경우에 유의하여 자신의 권리를 누려야 하며, 판매자는 소비자의 청약 철회권 행사를 방해해서는 안 된다. 만약 소비자의 권리가 침해되었을 때 스스로 해결하지 못하는 경우에는 한국소비자원의 도움을 받을 수 있다. 이를 통해 소비자가 보호받는 건전한 거래 질서가 확립되기를 기대한다.

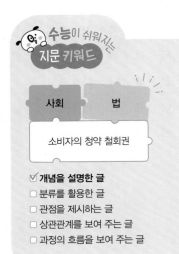

수능이 쉬워지는 지문 키워드

사회 | 법

소비자의 청약 철회권

☑ 개념을 설명한 글
□ 분류를 활용한 글
□ 관점을 제시하는 글
□ 상관관계를 보여 주는 글
□ 과정의 흐름을 보여 주는 글

- ✦**반품** 일단 사들인 물품을 되돌려 보냄. 또는 그 물품.
- ✦**제정하다** 제도나 법률 따위를 만들어서 정하다.
- ✦**행사하다** 권리의 내용을 실현하다.
- ✦**현저히** 뚜렷이 드러날 정도로.
- ✦**게시하다** 여러 사람에게 알리기 위하여 내붙이거나 내걸어 두루 보게 하다.

확인 문제

1 이 글의 주제는?
청약 철회권을 통한 □□□의 권리 보호

2 복제가 가능한 상품은 포장이 훼손된 경우에 청약을 철회할 수 없다. (O , X)

3 판매자가 인터넷 쇼핑몰에 '고객의 단순 변심으로 인한 반품은 불가합니다.'와 같은 문구를 게시했다면 소비자는 청약을 철회할 수 없다. (O , X)

1

글의 전개 방식 파악하기

㉠~㉤에 사용된 설명 방식으로 적절하지 않은 것은?

① ㉠: 질문의 형식을 활용하여 글의 화제를 제시하고 있다.

② ㉡: 청약 철회권을 설명하기 위해 청약의 뜻과 철회의 뜻을 밝히고 있다.

③ ㉢: 시간이 지나 상품의 재판매가 곤란한 경우를 예를 들어 설명하고 있다.

④ ㉣: 판매자가 거짓된 사실을 알려 소비자를 속이는 구체적인 사례를 나열하고 있다.

⑤ ㉤: 소비자의 청약 철회권이 인정되는 근거를 부분별로 밝혀 설명하고 있다

2

적용하기

윗글을 바탕으로 [A]의 사례를 이해한 내용으로 적절하지 않은 것은?

① 소비자는 옷을 받은 날로부터 일주일 안에 반품을 신청해야겠군.

② 만약 반품이 되었다면 옷을 샀던 계약은 없던 것으로 되돌아가겠군.

③ 옷을 착용하지는 않았지만 옷을 잃어버린 경우에는 반품할 수 없겠군.

④ 판매자는 반품 시 필요한 배송비와 인건비를 추가로 소비자에게 요구할 수 있겠군.

⑤ '세일 상품이라서 반품이 불가합니다.'라고 소비자에게 안내했더라도 반품이 가능하겠군.

3

숨어 있는 내용 찾기

ⓐ의 이유를 추론한 내용으로 가장 적절한 것은?

① 청약 철회권은 소비자가 아닌 판매자가 갖는 권리이기 때문이다.

② 반품할 수 있는 상품임에도 소비자가 반품을 포기할 수 있기 때문이다.

③ 반품을 할 수 없는 상품의 종류는 판매자가 결정하는 것이기 때문이다.

④ 소비자는 구입한 제품의 디자인이나 내용을 복제해서는 안 되기 때문이다.

⑤ 소비자는 자신의 권리가 침해되었을 때 기관의 도움을 받을 수 없기 때문이다.

12강 실전 2

다음 글을 읽고 물음에 답하시오. 목표 11분

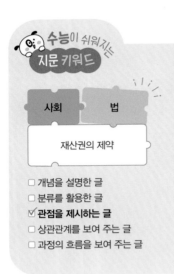

국가의 행정 기관은 많은 사람들의 이익, 즉 공공의 이익을 실현시키기 위해 법에 따라 일을 한다. 그런데 이 과정에서 개인의 재산권에 특별한 희생이 발생할 때가 있다. 이때 개인은 재산상의 손실을 국가가 보상하도록 요구할 수 있는데, 이를 '손실 보상 청구권'이라 한다. 여기서 '특별한 희생'이란 보호할 필요가 있는 재산권에 대한 침해를 이르는 말로, 이로 인한 손실은 국가가 보상해야 한다. 예를 들어, 감염병이 전국적으로 유행하여 국가가 감염병 예방법에 따라 감염병 환자의 치료를 위해 개인이 운영하는 숙박 시설을 빌렸다고 하자. 이 기간 동안 숙박 시설에 다른 손님을 받을 수 없으므로 시설의 주인은 특별한 희생을 한 것이다.

이처럼 공공을 위한 일인데 누군가에게 특별한 희생이 발생하면 그 부담은 국가가 보상해 주어야 하므로, '손실 보상 청구권'은 헌법에 있는 권리이다. 헌법 제23조 제3항은 "공공 필요에 의한 재산권의 수용·사용 또는 제한 및 그에 대한 보상은 법률로써 하되, 정당한 보상을 지급하여야 한다."라고 되어 있다. 이 조항에 따르면 '공공 필요에 의한 재산권의 수용·사용 또는 제한'과 같은 특별한 희생이 발생할 경우에는 보상도 함께 이루어져야 한다. 이때 이 조항에서 '수용'이란 개인의 재산권을 국가로 이전하는 것, '사용'이란 행정 기관이 개인의 재산권을 일시적으로 사용하는 것, '제한'이란 개인이 자신의 재산권을 잠시 사용하지 못하게 하는 것을 뜻한다.

헌법은 제23조 제1항에서 "모든 국민의 재산권은 보장된다. 그 내용과 한계는 법률로 정한다."라고 하면서 재산권은 법률에 의해 구체화된다고 밝히고 있다. 또한 제2항에서 "재산권의 행사는 공공복리에 적합하도록 하여야 한다."라고 재산권의 '사회적 제약'을 말하고 있다. 여기서 '행사'란 권리의 내용을 실현하는 것을 뜻하므로 제2항의 의미를 다시 말하자면, 개인의 재산권 실현은 자기 마음대로 사용하는 것이 아니라 공익에 맞게 해야 한다는 것이다. 특히 토지처럼 공공성이 강한 사유 재산은 재산권 행사에 더욱 강한 사회적 제약을 받을 수 있다. 만약 재산권 침해가 사회적 제약의 범위 내에 있다면 이로 인한 손실은 보상의 대상이 되지 않는다. 즉, 재산권 침해가 특별한 희생에 해당할 때만 보상이 가능한 것이다.

재산권의 사회적 제약과 특별한 희생의 구별에 대해 ㉠<u>분리 이론</u>과 ㉡<u>경계 이론</u>은 다른 입장을 보인다. 분리 이론은 입법자의 의사에 따라 사회적 제약과 특별한 희생이 결정된다고 본다. 예를 들어 국회의원이 A라는 법률을 만들 때 재산권을 침해하는 내용은 있으나 보상 내용이 없다면, 국회의원은 그 법에 의한 재산권 침해를 사회적 제약으로 본 것이다. 그런데 법을 실제로 시행했을 때 사회적 제약을 넘는다면 A 법률이 잘못 만들어진 것이므로, 이 법률은 위헌이 된다. 분리 이론에서는 이 경우에 손실을 보상하는 것이 아니라 A 법률을 제거해야 한다고 본다. 재산권을 존속시키는 것이 재산권을 침해하면서 그 손실을 보상하는 것보다 우선한다고 보기 때문이다.

반면에 경계 이론은 사회적 제약과 특별한 희생이 별개가 아니라 단지 침해의 정도에 있어

수능이 쉬워지는 지문 키워드

사회 | 법

재산권의 제약

□ 개념을 설명한 글
□ 분류를 활용한 글
☑ **관점을 제시하는 글**
□ 상관관계를 보여 주는 글
□ 과정의 흐름을 보여 주는 글

✦**재산권** 재산의 소유권, 사용·수익권, 처분권 등 일체의 재산적 가치가 있는 권리.
✦**보상하다** 남에게 끼친 손해를 갚다.
✦**침해** 침범하여 해를 끼침.
✦**이전하다** 권리 따위를 남에게 넘겨주거나 또는 넘겨받다.
✦**공공복리** 사회 구성원 전체에 두루 관계되는 복지.
✦**제약** 조건을 붙여 내용을 제한함. 또는 그 조건.
✦**존속** 어떤 대상이 그대로 있거나 어떤 현상이 계속됨.

차이가 있을 뿐이라고 본다. 따라서 위의 A 법률이 시행되었을 때 재산권 침해의 정도가 사회적 제약의 범위를 넘어서면 특별한 희생으로 바뀌게 되며, 이 경우에는 법률에 보상 내용이 없었다 하더라도 특별한 희생에 대한 보상은 당연히 이루어져야 한다고 본다. 헌법 제23조 제3항을 근거로 공공 필요에 의한 침해와 보상이 함께 이루어져야 한다고 했기 때문이다.

확인 문제

1 이 글의 주제는?
재산권 제약에 대한 □□□□와/과 □□□□의 입장 차이

2 '손실 보상 청구권'은 헌법이 보장하는 권리이다. (○ , ×)

3 법에 있는 권리의 내용을 실현하는 것을 '행사'라고 한다. (○ , ×)

1

세부 내용 파악하기

윗글의 내용과 일치하는 것은?

① 헌법이 개인에게 보장하는 재산권의 내용이 법률로 구체화되고 있다.
② 보호해야 할 국가의 재산에 손실이 발생한 것을 '특별한 희생'이라 한다.
③ '사용'과 달리 '제한'의 경우에는 개인의 재산권이 국가로 이전되지 않는다.
④ 재산권을 침해하는 모든 행정 작용에 대해 개인은 손실 보상 청구권을 갖는다.
⑤ 감염병 치료를 위해 국가가 사설 숙박 시설을 빌린 것은 재산권의 '수용'에 해당한다.

2

숨어 있는 내용 찾기

㉠과 ㉡에 대한 이해로 적절한 내용을 〈보기〉에서 모두 고른 것은?

보기

ㄱ. ㉠은 입법자의 의사를 기준으로 손실 보상 청구권의 성립 여부를 판단해야 한다고 본다.
ㄴ. ㉠은 어떤 법률이 개인의 재산권을 과도하게 침해하면 손실 보상보다 법을 제거해야 한다고 본다.
ㄷ. ㉡은 행정 작용으로 인한 재산상 손실을 항상 보상해야 한다고 본다.
ㄹ. ㉡은 법률에 보상 규정이 있어야 재산상 손실을 보상할 수 있다고 본다.

① ㄱ, ㄴ ② ㄷ, ㄹ ③ ㄱ, ㄴ, ㄷ ④ ㄱ, ㄴ, ㄹ ⑤ ㄴ, ㄷ, ㄹ

● 적용하기

3 윗글을 바탕으로 〈보기〉의 '헌법 재판소'의 판단에 대해 추론한 내용으로 적절하지 않은 것은?

> **보기**
>
> B 법률에 따르면, 국가는 환경 보전을 위해 개발 제한 구역을 지정할 수 있고, 지정된 토지에서는 건축 등 토지 사용이 제한된다. 하지만 B 법률에는 개발 제한 구역 지정으로 인한 손실을 보상하는 규정이 없었다. 이러한 상황에서 B 법률에 대한 ✦헌법 소원이 청구되었다.
>
> 헌법 재판소는 분리 이론의 입장을 취하면서, 토지 재산권의 공공성을 고려하여 B 법률이 헌법에 어긋나지 않는다고 판단하였다. 하지만 개발 제한 구역은 사회적 제약을 벗어나서 재산권을 과도하게 침해한다고 판단하였다. 따라서 이러한 경우를 고려하지 않은 B 법률은 헌법에 위반된다고 판단하였다.
>
> ✦**헌법 소원** 개인이 헌법에 위배되는 명령, 규칙, 처분 따위로 국민의 권리와 이익을 침해받을 때, 헌법 재판소에 처분의 취소 또는 변경을 청구하는 일.

① 헌법 재판소는 개발 제한 구역을 지정하는 행위가 사회적 제약에 위반되는지를 판단하였겠군.

② 헌법 재판소는 개발 제한 구역을 지정하는 행위에 손실 보상이 포함되지 않아도 된다고 판단하였겠군.

③ 헌법 재판소는 개발 제한 구역을 지정하는 행위가 헌법에 위반되었는지 여부를 토지의 공공성을 근거로 판단하였겠군.

④ 헌법 재판소는 개발 제한 구역 지정으로 인한 재산권 침해는 개인에게 가혹한 부담이 발생하지 않는 범위 내에서만 가능하다고 판단하였겠군.

⑤ 헌법 재판소는 개발 제한 구역을 지정하는 행위가 개인에게 가혹한 부담을 초래한 경우, 이때의 재산권 침해는 특별한 희생에 해당한다고 판단하였겠군.

배경지식 확장하기

실전 2와 엮어 읽기

법은 어떻게 만들어질까?

민주주의 국가에서 국가 기관을 조직하고 국가 권력을 행사할 때는 반드시 법률에 근거해야 한다. 법률을 제정하는 것을 '입법'이라고 하는데, 우리나라는 입법에 관한 권한을 국민의 대표 기관인 국회가 가지게 한다.

그렇다면 국회에서 법률을 제정할 때 어떤 과정을 거칠까? 먼저, 국회의원이 법률안을 제안하거나 정부가 법률안을 제출한다. 그 다음은 법률 내용과 관련된 상임 위원회에서 심사를 한 후, 본회의 안건으로 내어놓아 표결로 결정하게 되는데, 재적 의원 과반수의 찬성과 출석 의원 과반수의 찬성을 얻으면 법률안은 통과가 된다. 대통령은 15일 이내에 통과한 법률을 국민에게 널리 알려야 하는데, 만약 대통령이 법률에 대해 다른 의견이나 생각이 있을 경우에는 거부권을 행사할 수 있다. 이때 그 법률은 국회로 되돌아가서 다시 회의를 거치게 된다.

어휘 공략하기

◐ 바른답·알찬풀이 24쪽

1 다음 뜻에 알맞은 어휘를 말 상자에서 찾아 쓰시오.

따	릉	이	철	회	우
오	보	사	짜	장	면
기	상	추	하	카	반
간	장	위	소	구	품
달	주	약	행	주	파
새	만	금	성	숙	정

(1) 남에게 끼친 손해를 갚음. → (   )

(2) 일단 사들인 물품을 되돌려보냄. 또는 그 물품. → (   )

(3) 계약을 어기는 사람이 계약의 상대방에게 주기로 약속한 돈.
→ (   )

(4) 이미 제출했던 것이나 주장했던 것을 다시 거두어들이거나 취소함. → (   )

2 다음 밑줄 친 어휘의 뜻으로 알맞은 것을 〈보기〉에서 찾아 그 기호를 쓰시오.

보기
㉠ 침범하여 해를 끼침.
㉡ 뚜렷이 드러날 정도로.
㉢ 권리의 내용을 실현하다.

(1) 자신에게 주어진 권리를 <u>행사하기</u> 위해서는 법을 공부해야 한다. → (   )

(2) 횡단보도를 설치한 뒤로 과속하는 차량이 <u>현저히</u> 감소하기 시작했다. → (   )

(3) CCTV가 증가하면 안전할 수는 있지만 사생활의 <u>침해가</u> 일어날 수도 있다. → (   )

3 〈보기〉를 참고하여 다음 문장에 들어갈 말로 알맞은 것을 골라 ○표 하시오.

보기
문장과 문장의 내용을 이어 주는 말: '－고, －(으)나, －아(어)서'
• －고: 다른 낱말에 붙어서 서로 비슷한 내용의 문장을 연결하는 말.
• －(으)나: 다른 낱말에 붙어서 서로 반대되는 내용의 문장을 연결하는 말.
• －아(어)서: 다른 낱말에 붙어서 원인과 결과의 관계인 문장을 연결하는 말.

(1) 이 법률에는 재산권을 침해하는 내용은 있(으나, 어서) 보상 내용은 담겨 있지 않다.

(2) 판매자는 창문에 '세일 상품은 반품이 불가합니다.'라고 적어 놓(으나, 아서) 반품이 안 된다고 나에게 말했다.

(3) 「소비자 기본법」은 판매자와 소비자의 분쟁을 줄이(고, 나) 소비자의 권익을 보장하기 위한 목적으로 만들어졌다.

13강 실전 1

수능이 쉬워지는 지문 키워드

과학 / 화학

물질의 특성

☑ **개념을 설명한 글**
□ 분류를 활용한 글
□ 관점을 제시하는 글
□ 상관관계를 보여 주는 글
□ 과정의 흐름을 보여 주는 글

다음 글을 읽고 물음에 답하시오. 목표 6분

우리가 살아가는 세상에는 수많은 물질이 존재한다. 이러한 물질들은 한 가지 물질로 이루어진 것도 있고, 여러 가지 물질이 섞여 있는 것도 있다. 순수한 물은 한 가지 물질로 이루어져 있고, 우유는 물, 지방, 단백질 등 여러 가지 물질이 섞여 있다. 순수한 물처럼 한 가지 물질로 이루어진 물질을 순물질이라고 하고, 우유처럼 두 가지 이상의 순물질이 섞여 있는 물질을 혼합물이라고 한다.

한 가지 물질로 이루어진 순물질은 물질마다 제각기 ✦고유한 특성을 지닌다. 예를 들어 1 기압에서 순수한 물의 ✦끓는점은 항상 100℃이고, ✦어는점은 항상 0℃이다. 이처럼 어떤 물질이 가진 성질 중에서 다른 물질과 구별되는 고유한 성질을 물질의 특성이라고 한다. 그런데 순물질이 다른 물질과 섞여 혼합물이 되면 물질의 특성이 달라진다. 예를 들어 소금과 물이 섞여 소금물이 되면 순수한 물보다 끓는점이 높아지고 어는점은 낮아진다. 우리는 생활 속에서 순물질의 특성을 활용하기도 하고, 순물질이 혼합물로 되었을 때 성질이 달라지는 것을 활용하기도 한다. ㉠ <u>눈길에 염화 칼슘을 뿌리는 것</u>은 도로의 물이 순수한 물보다 더 낮은 온도에서 얼게 함으로써 도로가 어는 것을 막는 것으로, 물질의 특성을 활용한 사례이다.

물질의 특성에는 끓는점, 녹는점과 어는점, 밀도 등이 있다. 이러한 특성은 물질마다 다르며 같은 물질이면 그 양에 관계없이 일정하다. 하지만 물질의 특성을 나타낼 때는 주의해야 할 점이 있다. 주위의 압력이 높아지면 끓는점도 높아지고, 주위의 압력이 낮아지면 끓는점도 낮아지므로 끓는점을 나타낼 때는 압력을 함께 표시해야 한다. 또한 기체의 밀도를 나타낼 때는 압력뿐만 아니라 온도도 함께 표시해야 하는데, 같은 물질이라도 온도와 압력에 따라 밀도가 크게 달라지기 때문이다.

물질의 특성을 이용하면 혼합물을 분리할 수도 있다. 한 가지 방법으로 액체가 섞인 혼합물을 가열하면 끓는점이 ⓐ <u>낮은</u> 물질이 먼저 끓어 나오는데, 이를 냉각하면 액체를 얻을 수 있다. 이처럼 액체 상태의 혼합물을 가열하여 나오는 기체를 각각 냉각하여 액체로 분리하는 방법을 '증류'라고 한다. 우리 주변에서 증류를 이용하여 혼합물을 분리하는 대표적인 예로 ㉡ ✦<u>원유를 분리하는 증류탑</u>이 있다. ✦유전에서 얻은 원유는 여러 가지 물질이 섞여 있는 액체 상태의 혼합물로 걸쭉하고 적갈색 혹은 흑갈색을 띠는데, 이를 증류하면 끓는점이 비슷한 물질끼리 분리되어 실생활에 필요한 물질들을 얻을 수 있다. 이렇듯 물질의 특성을 잘 활용하면 우리 생활에서 큰 도움을 얻을 수 있다.

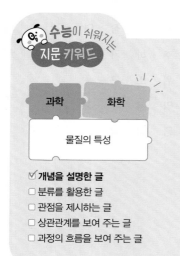

✦**고유하다** 본래부터 가지고 있어 특유하다.
✦**끓는점** 액체 물질의 증기압이 외부 압력과 같아져 끓기 시작하는 온도.
✦**어는점** 물이 얼기 시작할 때 또는 얼음이 녹기 시작할 때의 온도.
✦**원유** 땅속에서 뽑아낸, 정제하지 아니한 그대로의 기름.
✦**유전** 석유가 나는 곳.

확인 문제

1 **이 글의 주제는?**
□□의 다양한 □□와/과 실생활에서의 활용

2 소금물은 두 가지 이상의 순물질이 섞인 혼합물이다. (○, ×)

3 물질의 끓는점을 나타낼 때는 압력뿐만 아니라 어는점도 함께 표시해야 한다. (○, ×)

◐ 바른답·알찬풀이 25쪽

1

• 세부 내용 파악하기

윗글의 내용과 일치하지 않는 것은?

① 물질의 끓는점은 주위의 압력과 상관관계가 있다.
② 순수한 물은 양이 증가하면 밀도도 함께 증가한다.
③ 증류는 액체 혼합물을 가열하여 순물질로 분리하는 방법이다.
④ 물질이 지닌 녹는점이나 밀도 등을 이용하면 혼합물을 분리할 수 있다.
⑤ 1 기압에서 물의 끓는점이 100℃인 것은 '물'이라는 순물질의 특성이다.

2

• 숨어 있는 내용 찾기

㉠과 ㉡을 비교한 내용으로 가장 적절한 것은?

① ㉠은 물질의 어는점을 활용한 방법, ㉡은 물질의 끓는점을 활용한 방법이다.
② ㉠은 ㉡과 달리 순물질이 가진 고유한 특성이 잘 나타나도록 유도하고 있다.
③ ㉡은 ㉠과 달리 혼합물이 가진 이점을 통해 여러 물질의 특징을 다양하게 활용하고 있다.
④ ㉠과 ㉡은 모두 물질의 특성을 이용하여 혼합물을 분리하는 방법이다.
⑤ ㉠과 ㉡은 모두 순물질이 혼합물로 바뀌었을 때 성질이 달라지는 것을 활용한 방법이다.

3

• 어휘의 의미 파악하기

ⓐ와 문맥상 의미가 가장 가까운 것은?

① 공연장 안에는 콘트라베이스의 낮은 선율이 흘렀다.
② 하늘에 낮게 깔린 먹구름이 금방 비를 퍼부을 것 같다.
③ 우리나라는 경쟁국보다 생산성이 낮은 것으로 드러났다.
④ 겨울에는 낮은 아침 기온 때문에 옷을 겹겹이 입게 된다.
⑤ 그 병사는 계급은 낮아도 나라에 대한 충성심만은 가장 높다.

수능이 쉬워지는 지문 키워드

과학 화학

김치의 숙성 과정

□ 개념을 설명한 글
□ 분류를 활용한 글
□ 관점을 제시하는 글
□ 상관관계를 보여 주는 글
☑ **과정의 흐름을 보여 주는 글**

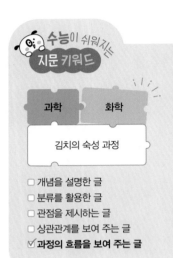

다음 글을 읽고 물음에 답하시오.

목표 9분

1990년대 중반 이후부터 김치 연구가 활발해지면서 김치 속 미생물들의 생태계가 차츰 밝혀지고 있다. 오랫동안 김치를 연구하며 토종 젖산균 '류코노스톡 김치 아이'를 발견해 학계에서 새로운 종으로 인정받은 한 생명과학과 교수는 "일반 세균과 젖산균, 효모로 이어지는 김치 생태계의 순환은 우리 생태계의 축소판"이라고 말했다. 그렇다면 갓 담근 김치가 잘 익은 김치가 되기까지 김치 속 미생물들의 생태계에서는 어떤 일이 벌어질까?

김치 초기에는 배추, 무, 고춧가루 등에 살던 일반 세균들의 개체 수가 최대 10배까지 급격히 증가한다. 소금에 절인 배추와 무에 있는 포도당 등의 영양분이 일반 세균에게 좋은 먹잇감이 되기 때문이다. 하지만 일시적으로 증가했던 일반 세균은 다시 빠른 속도로 사라지는데, 그 이유는 개체 수 증가에 따라 먹잇감이 빠르게 줄어드는 데다가 자신들이 만들어 낸 이산화 탄소가 포화 상태에 이르면서 더는 살 수 없는 환경으로 변하기 때문이다.

그리고 이때 산소를 싫어하는 미생물인 젖산균이 시큼한 젖산을 만들며 활동을 시작하는데, 젖산은 배추와 무가 김치로 무르익게 만든다. 이 시기의 김치는 젖산균이 가득한 환경으로 변하는데, 여기에 다른 미생물이 출현하면 김치 안에 있는 수십 종의 젖산균이 함께 '박테리오신'이라는 항생 물질을 뿜어내어 이들을 물리친다. 이처럼 김치는 곰팡이, 세균, 효모 등이 함께 어울려 사는 보통의 발효 식품과 달리 유독 젖산균이 독보적으로 자신들의 생태계를 지배하는 독특한 식품이다.

김치의 젖산 왕국은 크게 두 번의 부흥기와 몰락기를 겪는다. 첫 번째 부흥기는 김치 중기로 둥근 젖산균이 세력을 떨치고, 두 번째 부흥기는 김치 말기로 막대 젖산균이 세력을 떨친다. 첫 번째 부흥기 때 둥근 젖산균은 젖산과 에탄올 등 여러 유기물을 생산하면서, 둥근 젖산균이 만드는 젖산 탓에 김치의 산도는 점점 높아진다. 그러다가 김치의 산도가 0.5%가 되는 순간 둥근 젖산균은 더 이상 이러한 환경을 견디지 못하여 세력이 약해지고, 그때부터 막대 젖산균이 증식한다.

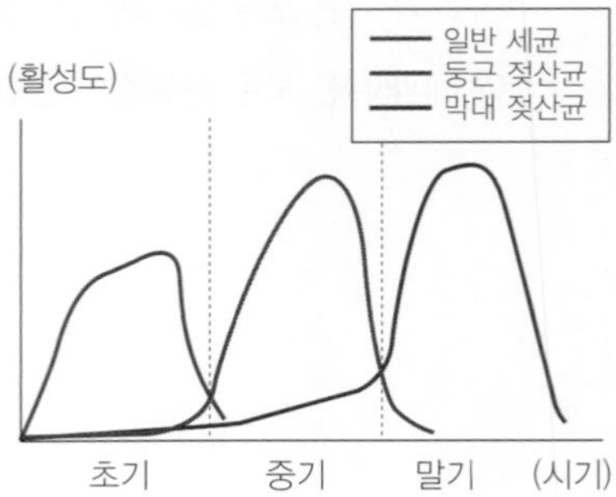

산성에 강한 막대 젖산균은 둥근 젖산균과 달리 오직 젖산만을 만드는데 1㎖의 김치에 젖산균의 수가 최대 10억~100억 개가 될 때까지 증식한다. 하지만 이내 막대 젖산균도 자신이 만든 젖산 환경을 더 이상 견디지 못하고 사멸한다. 이후에는 젖산을 먹어 치우는 효모가 등장하며 젖산 왕국은 최후를 맞이한다. 이 시기는 김치에 군내가 나고 김치 국물에 허연 효모가 뜨는 순간이다.

김치 미생물들의 생태계가 조금씩 밝혀지면서 김치는 더 이상 손맛이 아니라 미생물에 의해

✦**미생물** 눈으로는 볼 수 없는 아주 작은 생물.
✦**개체** 하나의 독립된 생물체.
✦**독보적** 남이 감히 따를 수 없을 정도로 뛰어난 것.
✦**부흥기** 쇠퇴하였던 것이 다시 성하게 일어나는 시기.
✦**증식하다** 늘어서 많아지다. 또는 늘려서 많게 하다.
✦**군내** 본래의 제맛이 변하여 나는 좋지 아니한 냄새.
✦**좌우하다** 어떤 일에 영향을 주어 지배하다.
✦**씨앗균** 번식시키기 위한 씨로 삼는 균.

◐ 바른답·알찬풀이 25쪽

맛이 조절되는 시대를 맞이하였다. 이제 김치 젖산균 가운데 맛을 좌우하는 우수한 젖산균을 찾아내면, 이들을 씨앗균으로 뿌려 같은 양념이라도 색다른 맛과 향을 내는 김치로 만들 수 있다. 따라서 치즈나 요구르트가 씨앗균을 찾아내 국제 식품으로 성공한 것처럼, 김치도 국제 식품화하기 위해서는 씨앗균을 찾아내는 것이 무엇보다 중요하다.

그러나 김치는 수십 종의 젖산균이 복합적으로 작용해 맛과 향을 만들어 내기 때문에 씨앗균을 찾기가 쉽지 않다. 다행히 토종 젖산균 1호인 '류코노스톡 김치 아이'는 산성을 잘 견뎌 지금까지 발견된 젖산균 가운데 가장 뛰어난 젖산균으로 주목받고 있다. 이 젖산균은 자기 몸 주변에 자신보다 50여 배나 큰 투명 보호막을 만들어 산성이 강한 위장을 거쳐 대장까지 살아간다고 한다.

확인 문제

1 이 글의 주제는?
□□□을/를 중심으로 한 김치의 산성화 과정

2 김치 초기에는 소금에 절인 배추와 무에 있는 영양분으로 인해 세균의 개체 수가 급격히 늘어난다. (○, ×)

3 김치에는 다양한 젖산균이 존재하기 때문에 씨앗균을 찾기가 비교적 쉬운 편이다. (○, ×)

1 글의 전개 방식 파악하기

윗글에 대한 설명으로 가장 적절한 것은?

① 특정 대상이 지닌 장단점을 골고루 소개하고 있다.
② 특정 대상의 변화 과정을 단계적으로 제시하고 있다.
③ 특정 대상이 지닌 특성을 문헌 자료를 통해 밝히고 있다.
④ 특정 대상에 대한 상반된 관점을 종합하여 전달하고 있다.
⑤ 특정 대상이 역사적으로 변천해 온 모습을 설명하고 있다.

2 세부 내용 파악하기

'김치의 숙성 과정'에 대한 이해로 적절하지 않은 것은?

① 김치 초기에는 일반 세균의 수가 급격하게 증가하다가 중기가 되면서 젖산균에게 자리를 내어 주는군.
② 김치 중기에 젖산 왕국이 되는 것은 다른 발효 식품과 달리 젖산균이 항생 물질로 다른 미생물들을 제거하기 때문이군.
③ 김치 말기에 막대 젖산균은 효모가 등장하기 전까지 계속해서 세력을 확장하며 김치의 산도를 증가시키는군.
④ 김치 말기에 둥근 젖산균이 막대 젖산균으로 교체되는 것은 막대 젖산균이 둥근 젖산균보다 산성에 강하기 때문이군.
⑤ 김치의 숙성 과정에서 일반 세균이 쇠퇴하는 이유는 젖산균과 달리 자신들이 만든 환경을 더 이상 견디지 못해서이군.

3 • 적용하기

윗글을 참고하여 〈보기〉를 이해한 내용으로 적절하지 않은 것은?

> **보기**
>
> '류코노스톡 김치 아이'는 김치에서만 발견되는 토종 젖산균이다. 김치의 발효 과정에서 생성되는 이 젖산균은 국제 미생물 잡지에 보고되면서 정식 학명을 얻었다. 이 젖산균은 다른 젖산균보다 무려 1천 배나 많이 번식한다. 또한 탄산 가스를 만들어 내는 특성이 있어 신맛을 줄여 줄 뿐만 아니라 감칠맛을 높여 줌으로써 우리나라 김치만의 새콤한 맛과 향, 시원한 뒷맛을 만들며 군내까지 막아 준다. 또한 류코노스톡 김치 아이는 숙취 해소, 소화 촉진, 면역 강화, 노화 억제 등의 기능에 관련된 젖산균으로 알려져 있다.

① '류코노스톡 김치 아이'는 탄산 가스를 만들어 내므로 막대 젖산균으로 보기 어렵겠군.

② '류코노스톡 김치 아이'는 감칠맛을 높여 주는 특성이 있으므로 씨앗균으로서 뛰어난 자질을 갖고 있겠군.

③ '류코노스톡 김치 아이'가 위장을 거쳐 대장까지 살아가는 것은 소화 촉진의 기능을 갖고 있기 때문이겠군.

④ '류코노스톡 김치 아이'가 정식 학명을 얻었다는 것은 세계 학계에서 새로운 종으로 인정받았다는 것을 의미하겠군.

⑤ '류코노스톡 김치 아이'가 다른 젖산균보다 1천 배나 많이 번식하는 것은 김치의 젖산 왕국 형성에 큰 도움이 되겠군.

배경지식 확장하기

실전 2와 엮어 읽기

김치, 국제 규격 식품으로 승인받다

2001년 7월 5일 국제 식품 규격 위원회(CODEX)는 제24차 스위스 제네바에서 열린 총회에서 김치를 국제 규격 식품으로 승인하였다. 이에 따라 김치는 절임 배추에 무, 고춧가루, 마늘, 생강, 파 등 여러 양념을 혼합한 뒤, 젖산 생성에 따른 적정한 숙성과 보존성이 확보되도록 저온에서 발효한 제품으로 국제 규격화되었다. 김치의 국제 규격화 내용을 보면 우리나라 특유의 채소 가공법인 젖산에 의한 발효 과정이 나타나 있는데, 이는 우리의 김치 담금 과정의 특성이 국제적으로 고스란히 인정받은 것이라 할 수 있다.

어휘 공략하기

◐ 바른답·알찬풀이 26쪽

1 제시된 초성을 참고하여 다음 문장의 빈칸에 들어갈 어휘를 쓰시오.

(1) 한복은 우리나라의 ㄱ ㅇ 한 전통문화이다. → (　　　　)

(2) 최근 꿀벌의 ㄱ ㅊ 수가 급격히 줄어들었다. → (　　　　)

(3) 태풍의 ㅅ ㄹ 이/가 점점 커져서 큰 피해가 예상된다. → (　　　　)

2 다음 문장의 빈칸에 들어갈 어휘를 〈보기〉에서 찾아 쓰시오.

보기

포화　　독보적　　일시적

(1) 창고가 (　　　　) 상태라 물건을 더 이상 넣을 수 없다.

(2) 내일은 기온이 (　　　　)(으)로 떨어져 눈이 내릴 전망이다.

(3) 이 교수는 의학계에서 (　　　　)인 존재로 알려진 인물이다.

3 다음 문장에 들어갈 어휘로 알맞은 것을 골라 ∨표 하시오.

(1) 그는 20여 편의 영화에 (□ 출연 / □ 출현)하면서 각종 영화제에서 수상한 경력이 있다.

(2) 그가 고향으로 돌아오자 문제의 인물이 (□ 출연 / □ 출현)했다며 마을 사람들이 모두 긴장했다.

(3) 영수는 그림을 배우기 시작한 이후 여러 가지 행동이 눈에 (□ 띠게 / □ 띄게) 달라졌다.

(4) 그는 정원에 들어서자마자 붉은빛을 (□ 띤 / □ 띈) 장미가 활짝 피어 있다는 것을 알았다.

14강 실전 1

지문 난이도 ★☆☆ | 교과 연계 기술·가정

다음 글을 읽고 물음에 답하시오. 목표 6분

인류는 옛날부터 음식의 맛을 좋게 하고 저장 기간을 늘리기 위해 미생물을 이용하여 김치나 된장 같은 발효 식품을 만들었으며, 우수한 특성을 가진 생물을 ✦교배하여 작물과 가축의 ✦품종을 개선해 왔다. 이처럼 생명체를 이용하여 유용한 생산물을 만들거나 생명체를 새로운 형태로 변형시키는 것을 '생명 기술'이라고 한다.

초창기의 생명 기술은 주로 인간의 경험과 관찰을 바탕으로 이루어졌다. 하지만 17세기 현미경의 발명으로 세포와 미생물의 존재를 확인하게 되면서 인간은 과학적인 방법을 이용하게 되었으며, 19세기부터는 유전 현상의 과학적 원인을 밝혀내는 방향으로 생명 기술이 발달했다. 그 이후 인간의 유전자 지도를 만드는 인간 게놈 프로젝트가 완료되어 각 유전자가 인체에 미치는 영향에 대한 연구가 이루어지고 있으며, 앞으로는 개인별 유전자 지도를 만들어 질병을 일으키는 유전자를 정상 유전자로 ✦대체하는 유전자 치료가 가능해질 것으로 기대되고 있다.

생명 기술은 농·축산업 분야, 에너지 분야, 환경 분야 등 다양한 분야에서 활용되고 있다. 농·축산업 분야에서는 세포 융합이나 유전자 재조합 기술을 통해 농축산물의 품종을 개량하여 생산량을 ㉠늘리고 있으며, 에너지 분야에서는 다양한 생물 자원으로부터 얻은 바이오 에너지로 에너지 부족 문제를 해결하고 있다. 또한 환경 분야에서는 식물이나 미생물을 이용하여 토양이나 하천 속 오염 물질을 제거하는 방법으로 환경을 정화하고 있다.

최근에는 생명 기술이 전자 기계 기술, 정보 통신 기술과 융합하면서 새로운 방향으로 나아가고 있다. 생명 기술과 전자 기계 기술이 결합한 바이오닉스 기술은 인간의 손상된 신체를 로봇 ✦의수 등으로 대체하고 있으며, 지문, 홍채 등 개인의 고유한 신체적 특성을 인식하여 보안에 이용하는 생체 인식 기술도 발달하고 있다. 또한 생체 정보를 인식하여 건강 상태를 점검·관리하는 스마트 헬스 케어 기술이 발달하여 앞으로는 이를 활용한 원격 진료도 이루어질 것으로 보인다.

이처럼 생명 기술의 발달은 우리 사회에 긍정적인 영향을 주고 있다. 그러나 생명 복제나 유전자 조작 등의 생명 기술이 발달하는 과정에서 생명 ✦경시 풍조, 인간 존엄성 하락 등 생명 윤리 문제가 발생할 수 있다. 또한 유전자 변형 생물체(GMO)와 같이 안전성의 문제도 여전히 우리에게 과제로 남아 있다. 따라서 우리는 생명 기술로 인해 발생할 수 있는 문제점에 유의하면서, 책임감 있는 윤리 의식을 갖고 생명 기술을 올바르게 이용하는 태도를 길러야 할 것이다.

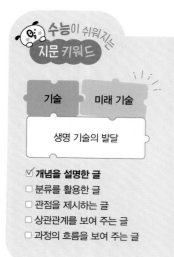

수능이 쉬워지는 지문 키워드

기술 / 미래 기술

생명 기술의 발달

- ☑ **개념을 설명한 글**
- □ 분류를 활용한 글
- □ 관점을 제시하는 글
- □ 상관관계를 보여 주는 글
- □ 과정의 흐름을 보여 주는 글

✦ **교배하다** 생물의 암수를 인위적으로 수정 또는 수분시켜 다음 세대를 얻다.
✦ **품종** 농작물, 가축 따위를 분류하는 최종 단계의 이름.
✦ **대체하다** 다른 것으로 대신하다.
✦ **의수** 손이 없는 사람에게 인공으로 만들어 붙이는 손.
✦ **경시** 대수롭지 않게 보거나 업신여김.

확인 문제

1 **이 글의 주제는?**
다양한 분야에서 활용되는 ☐☐ ☐☐와/과 우리가 가져야 할 태도

2 현미경의 발명으로 생명 기술은 과학적인 방법을 이용하게 되었다. (○, ×)

3 생명 기술은 최근 생명 윤리 문제의 발생으로 연구 개발에 어려움을 겪고 있다. (○, ×)

◐ 바른답·알찬풀이 27쪽

1 • 중심 화제와 중심 내용 파악하기

윗글에서 확인할 수 있는 내용으로 적절하지 않은 것은?

① 생명 기술의 개념

② 생명 기술의 발달 과정

③ 생명 기술의 다양한 활용 분야

④ 생명 기술의 발달에 대한 찬반 논쟁

⑤ 생명 기술의 발달로 발생할 수 있는 문제점

2 • 적용하기

윗글을 바탕으로 〈보기〉를 이해한 내용으로 적절하지 않은 것은?

보기

최근 유전 공학에서는 유전자 재조합과 관련된 크리스퍼(CRISPR) 유전자 가위 기술이 등장하면서 4,000년 전에 사라진 매머드와 같은 동물들을 복원하는 작업이 진행되고 있다. 만약 복원에 성공한다면 매머드와 같은 멸종 동물을 만날 수 있으며, 멸종된 동식물을 복원함으로써 생태계의 복원도 가능해질 것으로 전망되고 있다. 또한 질병을 일으키는 유전자를 수정하여 난치병을 극복할 수 있는 가능성이 열리고 있다.

① 멸종된 동식물 복원이 생태계에 미칠 수 있는 부정적 영향을 고려해야겠군.

② 멸종된 동식물 복원은 인간의 경험과 관찰을 바탕으로 한 생명 기술에 해당되겠군.

③ 유전자 재조합 기술은 농·축산업 분야뿐만 아니라 새로운 분야에서도 활용되고 있군.

④ 유전자 가위 기술로 난치병을 치료할 수 있다면 우리 사회에 긍정적인 영향을 줄 수 있겠군.

⑤ 유전자 가위 기술은 인류가 19세기부터 유전 현상의 과학적 원인을 탐구해 왔기 때문에 얻은 생명 기술이군.

3 • 어휘의 의미 파악하기

㉠과 문맥상 의미가 가장 가까운 것은?

① 적군은 세력을 늘린 후 다시 그곳을 침범했다.

② 식구가 늘어서 넓은 평수로 늘려 이사를 했다.

③ 그는 원하는 배역을 맡기 위해 체중을 30㎏이나 늘렸다.

④ 지금은 실력이 부족하니 실력을 늘려서 다시 도전하는 것이 낫겠다.

⑤ 그 집은 알뜰한 며느리가 들어오더니 금세 재산을 늘려 부자가 되었다.

수능이 쉬워지는 지문 키워드

기술 / 미래 기술 / 적정 기술

☑ 개념을 설명한 글
□ 분류를 활용한 글
□ 관점을 제시하는 글
□ 상관관계를 보여 주는 글
□ 과정의 흐름을 보여 주는 글

다음 글을 읽고 물음에 답하시오. (목표) 9분

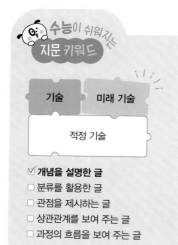

기술은 우리 생활을 편리하게 해 주지만, 기술을 사용할 수 있는 환경이나 ✦기반 시설이 갖추어져 있지 않으면 사용할 수 없다. 이와 관련하여 1970년대 이후부터 세계적으로 '적정 기술'에 대한 활발한 논의가 있어 왔다. 적정 기술이란 넓은 의미로 인간 사회 공동체의 정치적, 문화적, 환경적 조건을 두루 고려하여 삶의 질을 향상시키고 해당 지역에서 지속적인 생산과 소비를 할 수 있도록 만들어진 기술을 말한다. 적정 기술은 주로 기술적·경제적으로 ✦낙후된 지역이나 소외된 계층을 배려한 것이 많으며, 비용이 많이 드는 첨단 기술보다는 해당 지역의 환경·경제·사회 여건에 맞는 기술을 활용한다.

적정 기술은 기술의 혜택을 누리기 어려운 사람들을 도우려는 마음에서 시작되지만 그 결과가 항상 성공적인 것은 아니다. 따라서 적정 기술을 개발하는 사람은 다음과 같은 조건을 고려하여 대상이 되는 사람들이 지속적으로 사용할 수 있도록 만들어야 한다. 첫째, 적은 비용으로 만들 수 있어야 하고, 둘째, 전문 지식이 없어도 쉽게 이용할 수 있어야 한다. 셋째, 가능하면 현지에서 쉽게 구할 수 있는 자원을 사용해야 하며, 넷째, 재생 가능한 에너지와 자원을 활용해야 한다. 다섯째, 크기는 적당하고 사용 방법은 간단해야 하며, 여섯째, 현지의 기술과 노동력으로 만들 수 있어야 한다.

적정 기술의 대표적인 예로 나이지리아의 아바가 근처 지역 주민들을 위해 개발한 ㉠'항아리 냉장고'가 있다. 항아리 냉장고는 냉장고가 없는 지역이나 냉장고가 있더라도 전기가 제대로 공급되지 않아 음식물 보관에 어려움을 겪는 사람들에게 매우 유용한 발명품이다. 그는 단지 항아리 두 개와 모래흙 그리고 물을 이용해 냉장고를 만들었는데, 보관 기간이 3일 정도밖에 되지 않는 토마토나 후추도 이 냉장고에 보관하면 무려 21일 정도까지 신선하게 보관할 수 있다. 항아리 냉장고 덕분에 이 지역 사람들은 신선한 과일을 장기간 보관해서 시장에 판매해 많은 수익을 올릴 수 있었다.

항아리 냉장고의 원리는 간단하다. 먼저 큰 항아리 속에 작은 항아리를 집어넣는다. 그리고 두 항아리 사이의 공간을 젖은 모래로 채우고, 이후 젖은 헝겊으로 작은 항아리를 덮는다. 그러면 진흙으로 빚은 항아리가 ✦단열 작용을 하여 외부 열을 차단하는데, 이때 모래 속의 물이 증발하면서 주변의 열을 빼앗는다. 이 덕분에 작은 항아리 안의 온도가 낮아져 채소나 과일을 오랫동안 신선하게 보관할 수 있는 것이다. 이는 물이 증발할 때 열을 빼앗아 가는 원리를 이용한 것으로, 우리가 한여름에 몸에 물을 뿌리면 물이 증발하면서 몸의 열을 빼앗아 시원해지는 것과 같은 원리이다.

이와 같은 적정 기술은 오늘날 새롭게 등장한 것이 아니다. 적정 기술은 아주 오래전부터 세계 곳곳에서 활용된 기술로, 인류의 역사 이래 인간이 끊임없이 사고하고 탐구한 결과물이다. 예를 들면 ㉡서남아시아 지역에서는 흙으로 만든 벽돌로 벽을 두껍게 쌓고 천장을 높인 다음,

✦**기반** 기초가 되는 바탕. 또는 사물의 토대.

✦**낙후되다** 기술이나 문화, 생활 따위의 수준이 일정한 기준에 미치지 못하고 뒤떨어지게 되다.

✦**단열** 물체와 물체 사이에 열이 서로 통하지 않도록 막음. 또는 그렇게 하는 일.

✦**기화되다** 액체가 기체로 변하게 되다.

◐ 바른답·알찬풀이 27쪽

창문을 꼭대기에 설치하고 벽의 적당한 높이에 물병을 걸어 둔다. 이는 기체나 액체에서 물질이 이동함으로써 열이 전달되는 현상인 대류 현상을 이용한 방법으로, 상승한 더운 공기가 위쪽에 있는 창문으로 빠져나가고 물병 속의 물이 실내의 열에너지를 흡수해✦기화되게 함으로써 실내를 시원한 상태로 만든다. 또한 극지방에 사는 이누이트들은 눈을 벽돌 모양으로 다져서 이글루를 짓고 내부 벽에 물을 뿌리는데, 이는 물이 차가운 눈얼음을 만나 얼면서 응고열을 방출하게 하여 실내를 따뜻하게 만든다.

1970년 이후 적정 기술을 기반으로 많은 제품이 개발되어 현지에 보급되어 왔으며 일정 부분 성과를 이루어 왔다. 하지만 적정 기술의 보급은 해당 지역 사람들의 삶을 어느 정도 개선시킬 수는 있으나 근본적인 문제는 해결하지 못한다는 한계를 갖는다. 적정 기술만으로는 해당 지역의 사람들이 가난에서 벗어나 경제적 자립을 이룰 수 없기 때문이다. 따라서 빈곤 지역의 문제 해결을 위해서는 적정 기술의 개발 이외에도 지역 문화에 대한 이해와 현지인의 교육까지 필요하다는 관점이 제기되고 있다.

확인 문제

1 이 글의 주제는?
□□□□의 특징 및 원리와 한계

2 적정 기술은 인류가 소외된 지역을 위해 1970년대에 새롭게 만든 기술이다. (○, ×)

3 적정 기술은 해당 지역 사람들의 경제적 자립 문제를 근본적으로 해결해 주지는 못한다. (○, ×)

1

• 글의 전개 방식 파악하기

윗글에 대한 설명으로 적절하지 않은 것은?

① 특정 용어의 개념을 정의의 방식으로 나타내고 있다.
② 특정 기술을 개발할 때 유의해야 할 점을 나열하고 있다.
③ 특정 기술을 사용함으로써 발생하는 부작용을 설명하고 있다.
④ 특정 기술을 활용한 다양한 사례를 구체적으로 보여 주고 있다.
⑤ 특정 기술에 대한 긍정적 평가와 부정적 평가를 함께 제시하고 있다.

2

• 숨어 있는 내용 찾기

㉠과 ㉡에 사용된 기술의 공통점으로 가장 적절한 것은?

① 경제적으로 낙후된 지역의 소외된 계층을 배려한 기술이다.
② 물이 기화할 때 주변의 열을 빼앗는 원리를 이용한 기술이다.
③ 평소보다 적은 양의 전기를 사용해도 큰 효과를 볼 수 있는 기술이다.
④ 선진국에서 해당 지역 사람들의 경제적 자립을 돕기 위해 만든 기술이다.
⑤ 현지에서 쉽게 구할 수 있는 자원을 사용하지만 비용이 많이 드는 기술이다.

3

적용하기

윗글을 참고하여 〈보기〉의 '라이프스트로'를 이해한 내용으로 적절하지 않은 것은?

> **보기**
>
> 적정 기술의 예로 알려진 '라이프스트로'는 깨끗한 물을 구하기 어려운 사람들을 위한 휴대용 개인 정수기이다. 필터가 들어 있는 라이프스트로를 통해 오염된 물을 빨아들이면 물속의 각종 오염 물질이 99% 이상 제거되어 누구나 쉽고 안전하게 물을 마실 수 있다. 하지만 라이프스트로는 적정 기술의 실패 사례로도 알려져 있는데, 그 이유는 꽤 높은 가격이어서 라이프스트로를 특정 사람들에게만 무료로 나누어 주었기 때문이다. 특정 집단이 라이프스트로를 받게 되자 사람들 사이에 서로 갖겠다며 싸움이 벌어졌다.

① 라이프스트로는 물이 오염된 지역 사람들의 삶을 향상시키기 위한 기술이군.

② 라이프스트로의 가격이 비싼 것은 적정 기술의 특정 요건을 충족하지 못한 것이군.

③ 라이프스트로의 실패 사례를 볼 때 적정 기술의 보급 방식에도 고려해야 할 점이 있군.

④ 라이프스트로가 적정 기술로 성공하기 위해서는 올바른 사용을 위한 현지인의 교육이 필요하겠군.

⑤ 라이프스트로는 누구나 쉽게 사용할 수 있도록 만들었으므로 적정 기술의 일부 조건을 충족하고 있군.

배경지식 확장하기

실전 2와 엮어 읽기

100달러 노트북

일명 100달러 노트북이라고도 불리는 'XO-1 노트북'은 미국의 비영리 단체 '원 랩톱 퍼 차일드(OLPC)'에 의해 개발된 어린이용 노트북이다. OLPC는 'One Laptop per Child'라는 이름에서 알 수 있듯이 어린이들에게 노트북을 지급하고자 만든 단체로, 제3세계 개발 도상국가들의 어린이들에게 교육을 기회를 주기 위해 노트북을 만들어 제공하고 있다. 이 노트북은 충격을 잘 버티기 위해 하드 디스크 대신 플래시 메모리를 사용하며, 하나의 인터넷 연결로 여러 대의 컴퓨터를 네트워크로 연결할 수 있도록 만들었는데, 이는 모두 이 노트북을 사용하는 환경을 고려한 방법이다. 지금까지 OLPC는 전 세계 어린이들에게 약 3백만 대 이상의 교육용 노트북을 제공하였다.

어휘 공략하기

◐ 바른답·알찬풀이 28쪽

1 다음 뜻에 알맞은 어휘를 말 상자에서 찾아 쓰시오.

(1) 액체가 기체로 변하게 되다. → (　　　　　)

(2) 대수롭지 않게 보거나 업신여김. → (　　　　　)

(3) 농작물, 가축 따위를 분류하는 최종 단계의 이름. → (　　　　　)

(4) 기체나 액체에서, 물질이 이동함으로써 열이 전달되는 현상.
→ (　　　　　)

기	산	두	민	하	보
화	대	류	주	안	구
되	지	품	종	추	중
다	창	수	유	고	상
연	개	량	경	다	눈
진	궁	상	시	세	강

2 다음 밑줄 친 어휘의 뜻으로 알맞은 것을 〈보기〉에서 찾아 그 기호를 쓰시오.

보기
- ㉠ 병이 들거나 다치다.
- ㉡ 다른 것으로 대신하다.
- ㉢ 생물의 암수를 인위적으로 수정 또는 수분시켜 다음 세대를 얻다.
- ㉣ 물체와 물체 사이에 열이 서로 통하지 않도록 막음. 또는 그렇게 하는 일.

(1) 토종과 외국산을 교배하면 무엇이 나올지 궁금하다. → (　　　)

(2) 단열이 잘되게 집을 지으면 난방비를 절감할 수 있다. → (　　　)

(3) 그의 판매 실적이 낮아서 담당자를 다른 사람으로 대체하였다. → (　　　)

(4) 포탄이 터질 때의 충격 때문에 뇌가 손상되지나 않았는지 모르겠습니다. → (　　　)

3 다음 밑줄 친 어휘가 〈보기〉와 같은 뜻으로 사용된 문장으로 알맞은 것에 ○표 하시오.

보기

질병을 일으키는 유전자를 정상 유전자로 대체하다.

(1) 그녀는 두 팔로 방바닥을 짚은 채 몸을 일으켰다. → (　　　)

(2) 버스가 부연 먼지를 일으키며 정류장 앞을 지나갔다. → (　　　)

(3) 딸이 돌아왔다는 소식은 그에게 심경의 변화를 일으켰다. → (　　　)

15강 실전 1

다음 글을 읽고 물음에 답하시오. 목표 8분

흔히 사람들은 한옥을 친자연적 건축물이라고 말한다. 한옥을 지을 때 자연에서 취한 자재를 활용하고, 다 지어지고 나서는 자연환경과 조화를 이루기 때문이다. 그런데 일부 사람들은 친자연적이라는 말을 생활하기에 불편하다는 의미로 이해하기도 한다. 한옥이 여름에는 덥고 겨울에는 추워 생활하기 힘들다는 것이다. 그러나 이는 한옥을 제대로 알지 못하는 데에서 오는 편견이다. 한옥은 오히려 건축의 원리를 잘 활용하여 생활하기에 편리하도록 만든 집이다. 그렇다면 한옥에 숨어 있는 건축의 원리는 무엇일까?

한옥에 숨겨진 첫 번째 건축의 원리는 여름에 부는 바람인 남동풍에 맞춰 바람이 드나드는 길을 낸 것이다. 이 바람길은 일직선으로 나 있어 바람이 머물거나 꺾이지 않는다. 그래서 개방적 구조인 사랑채의 경우 창만 열면 바람이 잘 통한다. 그러나 가장 안쪽에 있는 안채는 너무나 깊숙한 곳에 있어서 바람을 끌어들이기가 쉽지 않다. 그래서 우리 조상들은 여름에 부는 바람의 방향을 고려하여 중문을 남쪽에, 대청을 북쪽에 두었다. 이렇게 하여 중문에서 안마당을 지나 대청 뒷문으로 나가는 시원한 바람길을 만든 것이다. 또한 대청 뒷면에는 나무창을 설치했는데, 이 창은 여름에 중문과 함께 모두 열면 바람길을 만들며, 반대로 겨울날에 닫으면 대청 뒷면이 완전히 막혀 겨울의 북서풍을 차단할 수 있다.

한옥에 숨겨진 두 번째 건축의 원리는 여름의 더위와 겨울의 추위를 극복하기 위해 햇빛의 양을 조절하는 것이다. 지구의 자전축은 23.5° 기울어져 있기 때문에 북반구에서는 여름에 햇빛이 수직에 가깝게 내리꽂히고 겨울에는 낮은 각도로 완만하게 비춘다. 한옥은 집에 들어오는 햇빛의 양을 조절하기 위해 두 가지 방법을 사용하는데, 하나는 지붕 처마를 적절히 돌출시키고 여름과 겨울의 햇빛이 처마와 만나 이루는 각도의 중간 지점에 창을 내는 것이다. 여름에는 햇빛을 물리치고 겨울에는 햇빛을 끌어들이기 위해서다. 다른 하나는 방의 깊이를 조절하는 것인데, 추운 겨울날 처마를 통과해 방 안으로 들어오는 햇빛을 최대한 확보하기 위해 방을 깊게 짓지 않는 것이다. 덕분에 햇빛이 방 끝까지 들어와 난방에 도움이 된다.

우리 조상은 한옥을 지을 때, 여름철 시원한 바람이 거침없이 지나갈 수 있도록 바람길을 내었고, 겨울철 따뜻한 햇빛이 방 안 가득 들어오도록 지붕 처마를 적절히 돌출시키고 방의 깊이를 제한했다. 이는 우리 조상이 자연을 거스르지 않으면서도 더운 여름과 추운 겨울을 이겨 낼 수 있도록 삶의 지혜를 발휘한 것이다. 따라서 한옥은 생활하기에 불편한 집이 아니라 [㉠]이다. 이것이 한옥이 갖는 진정한 친자연의 의미이다.

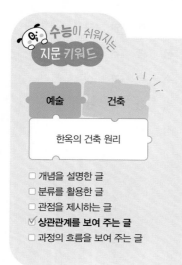

수능이 쉬워지는 지문 키워드

예술 | 건축

한옥의 건축 원리

- □ 개념을 설명한 글
- □ 분류를 활용한 글
- □ 관점을 제시하는 글
- ☑ **상관관계를 보여 주는 글**
- □ 과정의 흐름을 보여 주는 글

✦**자재** 무엇을 만들기 위한 기본적인 재료.
✦**중문** 가운데뜰로 들어가는 대문.
✦**대청** 한옥에서, 몸채의 방과 방 사이에 있는 큰 마루.
✦**자전축** 천체가 자전할 때 중심이 되는 축.
✦**처마** 지붕의 바깥쪽으로 나와 있는 부분.

확인 문제

1 이 글의 주제는?
□□□적 건물인 □□의 건축 원리와 그 기능

2 한옥의 대청 뒷면에 설치된 나무창을 통해 바람길을 열 수도 있고 막을 수도 있다. (○ , ×)

3 한옥은 방 안으로 최대한 많은 양의 햇빛이 들어오게 하려고 방의 깊이를 깊게 했다. (○ , ×)

◐ 바른답·알찬풀이 29쪽

1 • 숨어 있는 내용 찾기

㉠에 들어갈 말로 가장 적절한 것은?

① 아이들이 생활하기에 편리한 집

② 적은 비용으로도 지을 수 있는 집

③ 이웃들과 담소를 나누기에 좋은 집

④ 최신 현대 기술을 이용하기에 유용한 집

⑤ 자연과 조화를 이루면서 살기에도 편한 집

2 • 적용하기

윗글을 바탕으로 〈보기〉를 이해한 내용으로 적절하지 않은 것은?

보기

[그림 1]

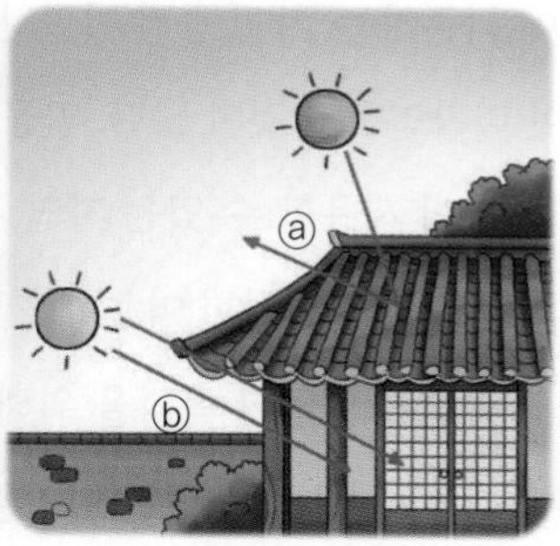

[그림 2]

① [그림 1]에는 한옥에서의 바람길이 좌우로 꺾이지 않고 일직선으로 나 있다는 것이 나타나 있다.

② [그림 1]에서 여름이 되면 대청과 중문 사이의 바람길을 통해 시원한 바람이 대청에서 마당을 거쳐 중문으로 불 것이다.

③ [그림 2]의 ⓐ는 한옥에서 여름날 돌출된 지붕 처마를 통해 뜨거운 햇빛을 물리치는 모습을 나타낸 것이다.

④ [그림 2]의 ⓑ는 한옥에서 방의 깊이를 조절하여 처마를 통과한 빛을 방 안으로 끌어들이는 모습을 나타낸 것이다.

⑤ [그림 1]과 [그림 2]는 한옥이 자연의 바람과 햇빛을 효율적으로 이용할 수 있도록 건축되었다는 것을 보여 준다.

수능이 쉬워지는 지문 키워드

예술 | 건축

네거티비즘적 사고

☑ 개념을 설명한 글
□ 분류를 활용한 글
□ 관점을 제시하는 글
□ 상관관계를 보여 주는 글
□ 과정의 흐름을 보여 주는 글

다음 글을 읽고 물음에 답하시오.

목표 11분

공간 설계에서 ㉠ 네거티비즘적인 사고란, 그 설계로 인해 얼마나 많은 사람들이 도움을 받을 것인가를 생각하는 데 그치지 않고, 그로 인해 어떤 피해가 발생할 것인지도 생각해 보는 것을 말한다. 우리가 이용할 수 있는 공간은 대부분 이미 다른 생명체들이 사용하고 있는 공간이므로, 새로운 공간을 이용하고자 하는 계획은 필연적으로 다른 생명체의 생활 공간을 침범하는 행위가 된다. 따라서 우리는 공간 설계를 할 때 다음과 같은 측면에서 네거티비즘적인 사고를 할 필요가 있다.

첫째, 우리는 지구에 생물이 살 수 있는 공간이 제한되어 있다는 것을 인식하고, 다른 생물의 생활 공간을 깨뜨리지 않는 범위 안에서 공간을 확장해야 한다. 이렇게 되면 제한된 공간을 어떻게 나누어서 이용하느냐가 중요한 문제가 되므로 어떤 목적을 위해서든 필요 이상의 공간을 차지해서는 안 된다는 뜻에서 '적정 공간'이라는 개념이 중요해진다. 우리 인간이 차지할 수 있는 전체 생활 공간도 생태학적으로 적정 공간이 되어야 하며, 개개인이 차지할 수 있는 공간 역시 적정 공간의 한계를 벗어나서는 안 된다.

둘째, 지구의 자연 자원도 한계가 있으므로 우리는 공간 이용에 관한 한계점을 설정해야 한다. 지금까지 대다수의 생물들이 살아온 공간은 공기나 물 등을 이용하며 자연 자원을 적절히 사용하고, 이에 의존하는 '자연 공간'이었다. 그러나 현대의 인간들의 생활 공간은 과학 기술에 의존하고 있어 비자연적인 것이 많다. 인공적인 냉·난방 장치, 조명 장치, 환기 장치 등이 모두 그런 것이다. 인간이 사용할 수 있는 자연 자원에 대해 네거티비즘적인 생각을 한다면 인간의 생활 공간도 자연 공간을 적절히 이용하는 방향으로 고쳐 나가야 한다.

셋째, 하나의 공간을 특정한 목적을 위해 제한하면 그 공간 밖에 있는 사람들에게 저항감을 느끼게 할 수 있다. 대도시 안에 있는 빈민촌은 그곳에 있는 사람들의 행동을 제한하고 있는 공간이다. 다들 빈민촌에서 벗어나고 싶어 하지만 바깥 공간이 제한되어 있기 때문에 밖으로 나오지 못하는 것이다. 공간 설계는 제한된 공간의 안과 밖에 있는 사람들이 똑같은 혜택을 받도록 해야 한다. 이처럼 안과 밖의 모두를 위해 이용될 수 있는 공간을 '통합 공간'이라고 하는데, 이는 하나의 건물 안에 있는 공간들이나 건물들 사이의 공간들, 또는 도시 공간과 인간의 생활 공간을 설계할 때에도 적용되어야 한다.

넷째, 인간은 누구나 개인적으로 사용하는 사유 공간을 필요로 한다. 그러나 인류의 전체 인구가 현재의 수준에 머문다 하더라도 전체 생활 공간이 제한되어 있음을 고려한다면, 개인의 사유 공간은 적정 공간의 한계를 넘을 수 없다. 따라서 우리는 사유 공간을 최소한으로 줄이고 그 대신 여러 사람들이 함께 사용할 수 있는 '공유 공간'을 최대한으로 늘려야 한다. 다만 이 공간은 사유 공간의 기능도 함께 할 수 있어야 한다. 내가 하나의 공간을 독점하면 편리한 점이 많지만, 그것이 다른 사람들에게 어떤 불편을 줄 것인지를 의식하는 것이 네거티비즘적인 사고이다.

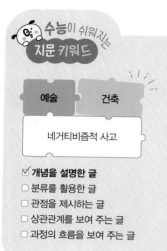

✦ **네거티비즘** 어떤 행위의 결과에 대해 긍정적인 효과보다는 부정적인 효과를 더 고려하는 태도를 말한다.
✦ **필연적** 사물의 관련이나 일의 결과가 반드시 그렇게 될 수밖에 없는 것.
✦ **생태학** 생물의 생활 상태, 생물과 환경과의 관계 따위를 연구하는 학문. 생물학의 한 분야.
✦ **빈민촌** 주로 도시에서 가난한 사람들이 모여 사는 마을.
✦ **사유** 개인이 사사로이 소유함. 또는 그런 소유물.
✦ **독점하다** 혼자서 모두 차지하다.
✦ **유연성** 딱딱하지 아니하고 부드러운 성질. 또는 그런 정도.

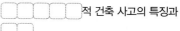

다섯째, 어머니의 자궁이 커짐에 따라 신체 내 다른 공간들이 구조를 변화시키는 것처럼, 우리도 공간 확장을 최소한으로 줄이면서 필요에 따라 공간을 확대하거나 축소할 수 있는 구조적 유연성이 필요하다. 이러한 공간을 '자궁 공간'이라고 할 수 있는데, 이는 필요에 따라 공간의 크기와 형태를 변화시키되 결코 필요 이상의 공간을 차지하게 하지 않는다는 자연의 방법을 가장 잘 보여 주는 공간 개념이다. 이는 자연과 인간의 조화를 모색하고 자연의 입장에 서서 생각해 보자는 네거티비즘의 대표적인 개념이라고 할 수 있다.

네거티비즘적 공간 개념은 타인과의 공존, 자연과의 공존, 융통성 있는 공간을 설계한다는 데에 큰 의의가 있다. 이러한 개념을 적극 활용한다면 높은 담, 제한된 용도로만 사용되는 공간, 자연과 배치된 건축에서 벗어나 자연과 환경을 고려하는 공간 건축이 이루어질 수 있을 것이다. 따라서 우리는 이러한 네거티비즘적 공간 개념을 바탕으로 책임감 있게 공간을 계획하고 설계하는 태도를 지녀야 할 것이다.

확인 문제

1 이 글의 주제는?
□□□□□적 건축 사고의 특징과 □□

2 네거티비즘적 건축 사상은 공간 설계로 인한 이익뿐만 아니라 피해까지 염두에 둔다. (○, ×)

3 공유 공간은 여러 사람들이 함께 사용해야 하므로 사유 공간으로서의 기능을 가질 수 없다. (○, ×)

1 • 중심 화제와 중심 내용 파악하기

윗글의 '공간'에 담긴 의미를 정리한 것으로 적절하지 않은 것은?

① 적정 공간: 어떤 목적을 위해서든 적절한 공간만을 사용해야 하며 필요 이상의 공간을 차지해서는 안 된다는 의미
② 자연 공간: 자연 자원에 대한 의존에서 벗어나 인간의 과학 기술로 자연 자원을 효율적으로 사용해야 한다는 의미
③ 통합 공간: 제한된 공간의 안에 사는 사람들과 밖에 사는 사람들이 동일한 혜택을 받아야 한다는 의미
④ 공유 공간: 개인이 독점하는 공간을 줄이고 여러 사람이 함께 사용할 수 있는 공간을 늘려야 한다는 의미
⑤ 자궁 공간: 필요에 따라 공간의 크기와 형태를 자유롭게 변화시킬 수 있어야 한다는 의미

2 • 세부 내용 파악하기

㉠에 해당하는 사례로 가장 적절한 것은?

① 열심히 공부한 후에 좋은 성적을 기대하는 것
② 오래전에 헤어진 이를 그리워하며 슬퍼하는 것
③ 우리가 앞으로 살아갈 이상향을 그리며 동경하는 것
④ 어려움에 빠진 친구를 도와주며 뿌듯함을 느끼는 것
⑤ 일회용품의 사용이 환경에 미칠 부정적 영향을 걱정하는 것

3 • 적용하기

윗글을 참고하여 〈보기〉의 ⓐ를 이해한 내용으로 적절하지 않은 것은?

> **보기**
>
> 2020년 9월 17일부터 해운대구는 방문객이 많아 주차에 불편을 겪고 있는 해리단길 주거지 전용 주차장에 사물 인터넷 시스템(IoT) 주차 센서를 설치하여 ⓐ 새로운 방식의 주차장 서비스를 시범적으로 운영하고 있다. 이 서비스는 거주자 우선 주차 구획을 배정받은 주민이 스마트폰 앱을 통해 본인이 이용하지 않는 시간대를 등록하여 다른 사람들이 주차할 수 있도록 한다. 주차장을 제공한 거주자는 이용료의 일정 금액을 수익으로 가져갈 수 있으며, 이용자는 저렴한 비용으로 주차장을 이용할 수 있다.

① ⓐ는 사유 공간의 이용 시간을 의도적으로 줄여서 공유 공간으로서 기능할 수 있도록 한 것이군.

② ⓐ는 적정 공간의 한계를 넘지 않는 선에서 사유 공간이 효율적으로 이용될 수 있음을 보여 주는군.

③ ⓐ는 사유 공간을 주민들이 독점하지 않고 방문객들의 불편을 해소하는 데 도움을 주려는 서비스군.

④ ⓐ가 실시되는 것은 전체 주차 공간이 제한되어 있음을 고려하여 개인의 사유 공간을 활용하는 것이군.

⑤ ⓐ가 실시되어도 주민들은 거주자 우선 주차를 할 수 있으므로 이 공간은 사유 공간의 기능도 유지되는군.

배경지식 확장하기

실전 2와 엮어 읽기

공유 주택

'공유 주택'은 거주자들이 모임, 식사, 세탁 등의 공간 및 시설을 함께 사용하며 거주하는 주택을 말한다. 공유 주택은 '코하우징형'과 '셰어하우스형'으로 구분되는데, 코하우징형은 개별 주택의 거실이나 부엌 공간을 축소하는 대신 여러 가구가 함께 사용하는 공유 공간을 넓게 하는 방식이고, 셰어하우스형은 구성원이 부모와 자식, 형제 등의 같은 핏줄로 이어지지 않은 가구가 하나의 주택에서 거실과 주방 등의 공간을 공유하는 방식이다. 이 중 코하우징의 경우 건물의 일부분은 공유하되 개인의 공간은 원래처럼 독립되어 있는 형태이므로, 사유 공간을 중시하는 현대인들에게 큰 인기를 얻고 있다.

어휘 공략하기

◐ 바른답·알찬풀이 30쪽

1 다음 어휘와 뜻이 비슷한 어휘를 골라 ○표 하시오.

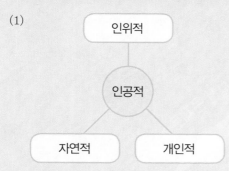

(1) 인위적

- 인공적
- 자연적
- 개인적

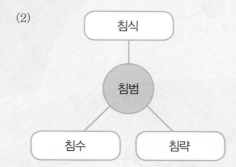

(2) 침식

- 침범
- 침수
- 침략

2 다음 밑줄 친 어휘의 뜻으로 알맞은 것을 〈보기〉에서 찾아 그 기호를 쓰시오.

보기

㉠ 일정한 차례나 간격에 따라 벌여 놓음.
㉡ 서로 반대로 되어 어그러지거나 어긋남.
㉢ 사람이나 물자 따위를 일정한 자리에 나누어 둠.

(1) 그날의 싸움 이후로 그와 나는 한동안 배치 상태에 있었다. → (　　　)

(2) 학생들의 부정행위를 방지하려면 책상 배치 간격을 잘 조정해야 한다. → (　　　)

(3) 철민이는 입대한 첫날부터 그가 바라던 대로 취사반에 배치를 받았다. → (　　　)

3 〈보기〉를 참고하여 밑줄 친 부분의 띄어쓰기가 적절하면 ○표, 적절하지 않으면 ×표 하시오.

보기

'데'와 '-ㄴ데'는 형태가 비슷하지만 그 쓰임은 다르다. 우선 '데'는 장소나 일, 상황 등을 나타내는 의존 명사로 앞말과 띄어 쓴다. 반면 '-ㄴ데'는 문장과 문장을 연결하며 뒤의 말을 하기 위하여 관련 있는 상황을 말하는 연결 어미이므로 붙여 쓴다.

(1) 예전에 가 본데가 어디쯤인지 모르겠다. → (　　　)

(2) 그는 공부는 잘하는 데 노는 것은 그렇지 못하다. → (　　　)

(3) 이 그릇은 귀한 거라 손님을 대접하는 데 쓰인다. → (　　　)

진단 평가

15강까지 학습을 마쳤으면 QR 코드를 찍어 진단 평가를 해 보세요.

수능형 실전 문제로 깨우자!

실전 훈련 4

강	학습 내용	학습 확인
16강	인문 정보화로 발생한 문제 인문 동물 복지	
17강	사회 사회 집단에서의 차별 사회 협동조합	
18강	과학 열팽창 과학 우주에서의 물리 법칙	
19강	기술 에너지 하베스팅 기술 이산화 탄소 포집 저장 기술	
20강	예술 픽토리얼리즘 예술 숄더샷 프레임	

16강 실전 1

지문 난이도 ★☆☆ | 교과 연계 도덕

다음 글을 읽고 물음에 답하시오. 목표 6분

우리는 정보 통신 기술이 급속하게 발전한 정보화 사회에서 살아가고 있다. 정보화 사회는 지식과 정보를 시간과 장소에 구애받지 않고 쉽게 얻을 수 있게 하여 우리의 삶을 편리하게 만들어 주지만, 정보의 영향력이 커진 만큼 다양한 문제점도 발생하게 되었다.

먼저, 정보화로 발생한 문제로는 사회적 불평등 심화 문제가 있다. 정보 통신 기기나 통신망을 구매하기 위해서는 경제력이 뒷받침되어야 한다. 얻고자 하는 정보의 양이 많거나 정보의 가치가 높을수록 더 많은 비용이 필요하기 때문에 결국 경제력의 차이에 따라 정보 격차가 발생한다. 정보의 영향력이 높은 사회에서는 고급 정보를 많이 가진 사람이 그렇지 않은 사람보다 부자가 될 확률이 더 높다. 이러한 문제는 개인만의 문제에 그치지 않고 사회와 국가 간의 문제로까지 확대되고 있다.

개인 정보가 유출되는 것도 문제이다. 정보화 사회에서는 많은 데이터를 유용한 정보로 활용하기 위해 성별, 주소, 나이, 학력 등과 같은 신상 정보는 물론, 통화 기록, 신용 카드 사용 내역 등 다양한 개인 정보를 보관한다. 그런데 정보 통신 기술이 발달하고, 이러한 기술을 능숙하게 다룰 수 있는 사람들이 늘어나면서 [㉠] 개인 정보가 유출되어 악용될 위험이 더욱 커지고 있다.

마지막으로 인간관계에서 발생하는 문제도 간과할 수 없다. 정보화 사회 이전에는 사람들이 얼굴을 마주하고 의사소통을 하는 것이 일반적이었다. 하지만 오늘날에는 정보 통신 기술의 발전으로 사람들이 혼자 앉아 가상 공간의 사람들과 교류하는 것이 가능해졌다. 이와 같은 방식으로 인간관계를 맺다 보면 현실 공간에서 사람들과 자연스럽게 어울리며 관계를 맺는 것이 점차 어려워져 사회적 존재로서의 본성을 올바로 키워 나갈 수 없게 된다.

이러한 문제를 극복하기 위해서는 사회 구성원 모두가 올바른 도덕적 가치관을 바탕으로 정보 통신 기술을 제대로 활용할 수 있는 자질과 품성을 길러야 한다. 정보화 시대에 도덕적 책임을 실천하려면 모든 사람을 나와 같이 소중한 사람으로 대하는 인간 존중의 자세를 가지고 자신의 행동에 대해 책임 의식을 가지며 정의를 추구하는 자세를 지녀야 한다.

또한 문제 해결을 위해 개인적인 차원뿐 아니라 국가와 사회 차원에서도 정보화의 역기능을 예방하거나 규제할 수 있는 법을 만들고, 불건전한 정보를 제작하거나 유통하는 것을 방지할 수 있는 기술 개발에 힘써야 한다.

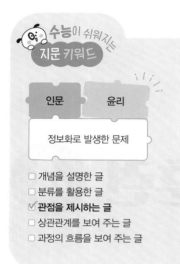

수능이 쉬워지는 지문 키워드

인문 | 윤리

정보화로 발생한 문제

- □ 개념을 설명한 글
- □ 분류를 활용한 글
- ☑ **관점을 제시하는 글**
- □ 상관관계를 보여 주는 글
- □ 과정의 흐름을 보여 주는 글

✦**격차** 빈부, 임금, 기술 수준 따위가 서로 벌어져 다른 정도.
✦**간과하다** 큰 관심 없이 대강 보아 넘기다.
✦**역기능** 본래 의도한 것과 반대로 작용하는 기능.
✦**규제하다** 규칙이나 규정에 의하여 일정한 한도를 정하거나 정한 한도를 넘지 못하게 막다.

확인 문제

1 **이 글의 주제는?**
정보화로 발생한 [ ][ ]와/과 [ ][ ] 방안

2 정보 통신 기술이 발달하면서 소수의 사람들만 정보를 다룰 수 있게 되었다. (○, ×)

3 정보화 사회에서 발생하는 문제를 극복하려면 개인뿐 아니라 국가와 사회적 차원의 노력도 필요하다. (○, ×)

1 • 중심 화제와 중심 내용 파악하기

윗글의 중심 내용으로 가장 적절한 것은?

① 정보화를 성공적으로 활용한 산업 분야
② 정보화가 인간의 삶에 끼친 긍정적 영향
③ 정보화로 인해 발생한 문제점과 극복 방법
④ 정보화 사회에서 나타나는 인간관계의 부작용
⑤ 정보 통신 기술이 해결해야 할 과제와 개발 현황

2 • 숨어 있는 내용 찾기

윗글의 맥락을 고려할 때, ㉠에 들어갈 내용으로 가장 적절한 것은?

① 정보 격차가 더욱 커졌기 때문에
② 사회성이 결여된 사람들이 많아졌기 때문에
③ 정보화의 역기능에 대한 사람들의 경계심이 줄어들었기 때문에
④ 가상 공간에서 거래되는 개인 정보의 가치가 저하되었기 때문에
⑤ 저장되어 있는 개인 정보에 접근할 수 있는 가능성이 높아졌기 때문에

3 • 관점 비교하기

글쓴이의 관점에서 〈보기〉를 읽고 보일 수 있는 반응으로 가장 적절한 것은?

보기

대중 매체가 발달하지 못한 산업 사회 이전 사회에서는 세계적으로 유명한 미술 작품이나 음악을 특권층만 누릴 수 있었다. 그렇지만 요즘은 누구나 인터넷을 통해 안방에서 세계 각지의 다양한 공연을 볼 수 있고, 유명한 미술 작품들도 감상할 수 있다. 지역이나 계층에 상관없이 모두가 문화적 혜택을 누릴 수 있게 된 것이다. 이처럼 정보화는 지역 간·계층 간 격차를 완화해 준다.

① 정보화가 인간관계에 미치는 영향에 대한 관점이 '나'와 같군.
② 개인 정보 유출 문제에 대한 '나'의 관점을 보완할 수 있는 새로운 정보이군.
③ 사회 구성원들이 도덕적 책임을 실천해서 얻을 수 있는 정보화의 긍정적 사례이군.
④ 사회 구성원이 정보 통신 기술을 제대로 활용할 수 있는 품성을 길러야 함을 뒷받침할 수 있는 정보이군.
⑤ 정보의 영향력에 대해 '나'와 다른 입장을 보이는 이유는 정보를 얻는 데 들어가는 비용 문제를 간과했기 때문이군.

16강 실전 2

다음 글을 읽고 물음에 답하시오. 목표 9분

2017년 7월 유럽에서 피프로닐에 오염된 계란과 가공식품이 유통되면서 파문이 확산된 이후, 같은 해 8월 국내산 계란에서도 유독성 살충제 성분이 검출되어 식탁 안전에 빨간불이 들어왔다. 국내에서 큰 논란이었던 이른바 '살충제 계란'은 산란계 사육 단가를 낮추기 위해 좁은 공간에 많은 가축을 키우는 '밀집 사육'이 가장 큰 원인으로 꼽혔다. 일반적으로 야생 상태의 닭은 땅에 몸을 문지르는 흙 목욕이나 발로 모래를 뿌리는 등의 동작으로 몸에 붙은 해충을 없앤다. 하지만 국내 산란계 농장의 대부분은 A4 용지 한 장 크기에도 못 미치는 철제 우리에서 닭을 사육하기 때문에 진드기가 널리 퍼지기 쉬운 환경이다. 이에 산란계 농가에서는 살충제를 뿌려 닭에 기생하는 해충을 없애 왔다. 이 사실이 알려지자, 그렇게 생산한 닭고기와 달걀이 인체에 미치는 악영향뿐만 아니라 열악한 환경에 놓인 동물들의 삶에 대한 관심이 높아지기 시작하였다.

최근까지만 해도 동물, 특히 식용으로 소비되는 가축을 생명으로 보아 존중하기보다는 인간의 이익을 위한 상품으로 보는 시선이 압도적이었다. 서구에서는 오랜 기간 동안 동물을 이성적 영혼이 없는 존재로 여기는 철학적 관념이 우세했으며, 근래에 이르기까지도 동물 복지와 같은 것은 사실상 없었다고 할 수 있다. 17세기 철학자인 데카르트는 동물을 마치 어떤 것도 전혀 느끼지 못하는 기계처럼 여겼다. 그래서 그 시대에는 완전히 의식이 있는 상태의 동물들을 마취나 진통제 처치도 없이 생체를 해부하는 일도 있었다. 그러한 경향이 오늘날까지 영향을 미쳐 동물을 마치 기계인 양 취급하는 공장식 농장의 출현을 가져왔다고 할 수 있다.

동물에게 감정이 있을 것이라 생각해 데카르트의 주장에 반박하고자 하여도 사실 우리는 동물이 쾌락이나 고통을 느낀다는 것을 명백하게 입증할 수 없다. 그러나 따지고 보면 우리는 이웃이 어떤 감정을 느끼며 사는지 역시 정확히 알지 못한다. 설령 그들이 어떤 상황에서 기쁨이나 고통을 나타내는 소리나 언어를 사용하는 행동을 하더라도 그것이 진실한 기쁨이나 고통인지, 혹은 꾸며서 그러는 것인지 어떻게 확신할 수 있는가?

[㉠] 우리는 서로에게 최소한 어떤 일을 해서는 안 된다는 것을 사회적 약속으로 삼고 살아간다. 동물에게도 마찬가지이다. 우리는 동물의 쾌락과 고통을 명백히 입증하지는 못하지만, 인간뿐 아니라 동물에 대해서도 어떤 일은 해도 되고, 어떤 일은 해서는 안 된다는 사회적 합의가 존재한다. 이 합의는 바로 동물에게도 '복지'가 있다는 생각에 근거하는 것이다. 이것은 현대 사회에서 동물의 권리에 대해 어떤 생각을 가지고 있든 최소한 함께 공유되고 있는 생각이다.

동물 복지란 동물의 신체적 건강과는 다른 개념으로 일반적으로 삶의 질과 관련되며 '기본적인 욕구가 충족되고 고통이 최소화되는 상태'를 의미하며, 인간이 동물에게 미치는 고통이나 스트레스 등의 괴로움을 최소화하고, 동물의 심리적 행복을 실현하는 것까지 나아간다. 이는 반려

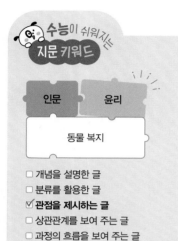

수능이 쉬워지는 지문 키워드

인문 / 윤리

동물 복지

- □ 개념을 설명한 글
- □ 분류를 활용한 글
- ☑ **관점을 제시하는 글**
- □ 상관관계를 보여 주는 글
- □ 과정의 흐름을 보여 주는 글

✦**피프로닐** 해가 되는 벌레를 죽일 때 사용하는 매우 독한 화학 물질.
✦**산란계** 알을 낳는 닭. 주로 알을 얻기 위하여 기르는 닭을 이른다.
✦**식용** 먹을 것으로 씀. 또는 그런 물건.
✦**쾌락** 유쾌하고 즐거움. 또는 그런 느낌.
✦**합의** 서로 의견이 일치함. 또는 그 의견.
✦**인도적** 사람으로서 마땅히 지켜야 할 도리에 관계되는 것.

◐ 바른답·알찬풀이 32쪽

동물의 복지뿐 아니라, 식용으로 소비되는 소나 돼지 따위의 가축이 열악하고 지저분한 환경에서 자라지 않고 최대한 청결한 곳에서 적절한 보호를 받으며 행복하게 살 권리를 포함한다.

불필요한 고통은 배제하고 사람을 위하여 필요한 경우라도 고통을 최소화하기 위해 노력하는 것이 인도적인 행위이다. 이는 사람과 일정한 관계를 유지하고 살아가는 동물과 건전하고 바람직한 관계를 정립하는 측면에서 마땅히 지녀야 할 자세이다. 결국 동물의 복지를 책임져야 하는 것은 바로 인간이며, 이는 인간을 보다 인간답게 하는 일이 될 것이다.

확인 문제

1 이 글의 주제는?
인간은 ☐☐의 ☐☐을/를 책임져야 한다.

2 데카르트는 동물도 인간과 같은 감정을 느낀다고 생각하였다. (○ , ×)

3 식용으로 키우는 가축보다 반려동물의 복지를 더 우선시해야 한다. (○ , ×)

1 • 세부 내용 파악하기

윗글의 내용과 일치하는 것은?

① 최근 동물이 감정을 느낀다는 것을 입증하는 연구 결과가 나왔다.
② 살충제 계란 사건을 계기로 우리나라에 동물 복지가 전면적으로 실현되었다.
③ 동물 복지는 동물을 위한 일이기도 하며 인간을 인간답게 하는 일이기도 하다.
④ 서구는 동양과 달리 가축을 존중하기보다는 이성적 영혼이 없는 존재로 여겼다.
⑤ 동물 복지는 동물의 삶의 질을 향상시키기보다는 기본적인 욕구 충족을 우선시한다.

2 • 글의 구조 파악하기

윗글의 맥락을 참고할 때, ㉠에 들어갈 말로 가장 적절한 것은?

① 혹은
② 요컨대
③ 다음으로
④ 그렇기 때문에
⑤ 그럼에도 불구하고

3 • 적용하기

윗글을 바탕으로 〈보기〉를 이해한 내용으로 가장 적절한 것은?

보기

영수: 삼촌, 이번에 젖소 농장을 개선하셨다고 들었어요. 어떤 점이 바뀌었을까요?

삼촌: 젖소의 자연적 습성을 존중해서 젖소가 편안하고 불편함을 느끼지 않도록 환경을 조성했어. 소의 되새김을 위해 사료의 60% 이상은 건초나 풀로 제공하고 있고, 축사 안에 짚을 깔아서 소가 누울 자리도 제공하고, 물도 잘 빠지게 하여 건조된 상태를 유지하도록 했지. 소의 젖을 짜는 기계는 청결하게 관리하고 6개월마다 검사를 하고 있단다.

① 삼촌은 데카르트와 같은 관점에서 동물을 바라보고 있어.

② 삼촌은 인간의 권리가 동물의 권리에 우선한다고 생각하고 있어.

③ 삼촌은 인간의 이익을 위해 동물을 이용하는 행위를 반대하고 있어.

④ 삼촌은 자신이 키우는 젖소들에 대해 비인도적인 행위를 하고 있어.

⑤ 삼촌은 물리적 환경 개선뿐 아니라 동물의 심리적 행복까지도 추구하고 있어.

배경지식 확장하기

실전 2와 엮어 읽기

독성 물질의 반격

2017년 살충제 계란으로 인한 논란이 불거지면서, 친환경 상품을 취급하던 곳에 납품되던 계란에서도 매우 독한 농약 성분인 DDT가 검출되어 사람들에게 큰 충격을 주었다. 이 사태의 원인은 닭도, 양계장 주인도 아닌 오염된 땅이었다. 농촌진흥청의 조사 결과, 농장 주변의 토양에서 DDT가 검출되었다. DDT는 과거 농경지에서 살충제로 광범위하게 쓰였지만, 1970년대부터 생산 및 판매가 전면 중단되었던 성분이다. 농장주들은 제초제나 살충제는 물론 항생제도 쓰지 않았는데, 해당 양계장 터가 과거 DDT를 뿌렸던 과수원이었던 것이 원인이 되었다. 오로지 생산력과 효율성을 중심으로 달려왔던 과거 농업 정책의 방식이 이제 토양 오염이라는 환경 재앙 부메랑이 되어 돌아온 셈이었다. 이처럼 환경과 인간 외의 생명을 존중하지 않고 인간의 이익을 위한 대상으로만 여겼던 태도가 다시 인간을 위협하기도 하는 현상은 생명과 자연을 대하는 태도를 돌아보게 만든다.

어휘 공략하기

◐ 바른답·알찬풀이 32쪽

1 다음 뜻에 알맞은 어휘를 말 상자에서 찾아 쓰시오.

(1) 큰 관심 없이 대강 보아 넘김. → (   )

(2) 서로 의견이 일치함. 또는 그 의견. → (   )

(3) 어떤 의견, 주장, 논설 따위에 반대하여 말함. → (   )

(4) 빈부, 임금, 기술 수준 따위가 서로 벌어져 다른 정도.
→ (   )

도	유	통	이	성	적
입	장	신	발	반	박
채	사	자	격	권	리
교	류	방	차	해	신
확	대	지	존	상	합
간	과	재	중	한	의

2 다음 밑줄 친 어휘의 뜻으로 알맞은 것을 〈보기〉에서 찾아 그 기호를 쓰시오.

보기

㉠ 어떤 증거 따위를 내세워 증명함.
㉡ 품질이나 능력, 시설 따위가 매우 떨어지고 나쁘다.
㉢ 보다 뛰어난 힘이나 재주로 남을 눌러 꼼짝 못 하게 하는 것.
㉣ 귀중한 물품이나 정보 따위가 불법적으로 나라나 조직의 밖으로 나가 버림. 또는 그것을 내보냄.

(1) 그는 선거에서 압도적으로 승리하였다. → (   )

(2) 그 사고는 목격자가 없어 입증이 불가능했다. → (   )

(3) 회사 기밀 유출로 밤 늦게까지 회의를 하였다. → (   )

(4) 아이들은 열악한 교육 환경 속에서도 열심히 공부했다. → (   )

3 다음 문장의 (   ) 안에서 올바른 표기를 골라 ○표 하시오.

총리는 열악한 (1) (경재, 경제) 문제를 해결하기 위하여 각종 (2) (규재, 규제)를 (3) (배재, 배제)하자는 주장을 펼쳤으나, 신중하게 문제에 접근해야 한다는 주장이 (4) (우새, 우세)하였다.

17강 실전 1

다음 글을 읽고 물음에 답하시오. 목표 6분

인간은 보통 태어나면서 한 가족의 구성원이 되고, 성장하면서 또래 집단, 학교, 회사, 동호회 등 다양한 집단에 소속되어 소속감을 느끼고 그곳의 구성원들과 영향을 주고받으며 살아간다. 이와 같이 둘 이상의 사람이 모여 소속감을 가지고 지속적으로 상호 작용을 하는 집단을 사회 집단이라고 한다. 그러나 두 사람 이상이 모여 있더라도 버스를 타고 있는 사람들이나 시장에 물건을 사러 나온 사람들처럼 소속감이 없고 지속적인 상호 작용을 하지 않으면 사회 집단이라고 하지 않는다.

사회 집단은 구성원의 소속감을 기준으로 내집단과 외집단으로 구분된다. 내집단은 자신이 그 집단에 속해 있으면서 소속감과 '우리'라는 공동체 의식을 가진 집단인 반면, 외집단은 자신이 소속되어 있지 않고 이질감이나 적대감을 가지는 집단이다. 또한 구성원의 결합 의지에 따라 사회 집단은 공동 사회와 이익 사회로 구분된다. 공동 사회는 자신의 의지와 상관없이 속한 집단으로 가족, 촌락 등이 이에 속하며, 이익 사회는 학교, 회사처럼 목적을 위해 선택하여 구성된 집단을 말한다.

어떤 집단이든 사회 집단은 각기 다른 외모, 성격, 취향, 종교 등을 가진 다양한 사람으로 구성된다. 이렇게 서로를 구분할 수 있는 특성을 차이라고 한다. 그런데 사람을 차이를 근거로 부당하게 대우하는 경우, 이를 차별이라고 한다. 남자와 여자는 성별이 다른 것이고, 이는 차이에 해당한다. 그런데 이러한 차이 때문에 고용이나 임금 등에서 불이익을 준다면 이는 차별에 해당한다. 우리 사회에서 일어나는 차별과 갈등 문제의 발생 원인으로는 성별, 종교, 장애, 나이, 사회적 신분, 가족 상황, 출신 지역, 출신 국가, 혼인 여부, 학력, 신체 조건 등을 들 수 있다. 이와 같은 이유들로 차별을 행하면 인권을 침해하고 사회 구성원 간에 갈등을 일으켜 사회 통합을 저해한다. 이러한 차별과 갈등 문제는 단지 사회 집단 내에서뿐만 아니라 사회 집단 간에서도 발생한다. 이는 사람들이 흔히 차이를 기준으로 '우리'와 '우리가 아닌 것'을 구분하고, '우리가 아닌 것'을 외집단으로 생각하여 경계하기 때문이다.

사회 집단에서 나타나는 차별과 갈등을 해결하기 위해 가장 중요한 것은 서로의 차이를 인정하고 다양성을 존중하는 태도를 갖는 것이다. 더불어 사회적으로는 차별을 금지하고 사회적 약자를 보호할 수 있는 다양한 법률과 정책, 제도를 마련해야 한다. 우리나라의 「장애인 차별 금지 및 권리 ㉠구제 등에 관한 법률」, 「남녀 고용 평등과 일·가정 양립 지원에 관한 법률」 등이 이에 해당한다. 이러한 노력을 통해 우리는 갈등을 극복하고 보다 평등한 관계를 맺을 수 있다.

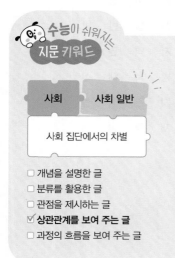

수능이 쉬워지는 지문 키워드

사회 | 사회 일반

사회 집단에서의 차별

- □ 개념을 설명한 글
- □ 분류를 활용한 글
- □ 관점을 제시하는 글
- ☑ **상관관계를 보여 주는 글**
- □ 과정의 흐름을 보여 주는 글

- ✦**상호 작용** 사회 구성원들이 서로에게 영향을 미치는 행동을 주고받는 것.
- ✦**적대감** 적으로 여기는 감정.
- ✦**촌락** 주로 시골에서, 여러 집이 모여 사는 곳.
- ✦**부당하다** 이치에 맞지 아니하다.
- ✦**저해하다** 막아서 못 하도록 해치다.

확인 문제

1 이 글의 주제는?
사회 집단에서 발생하는 ☐☐와/과 극복 방안

2 둘 이상이 모여 소속감을 가지고 상호 작용을 하는 집단을 사회 집단이라고 한다. (○, ×)

3 우리나라에는 사회적 약자를 보호할 수 있는 다양한 법률이 마련되어 있다. (○, ×)

◐ 바른답·알찬풀이 33쪽

세부 내용 파악하기

1
윗글을 통해 알 수 있는 내용으로 가장 적절한 것은?

① 같은 기차를 타고 있는 사람들은 사회 집단이다.

② 한 사람만 있는 경우는 사회 집단이라고 하지 않는다.

③ 사람들은 외집단의 사람들에게 공동체 의식을 느낀다.

④ 한 사회 집단 안의 사람들은 성격, 취향 등에서 동일한 특징을 지닌다.

⑤ 차이를 바탕으로 차별을 행하는 것은 인권 침해로, 차이를 없앰으로써 해결할 수 있다.

적용하기

2
차별의 예로 적절하지 않은 것은?

① 다른 인종의 사람들이 자신보다 못하다고 생각하여 무시한다.

② 같은 일을 하는 고졸자에게 대졸자보다 적은 임금을 지급한다.

③ 특별한 이유나 제도 없이 60세 이상 노인들의 취업을 제한한다.

④ 장애인, 노약자, 임산부 등의 이용 편의를 위하여 고가의 저상 버스를 구입한다.

⑤ 비정규직에게 정규직이 이용하는 엘리베이터와 주차장을 사용하지 못하게 한다.

어휘의 의미 파악하기

3
㉠의 사전적 의미와 가장 유사한 것은?

① 사람들은 구제의 불합리성에 의문을 품고 신제도를 모색했다.

② 작가가 제목을 바꾸기 전에 이 소설의 구제는 한 단어로 이루어져 있었다.

③ 노동자는 사용자의 부당 해고 등에 대해 노동 위원회에 구제를 신청할 수 있다.

④ 내 친구는 신상품도 좋아하지만 구제 상품 중에서도 싸고 좋은 물건을 잘 고른다.

⑤ 주민 센터에서는 병해충 피해를 막기 위해 송충이 구제를 위한 아이디어를 공모했다.

17강 실전 2

다음 글을 읽고 물음에 답하시오.

목표 11분

수능이 쉬워지는 지문 키워드

사회 | 사회 일반

협동조합

☑ **개념을 설명한 글**
□ 분류를 활용한 글
□ 관점을 제시하는 글
□ 상관관계를 보여 주는 글
□ 과정의 흐름을 보여 주는 글

안전한 농산물을 농민들로부터 직접 공급받고 싶었던 K씨는 자신과 뜻이 같은 사람들이 주위에 있음을 알게 되었다. K씨는 이들과 함께 일정 금액의 출자금을 내어 단체를 만들었다. K씨는 이 단체를 통해 안전한 농산물을 농민들로부터 직접 구매할 수 있었고, 농민들은 중간의 유통 비용 없이 적절한 대가를 받고 농산물을 공급할 수 있었다. 이 단체에서는 출자금의 일부를 미리 농민에게 지불하여 농민들이 더욱 안정적으로 농산물을 생산할 수 있도록 도왔다. 이 사례와 같이 뜻을 같이하는 사람들이 일정 금액을 모아 공동의 경제, 사회, 문화적 수요와 요구를 충족시키기 위해 자발적으로 결성한 조직을 '협동조합'이라고 한다.

우리나라의 협동조합 기본법에 따르면 협동조합은 재화 또는 용역의 구매·생산·판매·제공 등을 협동으로 영위함으로써 조합원들이 권익을 향상하고 지역 사회에 공헌하는 사업 조직이다. 국제 협동조합 연맹은 협동조합을 함께 소유하고 민주적으로 운영되는 사업체를 통하여 공통의 경제, 사회, 문화적 필요와 욕구를 충족시키고자 하는 사람들이 자발적으로 결성한 자율적인 단체로 정의하고 있다. 협동조합은 5인 이상의 사람들이 모여 출자금을 내면 누구나 만들 수 있으며 금융과 보험을 제외하면 그 사업의 종류에 제한이 없다. 조합원들의 가입과 탈퇴도 자유롭다. 협동조합은 평등한 협력체이기 때문에 사업의 목적이 이윤의 추구가 아니라 조합원 간 서로 돕기에 있다. 그래서 모든 조합원이 협동조합을 공동으로 소유하고, 출자금을 통해 협동조합에 필요한 자본을 조성하는 데 공정하게 참여한다. 그리고 조합 내에서 발생한 수익은 협동조합의 발전과 조합원의 권익 증진을 위해 사용한다.

이윤 추구를 목적으로 하는 주식회사와 달리 협동조합은 '조합원'을 중심으로 운영된다. 주식회사는 주식을 가진 비율에 따라 의사 결정권이 부여되므로 주식을 많이 가진 대주주가 의사를 결정하는 경우가 많다. 반면 협동조합에서는 대체로 조합원 한 사람에게 한 표의 의사 결정권이 부여되므로, 조합원의 의사가 존중된다. 따라서 이런 구조로 인해 조합원이 추구하는 공동의 가치인 일자리 창출이나 사회적 약자 보호, 그리고 지역 사회 발전과 같은 사회적 가치를 실현하는 데 유리하다.

협동조합을 설립하면 다양한 장점을 얻을 수 있다. 우선 K씨의 사례에서 볼 수 있듯이, 소비자는 원하는 물품이나 서비스를 저렴하고 안정적으로 구매할 수 있고, 생산자는 직거래나 사전 계약 재배를 통해 안정적이고 높은 수입을 보장받을 수 있다. 그리고 직원으로 구성된 협동조합 설립을 통해 고용 불안정 문제도 해결할 수 있으며 임금 수준의 향상도 기대할 수 있다. 그리고 협동조합이 건립된 지역의 취약 계층에게 일자리 및 사회 서비스를 제공하여 복지 시스템을 보완하고 일을 통한 복지에 기여할 수도 있다. 또 협동조합에 참여하는 조합원은 민주적인 운영에 따른 의사 결정의 참여를 보장받으며, 이를 통해 만족감과 주인 의식을 높일 수 있다.

그러나 협동조합은 구조적 특성상 자본을 신속하게 끌어오기 어렵다는 단점을 지닌다. 의사

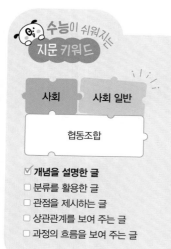

+ **출자금** 자금으로 낸 돈.
+ **유통** 상품이 생산자에서 소비자에게 이르기까지 여러 단계에서 거래되는 활동.
+ **재화** 사람이 바라는 바를 충족시켜 주는 모든 물건.
+ **용역** 물질적 재화의 형태를 취하지 아니하고 생산과 소비에 필요한 노무를 제공하는 일.
+ **영위하다** 일을 꾸려 나가다.
+ **공헌하다** 힘을 써 이바지하다.
+ **협력체** 힘을 합하여 서로 돕는 관계에 있는 조직체.
+ **의사** 무엇을 하고자 하는 생각.
+ **취약** 무르고 약함.

◐ 바른답·알찬풀이 33쪽

결정의 기간도 상대적으로 길어 급변하는 상황에 신속하게 대처하기가 어려울 수 있다. 또 이윤 추구에 몰두하여 협동조합의 기본 정신을 잃어버렸을 경우 지속되기 힘들다. 이를 극복하기 위해서는 조합원들이 분명한 목표와 가치를 서로 공유해야 하며, 협동조합 간의 긴밀한 협력을 통해 지속적인 발전 방안을 모색해야 한다.

확인 문제

1 이 글의 주제는?
□□□□의 개념과 특징

2 협동조합은 10인 이상의 사람이 모이면 누구나 만들 수 있다. (○ , ×)

3 협동조합은 출자금을 많이 낸 사람이 그렇지 못한 사람보다 더 큰 의사 결정권을 가진다. (○ , ×)

1 세부 내용 파악하기

다음은 윗글을 읽고 메모한 내용이다. 메모의 내용으로 적절하지 않은 것은?

	구분	주식회사	협동조합
①	목적	이윤 추구	조합원 간 서로 돕기
②	장점	자본을 빠르게 조달할 수 있음.	의사 결정의 기간이 짧음.
③	참여 방법	주식 구입	출자금 내기
④	소유 주체	주주	조합원
⑤	의사 결정	대주주가 의사를 결정하는 경우가 많음.	조합원의 의사가 존중됨.

2 적용하기

윗글을 참고할 때 '협동조합'의 사례로 가장 적절한 것은?

① 고등학교 동창이 모여 함께 보험 회사를 설립하고 운영하였다.
② 병원의 의사들이 지역의 소외 계층을 위해 무료 봉사 활동을 실시하였다.
③ 바닷가에 공장이 있는 식품 회사가 지역 주민들을 우선적으로 고용하였다.
④ 유통 회사가 개발 도상국 생산자의 경제적 자립을 위해 공정 무역 제품을 유통하였다.
⑤ 기후 위기 문제를 심각하게 여기는 사람들이 모여 일정 금액을 모아 신재생 에너지 발전소를 설립하고 운영하였다.

3 • 관점 비교하기

윗글과 〈보기〉의 관점을 비교한 내용으로 가장 적절한 것은?

보기

인구 53만 명의 이탈리아 트렌티노 지역은 이탈리아에서도 대표적인 협동조합 지역으로, 농협, 신협, 생협, 노동자 협동조합, 주택 협동조합 등이 잘 발달되어 있다. 이 지역에는 217개의 마을이 있는데 이 중 193개에는 생협 매장 이외에 다른 매장이 없다. 협동조합을 통해 이 지역이 살 만해지자, 떠났던 젊은이들이 다시 돌아와 산촌의 지방 도시에서는 드물게 인구가 늘고 있다. 이곳은 제2차 세계대전 이후 이탈리아에서 가장 가난했지만, 지금은 이탈리아 평균보다 실업률이 5% 이상 낮으며, 1인당 국민 소득 역시 매우 높다.

① 윗글과 〈보기〉는 모두 협동조합의 독점을 우려스럽게 생각하는군.
② 윗글과 〈보기〉는 모두 협동조합이 지역 사회 발전에 이바지한다고 생각하는군.
③ 윗글과 달리 〈보기〉는 협동조합이 일자리 제공에 긍정적인 역할을 한다고 생각하는군.
④ 윗글과 달리 〈보기〉는 협동조합 간의 협력이 협동조합의 단점을 극복하는 방법이라고 생각하는군.
⑤ 윗글과 〈보기〉는 모두 협동조합이 이윤 추구에 몰두하여 기본 정신을 잃게 될까 봐 경계하는군.

배경지식 확장하기

실전 2와 엮어 읽기

성공하는 협동조합의 7원칙

인간은 홀로 살아갈 수 없는 존재이니만큼 함께 더불어 잘살기 위해서는 서로 힘을 합해야 한다. 이런 뜻에서 공통의 경제·사회·문화적 필요와 욕구를 충족시키고자 하는 사람들이 모여 자발적으로 결성한 자율적인 조직이 바로 협동조합이다. 국제 협동조합 연맹에서는 성공하는 협동조합의 7원칙을 제시하고 있다. 바로 차별을 두지 않는 조합원 제도, 조합원에 의한 민주적 관리, 조합원의 경제적 참여, 자율과 독립, 조합원에 대한 교육과 훈련, 다른 협동조합과의 협동, 지역 사회에 대한 기여이다. 성공하는 협동조합의 7원칙이 지켜진다면 조합에 참여하는 개인에게도, 조합이 있는 지역에게도 모두 바람직한 일이 될 것이다.

어휘 공략하기

◐ 바른답·알찬풀이 34쪽

1 **다음 뜻에 알맞은 어휘를 말 상자에서 찾아 쓰시오.**

먼	항	승	염	산	문
소	속	감	현	일	물
진	미	기	지	우	국
아	유	익	속	랑	주
의	례	전	적	수	단
사	번	타	주	률	리

(1) 무엇을 하고자 하는 생각. → (　　　　)

(2) 어떤 상태가 오래 계속되는 것. → (　　　　)

(3) 자신이 어떤 집단에 딸려 있다는 느낌. → (　　　　)

(4) 행사를 치르는 일정한 법식. 또는 정하여진 방식에 따라 치르는 행사. → (　　　　)

2 **다음 문장에 들어갈 어휘로 알맞은 것을 골라 ∨표 하시오.**

(1) 차별을 행하면 인권을 침해하고 사회 통합을 (□ 유도한다 / □ 저해한다).

(2) 고양이가 개를 마주치자 마치 천적을 대하듯 (□ 적대감 / □ 동질감)을 보였다.

(3) 경기에 참여한 모두가 승리에 (□ 유리 / □ 불리)한 자리를 차지하기 위해 경쟁했다.

(4) 협동조합에서는 조합원 한 사람에게 한 표의 의사 결정권을 (□ 배출 / □ 부여)한다.

3 **'데'가 〈보기〉와 같은 뜻으로 사용된 문장으로 알맞은 것에 ○표 하시오.**

> **보기**
> 모든 조합원이 출자금을 통해 협동조합에 필요한 자본을 조성하는 데 공정하게 참여한다.

(1) 머리 아픈 데 먹는 약이다. → (　　)

(2) 그는 의지할 데 없는 사람이다. → (　　)

(3) 그 책을 다 읽는 데 삼 일이 걸렸다. → (　　)

(4) 이 그릇은 귀한 거라 손님을 대접하는 데 쓰인다. → (　　)

18강 실전 1

지문 난이도 ★★☆ | 교과 연계 과학

다음 글을 읽고 물음에 답하시오. 목표 8분

차를 타고 다리를 건널 때 다리의 연결 부분마다 틈이 있어 차가 덜컹거린 경험이 있을 것이다. 그리고 기차 선로를 관찰해 보면 선로의 사이가 딱 붙어 있지 않고 약간 떼어져 놓여 있는 것을 볼 수 있다. 이것들은 모두 여름에 온도가 올라갈 때 일어나는 열팽창을 고려한 장치들이다.

물체의 온도가 올라갈 때 물체가 팽창하는 현상을 ㉠ 열팽창이라고 한다. 금속 구와 금속 고리로 된 장치에서 금속 구를 금속 고리에 넣으면 간신히 통과할 때, 금속 구만 가열한 다음 금속 고리에 다시 넣으면 금속 구가 통과하지 못한다. 그 이유는 금속 구를 가열하면 부피가 팽창하기 때문이다. 금속 막대를 가열하면 막대의 길이가 길어지고, 식용유나 수은과 같은 액체 역시 가열하면 그 부피가 팽창한다. 앞서 예를 들었던 다리의 연결 부분마다 틈을 둔 것, 기차선로 사이가 떼어져 놓여 있는 것, 가스관 중간을 구부려 놓은 것 등은 모두 여름에 온도가 올라가 물체가 팽창할 때 두 물체가 서로 맞닿아 접촉하는 부분이 부서지거나 변형되는 것을 방지하기 위해서이다.

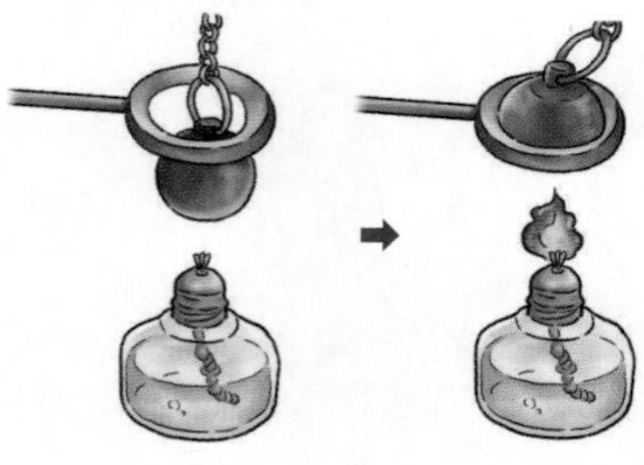
〈가열 전〉 〈가열 후〉

이와 같은 물체의 열팽창은 입자 운동으로 설명할 수 있다. 물체가 열을 얻어 온도가 올라가면 입자 운동이 활발해지고 이에 따라 입자 사이의 거리가 멀어져 부피가 팽창한다. 물체의 온도가 더 높이 올라갈수록 입자 운동이 더 활발해지므로 물체의 부피는 더 많이 팽창한다.

다리미나 전기장판 등에 들어 있는 ㉡ 바이메탈은 철과 놋쇠로 이루어져 있는데, 온도가 올라가면 팽창이 잘 되지 않는 철 쪽으로 휘어진다. 이렇게 휘어진 바이메탈은 전기 회로에서 통하던 전류의 흐름이 끊겨 과열을 막을 수 있어 과열되면 위험한 사고가 발생할 수 있는 다리미나 전기장판 등에 유용하게 쓰이고 있다. 이는 물질의 종류에 따라 열팽창 정도가 다른 것을 이용한 것이다. 금속의 종류가 다른 구리와 철, 알루미늄에 같은 열을 가해도 늘어나는 정도는 모두 다르다. 이는 액체 물질도 마찬가지이다.

바이메탈과 달리 열팽창 정도가 비슷한 물질을 사용하도록 고려해야 하는 경우도 있다. 건물을 지을 때 넣는 철근은 시멘트와 열팽창 정도가 비슷하여 온도가 변하더라도 서로 떨어지지 않아 건물을 잘 지탱하고, 치아를 치료할 때 넣는 충전재는 치아와 열팽창 정도가 비슷하여 뜨거운 음식이나 찬 음식을 먹을 때 치아와 충전재가 떨어지지 않게 한다. 또, 실험 기구를 일반 유리보다 열팽창 정도가 작은 내열 유리로 만들면 뜨거운 물을 담았을 때 잘 파손되지 않는다.

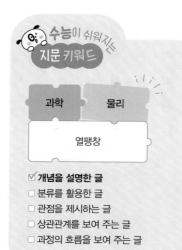

수능이 쉬워지는 지문 키워드

과학 | 물리 | 열팽창

☑ 개념을 설명한 글
□ 분류를 활용한 글
□ 관점을 제시하는 글
□ 상관관계를 보여 주는 글
□ 과정의 흐름을 보여 주는 글

✦**바이메탈** 열팽창률이 서로 다른 두 개의 얇은 쇠붙이를 한데 붙여 합친 것. 온도가 높아지면 팽창률의 차이 때문에 그 길이가 서로 달라져 팽창률이 작은 쇠붙이 쪽으로 구부러지고, 온도가 낮아지면 그 반대쪽으로 구부러진다.

✦**전류** 전기가 흐르는 현상이나 그 정도.

✦**내열** 높은 온도의 열에 견딤.

확인 문제

1 **이 글의 주제는?**
□□□의 개념과 일상 속 활용 사례

2 열팽창은 금속 구, 금속 막대, 기차 선로 등 금속에서만 일어난다. (○ , ×)

3 치과에서 사용하는 충전재는 바이메탈과 동일한 원리를 활용한 사례에 해당한다. (○ , ×)

◐ 바른답·알찬풀이 35쪽

숨어 있는 내용 찾기

1

윗글을 바탕으로 추론한 내용으로 적절하지 않은 것은?

① 식용유와 같은 액체도 열을 가하면 입자의 운동이 활발해진다.

② 열팽창 정도가 물질마다 서로 다른 것은 입자의 운동과는 관련이 없다.

③ 온도가 높아지면 부피가 커지는 성질을 이용해 수은 온도계를 만들 수 있다.

④ 일반 유리로 실험 기구를 만들어서 유리 기구 안에 물을 넣고 가열하면 파손될 수 있다.

⑤ 금속의 종류마다 열팽창 정도가 다르지만 온도가 더 높이 올라갈수록 부피가 더 많이 팽창하는 원리는 같다.

적용하기

2

㉠과 관련 있는 사례로 보기 어려운 것은?

① 기차 선로 사이에 틈을 두는 것

② 다리의 연결 부위에 틈을 두는 것

③ 금속으로 된 냄비의 손잡이에 플라스틱을 덧대는 것

④ 철근, 시멘트 등 여러 물질을 동원해 건물을 지탱하는 것

⑤ 고리를 통과하던 금속 구가 가열 후 통과하지 못하는 것

세부 내용 파악하기

3

㉡에 대한 설명으로 적절하지 않은 것은?

① 다리미나 전기장판 등 과열되면 위험한 기구에 쓰인다.

② 특정 온도 이상으로 올라가면 전류의 흐름을 끊는 역할을 한다.

③ 철과 열팽창 정도가 다르다면 놋쇠 외의 금속을 사용할 수도 있다.

④ 물질이 종류에 따라 열팽창하는 정도가 다르다는 점을 활용한 것이다.

⑤ 다리미와 전기장판의 과열을 막기 위해 열팽창 정도가 다른 액체 물질도 사용할 수 있다.

다음 글을 읽고 물음에 답하시오.

목표 11분

인간의 몸은 약 70%의 물로 구성되며, 물은 영양소와 산소를 몸 전체에 운반하고 노폐물을 소변, 땀 등을 통해 몸 밖으로 ㉠ 내보낸다. 이러한 물이 절대적으로 한정된 달 기지나 우주 정거장에서는 깨끗한 물을 구하기 어려워 버려진 물을 여과하여 사용해야 한다. 물을 지구에서 우주로 실어 나르기에는 너무 큰 비용이 발생하기 때문이다. 일반적으로 중력이 작용하는 지구에서는 물을 여과할 때 물이 필터를 통해 아래로 이동하며 여과되는 원리를 이용한다. 달 기지에서는 중력이 지구의 6분의 1에 불과해 물을 여과할 때 물이 아래로 흘러 필터를 통과하지만, 그 속도가 매우 느리다. 그렇다면 달 기지와 달리 중력이 거의 없는 우주 정거장에서는 어떻게 폐수를 여과할까?

가장 좋은 방법은 폐수가 흘러 이동할 수 있도록 중력처럼 작용하는 힘을 ㉡ 만드는 것이다. 뉴턴의 운동 법칙에 의하면, 운동하는 물체는 외부의 힘이 작용하지 않을 때 ✦등속 직선 운동을 하고, 물체의 운동 방향을 ㉢ 바꾸려면 외부의 힘이 필요하다. 그리고 운동 방향에 수직으로 일정한 크기의 외부 힘이 작용하면 물체는 ✦등속 원운동을 하게 된다. 이때 원의 중심 방향으로 작용하여 원운동을 유지하는 힘이 구심력이다. 구심력과 반대 방향인 원심력은 원운동을 하는 물체가 중심 밖으로 ㉣ 나가려는 가상의 힘으로, 어떤 힘이 존재하는 것이 아니라 물체가 등속 직선 운동하려는 ✦관성에 의한 효과이다. 반 정도 물이 찬 양동이를 풍차처럼 빠르게 돌리면 양동이가 머리 위에 있을 때도 물은 쏟아지지 않는데, 이것이 원심력 효과로 인한 현상이다.

우주 공간에서는 이 원심력을 이용해 물을 여과할 수 있다. 회전하는 우주 정거장의 외곽에 거주하는 우주인은 등속 직선 운동을 하려는 관성을 가지고 있다. 회전하는 우주 정거장은 우주인을 나가지 못하게 잡아 두고, 우주인은 원심력을 정거장의 바깥에서 자신을 ㉤ 끌어당기는 중력처럼 느끼게 된다. 폐수에도 마찬가지로 원심력이 작용할 것이고, 이 힘을 이용해 물을 흘러 내리게 하여 지구에서처럼 폐수를 여과할 수 있다. 즉 수만 명이 사는 거대한 우주 거주 시설은 많은 양의 폐수를 정화해야 하고 이를 위해서는 회전 운동을 통해 원심력을 만들어 내야 한다.

이처럼 중력이 작용하지 않는 우주 공간에서는 관성, 등속 운동, 원심력 등의 물리 법칙들을 이용하여 여러 과제를 수행하게 된다. 우주 비행의 경우 우주 공간에서는 공기 ✦저항이 없어 비행 속도 역시 줄어들지 않으므로, 한 번 가해진 힘으로 계속해서 비행할 수 있다. 물체에 외부의 힘이 작용하지 않으면 계속해서 등속 직선 운동을 하는 성질을 이용하는 것이다. 또, 인공위성이 지구 주변을 끊임없이 공전하게 하는 데는 원심력과 중력의 ✦평형을 이용한다. 충분하지 못한 속도로 인공위성을 발사한 경우에는 지구 중력으로 인해 인공위성이 지표면으로 다시 낙하하게 되지만, 일정 정도 이상의 속도로 쏘면 낙하하지 않고 지구를 계속 돌 수 있다. 공기 저항이 없는 대기권 밖에서는 물체에 작용하는 원심력과 중력이 평형 상태를 이루어 공전할 수 있는 것이다.

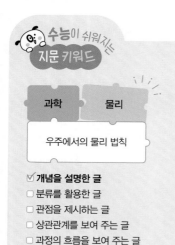

수능이 쉬워지는 지문 키워드

과학 | 물리

우주에서의 물리 법칙

☑ **개념을 설명한 글**
□ 분류를 활용한 글
□ 관점을 제시하는 글
□ 상관관계를 보여 주는 글
□ 과정의 흐름을 보여 주는 글

✦**등속 직선 운동** 속도가 일정한 일직선상의 운동.

✦**등속 원운동** 질점(물체의 질량이 모여 있다고 보는 점)이 원주를 일정한 속력으로 회전하는 운동.

✦**관성** 물체가 다른 힘을 받지 않는 한 그 상태로 머물러 있거나 계속 움직이려는 성질.

✦**저항** 물체의 운동 방향과 반대 방향으로 작용하는 힘.

✦**평형** 물체 사이에 서로 작용하는 힘과 회전력이 서로 비기어 크기가 전혀 없음. 또는 그런 상태.

이렇듯 우리가 알고 있는 물체의 운동과 힘, 운동 방향 등의 물리학 원리는 우주 공간에서도 중요한 원리로 작용하고 있다. 또한 거대한 우주 정거장 같은 첨단 시설 역시 가장 기초적인 물리학 원리에 의해 작동한다는 점에서, 물리학 원리를 이해하는 것이 과학과 기술 발전에 있어 중요한 토대가 된다.

확인 문제

1 **이 글의 주제는?**
무중력 공간에서의 문제를 해결하는 데 활용되는 ☐☐ 법칙

2 등속 직선 운동을 하는 물체의 방향을 바꾸려면 외부 힘이 필요하다. (○ , ×)

3 대기권 밖에서도 공기 저항은 작용한다. (○ , ×)

1 • 글의 전개 방식 파악하기

윗글에 쓰인 전개 방식을 〈보기〉에서 모두 고른 것은?

보기
ㄱ. 다른 대상과의 비교를 통해 가설을 입증하고 있다.
ㄴ. 과학적 원리를 적용하여 해결 방안을 제시하고 있다.
ㄷ. 기존 이론의 문제점을 지적하고 새로운 이론을 주장하고 있다.
ㄹ. 질문의 방식으로 문제 상황을 제시하여 독자의 관심을 유도하고 있다.

① ㄱ, ㄴ ② ㄱ, ㄷ ③ ㄴ, ㄷ ④ ㄴ, ㄹ ⑤ ㄷ, ㄹ

2 • 세부 내용 파악하기

윗글을 통해 알 수 있는 내용으로 적절하지 않은 것은?

① 원심력은 물체의 회전 운동을 발생시킨다.
② 중력의 크기는 물을 여과하는 속도에 영향을 미친다.
③ 물체에 외부 힘이 작용하지 않으면 일정하게 직선 운동을 한다.
④ 일정 속도로 우주 공간에 진입한 인공위성은 다른 추진력 없이도 공전한다.
⑤ 회전하는 물체 안의 사람은 무중력 공간에서도 원심력을 중력처럼 인식할 수 있다.

3 적용하기

윗글의 내용으로 볼 때, 〈보기〉의 ⓐ~ⓔ 중 '물'의 이동 방향으로 가장 적절한 것은?

보기

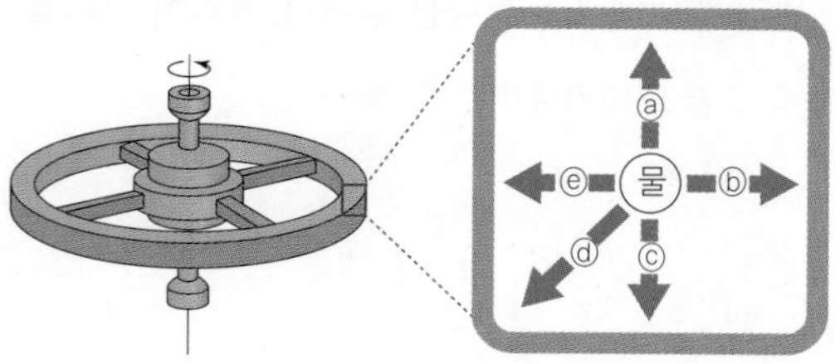

(가) (나)

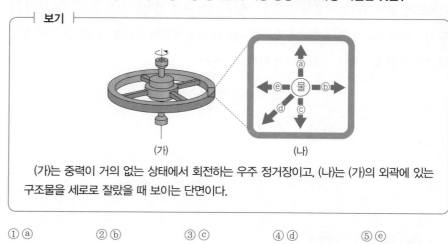

(가)는 중력이 거의 없는 상태에서 회전하는 우주 정거장이고, (나)는 (가)의 외곽에 있는 구조물을 세로로 잘랐을 때 보이는 단면이다.

① ⓐ ② ⓑ ③ ⓒ ④ ⓓ ⑤ ⓔ

4 어휘의 의미 파악하기

㉠~㉤을 바꾸어 쓴 것으로 적절하지 않은 것은?

① ㉠: 배출한다
② ㉡: 제어하는
③ ㉢: 변경하려면
④ ㉣: 탈출하려는
⑤ ㉤: 이끄는

배경지식 확장하기

실전 2와 엮어 읽기

라그랑주 점

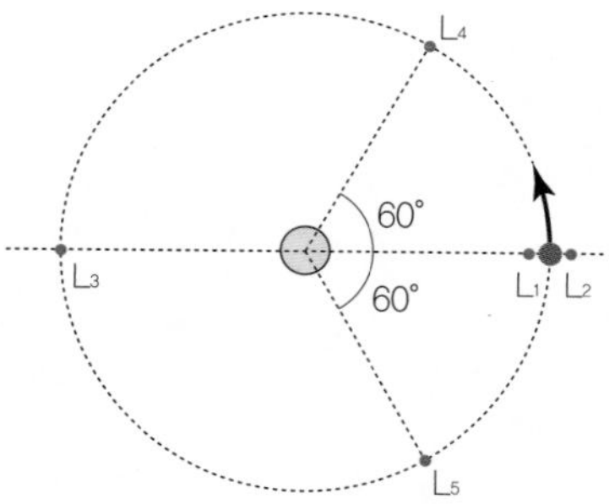

두 천체 사이에 물체를 두면 물체는 둘 중 더 큰 중력을 가진 천체에게로 끌려가게 된다. 하지만 둘의 중력이 균형을 이루는 곳에 물체를 두면 물체는 상대적으로 정지한 것처럼 있을 수 있다. 18세기 이탈리아의 수학자 조제프 루이 라그랑주는 두 천체 주변에 이런 위치가 5개 있다는 것을 계산하였고, 이를 '라그랑주 점'이라고 부르게 되었다.

태양과 지구 사이의 관계에도 이런 지점이 발생하는데, 태양과 지구를 잇는 직선상에 있는 'L_1 라그랑주 점'에서는 지구 그림자에 가리지 않고 항상 태양을 관측할 수 있어 천체 관측용 우주선 등을 발사하는 위치로 관심을 받고 있다.

어휘 공략하기

◐ 바른답·알찬풀이 36쪽

1 다음 뜻에 알맞은 어휘를 말 상자에서 찾아 쓰시오.

(1) 물체가 차지하는 공간의 크기. → (   )

(2) 어떤 일이나 사물의 바탕이 되는 기초. → (   )

(3) 물체의 운동 방향과 반대 방향으로 작용하는 힘. → (   )

(4) 형태나 모양, 성질 등이 달라지거나 달라지게 함. → (   )

지	추	진	력	파	손
구	변	형	충	토	대
부	피	불	명	가	상
공	거	제	확	막	대
급	도	주	속	세	중
출	입	저	항	담	력

2 문맥을 고려할 때, 〈보기〉의 빈칸에 공통으로 들어갈 어휘로 가장 적절한 것은?

보기

인공위성이 지구 주변을 끊임없이 공전하게 하는 데는 원심력과 중력의 평형을 이용한다. 충분하지 못한 속도로 인공위성을 발사한 경우에는 지구 중력으로 인해 인공위성이 지표면으로 다시 (   )하게 되지만, 일정 정도 이상의 속도로 쏘면 (   )하지 않고 지구를 계속 돌 수 있다.

① 감속　② 관성　③ 낙하　④ 비행　⑤ 회전

3 '놓다'가 〈보기〉와 같은 뜻으로 사용된 문장으로 알맞은 것에 ○표 하시오.

보기

열팽창을 고려하여 가스관 중간을 구부려 놓아야 한다.

(1) 환기가 잘 되도록 문을 활짝 열어 놓았다. → (   )

(2) 새로운 반에서 만난 지은이와 말을 놓기로 했다. → (   )

(3) 민우는 자신의 말대로 해야 한다며 으름장을 놓았다. → (   )

(4) 의사가 아이에게 주사를 놓으려고 하자 아이가 울음을 터트렸다. → (   )

19강 실전 1

다음 글을 읽고 물음에 답하시오. 목표 8분

일상 생활에서 널리 사용되는 텔레비전과 냉장고, 휴대 전화나 각종 소형 전자 제품, 또 각종 교통·수송 수단을 작동시키는 데에는 에너지가 필요하다. 텔레비전과 냉장고 등에는 전기 에너지가 사용되며, 교통·수송 수단의 동력 기관은 연료의 연소에 의한 운동 에너지, 열에너지나 전기 에너지로 작동한다.

이처럼 일을 할 수 있는 능력을 에너지라고 하며, 에너지를 만들 수 있는 자원을 에너지원이라고 한다. 현재 전 세계적으로 가장 많이 사용하고 있는 에너지원은 석탄, 석유, 천연가스와 같은 화석 연료인데, 이 화석 연료들의 문제점이 끊임없이 지적되고 있다. 이들을 연소시켜 에너지를 만들어 내는 과정에서 발생하는 온실가스가 지구 온난화를 일으키고 있으며, 오염 물질도 배출하여 인간의 건강을 위협하고 있고, 매장량이 한정되어 있어 머지않아 ✦고갈될 확률이 높기 때문이다.

이 때문에 각국에서는 기존에 쓰이지 않던 에너지원을 개발하는 신에너지, 또 기존 화석 연료와 달리 계속해서 재생해서 쓸 수 있는 재생 에너지 등에 주목하고 있다. 이와 같이 화석 연료 사용의 문제점을 해결하고 에너지를 효율적으로 이용하기 위해서 신재생 에너지를 적극적으로 활용하는 것, 에너지 소비를 가급적 줄이는 것, 또 버려지는 에너지를 ✦회수하여 다시 쓸모 있는 에너지로 만들 기술을 개발하는 것 등이 적극적으로 요청된다.

이 중 새롭게 주목받고 있는 ㉠ 에너지 하베스팅(energy harvesting)은 버려지는 에너지를 모아 활용하자는 아이디어에서 개발되고 있는 기술이다. 우리의 일상에서는 새어 나오거나 손실되며 버려지는 에너지들이 많다. 집이나 사무실 조명에서는 빛 에너지가 나오고, 자동차나 기차가 이동할 때 매우 강한 진동과 열이 발생하며, 발전소나 공장에서도 진동과 열이 나오지만 이들은 모두 제대로 쓰이지 못하고 버려진다. 에너지 하베스팅은 이렇게 일상에서 쓰이지 못하고 버려지는 에너지를 수집하여 전기로 바꾸어 사용하는 기술로, 주로 소량의 전기를 이용하는 센서나 ✦웨어러블 디바이스(wearable devices) 등에 적합한 기술이다. 앞으로 곳곳에 이와 같은 소형 기기들이 설치될 텐데, 이 모든 기기에 각각 전선을 연결하여 전력을 공급하기는 불가능하다. 에너지 하베스팅은 이러한 문제를 해결하기에 적합하다.

에너지 하베스팅 기술은 빛이 나오는 곳에는 빛을 전기로 바꾸는 광전 ✦소자를, 진동이나 압력이 발생하는 곳에는 압력을 전기로 바꾸는 압전 소자를, 일정 온도 이상 열이 발생하는 곳에는 열을 전기로 바꾸는 열전 소자를 이용하여 전기를 생산한다. 예를 들어 다리의 상태를 점검하는 센서에 진동을 전기 에너지로 변환하는 장치를 붙이면, 자동차가 다리를 지날 때마다 발생하는 진동으로 전기를 만들어 별도의 에너지를 공급하지 않아도 센서를 계속 사용할 수 있다.

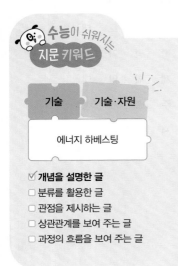

수능이 쉬워지는 지문 키워드

기술 | 기술·자원

에너지 하베스팅

☑ **개념을 설명한 글**
□ 분류를 활용한 글
□ 관점을 제시하는 글
□ 상관관계를 보여 주는 글
□ 과정의 흐름을 보여 주는 글

✦**고갈되다** 어떤 일의 바탕이 되는 돈이나 물자, 소재, 인력 따위가 다하여 없어지다.
✦**회수하다** 도로 거두어들이다.
✦**웨어러블 디바이스** 몸에 부착하거나 착용하여 사용하는 전자 장치.
✦**소자** 장치, 전자 회로 따위의 구성 요소가 되는 낱낱의 부품.

확인 문제

1 이 글의 주제는?
□□□ □□□□의 필요성과 원리

2 신에너지는 기존에 쓰이지 않던 에너지원을 개발하여 사용하는 것이다. (○ , ×)

3 에너지 하베스팅은 우리 주변에 손실되거나 버려지는 에너지들을 활용하는 기술이다. (○ , ×)

◐ 바른답·알찬풀이 37쪽

1 중심 화제와 중심 내용 파악하기

윗글을 읽고 알 수 있는 내용으로 적절하지 않은 것은?

① 화석 연료의 문제점
② 에너지 하베스팅의 사용 현황
③ 신에너지와 재생 에너지의 개념
④ 에너지 하베스팅이 주목받는 이유
⑤ 에너지 하베스팅으로 해결할 수 있는 문제 상황

2 세부 내용 파악하기

윗글의 내용과 일치하는 것은?

① 현재 웨어러블 디바이스의 전력 공급은 불가능한 상황이다.
② 에너지 하베스팅은 화석 연료 사용을 중단하기 위한 방법이다.
③ 빛이 나오는 곳에 열전 소자를 부착하면 전기를 얻을 수 있다.
④ 에너지 하베스팅은 새어 나오는 에너지를 줄이는 기술에 해당한다.
⑤ 에너지 소비를 줄이면 화석 연료 사용으로 인한 문제점을 완화할 수 있다.

3 적용하기

㉠의 사례로 적절하지 않은 것은?

① 광전 소자를 이용하여 TV의 전자파로 전기를 생산하여 방을 밝히는 조명
② 압전 소자를 이용하여 걸으며 만들어지는 압력으로 전기를 생산하는 신발
③ 열전 소자를 이용하여 몸속의 열을 전기로 바꾸어 전력을 유지하는 체내 장치
④ 열전 소자를 이용하여 침낭 속의 열을 통해 생산된 전기로 휴대폰을 충전하는 장치
⑤ 압전 소자를 이용하여 경기 중 바닥에 가해진 압력을 통해 생산된 전기로 불을 밝히는 경기장

19강 실전 2

수능이 쉬워지는 지문 키워드

기술 | 기술·자원

이산화 탄소 포집 저장 기술

- □ 개념을 설명한 글
- □ 분류를 활용한 글
- □ 관점을 제시하는 글
- □ 상관관계를 보여 주는 글
- ☑ **과정의 흐름을 보여 주는 글**

다음 글을 읽고 물음에 답하시오. (목표 11분)

대기 중 이산화 탄소를 비롯한 온실 기체의 양이 꾸준히 증가하면서 지구 온난화와 기후 변화가 심각해지고 있다. 지구 온난화의 주범으로는 화석 연료 사용으로 배출되는 이산화 탄소가 지목되고 있어, 최근 이 이산화 탄소를 ✦포집 및 저장할 수 있는 기술인 CCS(Carbon Capture & Storage) 기술이 주목을 받고 있다. CCS 기술은 화석 연료를 사용하는 화력 발전소, 제철소, 시멘트 공장 등에서 발생할 수 있는 대량의 이산화 탄소를 ✦고농도로 포집한 후 안전한 땅속에 저장하는 기술이다.

CCS 기술에는 '연소 후 포집 기술', '연소 전 포집 기술', '순산소 연소 포집 기술'이 있다. 연소 후 포집 기술은 화석 연료가 연소될 때 생기는 배기가스에서 이산화 탄소를 분리하는 방법이고, 연소 전 포집 기술은 화석 연료에 존재하는 이산화 탄소를 연소 전 단계에서 분리하는 방법이다. 순산소 연소 포집 기술은 화석 연료를 연소시킬 때 공기 대신 산소를 넣어 고농도의 이산화 탄소만 배출되게 함으로써 별도의 분리 ✦공정 없이 포집할 수 있는 기술이다.

이 중 연소 후 포집 기술은 현재 가동되고 있는 수많은 이산화 탄소 발생원에 직접 적용할 수 있는 방법으로 화력 발전소를 중심으로 실용화되기 시작하면서 CCS 기술의 핵심 분야로 떠오르고 있다. 연소 후 포집 기술은 흡수, 재생, 압축, 수송, 저장 등의 다섯 공정으로 나뉘어 진행되며, 이를 위해서는 흡수탑, 재생탑, 압축기, 수송 시설, 저장조 등이 마련되어야 한다.

화력 발전소에서 배출되는 배기가스에는 물, 질소, 그리고 10~15% 농도의 이산화 탄소가 포함되어 있다. 이 배기가스는 먼저 흡수탑 아래로 들어가게 되고 흡수탑 위에서 주입되는 흡수제와 접촉하게 된다. 이 흡수제는 낮은 온도에서는 이산화 탄소와 결합되지만 높은 온도에서는 이산화 탄소와 분리되는 특징이 있어, 이것을 이용하여 이산화 탄소를 포집한 후 분리해 낼 수 있다. 흡수제에는 미세 구멍, 즉 기공이 무수히 많이 뚫려 있는데 이 기공에 이산화 탄소가 유입되면 화학 반응을 일으키면서 달라붙게 된다. 흡수제가 배기가스에서 이산화 탄소만을 선택적으로 포집하면 물과 질소는 그대로 굴뚝을 통해 바깥 공기로 배출된다. 흡수제가 이산화 탄소를 포집할 수 있는 한계, 즉 흡수 포화점에 다다르면 흡수제는 연결관을 통해 재생탑 위쪽으로 이동하여 고온의 열처리 과정을 거치게 된다. 열처리를 하는 이유는 흡수제에 달라붙어 있는 이산화 탄소를 분리하기 위해서이다. 흡수제에 달라붙어 있던 이산화 탄소는 130℃ 이상의 열에너지를 받으면 흡수제의 기공 밖으로 빠져나와 분리되고, 이산화 탄소와 분리된 흡수제는 다시 이산화 탄소를 포집할 수 있는 원래의 상태로 재생된 후, 흡수탑 상단으로 보내져 재사용된다.

이처럼 흡수제가 이산화 탄소를 포집하고 흡수제가 다시 재생되는 흡수와 재생 단계를 반복하면 90% 이상 고농도의 이산화 탄소를 모을 수 있게 되는데, 이렇게 모아진 이산화 탄소는 이송에 편리하도록 압축기에서 압축 공정을 거치게 된다. 압축된 이산화 탄소는 파이프라인이나 철도, 선박 등의 수송 시설을 통해 땅속의 저장소로 이송되고, 저장소로 이송된 이산화 탄소는

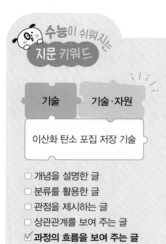

✦**포집** 일정한 물질 속에 있는 미량 성분을 분리하여 잡아 모으는 일.
✦**고농도** 어떤 물체에 들어 있는 성분의 비율이 높은 것.
✦**공정** 한 제품이 완성되기까지 거쳐야 하는 하나하나의 작업 단계.

◐ 바른답·알찬풀이 37쪽

800m 이상의 깊이에 있는 폐유전이나 가스전 등에 주입되어 반영구적으로 저장된다.

오늘날 CCS 기술은 지구 온난화를 막을 수 있는 가장 현실적인 대안으로 인정받고 있다. 하지만 공정을 진행하는 과정에서 많은 에너지가 소요되는 것은 극복해야 할 과제이다. 이에 따라 현재 진행되고 있는 연소 후 포집 기술의 핵심적 연구는 ㉠ 흡수 포화점이 향상된 흡수제를 개발하여 ㉡ 경제성이 높은 이산화 탄소 포집 기술을 구현하는 방향으로 진행되고 있다.

확인 문제

1 이 글의 주제는?
이산화 탄소 ☐☐ 저장 기술 중 ☐☐☐ 포집 기술의 원리와 과정

2 CCS 기술은 지구 온난화를 막을 수 있는 유일한 방법이다. (○ , ×)

3 연소 후 포집 기술은 화석 연료가 연소될 때 생기는 배기가스를 모으는 기술이다. (○ , ×)

1

• 세부 내용 파악하기

윗글에서 알 수 있는 내용으로 적절하지 않은 것은?

① CCS 기술의 개념
② CCS 기술의 종류
③ CCS 기술의 필요성
④ CCS 기술의 개발 과정
⑤ CCS 기술이 극복해야 할 과제

2

• 숨어 있는 내용 찾기

㉠이 ㉡으로 이어질 수 있는 이유로 가장 적절한 것은?

① 흡수와 재생 공정을 한 번에 처리할 수 있기 때문에
② 흡수와 재생 공정의 반복 횟수를 줄일 수 있기 때문에
③ 재생 공정에서 흡수제의 재생률을 높일 수 있기 때문에
④ 재생 공정이 없어도 이산화 탄소를 포집할 수 있기 때문에
⑤ 포집한 이산화 탄소를 저장소로 옮기는 운송비를 줄일 수 있기 때문에

3 적용하기

윗글을 바탕으로 〈보기〉를 설명한 내용으로 적절하지 않은 것은?

보기

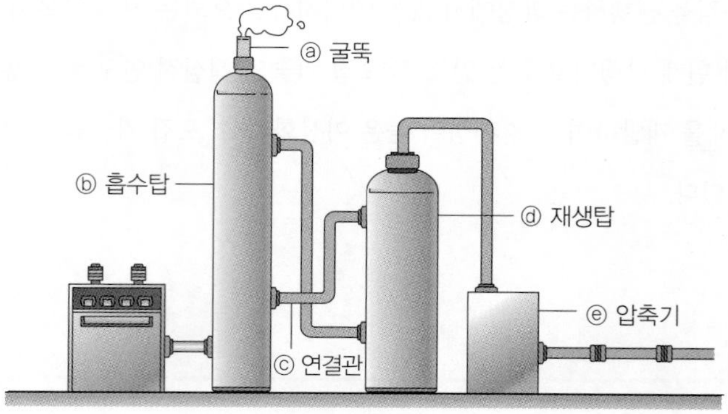

〈이산화 탄소 포집 공정〉

① ⓐ로 배출되는 배기가스에는 물과 질소가 포함되어 있다.

② ⓑ에서는 배기가스가 흡수제와 접촉하여 이산화 탄소가 흡수제에 달라붙는다.

③ ⓒ는 흡수 포화점에 다다른 흡수제가 이동하는 통로이다.

④ ⓓ에서는 흡수제가 이산화 탄소의 열을 흡수하면서 재생된다.

⑤ ⓔ에서는 고농도의 이산화 탄소가 이송에 편리하도록 압축 공정을 거치게 된다.

배경지식 확장하기

실전 2와 엮어 읽기

기후 변화에 대응하려는 국제 사회의 노력 '탄소 중립'

탄소 중립은 배출된 이산화 탄소만큼 이산화 탄소를 흡수할 수 있는 대책을 세워 이산화 탄소의 실질적인 배출량을 '0'으로 만든다는 개념이다.

탄소 중립을 실행하려면 이산화 탄소 배출량만큼 숲을 조성하여 산소를 공급하거나 화석 연료를 대체할 수 있는 무공해 에너지인 태양열·태양광·풍력 에너지 등 재생 에너지 분야에 투자하는 노력이 필요하다. 또는 이산화 탄소 배출량에 알맞은 탄소 배출권을 구매하는 방법을 활용하기도 한다. 최근 스웨덴, 영국, 프랑스, 덴마크 등 여러 나라가 탄소 중립을 법제화하였고, 유럽, 중국, 일본 등 주요국들 역시 탄소 중립 목표를 선언하였다. 우리나라 또한 2020년에 '2050 탄소 중립 계획'을 발표하고 이를 이행하려는 의지를 나타냈다.

19강

어휘 공략하기

◐ 바른답·알찬풀이 38쪽

1 다음 어휘와 어휘의 뜻을 바르게 연결하시오.

(1) 연소 · · ㉠ 도로 거두어들임.

(2) 회수 · · ㉡ 흘러 들어가도록 부어 넣음.

(3) 주입 · · ㉢ 물질이 산소와 결합하여 열과 빛을 내는 현상.

(4) 포화 · · ㉣ 더 이상의 양을 수용할 수 없이 가득 참.

2 제시된 초성을 참고하여 다음 문장의 빈칸에 들어갈 어휘를 쓰시오.

(1) 김 교수는 오랜 해외 생활을 마치고 ㅇ ㄱ 귀국했다. → (   )

(2) 철도는 석탄과 같은 물질을 ㅅ ㅅ 하는 대표적인 수단이다. → (   )

(3) 그는 삶에 대한 의지와 강인한 정신력으로 불치병을 ㄱ ㅂ 하는 데 성공했다. → (   )

3 다음 문장의 (   ) 안에서 올바른 띄어쓰기를 골라 ○표 하시오.

(1) 자동차나 기차가 (이동할때, 이동할 때) 열이 발생한다.

(2) 화석 연료 사용의 문제점이 (끊임없이, 끊임 없이) 제기됐다.

(3) 소형 기기를 (작동 시키는데에는, 작동시키는 데에는) 전기가 필요하다.

(4) 이산화 탄소를 공기 중으로 배출하기 전에 (포집할 수있는, 포집할 수 있는) 기술이 개발되었다.

20강 실전 1

다음 글을 읽고 물음에 답하시오. 목표 8분

19세기에는 사진 기술 발달과 함께 더 이상 회화는 필요 없다는 회화의 죽음이 선언되기도 했지만, 사진 역시 예술로 볼 수 있느냐를 두고 논쟁에 휩싸였다. 이에 사진가들은 사진을 창조성을 지닌 독자적 예술 분야로 인정받기 위해 회화적 기법을 사용한 사진을 제작하였다. 사진에서 나타난 이러한 경향을 '픽토리얼리즘(Pictorialism)'이라 부른다. 픽토리얼리즘은 회화처럼 ㉠ 밑그림을 그리고 모델을 배치하는 등의 구성을 중시하거나 사진의 표면을 부옇게 만드는 등의 여러 기법을 활용하여 ㉡ 회화가 지닌 예술성을 사진에서 표현하고자 노력하였다.

픽토리얼리즘의 선구자인 로빈슨(H. P. Robinson)은 사진이 기술을 넘어 예술로서 인정받을 수 있는 방법으로 '조합 인화✦(combination printing) 방식'을 이용하였다. 조합 인화 방식이란 여러 장의 사진 원판✦을 조합하여 한 장의 작품으로 인화하는 것이다. 로빈슨은 자신이 구상한 ㉢ 스토리에 따라 모델들이 연기하도록 지도하여 각각의 장면을 촬영하고 그 사진들을 조합하고 인화함으로써 사진도 회화처럼 창조적인 예술품이 될 수 있음을 보여 주었다. 또한 작품의 내용은, 인간의 이성보다 감성을 중요시했던 당시의 낭만주의적 경향을 반영하여 사진이 회화처럼 감정을 담아낼 수 있음을 보여 주었다.

「집에 찾아온 봄」

위 사진은 로빈슨의 대표작으로 손꼽히는 「집에 찾아온 봄」이다. 이 작품은 총 아홉 장의 사진 원판을 조합하여 인화한 것이다. 이는 로빈슨이 낭만주의 시인이었던 스펜서의 시에서 영감을 얻어 제작한 것으로, 봄을 맞이하는 사람들의 다양한 모습을 담고 있다. 이 작품을 위해 로빈슨은 사진을 구성할 각 장면의 밑그림을 미리 그린 후, 전체 배경에서 각각의 사진이 들어가야 할 위치와 비율을 정하였다. 그리고 봄을 느끼는 사람들의 감정이 드러나도록 인물의 표정과 포즈를 미리 ㉣ 계산하여 각각 촬영하였다. 그는 이렇게 촬영한 사진 원판들을 자신이 의도한 위치에 맞게 조합하여 최종 인화하였다. 이와 같이 로빈슨은 장면을 사전에 치밀하게 ㉤ 구성하여 작품을 완성함으로써 자신의 의도를 효과적으로 보여 주었다.

이러한 로빈슨의 사진은 인위적이거나 의도적인 기법을 거부하는 사진가들에 의해 많은 비판을 받았다. 그럼에도 불구하고 오늘날 로빈슨의 사진은 사진을 예술의 반열에 올려놓으려 했던 최초의 노력이었으며 사진의 한계를 넘어서고자 했던 시도라고 평가받고 있다. 또한 그의 사진은, 사진이 작가의 창조성을 표현하기에 부적합하다는 당대의 뿌리 깊은 편견을 타파하려는 시도였다.

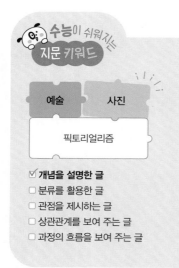

수능이 쉬워지는 지문 키워드

예술 / 사진

픽토리얼리즘

- ☑ 개념을 설명한 글
- ☐ 분류를 활용한 글
- ☐ 관점을 제시하는 글
- ☐ 상관관계를 보여 주는 글
- ☐ 과정의 흐름을 보여 주는 글

✦ **인화** 사진 원판을 인화지 위에 올려놓고 사진이 나타나도록 하는 일.

✦ **원판** 사진에서, 카메라로 직접 촬영한 필름.

확인 문제

1 이 글의 주제는?
☐☐☐☐☐☐와/과 로빈슨의 ☐☐ 기법의 특징과 의의

2 픽토리얼리즘은 사진의 현실 재현성을 드러내기 위해 개발된 인화 기술이다. (○, ×)

3 어떤 사진가들은 로빈슨의 사진이 인위적이라는 이유로 그의 사진을 비판하였다. (○, ×)

◐ 바른답·알찬풀이 39쪽

• 세부 내용 파악하기

1 **윗글을 읽고 답을 확인할 수 있는 질문으로 적절하지 않은 것은?**

① 조합 인화 방식의 개념은 무엇인가?

② 픽토리얼리즘에서 활용한 기법은 무엇인가?

③ 픽토리얼리즘이 회화에 끼친 영향은 무엇인가?

④ 로빈슨이 활동하던 당시의 예술적 경향은 어떠했는가?

⑤ 19세기 사진가들이 사진을 예술로 인정받기 위해 한 것은 무엇인가?

• 적용하기

2 **〈보기〉는 로빈슨의 작품 「콧노래」이다. 그가 이 작품을 만들기 위해 고려했을 내용으로 적절하지 않은 것은?**

보기

① 촬영하기 이전에 내가 구상한 구도를 그려 보아야겠군.

② 촬영 전에 들판에 위치할 양떼들을 미리 준비해야겠군.

③ 사진에 등장할 대상들을 각각 촬영한 후 그 원판을 조합해야겠군.

④ 작품에서 회화성을 살리려면 감정보다는 이성적 측면이 나타나도록 의도해야겠군.

⑤ 섭외한 배우들에게 촬영 시 흥겨운 듯이 걸어가는 모습을 연기하도록 지시해야겠군.

• 숨어 있는 내용 파악하기

3 **윗글의 흐름을 고려할 때, ㉠～㉤ 중 성격이 다른 것은?**

① ㉠ ② ㉡ ③ ㉢

④ ㉣ ⑤ ㉤

수능이 쉬워지는 지문 키워드

예술 | 사진

숄더샷 프레임

☑ 개념을 설명한 글
□ 분류를 활용한 글
□ 관점을 제시하는 글
□ 상관관계를 보여 주는 글
□ 과정의 흐름을 보여 주는 글

다음 글을 읽고 물음에 답하시오. 목표 9분

사진 촬영은 ✦프레임을 구성하는 행위이다. 우리는 사진을 촬영할 때 눈앞에 보이는 세상 전체를 담을 수 없다. 프레임은 사진을 이루는 사각형 틀을 일컫는데, 사진 촬영은 그 틀 안에 세상의 일부를 담아내는 행위인 것이다. 렌즈의 각도를 어떻게 두느냐에 따라 같은 장면도 다르게 보이기도 하고, 어떤 장면은 생략되고 어떤 장면은 강조되기도 하므로 세상의 어떤 부분을 잘라 내어 촬영하는 이의 틀에 담아낼 것인가는 중요한 문제다. 그러하기에 사진 촬영은 프레임을 구성하는 행위라고 보는 것이다.

일반적으로 사진을 찍을 때는 사진에 담을 대상인 중심 ✦피사체를 먼저 선정하여 화면 중앙에 놓고 이것에 초점을 맞춘다. 그런 다음 중심 피사체와 주변 풍경을 적절하게 ✦구획하여 안정된 구도로 사진을 찍는 것이 일반적인 프레임 구성 방법이다. 그런데 사진을 촬영하다 보면 의도하지 않았던 요소들이 개입하여 일반적인 프레임 구성 방법에서 벗어났음에도 미적 효과가 느껴지는 경우가 있다. 이를 의도적으로 활용한 대표적인 예가 숄더샷 프레임이다.

숄더샷 프레임이란 등에 업힌 아이가 어깨 너머로 세상을 보는 것처럼, 프레임 안에 장애물을 배치하여 감상자가 장애물 너머로 중심 피사체를 보도록 유도하는 프레임 구성 방법이다. 숄더샷 프레임을 활용하면 프레임 안에 삽입된 장애물로 인해 감상자가 시각적인 긴장감을 느끼게 되어 중심 피사체에 대한 감상자의 집중도가 높아지게 된다.

숄더샷 프레임은 다음과 같은 방법들을 활용하여 구성한다. 첫째, 사진에 담고자 하는 중심 피사체 앞에 장애물을 배치한다. 장애물을 배치하면 감상자가 눈에 잘 띄는 장애물을 먼저 본 다음에 중심 피사체를 보기 때문에 중심 피사체로 시선이 집중되는 효과가 나타난다. 이때 장애물이 중심 피사체보다 크면, 장애물이 감상자의 눈에 더 잘 띄게 된다. 그리고 장애물의 형태나 자세, 시선 등이 중심 피사체를 향하도록 하면 감상자의 시선을 중심 피사체로 이끌어 주는 지시성이 강화된다. 둘째, 중심 피사체에는 초점을 정확하게 맞추는 반면 장애물에는 초점을 맞추지 않는다. 그러면 감상자는 초점이 맞지 않아 흐릿하게 보이는 장애물보다 초점을 맞춘 대상을 중심 피사체로 인식하여 시선을 집중하게 된다. 셋째, 중심 피사체와 장애물의 밝기를 대비시킨다. 중심 피사체는 밝게, 장애물은 어둡게 촬영하는 것이 좋다. 그러면 밝음과 어둠이 대비되면서 감상자가 중심 피사체를 주목하게 된다.

숄더샷 프레임은 영화 촬영에도 적극적으로 활용되는 촬영 방법이다. 주인공 배우 두 사람이 대화를 나누는 중 한 인물의 변화하는 감정을 드러낼 때나 중요한 사건을 목격하는 인물이 있음을 드러내면서도 그 사건을 부각시키고자 할 때, 카메라가 담아내는 프레임 안에 한 인물의 어깨 너머로 중심 대상이 드러나는 촬영 기법으로 부각시키고자 한 내용을 표현하는 것이다. 숄더샷 프레임은 의도하지 않았을 때 나타나는 미적 효과를 의도적으로 활용하여 사진의 예술성을 구현하고자 한 것이라고 할 수 있다. 일반적인 프레임 구성 방법이라면 장애물이 함께 찍

✦**프레임** 사진 화면의 구도를 설정하는 틀.
✦**피사체** 사진을 찍는 대상이 되는 물체.
✦**구획하다** 땅이나 공간을 경계를 지어 나누다.

히지 말아야 하나, 오히려 사고로 잘못 찍힌 것처럼 장애물을 함께 프레임에 배치함으로써 중심 피사체를 강조하는 방법이기 때문이다. 숄더샷 프레임은 조화와 균형, 통일을 기본으로 여겼던 기존의 예술적 인식에서 벗어나 순간적이고 우연적인 것, 불안정한 것에서 아름다움을 발견했다는 점에서 사진 예술의 새로운 방향을 제시한다고 할 수 있다.

확인 문제

1 이 글의 주제는?
□□□ □□□의 개념 및 특징과 구성 방법

2 숄더샷 프레임은 감상자의 감상을 방해한다. (○ , ×)

3 숄더샷 프레임은 영화를 촬영할 때에도 활용된다. (○ , ×)

1 • 중심 화제와 중심 내용 파악하기

윗글을 통해 알 수 있는 내용으로 적절하지 않은 것은?

① 숄더샷 프레임의 개념
② 숄더샷 프레임의 효과
③ 숄더샷 프레임의 변천 과정
④ 숄더샷 프레임의 촬영 기법
⑤ 숄더샷 프레임의 예술적 의의

2 • 관점 비교하기

윗글에 언급된 '숄더샷 프레임(㉠)'과 〈보기〉의 '엣지샷 프레임(㉡)'에 대한 설명으로 가장 적절한 것은?

보기

'엣지샷 프레임'은 중심 피사체를 가장자리나 구석에 위치시켜 의도적으로 시각적 긴장감을 유발하는 프레임 구성 방법이다. 이 프레임은 안정된 구도를 활용하는 일반적인 사진과 달리 익숙하지 않은 프레임을 통해 감상자가 중심 피사체에 집중하게 한다.

① ㉠은 조화와 균형, ㉡은 부조화와 불균형을 아름다움의 기본으로 여기고 있다.
② ㉠은 ㉡과 달리 기존의 예술적 인식을 바탕으로 한 프레임 구성 방법이다.
③ ㉡은 ㉠과 달리 의도하지 않았을 때 나타나는 미적 효과를 의도적으로 활용하고 있다.
④ ㉠과 ㉡은 모두 중심 피사체를 프레임의 중앙 부분에 놓이도록 촬영한다.
⑤ ㉠과 ㉡은 모두 익숙하지 않은 프레임을 통해 시각적 긴장감을 유발한다.

3 • 적용하기

윗글을 바탕으로 〈보기〉를 이해한 내용으로 적절하지 않은 것은?

보기

진동선, 「이탈리아 피렌체」

① 중심 피사체와 장애물의 밝기를 대비시켜 감상자가 중심 피사체를 주목하게 하는군.

② 장애물을 흐릿하게 촬영하여 초점을 맞춘 대상을 감상자가 중심 피사체로 인식하게 하는군.

③ 장애물의 자세가 중심 피사체를 향하게 함으로써 중심 피사체에 대한 지시성이 강화되고 있군.

④ 장애물을 중심 피사체보다 앞에 배치하여 장애물이 중심 피사체보다 감상자의 눈에 먼저 띄게 하는군.

⑤ 장애물을 중심 피사체보다 크게 촬영하여 감상자의 시선이 중심 피사체를 거쳐 장애물로 집중되게 하는군.

배경지식 확장하기

실전 1과 엮어 읽기

NFT 아트

디지털 암호 화폐 기술의 등장과 함께 복사, 스캔, 캡처 등 무한 복제와 증식이 가능하던 디지털 아트 업계에 큰 변화가 일어나고 있다. NFT(Non Fungible Token, 대체 불가능한 토큰)는 블록체인 기술을 활용하여 음악, 그림, 영상 등의 디지털 콘텐츠에 고유한 표식을 부여한 것이다. 온라인을 통해 모두에게 공개되어 있지만 원본에 대한 소유권은 낙찰받은 사람이 갖게 된다. 이러한 NFT를 활용하면 디지털 콘텐츠에 진품을 보증하는 디지털 증명서를 부여할 수 있다. 더 이상 복제나 위조, 변조가 불가능하여 유일무이한 정품으로 인증받는 디지털 작품이 가능해지는 것이다. 이런 변화에 힘입어 실제로 디지털 아티스트 '비플'의 디지털 작품은 미술품 경매에서 780여 억 원에 거래되기도 하였다.

20강 어휘 공략하기

◐ 바른답·알찬풀이 40쪽

1 다음 뜻에 알맞은 어휘를 말 상자에서 찾아 쓰시오.

(1) 땅이나 공간을 경계를 지어 나눔. → (   )

(2) 어떤 내용이 구체적인 사실로 나타나게 함. → (   )

(3) 선이나 색채로 평면에 형상을 그리는 미술. → (   )

(4) 사진 원판으로 사진이 나타나도록 하는 일. → (   )

지	추	천	약	파	손
구	획	형	조	력	재
현	피	불	명	상	가
공	거	주	확	인	치
급	도	사	회	화	가
출	입	저	집	담	력

2 다음 문장의 빈칸에 들어갈 어휘를 〈보기〉에서 찾아 쓰시오.

보기

배치　　　부각　　　타파

(1) 시험을 볼 때가 되어 교실 책상의 (   )을/를 조정하였다.

(2) 그는 사람들의 편견을 (   )하기 위해 새로운 도전을 시작하였다.

(3) 상품의 구체적 이미지 없이 상품명만 광고하면 상품의 특징이 (   )되지 않는다.

3 '담다'가 〈보기〉와 같은 뜻으로 사용된 문장으로 알맞은 것에 ○표 하시오.

보기

사진 촬영은 그 틀 안에 세상의 일부를 담는 행위이다.

(1) 주스를 새로 산 잔에 예쁘게 담았다. → (   )

(2) 할머니께서 새로 짠 기름을 병에 담으셨다. → (   )

(3) 도와주신 분들께 감사하는 마음을 편지에 담았다. → (   )

수능형 실전 문제로 깨우자!

실전 훈련 5

강	학습 내용	학습 확인
21강	인문 인간의 본성 융합 카너먼의 전망 이론	
22강	예술 단청의 기법 융합 니체와 표현주의 회화	
23강	과학 PCR(중합 효소 연쇄 반응) 융합 열 수송	
24강	주제 통합 사랑의 본질 주제 통합 헌법	

21강 실전 1

지문 난이도 ★★★ | 기출 고1 학평

수능이 쉬워지는 지문 키워드

인문 / 동양 철학

인간의 본성

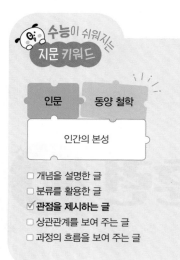

□ 개념을 설명한 글
□ 분류를 활용한 글
☑ **관점을 제시하는 글**
□ 상관관계를 보여 주는 글
□ 과정의 흐름을 보여 주는 글

다음 글을 읽고 물음에 답하시오. 목표 8분

동양 철학에서는 인간의 본성에 대한 논의가 활발했는데, 주로 선과 악이라는 윤리적 범주와 관련한 논의들이 주를 이루었다. 그중 ㉠ 고자의 인성론에서는 식욕과 색욕이라는 ✦생리적 욕망은 인간의 본성이라고 보았다. 그에 따르면, 생리적 욕망은 인간과 동물이 모두 지니고 있는 것이므로 그 자체의 선악을 구분할 수는 없다. 소용돌이치는 물이 원래 방향의 구분이 없어서 자연스럽게 흐르듯 사람에게도 원래 선과 악이라는 구분이 없다는 것이다. 그래서 고자는 장인(匠人)이 버드나무로 바구니를 만들 때 버드나무 속에 본래 바구니가 들어 있지 않은 것처럼, 인간의 본성에는 선이나 악의 성질이 들어 있지 않다고 하였다. 장인의 손길로 버드나무에서 바구니가 만들어지는 것처럼, 인간의 선은 교육과 훈련을 통해서 만들어진다고 보았다.

이에 대해 맹자는 동서의 흐름이 없는 물이라 할지라도 상하가 있어서 아래로 흐르는 것이 본래 성향이듯이 인성도 선(善)으로 향하는 본래적 성향이 있다고 보았다. 버드나무에 휠 수 있는 성질이 있기 때문에 바구니를 만들 수 있는 것처럼, 인간에게는 도덕적인 행동을 할 수 있는 덕성이 있으므로 그 성질에 교육을 하고 학습을 시키는 것이지, 마음대로 바꿀 수 있는 것이 아니라고 하였다. 그리고 인간이나 동물이 공통적으로 가지고 있는 생리적 본능은 본성으로 보지 않고, 인간만이 독특하게 지닌 도덕성이 있다고 보고 이것만을 본성으로 여겼다.

맹자는 남을 불쌍히 여기는 마음을 인(仁)의 단서, 불의(不義)를 부끄러워하고 미워하는 마음을 의(義)의 단서, 사양하는 마음을 예(禮)의 단서, 옳고 그름을 가려낼 줄 아는 마음을 지(智)의 단서라고 하고 이 네 가지 단서, 즉 사단(四端)은 인간에게 ✦사지(四肢)가 있는 것처럼 모든 사람이 다 지니고 있는 것이라고 하였다. 또, 인간은 사단뿐만 아니라 옳고 그름을 즉각적으로 가려낼 줄 아는 선천적 능력인 ✦양지양능(良知良能)을 지니고 있어서 생각하지 않아도 알 수 있고 배우지 않아도 할 수 있다고 주장하였다.

하지만 맹자는 모든 인간이 사단을 가지고 태어났다고 해도 모든 인간이 인격적으로 바른 사람이 되는 것은 아니라고 하였다. 따라서 사단을 잘 길러 낼 것을 의식적으로 반성[思]하여 스스로 이를 확충하고 길러내면 성인, 군자와 같은 사람이 될 수 있으나, 감각적, 생리적 욕구에 이끌려서 사단을 무시하고 내버리면 인격적으로 불완전한 사람이 된다고 하였다. 그래서 맹자는 악의 원인을 ✦자포자기(自暴自棄)에 있다고도 하였다. 이러한 맹자의 생각은 인간 스스로가 바른 도덕성을 기를 수 있다는 인간에 대한 믿음을 드러내는 것이라고 볼 수 있다.

✦**생리적** 신체의 조직이나 기능에 관련되는 것.
✦**사지** 사람의 두 팔과 두 다리를 통틀어 이르는 말.
✦**양지양능** 교육이나 경험에 의하지 않고 선천적으로 사물을 판단하고 행할 수 있는 마음의 작용.
✦**자포자기** 절망에 빠져 자신을 스스로 포기하고 돌아보지 아니함.

확인 문제

1 **이 글의 주제는?**
인간의 ☐☐에 대한 고자와 ☐☐의 견해

2 고자는 인간과 동물 모두 생리적 욕구를 지니고 있다고 보았다. (○ , ×)

3 맹자는 인간의 생리적 본능이 사단을 잘 길러내는 데 기여한다고 보았다. (○ , ×)

1

글의 전개 방식 파악하기

윗글에 대한 설명으로 가장 적절한 것은?

① 맹자의 인성론을 고자의 인성론과의 차이를 통해 설명하고 있다.

② 맹자의 인성론에 담겨 있는 가치를 현대적 관점에서 비판하고 있다.

③ 맹자의 인성론이 지닌 장단점을 다각적으로 분석하여 제시하고 있다.

④ 맹자의 인성론이 지닌 문제점을 지적하면서 이에 대한 해결 방안을 찾고 있다.

⑤ 맹자와 고자의 인성론을 제시한 후에 이를 절충적으로 통합하여 설명하고 있다.

2

세부 내용 파악하기

〈보기〉는 ㉠을 정리한 것이다. ⓐ에 들어갈 내용으로 가장 적절한 것은?

보기

생리적 욕망이 본성이다.

↓

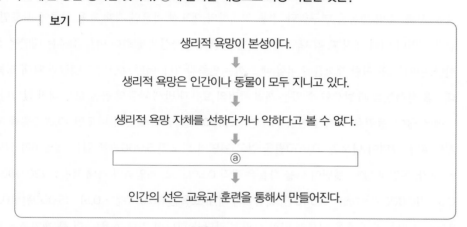

생리적 욕망은 인간이나 동물이 모두 지니고 있다.

↓

생리적 욕망 자체를 선하다거나 악하다고 볼 수 없다.

↓

ⓐ

↓

인간의 선은 교육과 훈련을 통해서 만들어진다.

① 식욕과 색욕은 인간의 본성이다.

② 생리적 본능에 따라 사는 것은 악한 삶이다.

③ 동물의 생리적 욕망은 인간의 본능과 동일하다.

④ 인간의 본성은 선하다거나 악하다고 할 수 없다.

⑤ 교육과 훈련은 인간의 본성을 선하게 만들 수 있다.

3

세부 내용 파악하기

윗글에 제시된 '맹자'의 입장으로 적절하지 않은 것은?

① 인성에는 선으로 향하는 본래적 성향이 있다.

② 인간에게는 도덕적 행동을 할 수 있는 덕성이 내재해 있다.

③ 사단을 무시하고 내버리면 인격적으로 불완전한 인간이 된다.

④ 사단을 지니고 태어나면 누구나 인격적으로 바른 사람이 된다.

⑤ 인의예지의 단서는 동물에게는 없는 인간만의 독특한 본성이다.

21강 실전 2

수능이 쉬워지는 지문 키워드

융합 | 인문·사회

카너먼의 전망 이론

- □ 개념을 설명한 글
- □ 분류를 활용한 글
- ☑ **관점을 제시하는 글**
- □ 상관관계를 보여 주는 글
- □ 과정의 흐름을 보여 주는 글

다음 글을 읽고 물음에 답하시오. 목표 9분

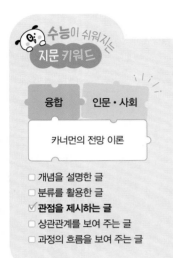

"영어 단어 중 R로 시작하는 단어와 R이 세 번째에 있는 단어 중 어느 것이 더 많은가?"라는 질문에 대부분의 사람들은 R로 시작하는 단어가 더 많다고 대답한다. 실제로는 R이 세 번째에 있는 단어가 더 많지만 R로 시작하는 단어가 더 쉽게 떠오르기 때문이다. 심리학자인 카너먼은 이에 대해 인간은 ㉠ 해당 사례를 자주 접하거나 쉽게 떠올릴 수 있으면, 발생 빈도수가 높다고 판단하는 심리적 특성이 있기 때문이라고 생각했다. 인간이 논리적 사고 과정을 통해 합리적으로 문제를 해결하기보다는 직감에 의해 문제를 해결하는 경향이 강하다고 주장한 것이다. 그는 실제 인간의 행동에 나타나는 다양한 양상을 연구하여 인간은 합리적 선택을 한다는 전통 경제학의 전제에 반기를 들고, 심리학적 연구 성과를 경제학에 접목시킨 새로운 이론을 제안했다.

전통 경제학에서는 인간을 합리적 선택을 하는 존재로 가정하고 시장에서의 ✦재화와 ✦용역의 생산, 분배, 소비 활동을 연구한다. 전통 경제학의 대표적 이론인 기대 효용 이론에 따르면, 인간은 대안이 여러 개일 때 각 대안의 효용을 계산하여 자신에게 최대 이득을 주는 대안을 선택한다. 이때 '효용'이란 재화를 소비할 때 느끼는 만족감이다. 어떤 대안의 기댓값인 기대 효용은, 대안을 선택했을 때 발생할 수 있는 개별 사건의 효용과 발생 확률의 곱을 모두 더한 값이다.

예를 들어, 동전을 던져 앞면이 나오면 20,000원을 얻고 뒷면이 나오면 10,000원을 잃는 게임 A와, 앞면이 나오면 10,000원을 얻고 뒷면이 나오면 5,000원을 잃는 게임 B가 있다고 해 보자. 동전의 앞면, 뒷면이 나올 확률은 각각 0.5이므로, 게임 A의 기대 효용은 (20,000원 × 0.5) - (10,000원 × 0.5) = 5,000원, 게임 B의 기대 효용은 (10,000원 × 0.5) - (5,000원 × 0.5) = 2,500원이다. 기대 효용 이론에 따라 합리적 판단을 한다면 기대 효용이 더 큰 게임 A를 선택해야 하지만, 실제 선택 상황에서는 대다수의 사람들이 게임 B를 선택한다.

카너먼은 이러한 선택의 문제를 설명하기 위해 전망 이론을 제시하였다. 전망 이론은 이득보다 손실에 대해 민감하게 반응하는 인간의 심리가 선택에 미치는 영향을 설명하는 이론이다. 여기서 '전망'은 이득과 손실에 대해 사람들이 느끼는 심리 상태를 의미한다. 전망은 대안을 선택했을 때 발생할 수 있는 개별 성과의 가치에, 각각의 ✦결정 가중치를 곱해 모두 더한 값이다.

〈그림〉은 전망 이론에서 이득과 손실에 대한 인간의 반응을 설명하는 그래프다. 여기서 x축은 성과(이득이냐 손실이냐)를, y축은 성과에 대해 사람들이 부여하는 가치(v)를 나타낸다. 그리고 두 축이 교차하는 지점은 현재 '나'의 상황을 의미하는 기준점으로, 이를 기준으로 오른쪽은 이득 영역이고, 왼쪽은 손실 영역이다. 이 그래프에서 이득 영역의 $v(a)$와 손실 영역의 $v(-a)$의 절댓값을 비교하면 후자의 값이 더 크다는 것을 알 수 있는데, 이는 같은 크기의 이득과 손실이 있을 때 이득감보다 손실감을 더 크게

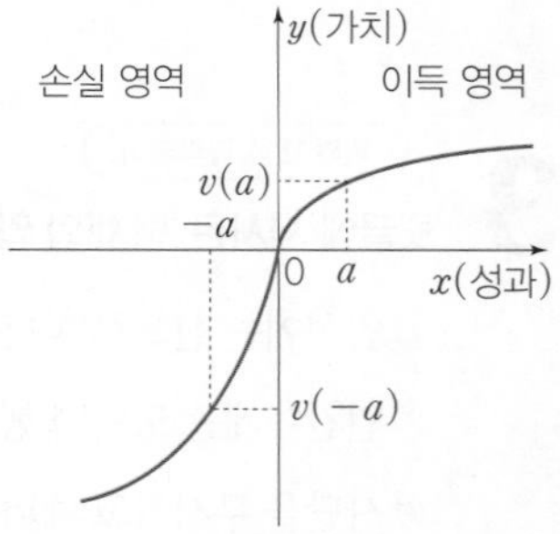

〈그림〉

✦재화 사람들이 바라는 바를 충족시켜 주는 모든 물건.

✦용역 물질적 재화의 형태를 취하지 아니하고 생산과 소비에 필요한 노무를 제공하는 일.

✦결정 가중치 어떤 성과에 대해 사람들이 주관적으로 느끼는 발생 확률.

◐ 바른답·알찬풀이 42쪽

느낀다는 것을 의미한다. 앞서 예를 든 게임 A와 B 중에서 사람들이 후자를 더 많이 선택하는 이유를 분석하면, 20,000원을 얻었을 때의 이득감이 10,000원을 얻었을 때의 이득감보다 크지만, 10,000원을 잃었을 때의 손실감이 5,000원을 잃었을 때의 손실감보다 훨씬 더 크기 때문에 더 큰 손실감을 피하고자 하는 심리가 반영된 결과로 해석할 수 있다.

이처럼 카너먼은 실제 인간의 삶에서 나타나는 이득이냐 손실이냐 하는 선택의 특성을 심리학에 근거한 이득감과 손실감으로 분석해 설명했다. 그 결과 인간의 선택 과정에 영향을 주는 요인들에 주목해 행동 경제학이라는 새로운 분야를 개척하였다.

확인 문제

1 이 글의 주제는?
□□□에 근거하여 인간의 선택 행동을 설명한 카너먼의 □□□□

2 전통 경제학에서는 인간은 자신에게 최대의 이익을 주는 대안을 선택한다고 보았다. (○, ×)

3 카너먼의 이론에서 '전망'은 재화를 소비할 때 느끼는 만족감이다. (○, ×)

1

세부 내용 파악하기

윗글의 내용과 일치하지 않는 것은?

① 기대 효용 이론은 자신의 현재 상황을 기준으로 하여 나타나는 선택 행동의 다양한 양상을 분석하였다.

② 기대 효용 이론에 따르면 인간은 여러 대안이 있을 때 자신에게 가장 큰 이득을 주는 대안을 선택한다.

③ 카너먼은 인간이 논리적 사고 과정보다는 직감에 의존해 문제를 해결하는 경향이 강하다고 주장하였다.

④ 카너먼은 심리학적 연구 성과를 경제학에 접목시켜 전통 경제학과 구별되는 새로운 이론을 구축하였다.

⑤ 카너먼은 인간이 합리적인 선택을 한다는 전통 경제학의 전제를 실제 인간의 행동을 근거로 반박하였다.

2

숨어 있는 내용 찾기

〈보기〉는 윗글의 〈그림〉에 대한 설명이다. ⓐ, ⓑ에 들어갈 내용을 바르게 짝지은 것은?

보기

이득 영역에서는 성과가 동일한 크기로 증가할 때마다 성과에 대하여 부여하는 가치의 크기가 (　ⓐ　)하는 폭이 (　ⓑ　).

	ⓐ	ⓑ
①	증가	작아진다
②	증가	커진다
③	증가	같아진다
④	감소	작아진다
⑤	감소	커진다

• 적용하기

3 ㉠에 해당하는 사례로 가장 적절한 것은?

① (질문) 신은 존재하는가?
(대답) 그렇다. 왜냐하면 신이 없음을 증명한 사람이 없기 때문이다.

② (질문) '1부터 10까지의 합'과 '11부터 15까지의 합' 중 더 큰 것은?
(대답) 전자이다. 왜냐하면 전자가 후자보다 많은 숫자를 더하기 때문이다.

③ (질문) '교통사고로 인한 사망률'과 '당뇨로 인한 사망률' 중 사망률이 더 높은 것은?
(대답) 전자이다. 왜냐하면 전자를 후자보다 매체를 통해 자주 보기 때문이다.

④ (질문) '지방이 10% 함유된 우유'와 '지방이 90% 제거된 우유' 중 선택하고 싶은 것은?
(대답) 후자이다. 왜냐하면 후자가 전자보다 지방이 적게 함유된 식품으로 느껴지기 때문이다.

⑤ (질문) '한 명이 빵 한 개를 만드는 것'과 '열 명이 빵 열 개를 만드는 것' 중 시간이 더 오래 걸리는 것은?
(대답) 후자이다. 후자가 전자보다 힘이 더 많이 드는 일로 느껴지기 때문이다.

배경지식 확장하기

실전 2와 엮어 읽기

손실을 피하고 싶은 마음

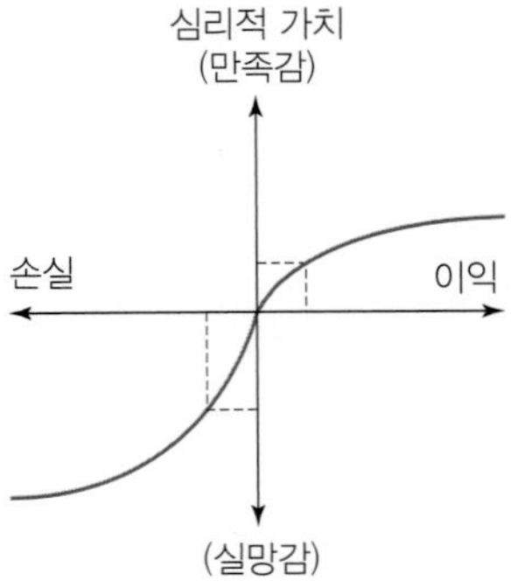

〈가치 함수 그래프〉

같은 금액일 때 이익보다 손실을 훨씬 더 크게 느끼는 현상을 '손실 회피성'이라고 한다. 예를 들어 만 원을 잃어 버렸을 때 느끼는 상실감이 만 원을 얻었을 때 느끼는 행복감보다 더 크다는 것이다. 2002년 노벨 경제학상을 받은 이스라엘 심리학자 대니엘 카너먼이 아모스 트버스키와 함께 1979년 제시한 가치 함수는 손실 회피성을 잘 보여 준다. 그래프로 그린 가치 함수에서 좌우 비대칭의 S자 모양이 이익 쪽보다 손실 쪽 그래프에서 더 가파른 기울기를 보이며, 같은 금액일 때 손실에 대해 느끼는 가치의 크기는 이익으로 인한 가치의 두 배에 이른다. 일반적으로 사람들이 위험한 투자를 주저하는 이유도 손실 회피성과 관련이 있다. 더 많은 이익을 얻으려고 모험을 하기보다는 손해를 보지 않는 쪽으로 결정하기 때문이다.

21강 어휘 공략하기

◐ 바른답·알찬풀이 42쪽

1 다음 뜻에 알맞은 어휘를 말 상자에서 찾아 쓰시오.

(1) 사물이나 현상의 모양이나 상태. → (   )

(2) 동일한 성질을 가진 부류나 범위. → (   )

(3) 같은 일이나 현상이 나타나는 횟수. → (   )

(4) 둘 이상의 다른 현상 따위를 알맞게 조화하게 함을 비유적으로 이르는 말. → (   )

빈	곤	반	신	범	인
사	도	논	리	주	결
산	소	수	기	현	접
모	반	양	상	출	목
통	역	도	술	생	다
과	사	전	면	수	각

2 다음 밑줄 친 어휘의 뜻으로 알맞은 것을 〈보기〉에서 찾아 그 기호를 쓰시오.

보기
㉠ 사물이 지니고 있는 쓸모.
㉡ 목적을 이룰 때까지 뒤좇아 구함.
㉢ 현상이나 사상, 행동 따위가 어떤 방향으로 기울어짐.
㉣ 사물이나 현상을 접하였을 때에 설명하거나 증명하지 아니하고 진상을 곧바로 느껴 앎. 또는 그런 감각.

(1) 기업은 영리 추구를 목적으로 한다. → (   )

(2) 공기의 가치는 돈으로 환산할 수 없다. → (   )

(3) 그는 적에게 포위되었다는 직감이 들었다. → (   )

(4) 그는 눈앞의 일을 결정할 때 자신의 느낌을 따르는 경향이 있다. → (   )

3 어휘의 관계가 〈보기〉의 ㉠ – ㉡과 유사하지 않은 것은?

보기
인간의 경제 활동에 기초를 둔 사회적 질서를 연구 대상으로 하는 사회 과학을 ㉠경제학이라고 한다. 경제학의 하위 부류에는 ㉡전통 경제학, 행태 경제학 등 다양한 종류가 있다. 기대 효용 이론이 전통 경제학의 입장이라면 전망 이론은 행태 경제학의 입장이다.

① 과일 ― 수박
② 수용 ― 거부
③ 악기 ― 타악기
④ 요일 ― 월요일
⑤ 철학 ― 동양 철학

22강 실전 1

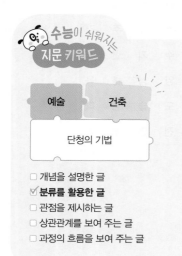

수능이 쉬워지는 지문 키워드

예술 | 건축

단청의 기법

- □ 개념을 설명한 글
- ☑ **분류를 활용한 글**
- □ 관점을 제시하는 글
- □ 상관관계를 보여 주는 글
- □ 과정의 흐름을 보여 주는 글

다음 글을 읽고 물음에 답하시오. 목표 6분

단청은 일반적으로 나무로 만든 건물에 여러 가지 색으로 무늬를 그려 아름답게 장식한 것을 말한다. 단청은 처음에 건물을 더 오래 보존하기 위해 시작되었는데, 점차 여러 가지 색을 입혀 문양을 더하게 되면서 건물을 아름답게 꾸미기 위해, 그리고 상징적인 의미를 더하기 위해 쓰이게 되었다.

단청의 문양은 건축물의 성격에 따라서, 그리고 나타내고자 하는 의미에 따라서 달라진다. 예를 들어 고귀함을 상징했던 상상 속의 새인 봉황은 주로 궁궐에서만 사용되었다. 이에 비해 사찰에서는 주로 불교적인 소재들이 문양으로 사용되었다. 극락왕생의 의미를 나타낼 때는 연꽃 문양을, 자손의 번창을 나타낼 때는 박쥐 문양을 그렸다.

단청은 붉은색을 의미하는 '단(丹)'과 푸른색을 의미하는 '청(靑)'이 결합해 만들어진 단어이지만, 그렇다고 이 두 색만 쓰인 것은 아니다. 단청은 오방색을 기본으로 하여 색을 입혔다. 오방색이란 푸른색[청(靑)], 흰색[백(白)], 붉은색[적(赤)], 검은색[흑(黑)], 노란색[황(黃)]의 다섯 가지 기본색을 가리키는데, 각각은 ✦오행(五行)과 밀접하게 관련되어 있다. 단청을 할 때에는 이 오방색을 적절히 섞어서 여러 가지 다른 색을 만들어 쓴다. 특히 적색과 같은 더운 색 계열, 청색과 같은 차가운 색 계열을 구분하여 사용한다.

㉠ 단청의 기법으로는 '빛 넣기', '보색 대비', '구획선 긋기' 등이 있다. '빛 넣기'는 문양에 백색 ✦분이나 먹을 혼합해서 밝고 어두운 정도인 명도(明度)에 차이와 변화를 주는 기법이다. 한 계열에서 명도가 가장 높은 단계를 '1빛', 그보다 낮은 단계는 '2빛' 등으로 부른다. 그림을 감상하는 사람에게 명도가 낮은 빛은 감상자로부터 멀리 물러나는 느낌을 주고, 명도가 높은 빛은 감상자에게 가까이 다가서는 듯한 느낌을 주게 된다. 그래서 빛 넣기 기법을 사용한 단청은 단조롭고 평면적인 느낌에서 벗어나 경쾌하면서도 움직이는 듯한 느낌을 더해 줄 수 있다.

'✦보색 대비'는 더운 색 계열과 차가운 색 계열을 엇바꾸어 사용해 색의 층을 구분하는 기법이다. 다양한 빛깔을 띤 오색구름 문양을 단청한다고 할 때, 더운 색 계열인 붉은색과 차가운 색 계열인 푸른색을 대비시켜서 엇바꾸어 쓰는 방식인데, 이 기법을 사용하면 색의 조화를 끌어내는 동시에 문양에 시각적인 장식 효과를 높일 수 있게 된다.

'구획선 긋기'는 색과 색 사이에 흰 분으로 선을 그어서 구역을 나누는 기법이다. 특히 보색 대비가 일어나는 색들 사이에는 빠짐없이 구획선 긋기를 한다. 이 기법을 사용하면 짙고 옅은 정도인 색조(色調)를 더욱 두드러지게 하는 효과를 얻을 수 있다. 이러한 세 가지 기법을 사용함으로써 단청의 각 문양은 전체적으로 안정감을 얻게 된다.

✦**오행** 우주 만물을 이루는 다섯 가지 원소. 금(金), 수(水), 목(木), 화(火), 토(土)를 이른다.

✦**분** 흰빛을 내는 채색.

✦**보색** 다른 색상의 두 빛깔이 섞여 하양이나 검정이 될 때, 이 두 빛깔을 서로 이르는 말.

확인 문제

1 이 글의 주제는?
□□이/가 가지는 상징적 의미와 기법

2 단청의 문양은 건물에 상징적인 의미를 더해 준다. (○ , ×)

3 단청에 '빛 넣기' 기법을 사용하면 조용하고 정적인 느낌을 받을 수 있다. (○ , ×)

1

윗글의 내용과 일치하지 않는 것은?

① 단청은 건물을 더 오래 보존하기 위해 시작되었다.
② 건축물의 성격에 따라 그려지는 단청의 문양이 달라진다.
③ 단청에는 오방색이라고 불리는 다섯 가지 기본색이 사용된다.
④ 단청은 백색 분이나 먹을 혼합하는 방식을 통해 명도를 조절한다.
⑤ 단청의 구획선 긋기 기법은 건축물과 자연의 조화를 목적으로 한다.

• 적용하기

2

윗글을 바탕으로 〈보기〉를 이해한 내용으로 적절하지 않은 것은?

보기

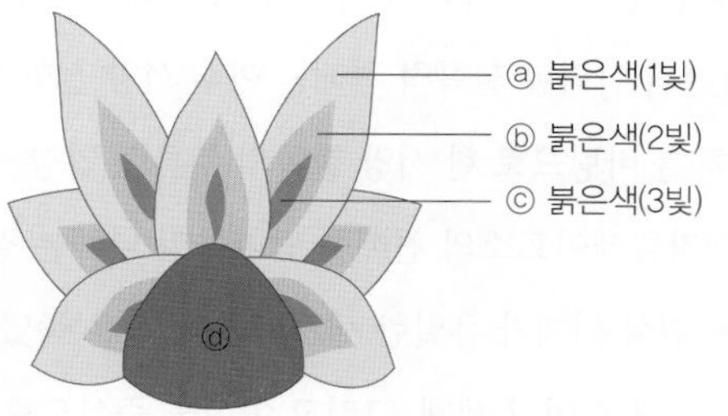

〈연꽃 문양 단청 도안〉

① ⓐ, ⓑ, ⓒ는 '빛 넣기' 기법 때문에 명도에 차이가 나겠군.
② ⓐ는 ⓒ에 비해서 빛이 감상자에게 가까이 다가서는 느낌을 주겠군.
③ ⓓ에 푸른색을 입히면 단청의 문양에 보색 대비의 효과가 더해지겠군.
④ ⓐ와 ⓑ 사이, ⓑ와 ⓒ 사이에는 빠짐없이 흰 분으로 구획선을 그었겠군.
⑤ 건물에 〈보기〉의 단청 문양을 그리면 극락왕생이라는 상징적 의미가 더해지겠군.

• 숨어 있는 내용 찾기

3

㉠을 활용하는 의도로 보기 어려운 것은?

① 원근감을 주기 위해
② 색채의 통일감을 주기 위해
③ 색조를 더욱 두드러지게 하기 위해
④ 움직이는 듯한 경쾌한 효과를 주기 위해
⑤ 단청을 이루는 색채 간의 조화를 이루기 위해

지문 난이도 ★★★ | 기출 고1 학평

다음 글을 읽고 물음에 답하시오.

목표 11분

수능이 쉬워지는 지문 키워드

융합 | 인문·예술

니체와 표현주의 회화

- ☐ 개념을 설명한 글
- ☐ 분류를 활용한 글
- ☐ 관점을 제시하는 글
- ☑ **상관관계를 보여 주는 글**
- ☐ 과정의 흐름을 보여 주는 글

서양 철학은 존재에 대한 물음에서 시작되었다. 고대 그리스 철학자 파르메니데스는 어떤 존재가 있다가 없어지고 없다가 있게 되는 일은 불가능하다고 보았다. 그는 존재하는 것은 영원하고 변하지 않는다고 여겨 존재의 생성이나 변화, ✦소멸을 인정하지 않았다. 이에 반해 헤라클레이토스는 정반대의 입장에 서 있었다. 그는 존재하는 것은 항상 변화의 과정에 있으며, 그 과정에서 생성과 변화, 소멸을 계속 반복한다고 보았다.

존재에 대한 두 철학자의 견해는 플라톤의 ✦이데아론에 영향을 주었다. 플라톤은 존재를 끊임없이 변하는 존재와 영원히 변하지 않는 존재로 나누었다. 그는 우리가 경험하는 현실 세계의 존재는 변한다고 생각했다. 그리고 현실 세계에 존재하는 모든 것의 근원을 이데아로 ✦상정하고 이데아를 영원하고 불변하는 존재, 그 자체로 완전한 진리로 여겼다. 반면에 현실 세계의 존재는 이데아를 모방한 것일 뿐 이데아와 달리 불완전하다고 보았다. 또한 감각을 통해 인식할 수 있는 현실 세계의 존재와 달리 이데아는 오직 이성에 의해서만 인식할 수 있다는 이성 중심의 사유를 전개했다. 플라톤의 이러한 철학적 견해는 이후 서양 철학의 주류가 되었다.

그러나 플라톤의 견해를 바탕으로 한 서양 철학의 ✦주류적 입장은 근대에 이르러 니체에 의해 강한 비판을 받았다. 헤라클레이토스의 견해를 받아들인 니체는 ✦절대적이고 영원한 진리는 없으며, 우리가 살고 있는 현실 세계가 유일한 세계라면서 '신은 죽었다'라고 선언했다. 이를 통해 현실 세계를 뛰어넘는 또 다른 이상 세계, 그리고 이성을 중심으로 하는 철학 체계를 부정한 것이다. 특히 그는 현실 너머의 이상 세계와 초월적 대상을 생명의 근원으로 설정함으로써 인간이 현실의 삶을 부정하게 되고 그 결과 삶의 의미를 상실하고 허무에 빠지게 된 것이라고 지적했다.

니체는 인간이 허무에서 벗어나기 위해 '힘에의 의지'를 지녀 삶의 본질을 회복해야 한다고 주장했다. 니체가 말한 '힘에의 의지'는 주변인이나 사물을 자기 마음대로 지배하고 억압하는 의지가 아니라, 삶의 허무를 극복하고 생명의 상승을 지향하는 의지를 뜻한다. 특히 니체는 '힘에의 의지'를 지니는 중요한 방법으로 예술에 주목했다. 예술을 통해서 인간의 본능에 들어 있는 감성을 끌어내 예술적인 욕구를 추구함으로써 잃어버린 생명력을 회복하고 허무를 극복할 수 있다고 보았다.

니체의 철학적 견해는 20세기 초의 예술가들에게 큰 영향을 주었다. 특히 회화 분야에서 독일의 [표현주의 화가들]은 전통적인 사실주의 ✦미학을 거부하고 니체의 철학을 적극적으로 수용했다. 사실주의 미학은 이상 세계에 있는 참된 진리를 모방하고 재현하는 것이 예술의 목적이며, 감정이 아닌 이성을 중심으로 하는 예술을 추구해야 한다고 보았다. 그러나 표현주의 화가들은 예술의 목적을 인간의 감정과 욕구를 표현하는 것이라 보고, 감정이야말로 인간 존재의 본질을 가장 잘 보여 주는 예술의 요소라고 평가했다. 또 인간의 감정은 그림을 그리는 짧은 시

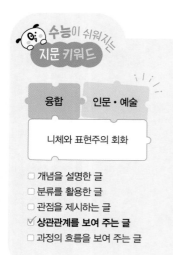

- ✦**소멸** 사라져 없어짐.
- ✦**이데아** 철학에서, 경험으로는 알 수 없고 순수한 이성에 의해서만 찾을 수 있는 완전하고 참다운 본질적 존재.
- ✦**상정하다** 어떤 정황을 가정적으로 생각하여 단정하다.
- ✦**주류** 사상이나 학술 따위의 주된 경향이나 갈래.
- ✦**절대적** 비교하거나 상대될 만한 것이 없는 것.
- ✦**미학** 철학의 한 갈래로 예술 작품이 가지고 있는 아름다움의 본질과 구조에 대해 연구하는 학문.

간 동안에도 시시각각 변화하며 생성과 소멸을 거듭하기 때문에 감정의 변화를 더 인상적으로 표현하는 것을 중요하게 여겼다. 이를 위해 그들은 대상의 비례나 고유한 형태를 의도적으로 왜곡시키고, 대비되는 원색을 과감하게 사용하며, 색채를 실제보다 과장하여 사용했다. 또 원근법에 얽매이지 않고 보다 다양한 화면 구성 방식을 시도하였다. 즉, 작품 속의 공간이 현실의 공간을 그대로 재현하는 것에 머무르지 않고 인간의 감정과 본능을 드러내면서 다양한 상징적 의미를 지닌 공간이 되도록 했다.

이처럼 표현주의 화가들은 이성만을 최고로 여겼던 당시의 분위기에 반발해 예술가의 감정, 즉 주관을 표현하는 것이 예술이 추구해야 하는 최고의 가치라고 여겼다. 그들은 자유로운 형태와 색채를 사용해 강한 생명력을 표현함으로써 인간이 지닌 불안, 공포, 고뇌 등을 예술적으로 극복하려고 시도했다. 결국 표현주의 화가들은 니체의 철학을 바탕으로 예술에 대한 새로운 해석을 보여 주었다고 할 수 있다.

확인 문제

1 **이 글의 주제는?**
니체의 사상과 그의 영향을 받은 □□ □□ 화가들

2 이성을 중심으로 한 플라톤의 철학은 이후 서양 철학의 주된 입장으로 자리 잡았다. (○, ×)

3 사실주의 미학은 현실 세계를 모방하고 재현하는 것을 예술의 목적으로 보았다. (○, ×)

1 • 글의 전개 방식 파악하기

윗글에 대한 설명으로 가장 적절한 것은?

① 예술에 대한 니체의 견해가 어떻게 변화했는지 설명하고 있다.
② 예술을 향한 니체의 견해에 대한 철학자들의 평가를 소개하고 있다.
③ 니체의 철학이 표현주의 미술에 미친 부정적인 영향을 분석하고 있다.
④ 서양 철학의 주류적 입장을 부정한 니체의 철학이 예술에 미친 영향을 설명하고 있다.
⑤ 예술에 대한 니체의 입장과 서양 철학의 주류적 입장이 지닌 장단점을 비교하고 있다.

2 • 세부 내용 파악하기

윗글에 나타난 표현주의 화가들의 생각으로 적절하지 <u>않은</u> 것은?

① 이상적인 참된 진리를 작품 속에 재현하는 것이 중요하다.
② 감정은 시시각각 변화하며 생성과 소멸을 반복하며 변화한다.
③ 인간의 감정은 인간 존재의 본질을 드러내는 중요한 요소이다.
④ 작품에 등장하는 공간에 다양한 상징적 의미를 부여할 수 있다.
⑤ 예술가의 주관적 표현이 예술이 추구해야 하는 중요한 가치이다.

3 적용하기

윗글에 나타난 니체의 사상과 연결 지어 〈보기〉의 ㉠~㉤을 이해한 내용으로 가장 적절한 것은?

보기

이 그림은 표현주의 화가 키르히너가 그린 「해바라기와 여인의 얼굴」(1906)로, 해바라기 꽃병과 여인의 모습을 통해 화가의 내면을 잘 표현했다는 평가를 받고 있다. 이 그림에서 ㉠여인은 슬프고 우울해 보인다. ㉡해바라기는 노란색, 꽃병은 녹색, 배경은 주황색으로 화려한 원색이 쓰였고, ㉢빨갛고 두터운 해바라기의 선은 노란색 해바라기 꽃잎과 선명한 대비를 이루고 있다. 그리고 ㉣원근법에서 벗어난 화면 구성이 쓰여 ㉤해바라기 꽃이 뒤에 있는데도 여인보다 강조되고 있다.

① ㉠: 허무를 극복할 수 없다는 니체의 생각이 반영되었군.
② ㉡: 감정과 욕구를 중요시한 니체 철학의 영향을 받았군.
③ ㉢: 이상 세계에서 생명의 근원을 찾은 니체 철학의 영향을 받았군.
④ ㉣: 이성으로 세계를 인식해야 한다는 니체의 생각이 반영되었군.
⑤ ㉤: '힘에의 의지'로 주변 사물을 지배해야 한다는 니체의 생각이 반영되었군.

배경지식 확장하기

실전 2와 엮어 읽기

표현주의 미술의 대표 작가, 뭉크

노을 지는 하늘을 배경으로 어떤 사람이 머리를 감싸고 괴로워하는 미술 작품을 본 적 있을 것이다. 바로 뭉크의 「절규」라는 작품이다. 뭉크는 20세기 초 표현주의를 이끌었던 대표적인 작가인데, 빈민가에서 태어나서 어릴 때부터 빈곤, 질병, 죽음을 목격했다. 같은 대상을 그리더라도 작가의 경험이나 관점에 따라서 서로 다르게 표현되는데, 작가의 주관과 개성을 중시하는 표현주의 화가답게 그는 자신이 처한 환경 속에서 느꼈던 근원적인 고독과 불안, 삶과 죽음에 대한 고뇌를 여러 작품을 통해 표현하였다. 또한 뭉크는 "나는 숨쉬고 느끼고 괴로워하고 사랑하는 사람, 즉 살아 있는 사람들을 그릴 것이다."라고 말했으며, 이는 그가 인간의 삶과 그 안에서 느끼는 감정에 주목한 인간적인 작가임을 보여 준다.

어휘 공략하기

◐ 바른답·알찬풀이 44쪽

1 다음 뜻에 알맞은 어휘를 말 상자에서 찾아 쓰시오.

일	훈	선	자	포	하
강	재	현	눈	찬	거
향	면	임	상	송	문
야	구	은	보	색	로
부	대	획	존	채	남
리	비	민	현	속	터

(1) 사물이나 현상 따위가 다시 나타남. → (　　　　)

(2) 중요한 것을 잘 보호하여 그대로 남김. → (　　　　)

(3) 두 가지의 차이를 밝히기 위하여 서로 맞대어 비교함. 또는 그런 비교. → (　　　　)

(4) 다른 색상의 두 빛깔이 섞여 하양이나 검정이 될 때, 이 두 빛깔을 서로 이르는 말. → (　　　　)

2 다음 문장의 빈칸에 들어갈 어휘를 〈보기〉의 뜻을 참고하여 쓰시오.

보기
- 수용: 어떠한 것을 받아들임.
- 모방: 다른 것을 본뜨거나 본받음.
- 주류적: 사상이나 학술 따위의 중심에 있는. 또는 그런 것.
- 문양: 옷감이나 조각품 따위를 장식하기 위한 여러 가지 모양.

(1) 회의에서 결정한 사항을 (　　　　)하기로 했다.

(2) 다른 작품을 (　　　　)하지 말고 창조해야 한다.

(3) 옷감에 형형색색의 (　　　　)을 넣으니 화려하다.

(4) 그 해석은 (　　　　)인 이론으로 자리 잡게 되었다.

3 다음 문장에서 밑줄 친 어휘와 뜻이 반대되는 어휘를 〈보기〉에서 찾아 쓰시오.

보기
극복　　번창　　생성

(1) 도자기 기술은 고려 말에 이르러 점점 <u>쇠퇴</u>하고 말았다. → (　　　　)

(2) 힘들고 어려운 현실에 <u>체념</u>하기만 한다면 변화와 발전이 일어나기 어렵다. → (　　　　)

(3) 사람이 태어나서 죽는 것처럼 하늘에 떠 있는 별 역시 탄생과 <u>소멸</u>의 과정을 거친다. → (　　　　)

23강 실전 1

수능이 쉬워지는 지문 키워드

과학 | 생명 과학

PCR
(중합 효소 연쇄 반응)

- □ 개념을 설명한 글
- □ 분류를 활용한 글
- □ 관점을 제시하는 글
- □ 상관관계를 보여 주는 글
- ☑ 과정의 흐름을 보여 주는 글

다음 글을 읽고 물음에 답하시오. 목표 8분

염색체를 구성하는 DNA는 〈그림〉과 같이 두 개의 가닥이 꼬인 이중 나선 형태로 되어 있다. 이때 DNA의 안쪽을 구성하는 것은 A(아데닌), G(구아닌), C(사이토신), T(타이민)이다. 이 네 가지 염기들이 결합된 형태로 다양한 유전 정보가 저장되는데, 이를 유전자라고 한다. 머리 색깔 또는 쌍꺼풀의 유무 등이 정해지는 것이 바로 유전자 때문이다. 그리고 개인이 가진 유전자는 모두 다르다.

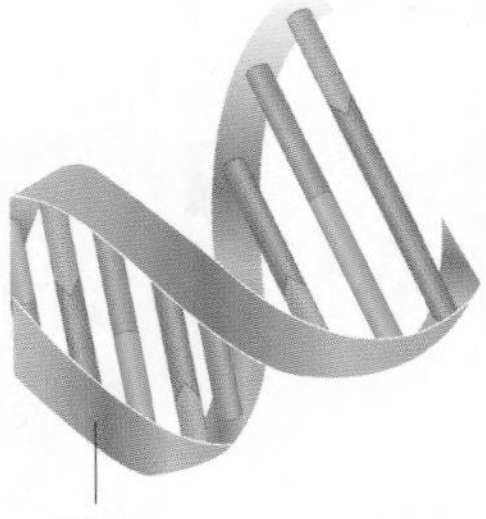

〈그림〉

생명체의 연구를 위해서 과학자들은 연구에 필요한 특정 유전자를 골라내야 한다. 한 생명체가 가진 모든 DNA의 유전 정보는 약 30억 쌍의 DNA로 이루어져 있는데, 그중 특정 유전자는 수천 개에서 수십만 개다. 인체 조직에서 원하는 DNA를 찾기도 어렵고, 충분한 양을 얻기도 어렵다. 마찬가지로 박테리아나 바이러스 조직에서도 충분한 양의 DNA를 얻기는 어렵다. 즉 유전자 연구를 위하여는 DNA의 양을 ✦증폭시킬 필요가 있다. 이런 목적으로 DNA 양을 증폭시키는 방법이 PCR(중합 효소 연쇄 반응)이다. 캐리 멀리스에 의해 처음 이론적으로 완성된 이 방법은 3단계로 정리될 수 있다.

첫째 단계는 이중 나선 구조가 풀리는 단계로 이 단계를 위해서는 섭씨 95도 정도의 높은 온도를 이용한다. DNA 이중 나선 구조는 단순히 온도만 올림으로써 풀어진다. 둘째 단계는 원본 가닥에 시발체가 붙는 단계이다. 시발체란 DNA ✦복제를 어디에서 어디까지 할지를 정해 주는 물질이다. 원하는 DNA 가닥 끝에 결합하는 시발체를 미리 제조한 다음, DNA에 시발체를 첨가하고 온도를 섭씨 54도 정도로 낮추어 준다. 그러면 증폭시키고 싶은 원본 DNA 가닥의 끝부분에 시발체가 결합된다.

그리고 셋째 단계는 DNA 중합 효소가 염기들을 원본 가닥에 붙여 나가는 단계인데, 이 단계를 위해서는 DNA 중합 효소와 DNA의 네 가지 염기(A, T, G, C)가 포함된 특수 용액을 첨가한다. 이때는 DNA 중합 효소가 염기들을 원본 DNA 가닥에 붙여 나가기에 적합하도록 온도를 섭씨 74도 정도로 올린다. 이와 같이 온도를 올리고 내리고 다시 올리는 3단계를 한 주기로 반복하도록 고안한 방법이 PCR이다. 이와 같은 과정을 거치면서 DNA 가닥의 수는 매 주기마다 두 배씩 증폭하게 된다.

PCR은 신생아의 선천성 기형, 대사증후군 등과 같은 유전 질병의 진단에 유용하게 사용되어 왔다. 더 나아가 PCR은 범죄 수사에서 사용되기도 한다. 범죄 현장에서는 DNA 분석을 통한 증거물 확보가 사건의 열쇠다. 따라서 아주 적은 양의 DNA만으로 용의자 ✦신원을 확인할 수 있어 PCR의 활용도는 굉장히 높다. 즉, ㉠사건 현장에 머리카락 하나만 있으면 범인의 신원을 알아낼 수 있는 것이다. 그래서 PCR은 오랜 시간 풀지 못한 사건을 해결하는 데 큰 도움을 주고 있다.

✦**증폭** 사물의 범위가 늘어나 커짐. 또는 사물의 범위를 넓혀 크게 함.
✦**복제** 본디의 것과 똑같은 것을 만듦. 또는 그렇게 만든 것.
✦**신원** 개인의 성장 과정과 관련된 자료. 곧 신분이나 평소 행실, 주소, 직업 따위를 이른다.

확인 문제

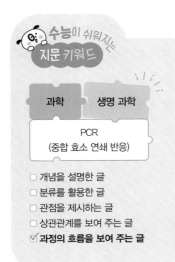

1 이 글의 주제는?
□□□의 양을 □□시키는 데 사용하는 PCR(중합 효소 연쇄 반응)

2 PCR에서 세 단계를 거치는 동안 이용하는 온도는 고온에서 저온으로 점차 내려간다. (○ , ×)

3 PCR의 과정에서 DNA 복제를 어디에서 어디까지 할지를 정해 주는 물질을 시발체라고 한다. (○ , ×)

◐ 바른답·알찬풀이 45쪽

1 (• 세부 내용 파악하기)

윗글의 내용과 일치하지 않는 것은?

① DNA는 이중 나선 형태로 되어 있다.

② PCR 방법은 캐리 멀리스가 처음으로 이론적으로 완성시켰다.

③ 유전 정보는 DNA를 구성하는 염기들의 결합 형태로 결정된다.

④ 인체 내의 총 DNA 유전 정보에는 약 30억 쌍의 DNA가 존재한다.

⑤ 인체 조직보다 바이러스 조직에서 충분한 양의 DNA를 얻기가 쉽다.

2 (• 적용하기)

윗글을 바탕으로 〈보기〉의 ⓐ~ⓒ를 이해한 내용으로 적절하지 않은 것은?

보기

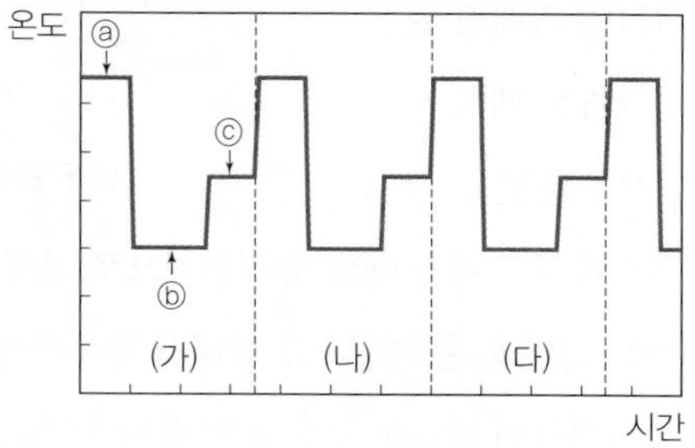

〈PCR 증폭 단계〉

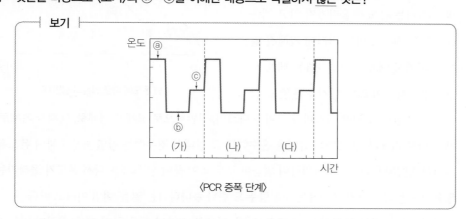

① ⓐ는 DNA 이중 나선 구조가 풀리는 단계로 온도는 섭씨 95도가 되겠군.

② ⓑ에서 사용할 시발체는 실험을 시작하기 전에 미리 만들어 놓아야겠군.

③ ⓑ에서 온도를 낮추는 이유는 시발체가 원본 DNA 가닥 끝에 결합하게 하기 위해서군.

④ ⓒ에서는 ⓑ가 끝난 후 어떤 물질도 첨가하지 않고 온도를 높여 줘야 하겠군.

⑤ ⓐ → ⓑ → ⓒ가 완료되는 것이 PCR(중합 효소 연쇄 반응)의 한 주기로군.

3 (• 숨어 있는 내용 찾기)

㉠의 이유로 가장 적절한 것은?

① 범인의 신원은 머리카락의 색깔로 찾을 수 있기 때문에

② 범인은 주로 유전적 질병을 앓고 있는 경우가 많기 때문에

③ 범인의 혈액에 있는 DNA는 PCR로 분석할 수 없기 때문에

④ 머리카락에 있는 DNA를 증폭시키면 신원을 알 수 있기 때문에

⑤ PCR은 범죄 현장에서 범인을 잡기 위한 목적으로 개발되었기 때문에

23강 실전 2

수능이 쉬워지는 지문 키워드

융합 | 과학·기술

열 수송

□ 개념을 설명한 글
□ 분류를 활용한 글
□ 관점을 제시하는 글
☑ 상관관계를 보여 주는 글
□ 과정의 흐름을 보여 주는 글

다음 글을 읽고 물음에 답하시오. 목표 11분

지역난방은 열병합 발전소에서 전기 생산을 위해 사용된 열을 회수하여 인근 지역의 난방에 활용하는 것이다. 지역난방에서는 회수된 열로 데워진 물을 배관을 통해 인근 지역으로 공급하는 열 수송 방식을 주로 사용하는데, 근래에는 열 수송의 효율을 높이기 위해 상변화 물질을 활용하는 방식을 개발하고 있다. 지역난방의 열 수송에 사용되는 상변화 물질이란, 얼음이 물이 되거나 물이 수증기가 되는 것처럼 어떤 물질이 주변의 압력과 온도에 의해 이전과 다른 상태로 변할 때 수반되는 잠열을 효율적으로 사용하기 위해 활용되는 물질을 말한다.

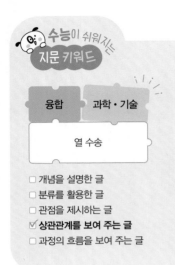

비커에 일정량의 얼음을 넣고 가열하여 0℃에 도달하면 비커 속 얼음이 물로 변하기 시작하고, 얼음이 모두 물로 변할 때까지는 온도가 올라가지 않고 계속 0℃를 유지한다. 이는 비커에 가해진 열이 고체에서 액체로 상변화하는 데에 사용되었기 때문이고, 이때 사용된 열을 '잠열'이라고 한다. 잠열은 물질마다 크기가 다르며, 일반적으로 고체가 액체로, 액체가 기체로, 고체가 바로 기체가 될 때에는 잠열을 흡수하고 그 반대의 경우에는 잠열을 방출하여 온도를 유지한다. 한편 비커를 계속 가열하여 얼음이 모두 녹아 물이 된 후에는 다시 온도가 올라가는데, 얼음이나 물의 온도가 올라가는 것처럼 온도 변화로 나타나는 열을 '현열'이라고 한다.

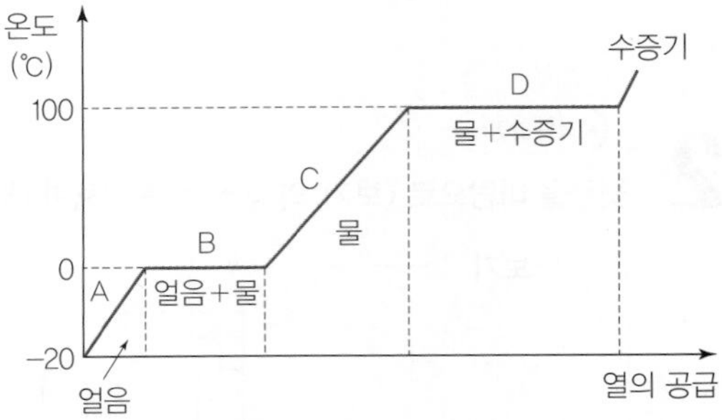

〈주변 온도에 따른 얼음의 상변화〉

그렇다면 상변화 물질의 '잠열'과 '현열'을 이용하여 열 수송을 하면 어떤 장점이 있는 것일까? 상변화 물질을 활용하여 열병합 발전소에서 인근 지역 공동주택으로 열을 수송하는 과정을 통해 이를 살펴보자. 열병합 발전소에서는 발전에 사용된 수증기를 열 교환기로 보낸다. 열 교환기로 이동한 수증기는 열 수송에 사용되는 물에 열을 전달하여 물을 데운다. 이 물 속에는 고체 상태의 상변화 물질이 담겨 있는 마이크로 캡슐이 섞여 있는데, 물이 데워져 물의 온도가 녹는점 이상이 되면 상변화 물질은 잠열을 흡수하면서 액체로 변한다. 액체가 된 상변화 물질이 섞인 물은 열병합 발전소의 교환기에서 나와 온수 공급관을 통해 인근 지역 공동주택의 열 교환기로 이동한다.

공동주택의 열 교환기로 이동한 물과 캡슐 속 상변화 물질은 공동주택의 찬물에 열을 전달하면서 온도가 내려간다. 상변화 물질의 온도가 녹는점 이하로 내려가면 상변화 물질은 액체에서 고체로 변하면서 잠열을 방출하는데, 이 역시 찬물을 데우는 데 사용된다. 이와 같이 상변화 물질을 활용한 열 수송 방식을 사용하면, 온수 공급관을 통해 이동해 온 물의 현열, 캡슐 속 상변화 물질의 현열과 잠열이 모두 공동주택의 찬물을 데우는 데 사용될 수 있다. 이렇게 데워진 공동주택의 물은 각 세대의 난방기로 공급되어 세대 난방을 하게 되고, 상변화 물질 캡슐이 든 물

✦**회수하다** 도로 거두어들이다.
✦**수반되다** 어떤 일과 더불어 생기다.
✦**방출하다** 빛이나 열 등을 밖으로 내보내다.
✦**녹는점** 고체가 액체 상태로 바뀌는 온도.

◐ 바른답·알찬풀이 46쪽

은 온수 회수관을 통해 다시 발전소로 회수되어 재사용된다.

이와 같이 ㉠상변화 물질을 활용한 열 수송 방식은 물의 현열만 사용하던 기존의 열 수송 방식과 비교하였을 때 열 수송의 효율성이 크게 개선된다. 이때 상변화 물질 캡슐의 양을 늘릴수록 열 수송에 활용할 수 있는 잠열의 양은 증가하겠지만, 캡슐의 양이 일정 이상으로 늘어나면 물이 원활하게 이동할 수 없으므로 캡슐의 양을 증가시키는 데에는 한계가 있다.

확인 문제

1 **이 글의 주제는?**
□□□ □□을/를 활용한 열 수송의 효율성 개선

2 비커에 일정량의 얼음을 넣고 가열하면 얼음의 온도가 올라가는데, 이처럼 온도 변화로 나타나는 열을 잠열이라 한다. (○, ×)

3 물질이 액체에서 기체가 될 때는 잠열을 흡수하지만, 고체에서 바로 기체가 될 때는 잠열을 방출한다. (○, ×)

1

• 세부 내용 파악하기

윗글의 내용과 일치하지 않는 것은?

① 지역난방은 사용된 수증기의 열을 회수한 후 그 열로 물을 데운다.
② 상변화는 주변의 온도나 압력에 의해 물질의 상태가 변하는 것이다.
③ 공동주택의 물을 데우는 데 사용된 상변화 물질은 재사용할 수 있다.
④ 열 수송에서 상변화 물질을 이용할 때 캡슐의 양은 무한정 늘릴 수 있다.
⑤ 열 교환기로 이동한 캡슐 안 물질은 고체와 액체 상태가 공존할 수 있다.

2

• 숨어 있는 내용 찾기

㉠의 이유로 가장 적절한 것은?

① 온수 공급관을 지날 때 캡슐 내부는 비어 있기 때문이다.
② 공동주택의 물을 데우는 데 현열과 잠열을 모두 사용하기 때문이다.
③ 공동주택과 가까운 거리에 열병합 발전소를 또 지을 수 있기 때문이다.
④ 온수 공급관 안에 캡슐이 붙어서 관의 보온 효과를 높여 주기 때문이다.
⑤ 캡슐이 온수 공급관 안을 지나면서 물을 깨끗하게 만들어 주기 때문이다.

3 적용하기

윗글을 읽은 학생이 〈보기〉를 보고 보인 반응으로 가장 적절한 것은?

> **보기**
>
> ○○ 기업에서는 밤과 낮의 온도 차가 크더라도 벽의 온도를 일정하게 만들 수 있는 기술을 개발하였다. 이 기술에는 녹는점이 15℃인 상변화 물질 A를 벽에 넣는 방식이 사용되었다.

① 벽에 A를 넣지 않으면 하루 종일 벽의 온도는 일정하겠군.

② 벽의 온도가 15℃보다 높아지려 할 때 A는 잠열을 흡수하겠군.

③ 벽의 온도가 15℃보다 높아지려 할 때 A는 액체에서 고체로 상변화하겠군.

④ 벽의 온도가 15℃보다 낮아지려 할 때 A는 기체에서 고체로 상변화하겠군.

⑤ 벽의 온도가 15℃보다 낮아지려 할 때 A는 상변화 없이 잠열을 방출하겠군.

배경지식 확장하기

실전 2와 엮어 읽기

차가운 것은 차갑게, 뜨거운 것은 뜨겁게!

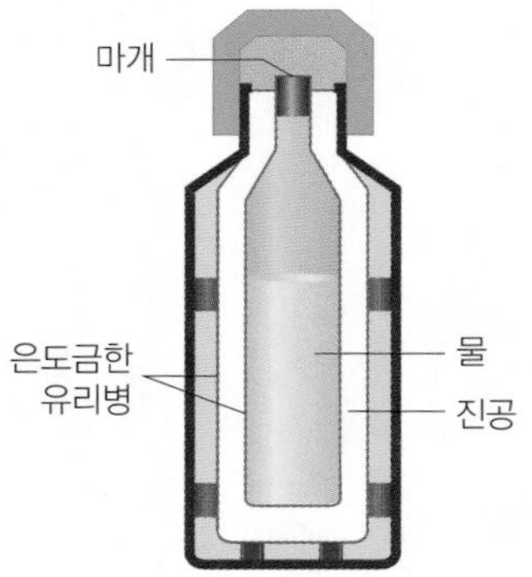

열이 전달되는 방법에는 세 가지가 있다. 다른 물질을 통해 열이 전달되는 현상인 '전도', 액체 또는 기체를 가열할 때 열이 순환하는 현상인 '대류', 중간 매체 없이 열이 직접 전달되는 현상을 '복사'라고 한다. 우리가 자주 사용하는 보온병은 이러한 열의 이동을 막아 온도를 유지한다.

보온병의 벽은 이중으로 구성되어 있고, 벽 사이는 진공 상태이다. 진공 상태에서는 열을 전달해 줄 공기나 물 분자가 없어 열의 전도, 대류가 일어나지 않는다. 또한 유리병을 은도금한 것은 따뜻한 물에서 복사된 열을 반사하여 복사에 의한 열의 이동을 막기 위한 것이고, 유리병 사이를 진공으로 한 것은 공기가 대류에 의해 열을 전달하는 것을 막기 위한 것이다.

어휘 공략하기

◐ 바른답·알찬풀이 46쪽

1 다음 뜻에 알맞은 어휘를 말 상자에서 찾아 쓰시오.

(1) 빛, 열 등을 밖으로 내보냄. → (　　　　)

(2) 원료를 가공하여 물건을 만듦. → (　　　　)

(3) 두 가지 이상의 사물이나 현상이 함께 존재함. → (　　　　)

(4) 사물의 범위가 늘어나 커짐. 또는 사물의 범위를 넓혀 크게 함. → (　　　　)

온	도	효	공	존	단
외	방	소	확	장	계
리	출	바	이	러	스
효	고	나	선	제	조
율	체	증	분	가	닥
구	간	폭	야	공	열

2 다음 밑줄 친 어휘의 뜻으로 알맞은 것을 〈보기〉에서 찾아 그 기호를 쓰시오.

보기
- ㉠ 도로 거두어들임.
- ㉡ 연구하여 새로운 안을 생각해 냄. 또는 그 안.
- ㉢ 같은 현상이나 특징이 한 번 나타나고부터 다음번 되풀이되기까지의 기간.
- ㉣ 개인의 성장 과정과 관련된 자료. 곧 신분이나 평소 행실, 주소, 직업 따위를 가리킴.

(1) 그는 삼 년 주기로 이사를 다니게 된 사연을 나에게 털어놓았다. → (　　　)

(2) 당신이 보유한 신용카드를 조회하면 당신의 신원을 확인할 수 있다. → (　　　)

(3) 우리 회사는 자금의 회수가 늦어져 이번 달 은행 이자를 갚지 못했다. → (　　　)

(4) 실생활에서 느낀 불편함을 줄이기 위한 새로운 제품들이 고안되고 있다. → (　　　)

3 〈보기〉를 참고하여 빈칸에 알맞은 어휘를 쓰시오.

보기
- 주동문: 주어가 스스로 동작을 행하는 문장을 말한다.
- 사동문: 주어가 어떤 동작을 다른 주체에게 하도록 시키는 문장으로, '사동사'를 사용해 만든다.
- 사동사: 동사에 사동 접사 '-이-, -히-, -리-, -기-, -우-, -구-, -추-'를 붙여 만든다.
  예 높다 → 높이다, 입다 → 입히다 등

	주동문	사동문
(1)	얼음이 녹다.	동생이 (　　　　)을 (　　　　).
(2)	물의 온도가 낮다.	얼음이 물의 (　　　　)를 (　　　　).

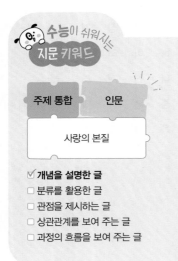

수능이 쉬워지는 지문 키워드

주제 통합 | 인문

사랑의 본질

☑ 개념을 설명한 글
□ 분류를 활용한 글
□ 관점을 제시하는 글
□ 상관관계를 보여 주는 글
□ 과정의 흐름을 보여 주는 글

다음 글을 읽고 물음에 답하시오. 목표 8분

가 토마스 아퀴나스는 사랑의 본질을 설명할 때, 인간의 사랑인 아모르를 바탕으로 한다. 그는 인간은 선을 추구하려는 욕구를 지닌 존재인데, 그러한 욕구의 원천이 바로 사랑이라고 말한다. 이때 선이란 자신에게 좋은 것, 자신의 본성에 적합하거나 자신에게 기쁨을 주는 것을 뜻한다.

아퀴나스에 따르면 인간의 욕구는 감각적 욕구와 지적 욕구로 구별되는데, 모두 선을 추구한다는 점에서는 동일하지만 크게 두 가지 차이점이 있다. 첫째, 감각적 욕구에 의한 행위는 욕구 대상에 대해 수동적으로 반응한다. 반면 지적 욕구에 의한 행위는 지성의 능동적인 활동과 주체적인 선택으로 일어나는 보다 적극적인 반응이다. 둘째, 감각적 욕구는 감각적 인식 능력에 의해 인식된 선을 추구하는 반면, 지적 욕구는 지성에 의해 이해된 선을 추구한다. 왜냐하면 감각적 인식 능력은 대상의 선악 판단에 개입할 수 없지만, 지성은 대상이 무엇이든 이해한 바에 따라 선악 판단을 다르게 할 수 있기 때문이다. 예를 들어 단맛이 나에게 기쁨을 준다면 감각적 욕구는 사탕을 추구하겠지만, 지적 욕구는 사탕이 충치를 유발할 수도 있으므로 선이 아니라고 판단한다면 추구하지 않을 수도 있다.

아퀴나스는 감각적 욕구와 지적 욕구가 있는 곳에는 항상 사랑이 있다고 말한다. 특히 아퀴나스는 감각적 욕구에 따라서 추구하는 행위를 '정념'이라고 칭하며, 사랑을 전제하지 않는 정념은 없으며 선을 향한 사랑에서부터 여러 정념이 비롯된다고 하였다. 만약 여러 대상에 대한 감각적 욕구들이 동시에 ⓐ <u>일어난다면</u> 어떻게 될까? 인간은 지성에 의해 다른 것보다 더 선이라고 판단한 감각적 욕구를 가장 먼저 선택할 것이다. 다른 것보다 더 선이라고 이해한 것을 우선 추구하기 때문이다. 결국 아퀴나스가 말하는 인간의 사랑은 선에 대한 자신의 이해를 바탕으로 하기 때문에 자신에게 선인 것에 대한 사랑을 근본으로 한다.

나 칸트는 감성적 차원의 사랑과 실천적 차원의 사랑이 다르다고 설명한다. 감성적 차원의 사랑은 남녀 간의 사랑같이 인간의 경향성에 근거한 사랑이고, 실천적 차원의 사랑은 의무로서의 사랑이다. 그는 습관적인 감성적 욕망을 경향성이라는 개념으로 표현하였는데, 이것을 바탕으로 하는 행위는 도덕 법칙에 부합하는 것이라 할지라도 도덕성은 없다고 하였다. 칸트는 ㉠ <u>감성적 차원의 사랑보다는 실천적 차원의 사랑에 더 주목하고 가치를 부여하였다.</u>

칸트에 따르면 인간은 도덕 법칙을 실천하려고 하는 선의지를 지닌 존재이다. 여기서 선의지란 선을 지향하는 의지로 그 자체만으로 조건 없이 선한 것이다. 그는 인간이 도덕적 존재가 될 수 있는 것은 이성이 인간에게 도덕 법칙을 의무로 지니게 하기 때문이라고 말한다. 칸트에게 의무란 도덕 법칙에 대한 존경심 때문에 어떤 행위를 필연적으로 해야만 하는 것이다. 이때 보편적으로 적용할 수 있는 도덕 법칙은 '너는 무엇을 해야 한다'라는 명령의 형식으로 나타나며,

✦**아모르** 로마 신화에 나오는 사랑의 신. 그리스 신화의 에로스에 해당한다.
✦**추구하다** 목적을 이룰 때까지 뒤쫓아 구하다.
✦**수동적** 스스로 움직이지 않고 다른 것의 작용을 받아 움직이는 것.
✦**정념** 감정에 따라 일어나는, 억누르기 어려운 생각.
✦**전제하다** 어떠한 사물이나 현상을 이루기 위하여 먼저 내세우다.
✦**필연적** 사물의 관련이나 일의 결과가 반드시 그렇게 될 수밖에 없는 것.
✦**무관하다** 관계나 상관이 없다.

칸트는 선의지에 따라 의무로부터 비롯된 행위를 실천하는 것만이 도덕적 가치가 있다고 보았다.

칸트의 관점에서 감성적 차원의 사랑은 욕구나 자연적 경향성에 이끌리는 감정이기 때문에, 의무로 강제하거나 명령을 통해 일으킬 수 있는 것이 아니다. 그는 어떤 경향성과도 무관하거나 심지어 경향성을 거슬러도 도덕 법칙을 따르려는 의무로서의 사랑을 실천하는 것만이 참된 도덕적 가치를 지닌다고 보았다. 그리고 실천적 차원의 사랑만이 보편적인 도덕 법칙이 될 수 있으며, 인간에 대한 실천적 차원의 사랑은 모든 인간이 갖는 서로에 대한 의무라고 말한다.

확인 문제

1 **이 글의 주제는?**
아퀴나스와 칸트가 설명한 ☐☐의 ☐☐

2 아퀴나스의 설명에 따르면, 자신에게 기쁨을 주지 않는 것은 선이 아니다. (○ , ×)

3 칸트는 습관적인 감성적 욕망에는 도덕성이 없다고 설명하였다. (○ , ×)

1 관점 비교하기

아퀴나스와 칸트의 관점을 비교한 내용으로 적절하지 않은 것은?

① 아퀴나스는 인간이 지성을 통해 선악을 판단할 수 있다고 보았고, 칸트는 인간이 선의지를 지니고 있다고 보았다.

② 아퀴나스는 사랑을 통해 기쁨을 얻을 수 있다고 보았고, 칸트는 사랑이 인간에게 도덕 법칙을 의무로 부여한다고 보았다.

③ 아퀴나스는 사랑을 욕구와의 관계에 따라 설명하였고, 칸트는 사랑을 감정적 차원과 실천적 차원으로 구분하여 설명하였다.

④ 아퀴나스는 모든 정념이 사랑을 전제한다고 보았고, 칸트는 경향성에 근거한 사랑과 의무로서의 사랑은 서로 다르다고 보았다.

⑤ 아퀴나스는 자신에게 좋은 것인 선을 추구하는 원천을 사랑이라고 보았고, 칸트는 실천적 사랑을 모든 인간이 서로에게 갖는 의무라고 보았다.

2

적용하기

(가)를 바탕으로 〈보기〉를 이해한 내용으로 적절하지 않은 것은?

보기

축구를 하고 집에 온 철수는 너무 더워서 에어컨을 켜려고 했다. 그런데 문득 얼마 전 기후 위기에 대한 글을 읽은 것이 떠올랐다. 에어컨을 켜면 몸은 시원하겠지만, 위기에 처한 지구를 생각하면 에너지를 적게 쓰는 것이 자신과 지구에게 더 좋은 일이라고 생각하여 찬물로 씻고 부채질을 하였다.

① 철수는 감각적 욕구를 따르지 않고 지적 욕구를 따랐다.

② 철수가 에어컨을 켜면 자신의 감각적 욕구를 만족시킬 수 있다.

③ 철수는 지적 욕구에 따라 부채질을 하는 것을 선으로 판단했다.

④ 철수는 감각적 인식 능력으로 에어컨을 켜는 행위의 선악을 결정했다.

⑤ 철수가 몸을 시원하게 하기 위해 에어컨을 켜는 것은 대상에 대한 수동적인 반응이다.

3

세부 내용 파악하기

칸트가 ㉠과 같이 생각한 까닭으로 가장 적절한 것은?

① 감성적 차원의 사랑은 쉽게 변하기 때문이다.

② 실천적 차원의 사랑은 도덕적 가치가 있기 때문이다.

③ 실천적 차원의 사랑은 습관적인 감성적 욕망을 따르기 때문이다.

④ 감성적 차원의 사랑은 명령을 통해 일으킬 수 있는 것이기 때문이다.

⑤ 감성적 차원의 사랑은 의무로부터 비롯된 행위를 실천하기 때문이다.

4

어휘의 의미 파악하기

문맥상 의미가 ⓐ와 가장 가까운 것은?

① 산사태가 일어난 지역에 도움의 손길이 절실하다.

② 모두가 합심하여 노력하자 위기에 처했던 회사가 다시 일어났다.

③ 그는 이 상황을 맞닥뜨려야 할지, 외면해야 할지 갈등이 일어났다.

④ 그는 지금이 조국의 독립을 위해 모두 하나같이 일어날 때라고 주장하였다.

⑤ 뽀얗게 일어나는 물보라를 가만히 바라보다 보니 들끓던 마음이 가라앉았다.

24강 실전 2

지문 난이도 ★★★ | 교과 연계 사회

수능이 쉬워지는 지문 키워드

주제 통합 | 사회
헌법

☑ 개념을 설명한 글
□ 분류를 활용한 글
□ 관점을 제시하는 글
□ 상관관계를 보여 주는 글
□ 과정의 흐름을 보여 주는 글

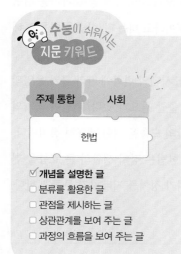

다음 글을 읽고 물음에 답하시오. 목표 11분

가 헌법은 국가의 통치 조직과 통치 작용의 원리를 정하고, 국민의 기본권을 보장하는 국가의 기본법이자 근본법이다. 또한 헌법은 한 국가의 법체계에서 가장 상위에 있는 최고법으로 모든 법령을 만드는 근거이자 법령의 정당성을 평가하는 기준이 된다. 따라서 국가가 하는 모든 작용은 헌법에 기초를 두고 헌법에 따라 이루어져야 하므로 헌법에 어긋나는 국가 작용이나 법 규범은 효력을 가질 수 없다. 법 규범은 하위의 법 규범과 상위의 법 규범이 있는데, 하위의 법 규범은 상위의 법 규범에서 효력의 근거를 찾아야 한다. 이때 더 이상 상위 규범이 존재하지 않는 근본 규범이 있는데, 이 근본 규범이 바로 헌법이다. 이와 같은 헌법의 특질을 '최고 규범성'이라고 한다. 우리나라 헌법은 헌법이 최고법임을 명시하고 있지는 않지만, 일반 법률과 비교하여 더욱 엄격한 개정 절차를 요구하는 점이나, 헌법에 어긋나는 법률의 효력을 인정하지 않는 위헌 법률 심사제를 통해 최고법으로서 헌법의 지위를 간접적으로 인정하고 있다.

헌법의 최고 규범성에도 불구하고 헌법은 하위에 있는 법 규범들과는 달리 스스로를 보장하지 않으면 안 된다. 다른 법 규범은 상위의 법 규범인 헌법이 있을 뿐만 아니라 국가 권력이라는 절대적인 강제 수단이 있어 그 효력이 보장되지만 헌법은 그렇지 못하다. 그래서 헌법은 국가 권력이 그 효력을 부정하거나 침해할 수 없도록 헌법 재판 제도를 두고 있다. 이를 헌법의 '자기 보장성'이라고 한다. 그러나 헌법 재판은 일반 소송과 달리 국가 기관이 그 재판 결과를 ㉠ 따르지 않아도 이를 강제적으로 따르게 할 수 없다는 한계가 있다. 헌법 재판소의 결정은 국가 권력을 포함한 헌법의 적용을 받는 모든 대상들이 이를 존중해야 실현이 된다. 예를 들면, 대여금 지급 소송에서 돈을 빌려준 사람이 이기면 돈을 빌린 사람이 가지고 있는 재산을 강제로 팔아 빌려준 돈을 받을 수 있다. 하지만 헌법 재판은 어떠한 법률 조항에 대하여 헌법에 합치하지 않는다며 입법자에게 개선을 요구했을 때, 입법부가 이를 따르지 않아도 강제로 지키게 할 수단이 따로 없다. 따라서 헌법의 최고 규범으로서의 효력은 헌법의 내용을 실현하고자 하는 모든 구성원들의 적극적 의지에 좌우된다고 할 수 있다.

나 최상위의 근본 규범인 헌법은 다양한 기능을 수행한다. 첫째, 헌법은 국가 창설의 토대로 기능한다. 헌법은 공동체의 구성원 간에 존재하는 공통의 가치를 바탕으로 국가를 창설하고, 구성원이 일정한 질서 속에서 삶을 이끌어 나갈 수 있도록 정치적 공동체의 구성 원리를 제시한다. 이를 위해 헌법은 국가 성립에 필요한 국민의 자격, 영토의 범위, 국가 권력의 소재와 행사 절차 등을 분명히 정한다.

둘째, 헌법은 조직에 권한을 주는 기능을 한다. 헌법은 국가 기구의 조성과 각 조직에 일정한 권한을 부여하여 국가 권력 조직의 정당성이 헌법에 근거하도록 한다. 따라서 국가 권력 기관은 헌법에서 부여한 권한만을 행사할 수 있다. 국가 창설의 바탕이 된 공통 가치를 최대한 실현

✦**효력** 법률이나 규칙 따위의 작용.
✦**개정** 이미 정하였던 것을 고쳐 다시 정함.
✦**합치하다** 의견이나 주장 따위가 서로 맞아 일치하다.
✦**창설** 기관이나 단체 따위를 처음으로 베풂.
✦**배제하다** 받아들이지 아니하고 물리쳐 제외하다.
✦**주도하다** 중심이 되어 어떤 일을 이끌다.

하고, 국가 작용을 체계화하기 위하여 그것을 담당할 기관과 절차를 정한다.

셋째, 헌법은 권력을 제한하는 기능을 한다. 국가 기관 간에 서로를 견제하게 함으로써 권력을 제멋대로 행사하거나 함부로 쓰는 것을 엄격하게 통제한다. 이는 국민의 기본권을 실질적으로 보장하는 역할을 하며, 국가 기관이 그 권한을 남용하여 오히려 국가의 공통 가치를 위협하지 않도록 하는 것이다. 이러한 헌법의 특징을 '권력 제한성'이라고 하는데, 헌법을 이를 통해 권력의 악용과 남용의 가능성을 배제하고 있다.

넷째, 헌법은 국민적 합의를 이끌어 내는 기능을 한다. 시대의 변화에 따라 국가 운영의 형태와 기본적 가치 질서 등에 대한 새로운 합의를 도출할 필요가 있다. 헌법이 국가의 중요 정책을 국민 투표로 결정하도록 한 것은 국민적 합의 도출을 위한 제도적 장치이다.

다섯째, 헌법은 정치 생활을 주도하는 기능을 한다. 헌법은 정치 생활의 큰 흐름을 헌법을 중심으로 규제하여 정치적 혼란을 막고 힘의 논리가 정치를 지배하지 못하게 한다. 헌법을 정치 규범이라고 부르는 이유는 이 때문이다.

확인 문제

1 이 글의 주제는?
□□의 특징과 □□

2 헌법보다 상위 규범은 존재하지 않는다. (○, ×)

3 헌법에서는 영토의 범위, 국가 권력의 소재와 행사 절차 등을 규정한다. (○, ×)

1

세부 내용 파악하기

윗글의 내용과 일치하는 것은?

① 최고법으로서 헌법의 지위는 헌법으로 보장하고 있다.
② 헌법에는 국가 창설에 필요한 국민의 자격이 규정되어 있다.
③ 헌법을 따르지 않으면 국가 기관이 헌법을 따르도록 강제할 수 있다.
④ 헌법의 하위 법규들은 자신의 효력을 보장하는 장치를 스스로 마련하여 지니고 있다.
⑤ 국가 기관을 담당할 기관과 절차를 규정하는 것은 헌법의 정치 생활 주도 기능을 위한 제도적 장치이다.

◐ 바른답·알찬풀이 48쪽

• 숨어 있는 내용 찾기

2 〈보기〉의 ⓐ, ⓑ에 들어갈 말이 바르게 짝지어진 것은?

보기

학생: 선생님, 헌법의 특질인 (ⓐ)에 따르면 어떠한 법률이나 권력도 헌법에 어긋나면 안 되잖아요? 그런데 나라에서 하는 일이 헌법에 어긋나는지에 대한 다툼이 생기면, 이런 문제는 어떻게 해결하나요?

선생님: 그런 문제를 해결하는 것이 (ⓑ)이에요. (ⓑ)을/를 통해 헌법을 해석하여 분쟁을 해결함으로써 법과 민주주의가 지켜지고, 헌법에 의해 나라가 안정되고 편안해질 수 있어요.

	ⓐ	ⓑ
①	최고 규범성	일반 소송
②	최고 규범성	헌법 재판
③	최고 규범성	헌법의 내용을 실현하고자 하는 모든 구성원의 적극적 의지
④	자기 보장성	헌법의 내용을 실현하고자 하는 모든 구성원의 적극적 의지
⑤	자기 보장성	헌법 재판

• 어휘의 의미 파악하기

3 문맥상 의미가 ㉠과 가장 가까운 것은?

① 법에 따라 일을 처리하다.

② 그는 유행을 따라 옷을 입는다.

③ 머리 좋기로는 그를 따를 자가 없다.

④ 우리는 선생님이 보여 주시는 동작을 그대로 따라서 했다.

⑤ 새 사업을 시작하는 데는 많은 어려움이 따르게 될 것이다.

• 적용하기

4 〈보기〉의 조항과 관련 있는 헌법의 기능이 바르게 짝지어진 것은?

보기

제61조 ① 국회는 국정을 감사하거나 특정한 국정 사안에 대하여 조사할 수 있으며, 이에 필요한 서류의 제출 또는 증인의 출석과 증언이나 의견의 진술을 요구할 수 있다.

제72조 대통령은 필요하다고 인정할 때에는 외교·국방·통일 기타 국가 안위에 관한 중요 정책을 국민 투표에 붙일 수 있다.

	제61조	제72조
①	권력 제한 기능	정치 생활 주도 기능
②	권력 제한 기능	국민적 합의 도출 기능
③	조직에 권한을 주는 기능	권력 제한 기능
④	조직에 권한을 주는 기능	국가 창설 토대의 기능
⑤	국가 창설 토대의 기능	국민적 합의 도출 기능

배경지식 확장하기

실전 2와 엮어 읽기

규범적 헌법과 장식적 헌법

헌법은 헌법과 헌법 현실의 관계에 따라 규범적 헌법과 장식적 헌법으로 구분된다. 규범적 헌법은 헌법 규범과 그 실현이 일치하는 헌법으로, 헌법이 제구실을 다해서 모든 국민이 정치적인 안정과 평화를 누리고 이로써 사회 통합을 이루는 정치 선진국의 헌법이 이에 해당한다. 반면에 장식적 헌법은 헌법이 존재하기는 하지만 국민을 위해서가 아니라 권력을 가진 집단이 그들의 정권 획득과 장기 집권을 정당화하기 위해 만든 헌법을 말한다. 이렇게 만들어진 헌법은 헌법 본래의 기능을 할 수 없고 국민도 진정으로 헌법을 따르지 않으며 그 수명도 오래가지 못한다.

과거 우리나라의 헌법은 장식적 헌법이라는 평가를 받은 적도 있다. 하지만 민주화 과정을 거치면서 대한민국 헌법은 정치, 경제, 사회 등 국민 생활의 전 분야를 현실적으로 규율하는 규범적 헌법으로 바뀌었다는 평가를 받고 있다.

24강 어휘 공략하기

◐ 바른답·알찬풀이 48쪽

1 **다음 어휘와 어휘의 뜻을 바르게 연결하시오.**

(1) 개념 • • ㉠ 사물을 분별하고 판단하여 앎.

(2) 인식 • • ㉡ 어떤 사물이나 현상에 대한 일반적인 지식.

(3) 지향 • • ㉢ 어떤 목표로 뜻이 쏠리어 향함. 또는 그 방향이나 그쪽으로 쏠리는 의지.

2 **다음 문장의 빈칸에 들어갈 어휘를 〈보기〉의 뜻을 참고하여 쓰시오.**

보기

- 효력: 법률이나 규칙 따위의 작용.
- 정당성: 사리에 맞아 옳고 정의로운 성질.
- 자의적: 일정한 질서를 무시하고 제멋대로 하는 것.

(1) 법을 (　　　　)으로 적용해서는 안 된다.

(2) 이번에 체결한 의정서는 국내법과 동등한 (　　　　)을 지니고 있다.

(3) 자기 말의 (　　　　)을 입증하고 싶다면 우선 신뢰할 수 있을 만한 태도를 갖춰야 한다.

3 **다음 문장의 밑줄 친 부분 가운데 맞춤법이 잘못된 것을 찾아 바르게 고쳐 쓰시오.**

보기

만약 우리나라에 헌법이 없다면 어떻게 <u>될까</u>? 아마 국가가 하는 모든 일에 혼란과 문제가 생길 것이다. <u>왜냐하면</u> 헌법은 모든 법령의 기초이며, <u>최고법으로써의</u> 지위를 인정받기 때문이다.

(1) 잘못된 표현: (　　　　　　　　)

(2) 바르게 고친 표현: (　　　　　　　　)

24강까지 학습을 마쳤으면 QR 코드를 찍어 진단 평가를 해 보세요.

진단 평가

출처

제재 출처

강명	제재명	글쓴이	출처	쪽수
1강	바람직한 의사소통 문화	노재현	『고등 국어 1』(지학사, 2014)	16
2강	단수 가격과 왼쪽 자릿수 효과	박정호	『재미없는 영화, 끝까지 보는 게 좋을까?』(나무를심는사람들, 2017)	20
3강	말하는 코끼리	강석기	『사이언스 소믈리에』(엠아이디, 2013)	26
	생체 시계	정재승	『인간과 우주에 대해 아주 조금밖에 모르는 것들』(낮은산, 2012)	28
	우리 동네 구자명 씨	고정희	『고정희 시전집 1』(또하나의문화, 2011)	30
5강	미술 작품에서의 '소'	이명옥	『생각을 여는 그림』(아트북스, 2018)	38
14강	적정 기술	이원춘, 전윤영, 김경희	『상식 속, 상식 밖 사이언스』(북&월드, 2015)	98
15강	한옥의 건축 원리	임석재	『지혜롭고 행복한 집 한옥』(인물과사상사, 2014)	102
	네거티비즘적 사고	김수근	『건축에 있어서의 네가티비즘』(공간사, 1989)	104
16강	정보화로 발생한 문제	유병열	『과학 기술 시대 삶의 양식과 윤리』(도서출판울력, 2002)	110
	동물 복지	김진석	『동물의 권리와 복지』(건국대학교출판부, 2005)	112

이미지 출처

강명	사진 및 그림	출처	쪽수
1강	고운 말 한마디	한국방송광고진흥공사	18

중등 도서안내

비주얼 개념서

룩

이미지 연상으로 필수 개념을 쉽게 익히는 비주얼 개념서

국어 문학, 독서, 문법
영어 품사, 문법, 구문
수학 1(상), 1(하), 2(상), 2(하), 3(상), 3(하)
사회 ①, ②
역사 ①, ②
과학 1, 2, 3

필수 개념서

올리드

자세하고 쉬운 개념,
시험을 대비하는 특별한 비법이 한가득!

국어 1-1, 1-2, 2-1, 2-2, 3-1, 3-2
영어 1-1, 1-2, 2-1, 2-2, 3-1, 3-2
수학 1(상), 1(하), 2(상), 2(하), 3(상), 3(하)
사회 ①-1, ①-2, ②-1, ②-2
역사 ①-1, ①-2, ②-1, ②-2
과학 1-1, 1-2, 2-1, 2-2, 3-1, 3-2

* 국어, 영어는 미래엔 교과서 관련 도서입니다.

국어 독해·어휘 훈련서

깨독

수능 국어 독해의 자신감을 깨우는 단계별 훈련서

독해 0_준비편, 1_기본편, 2_실력편, 3_수능편
어휘 1_종합편, 2_수능편

영문법 기본서

GRAMMAR BITE

중학교 핵심 필수 문법 공략, 내신·서술형·수능까지 한 번에!

문법 PREP
Grade 1, Grade 2, Grade 3
SUM

영어 독해 기본서

READING BITE

끊어 읽으며 직독직해하는 중학 독해의 자신감!

독해 PREP
Grade 1, Grade 2, Grade 3
PLUS (수능)

영어 어휘 필독서

word BITE

중학교 전 학년 영어 교과서 분석, 빈출 핵심 어휘 단계별 집중!

어휘 핵심동사 561
중등필수 1500
중등심화 1200

깨독

깨우자! 독해력!

중등 국어

독해 2 실력편

바른답 · 알찬풀이

Mirae N 에듀

바른답 알찬풀이

01 강 실전 1 언어 순화를 위한 방송의 역할 인문

본문 14~15쪽

확인 문제 » 1 방송 2 ○ 3 ○

정답 » 1 ② 2 ① 3 ③

수능이 쉬워지는 지문 키워드

☑관점을 제시하는 글

이 글은 청소년의 언어 파괴 현상이 세대 간 단절과 언어 폭력으로 이어질 수 있다는 점을 지적하며, 이에 대한 해결책으로 청소년들에게 오랜 시간 노출되는 방송이 공적 책임을 수행해야 한다는 관점을 제시하고 있다. 이와 같이 글쓴이의 관점을 나타내는 글을 읽을 때에는 문제 상황과 그에 대한 해결책이 타당한지를 분석하며 읽어야 한다.

청소년의 언어 파괴 현상	사례	• 발음이나 모양이 유사한 말로 변형하는 경우 예 띵작(명작), 커엽다(귀엽다) • 기존의 말을 줄여서 만드는 경우 예 최애(최고로 애정하는), 낄끼빠빠(낄 땐 끼고 빠질 땐 빠진다)
	문제점	• 거친 언어나 비하 발언으로 연결될 수 있음. • 언어 파괴와 언어폭력에 무뎌짐.

⬇

방송의 공적 책임 수행의 필요성

• 방송 언어: 말을 변용, 생산, 전파하고 수용시키는 힘을 가짐.
• 청소년의 언어생활에 방송의 영향이 큼.

• 주제 청소년의 언어생활 개선을 위한 방송의 역할

• 문단별 중심 내용

1문단: 한글의 다양한 장점
2문단: 한글에서 나타나는 언어 파괴 현상과 사례
3문단: 청소년들의 언어 파괴 현상이 유발하는 문제점
4문단: 청소년들의 언어 사용 개선에서 주목해야 할 방송의 역할
5문단: 청소년들의 언어생활 개선을 위한 방송의 공적 책임 수행의 필요성

1 세부 내용 파악하기

근거 있는 정답 풀이

② 이 글에는 청소년들 사이에서 무분별하게 사용되고 있는 신조어와 언어 파괴 현상의 사례 등은 제시되어 있으나, 방송에서의 순우리말 사용 사례는 제시되지 않았다.

근거 있는 오답 풀이

① 한글의 장점으로 자모음을 조합해 수많은 음절을 표현할 수 있고 배움과 사용이 쉽다는 점을 들었다. → 1문단

③ 청소년의 85.9%가 주 1회 이상 지상파 텔레비전을 시청하고, 73.3%는 주 1회 이상 유료 방송 채널을 시청하고 있다는 실태 조사 내용이 제시되었다. → 5문단

④ 방송 언어 가이드라인에서 제시한 방송 언어의 일반 원칙으로는 정확하고 올바른 표현의 사용 및 욕설과 비속어 사용 금지, 차별적 언어 사용 자제 등이 있다. → 4문단

⑤ 청소년이 사용하는 변용된 한글에 대해 20대의 70%가 언어유희로, 40대 이상은 50~60%가 언어폭력으로 느낀다는 설문 조사 결과가 제시되어 있다. → 3문단

2 숨어 있는 내용 찾기

근거 있는 정답 풀이

① 이 글에서는 청소년들의 언어 순화를 위해 방송의 역할이 중요하다고 주장하고 있으며, 이를 뒷받침하기 위한 근거로 '2016년 청소년 매체 이용 및 유해 환경 실태 조사'의 결과를 제시하고 있다. 이런 근거를 제시하는 이유는 방송 노출 시간과 언어생활이 관련되어 있다고 보기 때문이다. → 5문단

근거 있는 오답 풀이

② 글쓴이는 방송을 활용하여 청소년들의 언어생활을 개선하고자 하고 있다. 이는 후천적 영향이 언어생활에 영향을 미친다는 생각을 바탕으로 한 의견이므로 태어날 때부터 언어 사용 능력이 결정된다는 것은 ㉠의 전제로 볼 수 없다. → 4문단

③ 이 글에서 말한 한글의 장점을 고려하였을 때 사용하기 쉬운 언어일수록 신조어를 쉽게 만들 수 있을 것이라는 추론이 가능하지만, 이는 ㉠의 주장과 관련이 없다. → 2문단

④ 성장 과정에서 만난 친구들의 영향은 이 글에서 말하는 방송의 공적 책임과 관련이 없다.

⑤ 방송을 통해 전문적 훈련을 요구하지 않으므로 적절한 전제라고 볼 수 없다.

3 어휘의 의미 파악하기

근거 있는 정답 풀이

③ ⓐ와 ③의 '따르다'는 '어떤 경우, 사실이나 기준 따위에 의거하다.'라는 뜻이다.

근거 있는 오답 풀이

① '명령에 따라'의 '따르다'는 '관례, 유행이나 명령, 의견 따위를 그대로 실행하다.'라는 뜻이다.

② '그를 따를'의 '따르다'는 '앞선 것을 좇아 같은 수준에 이르다.'라는 뜻이다.

④ '동작을 그대로 따라서'의 '따르다'는 '남이 하는 대로 같이 하다.'라는 뜻이다.

⑤ '많은 어려움이 따를 것'에서 '따르다'는 '어떤 일이 다른 일과 더불어 일어나다.'라는 뜻이다.

01강 실전 2 바람직한 의사소통 문화 인문 본문 16~18쪽

확인문제 » 1 배려, 존중 2 ○ 3 ○

정답 » 1 ⑤ 2 ③ 3 ②

수능이 쉬워지는 지문 키워드 ☑관점을 제시하는 글

이 글은 바람직한 의사소통 문화에 관한 글쓴이의 관점을 나타낸 글로, 고운 말을 사용하는 것과 차별 의식이 담긴 말을 지양하는 것의 중요성을 강조하고 있다. 이러한 글을 읽을 때에는 글쓴이가 제시한 문장에 담긴 의미와 구체적 예시의 적절성 등을 생각하면서 글쓴이의 주장을 이해해야 한다.

바른 언어생활을 위해 필요한 자세

고운 말을 사용할 것	말을 바르게 사용할 것
욕설과 비속어가 일상화된 언어생활을 반성해야 함.	사회적, 문화적 차별 의식을 담고 있는 표현을 지양해야 함.

- 주제 바른 언어생활을 위해 필요한 배려와 존중의 자세
- 문단별 중심 내용

1문단: 고운 말 사용의 효과에 대한 실험과 결과
2문단: 우리 사회에서 말이 갖는 중요성
3문단: 욕설이 일상화된 청소년들의 언어생활
4문단: 차별 의식을 없애기 위한 표현의 변화 사례
5문단: 말을 바르게 사용하기 위해 개인에게 요구되는 배려와 존중의 자세

1 글의 전개 방식 파악하기

근거 있는 정답 풀이

⑤ '예컨대 옛날의 '식모'는 요즈음 '가정부', 나아가 '가사 도우미'로 불린다. '우체부'는 '집배원', '청소부'는 '환경미화원', '간호원'은 '간호사'로 바뀌었다.'에서는 직업적 차별 의식을 다룬 표현과 그 변화의 예시를 제시하였고, "'미혼모', '여의사', '출가외인', '사내 녀석이 그것도 못 해?'와 같은 성차별적 표현이 있고'에서는 성차별적 표현의 예시를 제시하였다. 그리고 "'절름발이 행정', '장님 코끼리 더듬기', '꿀 먹은 벙어리' 같은 신체 차별적 표현도 있다. '유색 인종', '혼혈아' 같은 표현들은 인종에 따른 차별 표현으로, 한때 '살색'이라고 부르던 색을 '살구색'으로 바꾼 것은 이러한 표현에 담긴 차별 의식을 없애기 위해서이다.'에서는 신체 차별적 표현과 그 변화의 예시를 제시하였다. 즉, 이 글은 차별적 표현에 대한 다양한 예시를 들면서 독자의 이해를 돕고 있다. → 4문단

근거 있는 오답 풀이

① 이 글에서는 낯선 대상의 개념을 정의하고 있지 않다.
② 일반적으로 질문을 활용하면 독자의 호기심을 유발할 수 있지만, 이 글에서는 질문이 등장하지 않았다.
③ 이 글에서는 말을 어떻게 사용해야 하는지에 대한 글쓴이의 관점만 제시되었다.
④ 이 글은 고운 말을 사용하는 것과 말을 바르게 사용하는 것이 중요하다고 주장하고 있으며, 이러한 주장에 대해 예상되는 반론은 서술하지 않았다.

2 어휘의 의미 파악하기

근거 있는 정답 풀이

③ '글 속에도 글 있고 말 속에도 말 있다.'는 말과 글에 담겨 있는 뜻이 무궁무진함을 이르거나 쓸 만한 글과 말은 따로 있음을 이르는 말로, 말을 할 때 신중히 생각하여야 함을 이르는 말인 ㉠과는 그 의미가 멀다.

근거 있는 오답 풀이

① '혀 아래 도끼 들었다.'는 말을 잘못하면 재앙을 받게 되니 말조심을 하라는 뜻이다.
② '발 없는 말이 천 리 간다.'는 말은 순식간에 퍼진다는 뜻으로, 말을 삼가야 한다는 의미이다.
④ '낮말은 새가 듣고 밤말은 쥐가 듣는다.'는 아무리 비밀스럽게 한 말이라도 반드시 남의 귀에 들어가게 되므로 말조심하라는 뜻이다.
⑤ '가루는 칠수록 고와지고 말은 할수록 거칠어진다.'는 가루는 체에 칠수록 고와지지만 말은 길어질수록 시비가 붙을 수 있고 마침내는 말다툼까지 갈 수 있으니 말을 삼가라는 뜻이다.

3 적용하기

근거 있는 정답 풀이

② 이 글은 여러 문장을 풀어 서술하면서 글쓴이의 주장을 제시하는 데 반해 〈보기〉는 이미지와 상징적인 문장을 통해 '말을 바르게 사용해야 한다.'는 주장을 간접적으로 드러내고 있다.

근거 있는 오답 풀이

① 이 글과 〈보기〉는 모두 '말'의 사용을 다루고 있으므로 제재가 동일하다고 할 수 있다.
③ 이 글은 바른 언어생활을 위해 욕설이나 비속어 대신 고운 말을 사용하자는 것과 차별적 표현 대신 바른 말을 사용하자는 두 가지 주장을 다루고 있지만, 〈보기〉는 고운 말을 사용하자는 한 가지 주장만 다루고 있다.
④ 〈보기〉는 이미지를 활용하여 '잘 될 거야'라는 고운 말이 게임을 해결할 요소라는 것을 시각적으로 보여 주며 주장을 전달하고 있다.
⑤ 이 글은 '말 한마디에 천금이 오르내린다'와 같은 속담의 관용적 표현을, 〈보기〉는 '가슴에 멍이 듭니다.'라는 관용적 표현을 사용하여 주장을 뒷받침하고 있다.

어휘 공략하기 본문 19쪽

1 (1) 경악하다 (2) 만연하다 (3) 수행 (4) 수단
2 (1) ㉠ (2) ㉢ (3) ㉣ (4) ㉡
3 ③

02강 실전 1 단수 가격과 왼쪽 자릿수 효과 사회 본문 20~21쪽

확인 문제 » 1 가격 2 × 3 ○

정답 » 1 ② 2 ⑤ 3 ⑤

수능이 쉬워지는 지문 키워드 ☑개념을 설명한 글

이 글은 기업이 이윤을 극대화하기 위해 사용하는 판매 전략 중 가격을 활용하는 방법인 단수 가격과 왼쪽 자릿수 효과의 개념과 사례를 소개하고 있다. 이와 같은 글을 읽을 때는 각 현상의 개념을 정확하게 이해하고 실제 사례를 분석하는 태도로 내용에 접근해야 한다.

기업의 판매 전략	단수 가격	• 가격의 끝자리가 홀수(9)로 끝나는 가격 • 판매 내역 누락과 종업원의 절도 행위를 방지하기 위해 도입함. • 소비자들이 제품의 가격이 저렴하다고 인식하여 기업의 수익이 늘어남.
	왼쪽 자릿수 효과	• 가격을 인식할 때 왼쪽 숫자만 보고 전체적인 가격을 판단하는 경향 • 제품 가격의 왼쪽 자릿수가 크게 바뀔 수 있도록 할인율을 조정하여 판매량이 증가하게 함.

• 주제 가격을 활용한 기업의 판매 전략

• 문단별 중심 내용

1문단: 단수 가격의 개념

2문단: 단수 가격의 도입 목적

3문단: 단수 가격 도입으로 나타난 판매량 증가 효과

4문단: 왼쪽 자릿수 효과의 개념과 활용

5문단: 바람직한 경제 활동을 위한 기업의 가격 전략 이해의 필요성

1 글의 전개 방식 파악하기

근거 있는 정답 풀이

② 이 글은 기업이 이윤을 추구하기 위해 단수 가격과 왼쪽 자릿수 효과를 이용한다는 점을 각각의 개념과 사례를 중심으로 설명한 뒤, 그 효과를 제시하고 있다. → 1, 3, 4문단

근거 있는 오답 풀이

① 이 글에서는 기업에서 사용하는 특정 전략인 단수 가격과 왼쪽 자릿수 효과를 설명하고 있지만, 이를 비판하고 있지는 않다. → 3, 4문단

③ 이 글에서는 글쓴이가 독자에게 질문을 던지고 있지는 않다.

④ 이 글에서 기업이 이윤을 추구하기 위해 구사하는 다양한 판매 전략 중 가격을 활용하는 전략을 설명하고 있지만, 그 변천 과정을 소개하고 있지는 않다.→ 1, 4문단

⑤ 이 글에서는 기업의 전략에 대한 전문가의 견해를 인용하고 있지 않으며, 문제점을 분석하고 있지도 않다.

2 세부 내용 파악하기

근거 있는 정답 풀이

⑤ 종업원들의 절도 행위를 막으려는 목적으로 도입된 전략은 단수 가격이다. → 2문단

근거 있는 오답 풀이

① '가격의 끝자리가 홀수, 특히 9로 끝나는 가격을 말한다.'에서 알 수 있다. → 1문단

② '기업들이 이윤을 추구하기 위해 구사하는 다양한 판매 전략'에서 알 수 있다. → 1문단

③ '소비자들이 단수 가격을 보고 제품의 가격이 저렴하다고 인식하여'에서 알 수 있다. → 3문단

④ '경제가 어려워지면서 ~ 이에 기업들은 자기들의 이익을 추구하기 위해 가격 활용 전략을 더욱 정교하게 구사하고 있다.'에서 알 수 있다. → 5문단

3 적용하기

보기 분석

초두 효과	
개념	여러 개의 정보가 주어질 때 가장 처음에 제시된 정보를 나중에 제시된 정보보다 잘 기억하는 현상
사례	10개의 카드를 차례대로 보여 주면 가장 처음에 제시한 카드를 중간에 위치한 것보다 잘 기억함.

근거 있는 정답 풀이

⑤ 일반적으로 글을 읽을 때에는 왼쪽에서 오른쪽으로 읽기 때문에 왼쪽 숫자는 '초두 효과'의 처음 제시된 단어나 정보에 해당한다고 볼 수 있다.

근거 있는 오답 풀이

① '왼쪽 자릿수 효과'는 왼쪽 숫자만 보고 전체적인 가격을 판단하는 경향을 말하므로 부분적인 것으로 전체를 판단하는 예로 볼 수 있다. 하지만 '초두 효과'는 처음 제시된 단어나 정보를 잘 기억하는 것이며 〈보기〉를 통해서는 이것을 바탕으로 전체를 판단하는지 여부를 알 수 없다. → 4문단

② '왼쪽 자릿수 효과'는 가격 할인 폭이 동일한데도 소비자들이 더 저렴하다고 인식하게 하는 효과가 있지만, '초두 효과'는 제품 가격에 대해 소비자들이 판단할 만한 근거를 제공하는 것은 아니다. → 4문단

③ '왼쪽 자릿수 효과'는 소비자가 제품의 가격이 저렴하다고 인식하게 하는 데 효과가 있지만, 제품의 질을 판단할 수 있는 근거를 제시하지는 않는다. 〈보기〉의 '초두 효과'도 처음 제시된 단어나 정보를 잘 기억한다는 것이지, 이러한 정보가 제품의 질에 대한 소비자들의 판단 근거로 작용하는 것은 아니다. → 4문단

④ '왼쪽 자릿수 효과'는 제품을 저렴하게 구매하려는 소비자들의 욕구가 반영되어 나타난다고 볼 수 있지만, 〈보기〉의 '초두 효과'에 대한 설명만으로는 이것이 제품 가격에 대해 소비자들이 판단할 수 있는 정보를 제공하는지는 알 수 없다. → 4문단

02강 실전 2 블루 오션, 레드 오션, 퍼플 오션 (사회) 본문 22~24쪽

확인 문제 » 1 블루 오션, 퍼플 오션 2 × 3 ○

정답 » 1 ③ 2 ② 3 ①

수능이 쉬워지는 지문 키워드 ☑분류를 활용하는 글

이 글은 사회 상황의 변화에 따라 새로 형성되면서 나타나는 시장을 그 특징에 따라 블루 오션, 레드 오션, 퍼플 오션으로 나누어 설명하면서 틈새시장 등 그 예시를 제시하고 특징을 서술한 글이다. 이러한 글을 읽을 때에는 각 시장의 의미를 이해하고 예시를 중심으로 특징을 분석하면서 내용에 접근해야 한다.

사회 상황의 변화에 따른 시장의 형성과 변화

⬇

블루 오션	• 개념: 다른 경쟁자가 거의 없는 시장 • 특징: 시장 독점으로 많은 이익 창출, 시장의 수요가 창조에 의해 형성되고, 시장의 규모가 정해져 있지 않음.
틈새 시장	• 개념: 기존의 시장들 사이의 작은 빈틈에 해당하는 시장 • 특징: 블루 오션의 일종으로, 기존의 상품을 시장의 요구에 맞게 조금만 변형해도 새로운 시장을 개척할 수 있음.
레드 오션	• 개념: 경쟁 업체들이 고객을 확보하기 위해 치열하게 경쟁을 벌이는 상태
퍼플 오션	• 개념: 레드 오션이 된 시장에서 소비자들의 욕구를 파악하고 새로운 아이디어나 기술 등을 적용해 새롭게 형성된 시장 • 특징: 이미 인기를 얻은 소재를 다른 장르에 적용하여 그 파급 효과를 노림.

• 주제 블루 오션, 레드 오션, 퍼플 오션의 개념과 특징

• 문단별 중심 내용

1문단: 사회 변화에 따른 시장의 변화
2문단: 블루 오션의 개념과 특징
3문단: 블루 오션의 일종인 틈새시장
4문단: 레드 오션의 형성과 예시
5문단: 퍼플 오션의 개념과 특징
6문단: 소비자의 욕구 변화에 따른 시장의 변화

1 세부 내용 파악하기

근거 있는 정답 풀이

③ 틈새시장은 블루 오션의 일종으로 기존의 시장들 사이의 작은 빈틈에 해당하는 시장을 말하는데, 이는 아직 남들이 모르는 시장의 빈틈을 노리는 것이라고 하였다. 기존의 시장을 모두 포화 상태의 시장으로 볼 수 없으므로 적절하지 않다. → 3문단

근거 있는 오답 풀이

① 사회의 상황이 변하게 되면 시장의 상황도 변화하면서 새로운 시장이 형성된다고 하였으므로, 시장은 사회 상황에 영향을 받는다고 할 수 있다. → 1문단

② 블루 오션은 시장의 규모가 정해져 있지 않아 높은 수익을 얻을 수 있고 빠르게 성장할 수 있는 기회도 있다고 하였다. 따라서 블루 오션에서는 시장의 규모가 불확실하다고 할 수 있다. → 2문단

④ 블루 오션은 시장에 다른 경쟁자가 거의 없는 시장을 말한다. 이와 달리 레드 오션은 시장이 포화 상태가 되어 업체들이 소비자들의 선택을 받기 위해 치열한 경쟁을 한다고 하였다. 그러므로 레드 오션은 블루 오션과 달리 기업 간 경쟁이 치열한 상태이다. → 2, 4문단

⑤ 블루 오션에서는 시장의 수요가 경쟁이 아니라 창조에 의해 형성된다는 특징이 있다고 하였다. 그리고 기업이 레드 오션이 된 시장에서 눈이 높은 소비자들의 요구를 파악하고 여기에 새로운 아이디어나 기술 등을 적용해 새로운 시장을 형성한 것이 퍼플 오션이라고 하였다. 따라서 두 시장 모두 새로운 아이디어나 기술을 적용하여 형성된 시장이라고 할 수 있다. → 2, 5문단

2 어휘의 의미 파악하기

근거 있는 정답 풀이

② ㉠의 '눈이 높다'는 '안목이 높다'라는 뜻으로 쓰인 관용구이다. 그러나 ②의 '머리가 아프다'는 실제로 머리가 아픈 상황을 말하므로 관용구라고 볼 수 없다.

근거 있는 오답 풀이

① '이를 악물다'는 '힘에 겨운 곤란이나 난관을 헤쳐 나가려고 비상한 결심을 하다.' 또는 '매우 어렵거나 힘든 상황을 애써 견디거나 꾹 참다.'라는 의미를 지닌 관용구이다.

③ '코를 빠뜨리다'는 '못 쓰게 만들거나 일을 망치다.'라는 의미의 관용구이다.

④ '목에 힘을 주다'는 '거드름을 피우거나 남을 깔보는 듯한 태도를 취하다.'라는 의미의 관용구이다.

⑤ '눈을 돌리다'는 '관심을 돌리다.'라는 의미의 관용구이다.

3 적용하기

근거 있는 정답 풀이

① B 회사는 퓨전 요리 프로그램에 대한 아이디어를 내고 요리 레시피에 대한 독점 계약을 맺었으므로 창조에 의해 시장을 형성한 경우에 해당한다. 그러므로 블루 오션을 개척했다고 볼 수 있다. A 회사는 B 회사가 개척한 시장에 뛰어들어 B 회사와 경쟁 관계를 형성하였고, 이에 따라 B 회사의 매출이 떨어졌으므로 퓨전 요리 레시피 활용 시장이 경쟁이 치열한 레드 오션으로 바뀌어 가고 있다고 볼 수 있다.

→ 2, 4문단

어휘 공략하기 본문 25쪽

1 (1) 이윤 (2) 내역 (3) 발상 (4) 독점
2 (1) ㉢ (2) ㉠ (3) ㉣ (4) ㉡
3 ②

03강 실전 1 말하는 코끼리 과학 본문 26~27쪽

확인 문제 » 1 사람, 이유 2 × 3 ○

정답 » 1 ⑤ 2 ④ 3 ③

수능이 쉬워지는 지문 키워드 ☑상관관계를 보여 주는 글

이 글은 사람과 비슷한 소리를 내는 말하는 코끼리 '코식이'의 사례를 소개하고, 코식이가 사람과 유사한 소리를 내는 원리와 그 이유를 분석한 글이다. 코식이가 내는 소리의 특징과 그에 대한 연구 결과를 이해하며 글을 읽어야 한다.

코식이 소리의 특징	코식이의 의사소통 이유
• 사람과 거의 동일한 소리를 냄. • 사람의 발성과 같은 원리로 나는 소리이지만, 성대가 커서 주파수가 낮음.	안정적인 관계와 따뜻한 관심이 필요하였기 때문임. → 사회적 유대를 강화하기 위한 노력의 결과임.

• 주제 '코식이'가 사람의 목소리를 흉내 내는 원리와 그 이유

• 문단별 중심 내용

1문단: 사람의 발성을 모방하여 유명해진 코식이
2문단: 일반적인 코끼리의 발성에 대한 가설과 코식이 발성의 특징
3문단: 코식이가 사람과 비슷한 소리를 내는 원리
4문단: 사회적 유대 강화를 위해 사람 목소리를 흉내 내는 코식이

1 세부 내용 파악하기

근거 있는 정답 풀이

⑤ 코식이는 유대와 발달이 중요한 시기에 같은 종으로부터 격리된 환경에서 유일한 사회적 접촉 대상인 사람들과 사회적 유대를 강화하기 위해 사람들의 목소리와 비슷한 소리를 냈다고 하였다. 하지만 코식이가 어떤 방법으로 다른 코끼리와 유대 관계를 가졌는지는 이 글에 제시되어 있지 않다. → 4문단

근거 있는 오답 풀이

① 일반적으로 코끼리는 본래 사람이 들을 수 없는 범위인 주파수 20헤르츠(Hz) 미만의 저음을 낸다고 하였다. → 2문단

② 성대가 클수록 주파수가 낮고 성대가 작을수록 주파수가 높다고 하였다. → 3문단

③ 코식이가 암컷 코끼리 없이 생존한 기간이 7년여에 달한다고 하였다. → 4문단

④ 연구자들은 코식이가 코를 말아 입의 오른쪽 방향에서 코끝을 입안에 밀어 넣은 뒤 혀를 눌러 사람 목소리의 주파수 영역에서 자음과 모음이 분절된 소리를 낼 수 있다고 추측하였다. → 3문단

2 숨어 있는 내용 찾기

근거 있는 정답 풀이

④ 코식이는 앵무새나 구관조와 달리 사람과 유사한 소리를 구사하였다고 하였다. 그리고 이러한 현상을 분석한 결과 같은 종으로부터 격리된 환경에서 사는 코식이가 유일한 사회적 접촉 대상이었던 사람과의 사회적 유대를 강화하기 위해 사람과 유사한 말을 구사한 것으로 해석되었다. → 2, 4문단

근거 있는 오답 풀이

① 일반적으로 코끼리는 사람이 들을 수 없는 범위인 주파수 20헤르츠 미만의 저음을 내며 서로 의사소통을 한다고 하였다. → 2문단

② 전문가들의 연구 결과 코식이의 소리는 사람의 발성과 같은 원리로 나는 것이었지만, 주파수가 사람의 소리보다 훨씬 낮다고 하였다. 따라서 코식이가 사람들의 소리와 동일한 주파수의 소리를 냈다는 설명은 적절하지 않다. → 3문단

③ 코식이가 사람과 비슷한 목소리를 내게 된 것은 격리된 환경에서 사회적 유대 관계를 강화하기 위한 것이라고 하였다. 그러나 코끼리가 다른 코끼리들과 소통하는 것과 관련된 내용은 이 글에 나타나지 않는다. → 4문단

⑤ 관찰 결과 코식이는 뜻도 모르는 사람 목소리를 흉내 낸다고 했으므로, 코식이의 목소리가 사람의 목소리와 유사해질수록 자신이 내는 소리가 무슨 뜻인지 이해할 수 있게 된다는 설명은 적절하지 않다. → 4문단

3 어휘의 의미 파악하기

근거 있는 정답 풀이

③ ㉠과 ③의 '내다'는 '소리, 냄새 따위를 밖으로 드러내다.'의 의미로 사용되었다.

근거 있는 오답 풀이

① '가게 따위를 새로 차리다.'의 의미로 사용되었다.

② '먹을 것이나 마실 것을 대접하려고 제공하다.'의 의미로 사용되었다.

④ '안에서 밖으로 옮기다.'의 의미로 사용되었다.

⑤ '어떤 사물에 구멍, 자국 따위의 형체 변화를 만들거나 작용에 이상을 일으키다.'의 의미로 사용되었다.

03강 실전 2 생체 시계 과학 본문 28~30쪽

확인 문제 » 1 생체 시계 2 ○ 3 ×

정답 » 1 ⑤ 2 ② 3 ⑤

수능이 쉬워지는 지문 키워드 ☑개념을 설명한 글

우리 몸에 내재된 생체 시계에 대해 소개하며 생체 시계가 우리 몸에 끼치는 영향을 설명한 글이다. 생체 시계에 관한 객관적인 설명과 글쓴이의 생각이 드러난 부분을 구분하여 읽어야 한다.

중앙 통제 시계

생체의 일주기 운동을 관리하는 생체 시계

시교차상 핵

- 우리 몸의 중앙 통제 시계
- 뇌의 좌우 신경이 교차하는 시교차 위에 있는 곳으로, 2만여 개의 신경 세포로 이루어짐.
- 서로 다른 주기를 가지는 2만여 개의 신경 세포가 체내에서 활동할 때에는 정확히 24시간에 맞추어 활동함.

생체 시계를 지키며 살아가야 하는 이유

- 생체 리듬을 무시하면 사고가 일어날 수 있음.
- 건강을 위해 생체 시계를 지키고 적절하게 관리해야 함.

• 주제 생체 시계의 특성과 이를 지켜야 하는 이유

• 문단별 중심 내용

1문단: 우리 몸에 내재된 생체 시계
2문단: 중앙 통제 시계의 개념과 그것을 찾는 방법
3문단: 실험 결과 중앙 통제 시계로 밝혀진 시교차상 핵
4문단: 체내에서 24시간에 맞춰 활동하는 신경 세포
5문단: 생체 시계를 지키며 살아가야 하는 이유

1 글의 전개 방식 파악하기

근거 있는 정답 풀이

⑤ 이 글은 생체 시계에 관한 과학 지식을 제시하고, 이에 대한 글쓴이의 생각을 드러내고 있다. 하지만, 생체 시계에 대한 여러 가지 이론을 소개하고 있지는 않다. → 1, 5문단

근거 있는 오답 풀이

① 중앙 통제 시계를 알아내기 위해 살아 있는 쥐의 시교차상 핵에 전극을 꽂아 그래프를 측정해 보는 실험과, 시교차상 핵의 신경 세포를 모두 꺼내 적절한 체액과 영양분을 공급해 접시 위에서 키운 실험 결과를 제시함으로써 글의 신뢰성을 높이고 있다. → 3, 4문단

② 생체 시계가 우리 생활에 어떤 영향을 미치는지에 대해 질문한 다음, 이에 대해 설명하고 있다. → 1문단

③ 서로 다른 주기의 신경 세포가 체내에서 활동할 때 24시간에 맞춰 리듬을 만드는 사례, 생체 리듬을 무시했을 때의 부작용을 보여 주는 사례 등을 제시하여 독자의 이해를 돕고 있다. → 4, 5문단

④ 체내에서 24시간에 맞춰 활동하는 신경 세포에 관한 객관적 과학 정보를 바탕으로 생체 시계를 잘 관리하며 살아가야 한다는 글쓴이의 의견을 제시하고 있다. → 4, 5문단

2 세부 내용 파악하기

근거 있는 정답 풀이

② 시교차상 핵의 2만여 개 신경 세포들에서 서로 다른 주기가 측정된다고 하였다. → 4문단

근거 있는 오답 풀이

① 모든 신체 기관은 주인 시계, 즉 중앙 통제 시계에 맞춰 신체의 조직과 기능이 변화를 일으킨다고 하였다. → 2문단

③ 시교차상 핵은 생체 시계가 빛의 영향을 받다 보니 오랫동안 가장 그럴듯한 생체 시계 후보로 간주되어 왔다고 하였다. → 3문단

④ 사람들의 생체 리듬, 일주기 리듬이 망가짐으로 인해 발생한 대형 사고의 사례로 우크라이나의 체르노빌과 미국 스리마일섬의 원자력 발전소 사고가 제시되어 있다. → 5문단

⑤ 시교차상 핵을 망가뜨리면 체내 대부분의 기관에서 24시간을 주기로 활동이 반복되는 양상이 사라진다고 하였다. → 3문단

3 적용하기

보기 분석

시적 대상	'구자명 씨'
시적 대상의 상황	• 출근길 버스에서 졸고 있음. → 출근 시간: 멜라토닌 호르몬 분비가 멈추고 장운동이 활발해지는 시간 → 구자명 씨의 생체 리듬이 망가져서 졸고 있음을 짐작할 수 있음.
구자명 씨의 생체 리듬이 망가진 까닭	• '그래 저 십 분은 ~ 버린 시간일 거야' → 멜라토닌 호르몬이 분비되기 시작하고 깊은 수면을 취할 수 있는 시간인 밤과 새벽에 아기와 시어머니, 남편을 보살폈기 때문임.

근거 있는 정답 풀이

⑤ 근육의 힘과 심장의 기능이 가장 활발한 시간은 오후 5시 무렵이다. 그런데 〈보기〉에서 구자명 씨가 아기에게 젖을 물리고 시어머니 약시중을 들었을 시간은 밤중이므로 적절하지 않다. → 4문단

근거 있는 오답 풀이

① 구자명 씨는 가족들을 위해 어쩔 수 없이 희생하고 있으므로, 구자명 씨가 어쩔 수 없이 생체 시계를 거스르는 삶을 사는 것 같다는 이해는 적절하다.

② 멜라토닌 호르몬은 밤 9시쯤에 분비되기 시작하여 오전 7시가 지나면 멈춘다. 따라서 구자명 씨가 호르몬이 분비되는 시간에 잠을 청하지 못했을 것이라는 추측은 적절하다. → 4문단

③ 〈보기〉의 화자는 새벽녘 만취해서 돌아온 남편 때문에 구자명 씨가 잠을 이루지 못했을 것이라고 생각한다. 즉 구자명 씨는 멜라토닌 분비가 최고치에 달하는 새벽녘에 잠을 이루지 못해 생체 리듬이 무너지게 되었다고 볼 수 있다. → 4문단

④ 구자명 씨가 밤에 제대로 잠을 청하지 못해 출근길 버스에서 조는 것은 생체 시계를 지키지 못했기 때문이므로, 이러한 삶이 지속되면 판단력이 흐려지거나 업무 실수가 잦아질 수 있다는 설명은 적절하다. → 5문단

어휘 공략하기

본문 31쪽

1 (1) 양상 (2) 의사소통 (3) 유연성 (4) 유대
2 (1) ㉣ (2) ㉡ (3) ㉢ (4) ㉠
3 (1) ○ (2) × (3) ○

04강 실전 1 자율주행차 기술 본문 32~33쪽

확인 문제 » 1 자율주행차 2 × 3 ×

정답 » 1 ⑤ 2 ③ 3 ②

수능이 쉬워지는 지문 키워드

☑ 개념을 설명한 글

이 글은 자율주행차에 활용된 여러 가지 기술과 원리를 바탕으로 자율주행차의 작동 과정과 앞으로 해결해야 할 과제를 설명한 글이다. 자율주행차가 스스로 운행하고 제어하는 원리와 각 요소의 기능을 파악하며 읽어야 한다.

• **자율주행차**

작동 과정	'인지 – 판단 – 제어'의 3단계 → 안전하게 운행하기 위해서는 센서의 기능이 매우 중요함.
센서의 종류와 기능	• 카메라: 렌즈를 통해 주변 사물과 상황을 인식함. 평면의 정보를 포착할 수 있지만, 장거리와 외부 환경에 취약함. • 레이더: 전자기파를 바탕으로 주변 차량과의 거리, 속도, 방향과 같은 정보를 얻음. 외부 환경에 영향을 받지 않지만 정밀한 측정이 어려움. • 초음파 센서: 주차 시 주변의 장애물을 감지함. 가격이 저렴하지만 탐지할 수 있는 거리가 짧음. • 라이다: 초당 수십 번의 레이저로 3차원 정보를 얻을 수 있고 해상도와 정확도가 높음. 가격이 비싸고 날씨의 영향을 받음.

• 주제 자율주행차의 작동 과정과 해결 과제

• 문단별 중심 내용

1문단: 자율주행차의 등장과 개념

2문단: 자율주행차의 작동 과정과 센서의 중요성

3문단: 자율주행차에 사용되는 센서와 기능

4문단: 자율주행차의 상용화를 위해 해결되어야 할 문제들

1 세부 내용 파악하기

근거 있는 정답 풀이

⑤ 자율주행차가 널리 쓰이기 위해서는 해결해야 할 문제가 많은데 그중 앞으로 직면할 가장 큰 문제는 윤리적 딜레마라고 하였다. → 4문단

근거 있는 오답 풀이

① 사람은 실제 사고 상황에서 본능과 습관에 따라 자신이 피해를 입지 않도록 반응한다고 하였다. → 4문단

② 자율주행차는 운전자가 핸들과 가속 페달, 브레이크 등을 조작하지 않아도 센서를 통해 주변 환경을 인식하고 경로와 움직임을 결정하며 스스로 목적지까지 찾아가는 자동차이다. → 1문단

③ 자율주행차의 컴퓨터는 모든 것을 사전에 계산해서 입력한 대로 실행한다고 하였다. → 4문단

④ 자율주행차는 차량과 교통 시설을 효율적으로 사용하게 하고 경제적 이득을 가져올 수 있으며, 궁극적으로 현재의 자동차 문화와 경제 구조를 변화시킬 수 있다고 하였다. → 1문단

2 적용하기

보기 분석

ⓐ 카메라	• 질감이나 색상과 같은 평면의 정보를 포착함. • 장거리와 외부 환경에 취약함.
ⓑ 레이더	• 외부 환경의 영향 없이 주파수에 따라 단·중·장거리를 감지함. • 직선거리만 측정할 수 있으며, 정밀한 측정이 어려움.
ⓒ 초음파 센서	• 가격이 저렴함. • 장애물을 판별하는 수준으로 탐지 거리가 짧음.
ⓓ, ⓔ 라이다	• 기존 센서의 단점을 보완하기 위해 사용됨. • 3차원의 정보를 얻을 수 있음. • 가격이 비싸고 날씨가 좋지 않으면 정확도가 떨어짐.

근거 있는 정답 풀이

③ ⓒ는 주로 자동차의 앞뒤로 장착되어 주차 시 주변의 장애물을 감지하는 역할을 하는 센서로, 가격이 저렴하다는 장점이 있지만 사물의 형태와 거리, 속도를 인식하지는 못한다. 사물의 형태와 거리, 속도를 인식하는 센서는 '라이다'이다. → 3문단

근거 있는 오답 풀이

① ⓐ는 렌즈를 통해 사물과 상황을 평면적으로 인식하지만, 장거리와 외부 환경에 취약하다는 단점이 있다. → 3문단

② ⓑ는 주파수의 종류에 따라 단거리부터 중·장거리까지 감지할 수 있다고 하였다. → 3문단

④ ⓓ, ⓔ는 기존 차량에 장착되었던 카메라와 레이더, 초음파 센서가 정밀한 3차원 정보를 제공할 수 없어 이를 보완하기 위해 자율주행차에 장착되기 시작하였다. → 3문단

⑤ ⓐ와 ⓔ는 모두 외부 환경에 영향을 받으며, 날씨가 좋지 않으면 정확도가 떨어진다는 단점이 있다. → 3문단

3 어휘의 의미 파악하기

근거 있는 정답 풀이

② ㉠의 '입다'는 '(도움, 손해 따위와 같은 말을 목적어로 하여) 받거나 당하다.'라는 의미로 사용되었다. 하지만 ②의 '입다'는 '옷을 몸에 꿰거나 두르다.'의 의미로 사용되었다.

근거 있는 오답 풀이

① '동상을 입었다'는 손해를 얻은 것에 해당하므로, ㉠과 유사한 의미로 사용되었다.

③ '상처를 입었다'는 손해를 얻은 것에 해당하므로, ㉠과 유사한 의미로 사용되었다.

④ '피해를 입었다'는 손해를 얻은 것에 해당하므로, ㉠과 유사한 의미로 사용되었다.

⑤ '은혜를 입게'는 도움을 얻은 것에 해당하므로, ㉠과 유사한 의미로 사용되었다.

04강 실전 2 친환경차

기술 본문 34~36쪽

확인 문제 » 1 친환경차 2 ○ 3 ○

정답 » 1 ③ 2 ② 3 ③

수능이 쉬워지는 지문 키워드 ☑과정의 흐름을 보여 주는 글

이 글은 친환경차가 주목받게 된 배경을 소개하고, 친환경차의 종류와 친환경차가 구동되는 방식에 대해 설명한 글이다. 전기차와 수소전기차, 하이브리드차가 구동되는 방식과 과정을 비교하며 읽어야 한다.

• **친환경차**

전기차
- 엔진 없이 모터만을 사용함.
- 고전압 배터리를 충전해 전기 에너지를 모터에 공급하여 차를 구동함.

하이브리드차
- 엔진과 모터를 함께 사용함.
- 출발 시 전기 에너지를 이용해 모터를 구동하고, 주행 시 모터와 엔진을 적절히 이용함.
- 내연 기관차보다 연비가 좋고 배기가스 배출을 줄임.

수소 전기차
- 엔진 없이 모터만을 사용함.
- 연료 탱크에 저장된 수소를 연료 전지를 통해 전기 에너지로 변환하여 차를 구동함.

• 주제 친환경차의 종류와 구동 과정 및 해결 과제

• 문단별 중심 내용

1문단: 온실가스 배출 규제로 주목받는 친환경차
2문단: 친환경차의 구동 방식
3문단: 수소 전기차 연료 전지의 이온화 과정
4문단: 수소 전기차 연료 전지에서 전기 에너지가 생성되는 과정
5문단: 수소 전기차의 장단점

1 세부 내용 파악하기

근거 있는 정답 풀이

③ 이 글은 친환경차의 종류 및 장점에 대해 설명하는 글인데, 하이브리드차의 문제점은 나와 있지 않다.

근거 있는 오답 풀이

① 친환경차에는 전기차, 수소 전기차, 하이브리드차가 있다. → 2문단
② 연료 전지는 차량 구동에 필요한 수준의 전기 에너지를 발전시키기 위해 다수의 연료 전지를 일렬로 연결하여 가로로 쌓아 만드는데 이를 '스택(stack)'이라 한다고 했다. → 3문단
④ 화석 연료가 점차 고갈되는 것에 대비하고 온실가스 배출을 줄이기 위해 자동차 분야의 규제가 강화되면서 세계적으로 친환경차가 주목받고 있다고 하였다. → 1문단
⑤ 하이브리드차는 화석 연료를 사용하는 엔진과 모터를 함께 사용하여 구동된다. → 2문단

2 세부 내용 파악하기

근거 있는 정답 풀이

② 수소 전기차의 연료 전지 두 극 사이에 있는 특수한 물질은 양이온의 이동을 돕고, 음이온과 전자의 이동은 억제하는 역할을 한다. → 3문단

근거 있는 오답 풀이

① 하이브리드차는 출발할 때에는 전기 에너지를 이용하여 모터를 구동하고, 주행 시에는 주행 상황에 따라 모터와 엔진을 적절히 이용한다고 하였다. → 2문단
③ 전기차와 수소 전기차는 엔진 없이 모터만을 사용한다고 하였다. → 2문단
④ 수소 전기차는 오염 물질이나 온실가스의 배출이 적고 외부로부터 공급되는 공기를 필터로 정화하여 사용한 후 배출하므로 공기를 정화하는 기능도 한다고 하였다. → 5문단
⑤ 내연 기관을 사용한 차는 마찰 제동 장치를 사용하므로 차가 속도를 줄일 때 운동 에너지가 열에너지로 변환된 후 사라진다고 하였다. → 2문단

3 적용하기

보기 분석

㉢	−극에 공급된 수소는 촉매 속 특수 성분에 의해 수소 양이온과 전자로 분리됨.
㉠	수소 양이온이 연료 전지의 특수한 물질을 통과해 +극으로 이동함.
㉡	전자가 외부 회로를 통해 +극으로 이동하여 흐르며 전기 에너지가 발생함.
㉣	전기 에너지가 모터로 전해져 동력원이 되고, 일부는 배터리에 축전됨.

근거 있는 정답 풀이

③ 수소 전기차의 연료 전지에서 전기 에너지가 생성되는 과정은 이 글의 4문단에 제시되어 있다. 이러한 과정에 따른 올바른 순서는 ㉢-㉠-㉡-㉣이다. → 4문단

어휘 공략하기

본문 37쪽

1 (1) 충족 (2) 고갈 (3) 인식
2 (1) ㉣ (2) ㉢ (3) ㉡ (4) ㉠
3 ②

05강 실전 1 미술 작품에서의 '소' 예술 본문 38~39쪽

확인문제 » 1 미술 작품, 소 2 ○ 3 ×

정답 » 1 ② 2 ③ 3 ③

수능이 쉬워지는 지문 키워드 ☑분류를 활용한 글

이 글은 소가 예전부터 그림의 소재로 자주 다루어졌음을 이야기하며 사람들이 소를 그린 까닭을 설명하고 있다. 소가 그려진 그림에 담긴 소의 의미를 이해하며 글을 읽어야 한다.

• 미술 작품 속 '소'의 모습

알타미라와 라스코 동굴 벽화
- 들소가 사실적으로 묘사됨.
- 사냥 대상인 들소를 그림으로써 두려움을 없애고 사냥의 성공을 기원함.

김홍도의 그림
- 농부가 소의 도움으로 쟁기질을 하는 장면을 그림.
- 조선 시대만의 독특한 농사법을 엿볼 수 있음.

이중섭의 「흰 소」
- 소의 몸과 근육의 윤곽을 덧칠하지 않고 강하고 빠르게 칠하여 거칠고 사나워 보임.
- 개인적, 시대적 고통에도 굴복하지 않겠다는 의지를 투영함.

• 주제 미술 작품 속에 나타난 '소'의 다양한 모습과 의미

• 문단별 중심 내용

1문단: 그림의 소재로 빈번하게 다루어진 소
2문단: 원시인들이 동굴 벽면에 들소를 그린 까닭
3문단: 우리나라의 그림에 나타난 소의 모습
4문단: 다양한 그림을 비교하고 감상하는 것의 의의

1 세부 내용 파악하기

근거 있는 정답 풀이

② 이중섭은 「흰 소」에서 소의 몸은 어두운색, 근육의 윤곽은 흰색으로 그렸는데, 이 색들을 꼼꼼하게 덧칠하지 않고 강하고 빠르게 칠했다고 하였다. → 3문단

근거 있는 오답 풀이

① 소는 미술사에서 동서고금을 가리지 않고 작품의 대상이 되어 다양하게 표현되어 왔다고 하였다. → 1문단

③ 같은 대상이라도 예술가에 의해 다양하게 변주되어 표현된 작품을 비교하여 감상하는 것은 시대에 따른 인식의 변화와 지역에 따른 문화의 다양성을 이해하는 하나의 방편이 될 수 있다고 하였다. → 4문단

④ 원시인들은 주로 사냥과 채집을 통해 생활하였기 때문에 동굴의 벽면에 사냥 대상인 동물을 그려 놓고 창을 던지면 실제로 짐승이 죽는다고 믿었다고 하였다. → 2문단

⑤ 원시인들은 사냥을 가기 전 들소 그림을 그리는 일종의 의식 행위를 통해 두려움을 없애고 용감하게 사냥을 나갈 수 있었다고 하였다. → 2문단

2 적용하기

보기 분석

밀레, 「송아지의 탄생」	• 농민들이 갓 태어난 송아지를 조심스럽게 다루는 모습을 그림. • 소를 진심으로 아끼는 농민들의 마음이 느껴짐.

→ 소가 농사를 지을 때 꼭 필요한 가축이라는 점에서 소를 소중히 여기는 농경 사회의 특징이 나타남.

근거 있는 정답 풀이

③ 원시인들이 동굴 벽면에 그린 그림과 김홍도의 그림, 이중섭의 「흰 소」를 볼 때 소는 인간의 다양한 삶과 의식의 단면을 드러내는 역할을 했음을 알 수 있다. 이를 토대로 보면, 〈보기〉에 제시된 밀레의 그림 역시 소와 관련된 인간의 삶과 그에 대한 인간의 의식을 드러냈다고 이해할 수 있다. → 2, 3, 4문단

근거 있는 오답 풀이

① 이 글은 노동의 즐거움에 대해 언급하고 있지 않으며 〈보기〉 또한 노동의 즐거움과 거리가 멀다.

② 원시인들의 들소 그림이나 김홍도의 그림, 그리고 〈보기〉에 제시된 밀레의 그림은 인간이 스스로의 삶을 반성하는 것과 관련이 없다.

④ 소를 통해 가난한 현실을 상징적으로 드러냈다는 것은 이중섭의 그림에만 해당하는 설명이다. → 3문단

⑤ 선사 시대의 벽화는 사냥을 하기 전 의식으로 용기를 얻는 수단이라고 볼 수 있지만, 〈보기〉의 그림은 이와 관련이 없다. → 2문단

3 어휘의 의미 파악하기

근거 있는 정답 풀이

③ '분신'의 사전적 의미는 '하나의 주체에서 갈라져 나온 것.'이라는 뜻으로, 원래의 대상을 상징하는 다른 형태를 의미한다. 그러나 '변신'은 '몸의 모양이나 태도 따위를 바꿈. 또는 그렇게 바꾼 몸.'이라는 뜻이므로 '분신'과 바꾸어 쓸 수 없다.

근거 있는 오답 풀이

① '빈번하게'는 정도나 횟수가 잦다는 의미로, '같은 일을 잇따라 잦게.'라는 뜻의 '자주'와 의미가 통한다.

② '윤곽'은 '사물의 테두리나 대강의 모습.'이라는 의미로, '둘레의 가장자리.'라는 뜻의 '테두리'와 의미가 통한다.

④ '투영하다'는 '어떤 일을 다른 일에 반영하여 나타내다.'라는 의미로, '다른 것에 영향을 받아 어떤 현상을 나타내다.'라는 뜻의 '반영하다'와 의미가 통한다.

⑤ '변주되다'는 '어떤 주제를 바탕으로, 소재 · 형태 · 방식 따위가 변형되어 표현되다.'라는 의미로, '사물의 성질, 모양, 상태 따위가 바뀌어 달라지게 되다.'라는 뜻의 '변화되다'와 의미가 통한다.

05강 실전 2 인상주의 미술

예술 본문 40~42쪽

확인 문제 » 1 인상주의 2 ○ 3 ×

정답 » 1 ④ 2 ③ 3 ③

수능이 쉬워지는 지문 키워드

☑과정의 흐름을 보여 주는 글

전통적인 회화에서 중시되던 사실주의적 회화 기법을 거부하고 새롭게 등장한 인상주의 미술, 후기 인상주의 미술의 특징을 제시한 글이다. 사실주의, 인상주의와 후기 인상주의로 이어지는 사조의 변천 과정과 각 미술의 특징에 대해 파악하며 읽어야 한다.

사실주의	• 세상을 생생하게 재현하려 함. • 사진의 발명으로 위기에 빠짐.
⬇	
인상주의	• 빛에 따라 달라지는 사물의 색과 그에 따른 순간적 인상을 표현하고자 함. • 모네: 더 이상 사실적인 것에 치중하지 않았지만, '눈에 보이는 대로' 표현하려 했다는 한계가 있음.
⬇	
후기 인상주의	• 재현 위주의 사실적 회화에서 근본적으로 벗어나는 새로운 방식을 추구함. • 세잔: 형태를 단순화하여 대상의 본질을 표현하고자 함.

• 주제 인상주의 미술의 등장과 그 특징

• 문단별 중심 내용

1문단: 사실주의 미술의 특징과 인상주의 미술의 등장
2문단: 인상주의 화가 모네의 회화 기법
3문단: 후기 인상주의 화가와 세잔의 회화 기법
4문단: 대상의 본질을 표현하기 위한 세잔의 새로운 시도와 영향

1 세부 내용 파악하기

근거 있는 정답 풀이

④ 모네의 그림에 대한 세잔의 평가는 제시되어 있지만, 세잔의 그림에 대한 모네의 평가는 제시되어 있지 않다. → 2, 3문단

근거 있는 오답 풀이

① 세잔은 질서 있는 화면 구성을 위해 대상의 선택과 배치가 자유로운 정물화를 선호했다고 하였다. → 3문단
② 사실주의 미술은 15세기 초에 등장하여 19세기까지 서양 미술의 주류를 이루었다고 하였다. → 1문단
③ 사실주의 미술은 사진의 등장으로 인해 대상을 사실적으로 재현하는 역할을 사진에 넘겨주게 되었다고 하였다. → 1문단
⑤ 사실주의 미술은 대상을 사실적으로 재현하려 하였고, 인상주의 미술은 빛에 의한 대상의 순간적 인상을 표현하려 했다고 하였다. → 1, 2문단

2 세부 내용 파악하기

근거 있는 정답 풀이

③ 모네는 대상을 눈에 보이는 대로 표현하려 했다는 점에서 이전 회화의 사실적 표현에서 완전히 벗어나지 못했다는 평가를 받았다. → 2문단

근거 있는 오답 풀이

① 사실주의 화가들은 세상을 그대로 재현하기 위해 다양한 학문을 적용하여 원근법이나 색채 명암법 등 다양한 기법을 개발하였다. → 1문단
② 세잔은 대상을 전통적 원근법에 억지로 맞추지 않고 이중 시점을 적용하여 대상을 다른 각도에서 바라보려 하였다. → 3문단
④ 세잔은 사물의 눈에 보이지 않는 형태까지 찾아 표현하려 하였고, 하나의 눈이 아니라 두 개의 눈으로 보는 세계가 진실이라고 믿고 두 눈으로 보는 세계를 평면으로 그리려고 노력하였다. → 3문단
⑤ 모네는 그림에 거친 붓 자국과 물감을 덩어리로 찍어 바르는 흔적을 남기며 대상을 빠른 속도로 그려 내었다. → 2문단

3 적용하기

보기 분석

㉠ 사실주의	• 세상을 생생하게 재현하고자 함. • 해부학, 광학, 색채학 등을 미술에 적용함.
㉡ 인상주의	색이 빛에 의해 계속해서 변화하므로 대상의 고유한 색은 존재하지 않음.
㉢ 모네	• 그림에 거친 붓 자국과 물감을 덩어리로 찍어 바른 듯한 흔적이 남아 있음. • 대상의 윤곽이 뚜렷하지 않음.
㉣ 후기 인상주의	사실적 회화에서 근본적으로 벗어나는 새로운 방식을 추구함.
㉤ 세잔	형태를 단순화하여 대상의 본질을 표현하려 하였고, 윤곽선을 강조하여 대상의 존재감을 부각함.

근거 있는 정답 풀이

③ 모네는 거친 붓질을 통해 대상을 표현하려 하였지만, 이는 대상의 사실적 묘사를 추구한 것은 아니다. → 2문단

근거 있는 오답 풀이

① 사실주의 화가들은 해부학, 광학, 색채학 등을 적용하여 대상을 사실적으로 그려 내기 위해 노력하였다. → 1문단
② 인상주의 화가들은 색이 빛에 의해 시시각각 변화하기 때문에 대상의 고유한 색은 존재하지 않는다고 생각하였다. → 2문단
④ 후기 인상주의 화가들은 재현 위주의 사실적 회화에서 근본적으로 벗어나는 새로운 방식을 추구하였다고 하였다. → 3문단
⑤ 세잔은 대상의 형태를 단순화하고 윤곽선을 강조하여 그림으로써 대상의 존재감을 부각하려 하였다. → 4문단

어휘 공략하기

본문 43쪽

1 (1) 붓질 (2) 원시인 (3) 정체성 (4) 존재감
2 (1) 지향 (2) 집중
3 ①

06강 실전 1 순자의 '불구지천' 인문 본문 46~47쪽

확인 문제 » 1 하늘 2 ○ 3 ×

정답 » 1 ⑤ 2 ④ 3 ④

수능이 쉬워지는 지문 키워드 ☑관점을 제시하는 글

이 글은 고대 중국인들과 순자에게 하늘이 어떤 의미를 지녔는지 설명하고 있다. 고대 중국인들의 관점과 다르게 순자가 하늘을 어떻게 인식했는지 파악하며 글을 이해해야 한다.

고대 중국인들이 본 '하늘'		순자가 본 '하늘'
• 의지와 뜻을 지님. • 신성하고 절대적으로 따라야 하는 존재 • 인간의 권선징악, 길흉화복, 사회의 운명을 결정함.	⟷	• 별, 해, 달 등과 같은 자연 현상일 뿐임. • 인간의 일과 무관함. → 인간의 의지가 중요함.

• 주제 하늘을 자연 현상으로 인식하고, 인간의 의지를 중시한 순자의 사상

• 문단별 중심 내용

1문단: 하늘에 대한 고대 중국인들의 인식

2문단: 하늘에 대한 순자의 인식

3문단: 하늘과 인간의 일을 나누어 생각한 순자의 '불구지천'

4문단: 인간의 적극적인 의지와 행동으로 현실 문제를 해결해야 한다고 본 순자

1 글의 전개 방식 파악하기

근거 있는 정답 풀이

⑤ 이 글은 하늘에 대한 고대 중국인들의 관점을 소개하고 이와 다른 순자의 새로운 관점을 제시한 후, 순자가 생각한 하늘의 의미를 상세히 설명하고 있다.

근거 있는 오답 풀이

① 고대 중국인들과 다른 하늘에 대한 순자의 견해가 드러나 있지만, 그 견해가 만들어진 과정을 시간 순서에 따라 제시하고 있지는 않다.

② 문제 상황을 제시하거나 그것의 원인을 다양한 측면에서 분석하고 있지 않다.

③ 순자가 주장한 '불구지천'의 의미가 상세히 설명되어 있지만, 이 견해에 대한 비판들이 제시되어 있지 않다.

④ 하늘에 대한 고대 중국인들과 순자의 상반된 입장이 제시되어 있지만, 각각의 장단점을 분석하여 더 나은 결론을 제시하고 있지 않다.

2 숨어 있는 내용 찾기

근거 있는 정답 풀이

④ 하늘이 인간에게 자신의 의지를 심어 두려워하고 복종하게 만든다고 생각한 것은, 순자가 아닌 고대 중국인들이라고 하였다. → 1문단

근거 있는 오답 풀이

①, ⑤ 순자는 하늘이 인간의 길과는 상관없는 그 자체의 길을 가지고 있다고 보았기 때문에, 일식이나 월식, 갑작스러운 비바람, 괴이한 별의 출현이 있더라도 이를 통해 하늘이 인간에게 길흉을 알려 주는 것이 아니라고 보았다. → 3문단

② 순자는 천재지변이 닥쳤을 때 하늘에 담긴 뜻이 무엇인지 알려고 노력할 필요가 없다는 뜻의 '불구지천'의 자세를 강조하였다. → 3문단

③ 순자는 하늘에 대한 종교적인 인식과 접근을 비판하였다. → 4문단

3 관점 비교하기

보기 분석

하늘에 대한 맹자의 인식	• 도덕적인 의의를 가짐. • 인륜의 근원임. • 사람은 하늘의 덕성을 본받아 자신의 덕으로 삼고, 이를 노력하고 실현해야 함.

근거 있는 정답 풀이

④ 〈보기〉의 맹자는 사람이 덕을 쌓기 위해서는 하늘의 덕을 본받아 노력하고 실현해야 한다고 보았지만, 순자는 하늘의 뜻을 알려 하지 말고 사람이 스스로 해야 할 일을 하라고 하였다. 따라서 맹자는 순자가 자신과 달리 하늘과 무관하게 사람의 할 일을 중요하게 여겼다고 생각할 수 있다. → 3, 4문단

근거 있는 오답 풀이

① 자연에 하늘의 덕이 담겨 있다고 본 것은 맹자이다.

② 맹자와 순자 모두에게서 하늘과 사람이 하나가 되어야 한다는 생각은 나타나지 않는다.

③ 도덕적 삶의 근원을 하늘에서 찾고자 한 것은 맹자이다.

⑤ 맹자는 하늘의 덕을 본받아 사람이 덕을 쌓아야 한다고 했을 뿐, 이를 통해 현실의 문제를 해결할 수 있다고 말하지는 않았다. 순자 또한 사람이 스스로 할 일을 적극적으로 찾아 위기를 극복해야 한다고 말했을 뿐, 이를 위해 덕을 쌓아야 한다고 보지는 않았다.

06강 실전 2 흄의 경험론 인문 본문 48~50쪽

확인 문제 » 1 경험 2 × 3 ×

정답 » 1 ② 2 ⑤ 3 ③ 4 ⑤

수능이 쉬워지는 지문 키워드 ☑관점을 제시하는 글

이 글은 18세기 경험론의 대표적인 철학자 흄의 사상을 다양한 예시를 들어 설명한 글이다. 흄이 지식의 근원을 경험이라고 보았음에도 경험을 바탕으로 진리를 구하는 것에 회의적이었던 이유를 파악하며 글을 이해해야 한다.

지식의 근원인 '경험'

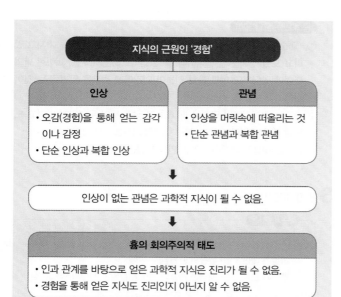

인상	관념
• 오감(경험)을 통해 얻는 감각이나 감정 • 단순 인상과 복합 인상	• 인상을 머릿속에 떠올리는 것 • 단순 관념과 복합 관념

⬇

인상이 없는 관념은 과학적 지식이 될 수 없음.

⬇

흄의 회의주의적 태도

• 인과 관계를 바탕으로 얻은 과학적 지식은 진리가 될 수 없음.
• 경험을 통해 얻은 지식도 진리인지 아닌지 알 수 없음.

• 주제 경험을 바탕으로 지식을 추구하며 근대 철학에 새로운 방향성을 제시한 흄의 철학

• 문단별 중심 내용

1문단: 모든 지식은 경험에서 나온다고 본 흄
2문단: 경험을 인상과 관념으로 구분하여 설명한 흄
3문단: 인상을 단순 인상과 복합 인상으로 나누어 설명한 흄
4문단: 인상이 없는 관념은 과학적 지식이 될 수 없다고 본 흄
5문단: 인과 관계를 바탕으로 한 과학적 지식을 비판한 흄
6문단: 경험을 통해 진리를 얻는 것에 대해 회의적인 태도를 보인 흄
7문단: 근대 철학에 새로운 방향성을 제시한 흄의 경험론

1 세부 내용 파악하기

근거 있는 정답 풀이

② 전통적인 진리관에서는 진술한 내용이 사실과 일치할 때 그것을 진리라고 보았다. → 6문단

근거 있는 오답 풀이

① 데카르트는 이성을 중심으로 진리를 탐구하였다. → 1문단
③ 흄은 지식을 얻거나 진리를 탐구하는 과정에서 경험을 중요하게 여겼는데, 이 경험은 우리 몸의 감각 기관에서 얻은 인상을 바탕으로 한다. → 1, 2문단
④ 흄은 경험을 통해 얻은 지식으로는 그것이 진리인지 아닌지 확인할 수 없다고 보았다. → 6문단
⑤ 흄은 이성을 중심으로 한 '합리론'에 문제를 제기하고 비판하며 경험 중심의 새로운 철학 이론을 구축하고자 하였다. → 1, 7문단

2 숨어 있는 내용 찾기

근거 있는 정답 풀이

⑤ 흄은 '모든 지식은 경험에서 나온다.'라고 주장하였고, 이 경험은 감각 기관을 통해 얻은 인상을 바탕으로 한다. 흄에 따르면 복합 인상 없이 복합 관념이 존재하더라도 그 관념은 감각 기관을 통한, 즉 경험을 거쳐서 얻은 것이 아니므로 과학적 지식이 될 수 없다. → 1, 2, 4문단

근거 있는 오답 풀이

① 진술한 내용이 사실과 일치할 때 그것을 진리라고 보는 것은 전통적인 진리관이다. ㉠에서는 진리가 아닌 과학적 지식 여부에 대해 이야기하고 있다. → 6문단
② 복합 관념이 존재한다는 것은 머릿속에 황금 소금을 떠올릴 수 있다는 것을 의미한다. → 4문단
③ 단순 인상들이 결합해 복합 인상을 만들 수 있지만, '황금 소금'은 현실에 없어 복합 인상을 만들 수 없다. → 3, 4문단
④ '황금 소금'이 이성을 통해 얻은 지식이라고 볼 근거가 없으므로 경험적 지식과 이성적 지식의 차이가 ㉠의 이유라고 보기는 어렵다. → 4문단

3 적용하기

보기 분석

근거 있는 정답 풀이

③ 흄은 진술한 내용이 사실과 일치하는지를 판단할 수 없기 때문에 경험을 통해 얻은 지식으로는 그것이 진리인지 아닌지를 알 수 없다고 하였다. 따라서 '이 사과는 빨개.'라는 진술은 진리라고 보기 어렵다. → 6문단

근거 있는 오답 풀이

① 혀로 달콤한 맛을 느끼는 것은 인상이고, 그 맛을 떠올리는 것은 관념이다. → 2문단
② 시각이라는 하나의 감각 기관을 통해 '이 사과는 빨개.'라고 느끼는 것은 단순 인상에 해당한다. → 3문단
④ 흄은 두 사건이 시간적·공간적으로 매우 가깝게 일어나는 것만 관찰할 수 있을 뿐, 두 사건이 필연적인 관계를 맺는지, 인과 관계인지는 단정할 수 없다고 보았다. → 5문단
⑤ 흄은 인과 관계란 시공간적으로 인접한 두 사건에 대한 관찰자의 주관적인 판단에 불과하다고 보았다. → 5문단

4 어휘의 의미 파악하기

근거 있는 정답 풀이

⑤ ⓐ와 ⑤의 '보다'의 의미는 '대상을 평가하다.'로 같다.

근거 있는 오답 풀이

① '눈으로 대상의 존재나 형태적 특징을 알다.'라는 의미이다.
② '음식 맛이나 간을 알기 위하여 시험 삼아 조금 먹다.'라는 의미이다.
③ '어떤 일을 맡아 하다.'라는 의미이다.
④ '맡아서 보살피거나 지키다.'라는 의미이다.

어휘 공략하기

본문 51쪽

1 (1) 관념 (2) 근원 (3) 고수하다 (4) 획기적
2 (1) ㉡ (2) ㉣ (3) ㉠ (4) ㉢
3 ①

07강 실전 1 빛 공해의 심각성 사회 본문 52~53쪽

확인문제 » 1 빛 공해 2 × 3 ○

정답 » 1 ② 2 ④ 3 ④

수능이 쉬워지는 지문 키워드 ☑개념을 설명한 글

이 글은 빛 공해의 개념을 제시한 뒤, 빛 공해가 인간과 생태계에 어떤 피해를 주는지 설명하고 있다. 정의, 열거 등 다양한 내용 전개 방식을 파악하고 빛 공해로 인한 피해 사례를 중심으로 이해해야 한다.

빛 공해

인공조명을 지나치게 많이 사용하여 생기는 빛이 사람과 환경 등에 피해를 주는 상태

인간에게 미치는 영향	동물, 곤충에게 미치는 영향
생체 리듬을 조절하는 호르몬인 멜라토닌의 생성을 감소시켜 각종 질병을 유발함.	철새, 야행성 동물, 양서류, 파충류, 곤충들의 활동 주기, 짝짓기, 먹이 활동 등을 방해함.

- 주제 인간과 동물, 곤충 모두에게 피해를 주는 빛 공해의 심각성
- 문단별 중심 내용

1문단: 빛 공해의 개념
2문단: 빛 공해로 인한 피해 ① – 멜라토닌을 감소시켜 질병을 유발함.
3문단: 빛 공해로 인한 피해 ② – 동물과 곤충의 생존과 번식을 위협함.
4문단: 빛 공해에 대한 관심을 촉구함.

1 글의 전개 방식 파악하기

근거 있는 정답 풀이

② 이 글은 같은 성질을 가진 것끼리 종류별로 나누는 분류의 방식을 사용하지 않았으며, 빛 공해의 종류와 각각의 특징도 설명하고 있지 않다.

근거 있는 오답 풀이

① '인공 조명을 ~ '빛 공해'라고 한다.'에서 빛 공해의 개념을 정의하고 있다. → 1문단

③ 우울증, 비만, 당뇨, 암 등 빛 공해가 일으키는 질병을 열거하여 제시하고 있다. → 2문단

④ 빛 공해의 피해를 받는 동물과 곤충의 사례를 제시하여 빛 공해가 생태계에 일으키는 문제점을 강조하고 있다. → 3문단

⑤ '만약 ~ 어떻게 될까?'와 같이 질문을 던진 후 '생체 리듬이 ~ 건강을 해칠 수 있다.'와 같이 질문에 대한 답을 제시하고 있다. → 1문단

2 숨어 있는 내용 찾기

근거 있는 정답 풀이

④ 도시에서 빛 때문에 생기는 피해가 크다는 내용은 이끌어 낼 수 있지만, 소음이나 먼지에 비해 더 큰 피해가 생기는지는 이 글만으로는 알 수 없다.

근거 있는 오답 풀이

① 야행성 동물은 어두운 환경에서 짝짓기, 먹이 찾기를 하고, 양서류와 파충류는 어두운 곳에서 알을 낳고 기른다는 내용을 통해 동물들은 저마다 서로 다른 생체 리듬을 갖고 있음을 알 수 있다. → 3문단

② 인구 밀도가 높을수록 건물이 많고 인공조명을 많이 사용할 것이므로 빛 공해 피해가 더 크다고 추측할 수 있다. → 1, 3문단

③ '부엉이, 늑대와 같은 야행성 동물들은 ~ 기회를 놓친다.'와 '반딧불이는 ~ 산속으로 사라져 버렸고'를 통해 알 수 있다. → 3문단

⑤ '이제 '빛'도 사람의 건강을 해치는 요인이 된 것이다.'와 '빛 공해의 심각성이 알려진 것은 비교적 최근의 일이다.'를 통해 예전에는 빛이 사람의 건강을 해치는 요인이 된다고 생각하는 사람들이 많지 않았다는 것을 알 수 있다. → 1, 4문단

3 적용하기

근거 있는 정답 풀이

④ 빛 공해가 멜라토닌 생성률을 떨어뜨려 인간에게 각종 질병을 유발하는 것은 맞지만, 농작물의 피해가 빛 공해로 인한 멜라토닌 감소 때문인지는 〈보기〉를 통해 알 수 없다.

근거 있는 오답 풀이

① 농촌의 논밭 주변으로 가로등이 많이 설치되어 가로등 근처의 농작물들이 빛 공해에 시달린다고 하였다. → 〈보기〉

② 벼가 잘 익으려면 주변의 밝기가 5럭스를 넘지 않아야 하는데, 가로등의 밝기는 30~50럭스로 적정 밝기보다 10배나 밝은 빛을 낸다. 따라서 벼의 입장에서는 가로등의 불빛이 과도한 빛 공해가 될 수 있다. → 〈보기〉

③, ⑤ 벼, 시금치 등 농작물마다 필요로 하는 빛 밝기가 다르고, 콩, 팥, 호박 등 빛을 쬐는 시간이 더 중요한 농작물도 있으므로, 빛 밝기와 빛 노출 시간은 빛 공해의 요인이 된다. 따라서 가로등 설치 시 빛과 관련된 농작물들의 특성을 고려해야 한다는 반응은 적절하다. → 〈보기〉

07강 실전 2 지구를 위협하는 플라스틱 사회 본문 54~56쪽

확인문제 » 1 플라스틱 2 ○ 3 ×

정답 » 1 ⑤ 2 ⑤ 3 ④ 4 ③

수능이 쉬워지는 지문 키워드 ☑개념을 설명한 글

이 글은 플라스틱이 어떤 물질이며 이것이 왜 우리에게 위협적인 존재가 되었는지를 설명한 후 플라스틱 문제 해결 방안을 제시하고 있다. 플라스틱 문제의 심각성과 현재 폐플라스틱을 처리하는 방법, 전문가들이 제시한 플라스틱 문제 해결 방안을 중심으로 글의 내용을 이해해야 한다.

플라스틱의 장점
• 유리나 금속에 비해 무게가 가볍고 내구성이 좋음. • 가공이 쉽고 가격이 저렴함.

플라스틱이 지구를 위협하는 이유
• 너무 많은 플라스틱이 생산됨. • 좀처럼 썩지 않음. → 자연 분해에 500년 이상 소요됨.

폐플라스틱 처리 방법의 문제점
• 매립: 토양과 지하수를 오염시키고 육지 생물의 생장을 방해함. • 소각: 유독성 물질을 배출함. • 재활용: 기술적인 한계가 있고 많은 비용이 듦.

플라스틱 문제 해결 방안
• 플라스틱 재활용 기술 개발 • 플라스틱 배출 감소 • 플라스틱 재사용의 증가

• 주제 지구에 큰 위협이 되는 플라스틱 문제와 해결 방안

• 문단별 중심 내용

1문단: 폐플라스틱 문제
2문단: 플라스틱의 장점
3문단: 플라스틱이 지구를 위협하게 된 이유
4문단: 폐플라스틱 처리 방식의 문제점
5문단: 폐플라스틱 재활용이 지닌 한계
6문단: 플라스틱 문제를 해결하기 위한 세 가지 방안

1 세부 내용 파악하기

근거 있는 정답 풀이

⑤ 플라스틱을 재사용하는 것은 환경 친화적인 방식이라고 하였다. 토양과 지하수 오염은 폐플라스틱을 매립할 때의 문제점으로 제시된 것이므로 적절하지 않다. → 4, 6문단

근거 있는 오답 풀이

① 플라스틱은 자연 분해에 500년 이상 걸리기 때문에 땅에 매립된 폐플라스틱은 장시간 분해가 거의 되지 않는다. → 3, 4문단
② 플라스틱은 내구성이 좋으며 가격이 저렴하다. → 2문단
③ 플라스틱 재사용은 재활용보다 비용이 적게 든다. → 6문단
④ 플라스틱은 합성 방식에 따라 폴리에틸렌, 폴리프로필렌 등 다양한 재질로 나뉜다. → 5문단

2 숨어 있는 내용 찾기

근거 있는 정답 풀이

⑤ ㉠은 폐플라스틱이 바다에서 작은 입자의 미세 플라스틱이 되어 해양 생물들의 몸속에 쌓이고, 이후 먹이 사슬을 따라 상위 포식자와 인간의 몸속에까지 들어가 생태계 전체가 플라스틱에 오염되었기 때문이다. → 4문단

근거 있는 오답 풀이

① 플라스틱의 결합 구조가 바뀐다는 내용은 제시되지 않았다.
② 잘게 부서진 미세 플라스틱이 다시 바람과 해류를 따라 다른 지역으로 퍼져 피해 지역이 확산될 수 있지만, 이전보다 바람과 해류가 더 자주 발생한다는 내용은 제시되지 않았다.
③ 바다로 흘러간 폐플라스틱이 먹이 사슬을 따라 이동한다고 했으므로, 해양 생태계의 먹이 사슬을 망가트린다는 설명은 적절하지 않다. → 4문단
④ 플라스틱이 토양과 지하수를 오염시키는 것은 맞지만, 이것이 ㉠의 이유가 되지는 않는다.

3 적용하기

보기 분석

Ⓐ	플라스틱 배출 감소의 예
Ⓑ	플라스틱 재사용의 예
Ⓒ	플라스틱 재활용 기술 개발의 예

근거 있는 정답 풀이

④ Ⓐ는 다회용 컵과 종이 빨대의 사용을 유도해 플라스틱의 생산, 배출을 줄이는 것을 목표로 하므로 ㉯의 예에 해당한다. Ⓑ는 수거한 플라스틱 용기를 세척, 살균 과정을 거쳐 같은 용도로 재사용하므로 ㉰의 예에 해당하다. Ⓒ는 여러 재질의 플라스틱을 녹여 다른 플라스틱으로 재가공하는 기술을 개발함으로써 지금까지의 재활용 기술의 한계를 개선하고 있으므로 ㉮의 예에 해당하다.

4 어휘의 의미 파악하기

근거 있는 정답 풀이

③ ⓐ와 ③의 '들다'는 '어떤 일에 돈, 시간, 노력, 물자 따위가 쓰이다.'의 의미로 같다.

근거 있는 오답 풀이

① '남을 위하여 어떤 일을 하다.'의 의미이다.
② '빛, 볕, 물 따위가 안으로 들어오다.'의 의미이다.
④ '물감, 색깔, 물기, 소금기가 스미거나 배다.'의 의미이다.
⑤ '수면을 취하기 위한 장소에 가거나 오다.'의 의미이다.

어휘 공략하기

본문 57쪽

1 (1) 생장 (2) 야행성 (3) 억제하다 (4) 내구성
2 (1) ㉡ (2) ㉠ (3) ㉢ (4) ㉣
3 (1) 가리키고 (2) 알맞은 (3) 생산량

08강 실전 1 구름의 생성과 강수 과학 본문 58~59쪽

확인 문제 » 1 강수 2 ○ 3 ×

정답 » 1 ② 2 ③

수능이 쉬워지는 지문 키워드 ☑과정의 흐름을 보여 주는 글

이 글은 대기 중의 수증기를 포함한 공기 덩어리가 상승하여 구름이 형성되고 강수가 내리는 과정과 이론을 설명한 글이다. 구름의 생성과 강수 과정을 중심으로 글을 이해해야 한다.

• **강수 과정**

수증기를 포함한 공기 덩어리의 상승
⬇
공기 덩어리의 부피 팽창
⬇
수증기의 응결, 구름 생성
⬇
구름 속 물방울 또는 빙정의 성장
⬇
강수

• 주제 구름이 형성되는 과정과 강수 이론

• 문단별 중심 내용

1문단: 구름의 개념과 특징

2문단: 구름이 만들어지는 조건과 강수의 개념

3문단: 강수 이론 ① – 병합설에서의 강수 조건과 과정

4문단: 강수 이론 ② – 빙정설에서의 강수 조건과 과정

1 세부 내용 파악하기

근거 있는 정답 풀이

② 구름이 만들어지기 위해서는 지표 근처에 있는 공기가 상승해야 한다고 하였다. 공기가 상승하는 경우는 지표면의 일부가 가열될 때, 이동하는 공기가 산을 타고 오를 때, 따뜻한 공기와 찬 공기가 만날 때이므로, 따뜻한 공기끼리 만날 때는 구름의 형성 조건에 해당하지 않는다. → 1, 2문단

근거 있는 오답 풀이

① 비가 되어 내릴 수 있는 구름 입자의 크기는 매우 작기 때문에 약 100만 개 이상의 구름 입자가 모여야 빗방울이 되어 지표로 떨어질 수 있다고 하였다. → 2문단

③ 공기 덩어리가 더 높이 상승하여 기온이 이슬점에 도달하면 수증기가 응결하여 물방울이 되고, 기온이 0℃ 이하로 내려가면 얼음 알갱이가 되기도 한다고 하였다. → 1문단

④ 공기보다 무거운 물방울이나 얼음 알갱이가 구름을 이루어 하늘에 떠 있는 이유는 물방울과 얼음 알갱이의 크기가 매우 작아서 떠 있으려는 부력이 아래로 떨어지려는 중력보다 크기 때문이라고 하였다. → 1문단

⑤ 구름이 대부분 물방울로만 이루어졌을 때 크고 작은 물방울들이 부딪치고 뭉쳐져서 점점 커지면 빗방울이 되어 지표로 떨어진다고 본 강수 이론은 병합설로, 날씨가 더운 열대 지방에서 내리는 비를 설명한다. → 3문단

2 적용하기

보기 분석

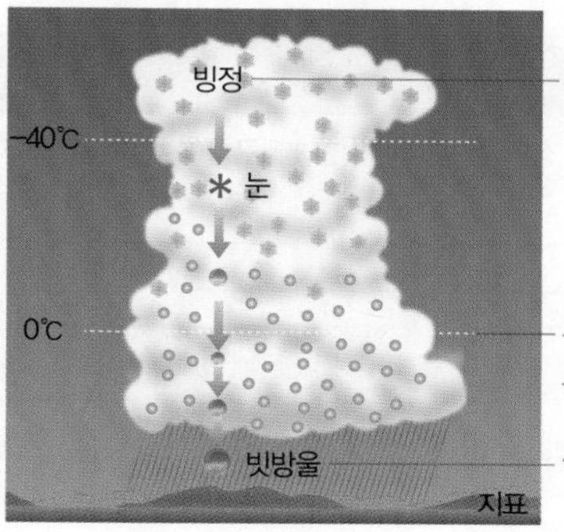

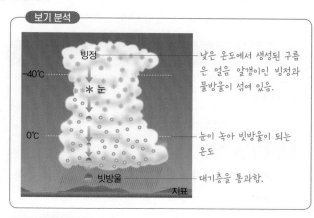

낮은 온도에서 생성된 구름은 얼음 알갱이인 빙정과 물방울이 섞여 있음.

눈이 녹아 빗방울이 되는 온도

대기층을 통과함.

근거 있는 정답 풀이

③ 〈보기〉는 구름이 생성되는 온도가 낮은 중위도 지방이나 고위도 지방에 적용되는 빙정설에서 말하는 구름이다. 빙정설은 구름 속에 있는 빙정이 커지고 무거워져 떨어지면 눈이 되고, 떨어지는 도중에 따뜻한 대기층을 통과하여 녹으면 비가 된다는 강수 이론이다. 그런데 기온이 0℃ 이하로 내려가면 수증기가 얼음 알갱이가 되기도 한다고 하였으므로, 기온이 0℃보다 낮으면 눈이 빗방울이 된다는 내용은 적절하지 않다. → 1, 4문단

근거 있는 오답 풀이

① 빙정이 커지고 무거워져 떨어지면 눈이 된다는 점에서 빙정이 눈이 되는 것은 빙정의 크기, 무게와 관련 있다. → 4문단

② 우리나라와 같은 중위도 지방에서는 구름이 생성되는 온도가 낮아 구름에 물방울과 빙정이 함께 존재하며, 빙정이 눈이 되고 떨어지는 도중에 따뜻한 대기층을 통과하여 녹으면 비가 된다고 하였다. 〈보기〉의 그림에서 이와 같은 현상을 확인할 수 있으므로 그림 속 구름은 우리나라와 같은 중위도 지방에서 주로 볼 수 있는 구름이다. → 4문단

④ 빙정설에서 빗방울이 지표로 내리는 것은 구름 속 빙정이 눈이 되어 떨어지는 도중에 따뜻한 대기층을 통과하면서 녹았기 때문이다. → 4문단

⑤ 구름이 생성되는 온도가 낮아 구름에 물방울과 빙정이 함께 존재한다고 하였다. 따라서 구름 속에 빙정이 존재하는 것은 구름이 만들어지는 온도와 관련 있음을 알 수 있다. → 4문단

문제 해결 비법

〈보기〉에 그림과 같은 자료가 제시될 때는 지문의 내용이 실제로 구현되는 모습을 보여 주는 경우가 많다. 따라서 지문에서 〈보기〉와 관련된 부분을 찾고, 〈보기〉의 자료에 잘 적용되는지를 꼼꼼히 살펴봐야 한다.

08강 실전 2 적란운과 집중 호우 | 과학 | 본문 60~62쪽

확인 문제 » 1 적란운, 집중 호우 2 × 3 ○

정답 » 1 ⑤ 2 ⑤ 3 ②

수능이 쉬워지는 지문 키워드

☑개념을 설명한 글

적란운의 형성과 집중 호우의 원리를 설명한 글로, 적란운과 집중 호우, 소나기의 개념 및 발생 원리를 이해해야 한다.

적란운

따뜻하고 습한 공기의 상승 운동이 활발할 때 구름이 쌓여 만들어지는 두터운 구름층

소나기

30분에 30㎜ 이하로 내리는 비

구름의 위치	지표에서 2~3㎞ 이내
구름 사이의 거리	기존의 적란운과 떨어져 있음.

집중 호우

1시간에 30㎜ 이상, 또는 하루에 80㎜ 이상으로 내리는 비

구름의 위치	지표에서 수백 미터 이내
구름 사이의 거리	기존의 적란운과 가까움.

• 주제 적란운의 형성과 집중 호우의 발생 원리

• 문단별 중심 내용

1문단: 집중 호우의 개념과 조건

2문단: 층운형 구름의 형성과 비의 세기

3문단: 공기의 상승과 적란운의 형성 과정

4문단: 소나기가 내리는 이유

5문단: 집중 호우가 내리는 이유

1 세부 내용 파악하기

근거 있는 정답 풀이

⑤ 따뜻한 공기가 차가운 공기 쪽으로 이동하면서 생기는 온난 전선의 전선면은 기울기가 완만해 공기의 상승 운동이 약하고 전선면을 따라 구름이 넓게 퍼지는 층운형 구름이 형성된다고 하였으므로, 온난 전선면의 기울기가 가파르다는 설명은 적절하지 않다. → 2문단

근거 있는 오답 풀이

①, ② 상승하는 공기가 따뜻하고 습할 경우 공기가 상승하는 과정에서 수증기가 냉각되어 작은 물방울이나 얼음 알갱이로 응결하며 방출하는 열이 공기에 공급되면서 구름이 형성된다고 하였고, 구름 속에는 작은 물방울이나 얼음 알갱이가 포함되어 있다고 하였다. → 3문단

③ 따뜻하고 습한 공기가 상승하는 과정에서 구름이 만들어지는데, 이때 아래쪽부터 차곡차곡 쌓여 형성된 두터운 구름층을 적란운이라고 하였다. → 3문단

④ 1시간에 30㎜ 이상, 하루에 80㎜ 이상, 또는 연 강수량의 10%에 해당하는 비가 하루에 내릴 때 집중 호우라고 한다. → 1문단

2 숨어 있는 내용 찾기

근거 있는 정답 풀이

⑤ 적란운이 지표에서 2~3㎞ 사이에 위치해 있으면서 기존의 적란운과 떨어져 있을 때에는 소나기가 발생하고, 적란운이 지표에서 수백 미터 이내에 위치해 있으면서 기존의 적란운과 가까이 있을 때 집중 호우가 내린다고 하였다. 따라서 ㉠과 ㉡의 차이는 적란운이 위치한 고도와 적란운 사이의 거리에 의한 것이다. → 4, 5문단

3 적용하기

보기 분석

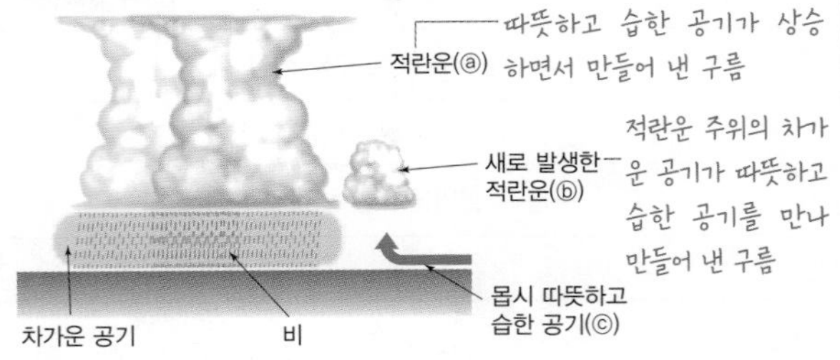

근거 있는 정답 풀이

② 상대적으로 낮은 고도에서 생긴 적란운은 지표와의 사이가 좁고, 공기의 양이 적어 찬 공기가 멀리 퍼지지 못한다고 하였다. 이런 상황에서 따뜻하고 습한 공기가 유입되면 새로운 적란운이 생성되는데, 이 과정이 반복되면 여러 개의 적란운이 몰리면서 집중 호우가 내린다고 하였다. 그러므로 ⓐ의 바닥과 지표 사이의 공기의 양이 적을수록 집중 호우의 가능성이 높아진다고 할 수 있다. → 5문단

근거 있는 오답 풀이

① ⓐ는 일반적인 공기보다 더 높은 고도에서 계속 새로운 구름을 만들어 내며 쌓인 구름이다. → 3문단

③ ⓐ와 ⓑ가 가까이에 몰려 형성되면 그 지역에 엄청난 양의 비가 일시에 집중적으로 쏟아지게 된다고 하였다. → 5문단

④ ⓒ가 습기가 적고 차가운 공기라면 새로운 적란운을 형성하기 어려우므로 집중 호우 지역이 확대되지 않을 것이다. → 4, 5문단

⑤ 적란운에서 비가 내리면 아래에 있는 공기의 온도가 내려가 밀도가 높아지고, 주변으로 퍼져 ⓒ와 만나 새로운 적란운을 만든다고 하였다. → 4문단

어휘 공략하기 본문 63쪽

1 (1) 상승 (2) 지표 (3) 입자 (4) 고도

2 (1) ㉠ (2) ㉣ (3) ㉢ (4) ㉡

3 (1) ○ (2) ○ (3) × (4) ○

09강 실전 1 정보 통신 기술 시스템 기술 본문 64~65쪽

확인문제 » 1 정보 통신 기술 2 × 3 ○

정답 » 1 ② 2 ②

수능이 쉬워지는 지문 키워드

☑분류를 활용한 글

이 글은 정보와 정보 통신 기술 시스템에 대해 설명한 글로, 정보 통신 기술 시스템을 구성하는 정보 처리 시스템과 정보 전송 시스템의 구성 단계를 중심으로 글을 이해해야 한다.

정보 통신 기술 시스템

정보 처리 시스템
- 정보의 입력과 생산
- 단계

투입	자료의 입력
과정	자료의 가공, 변환
산출	정보 생산
되먹임	정보의 검증 및 재처리 요구

정보 전송 시스템
- 정보의 전달
- 단계

투입	정보의 입력
과정	정보의 변환, 전송
산출	정보 전달
되먹임	정보의 검증 및 재전송 요구

- 주제 정보의 유형과 정보 통신 기술 시스템에 대한 이해
- 문단별 중심 내용

1문단: 정보의 유형과 정보 통신 기술의 개념
2문단: 정보 통신 기술 시스템의 개념과 유형
3문단: 정보 처리 시스템의 개념과 단계
4문단: 정보 전송 시스템의 개념과 단계
5문단: 정보 통신 기술이 우리 생활에 미친 영향

1 세부 내용 파악하기

근거 있는 정답 풀이

② 디지털 정보는 압축하여 용량을 줄이기 쉽고, 복사나 수정이 쉬우며, 정보의 종류가 달라도 같은 방법으로 저장하고 전송할 수 있다. 따라서 정보의 종류가 다르면 저장이나 전송이 어렵다는 설명은 적절하지 않다. → 1문단

근거 있는 오답 풀이

① 정보의 형태는 아날로그 정보와 디지털 정보로 구분할 수 있다고 하였다. → 1문단
③ 현대에는 다양한 정보 통신 기기를 바탕으로 한 정보 통신 기술 시스템을 통해 정보를 네트워크상에서 송수신할 수 있다고 하였다. → 2문단
④ 아날로그 정보는 정보를 연속적으로 표현해 사실 그대로를 표현하는 것이라고 하였다. → 1문단
⑤ 오늘날에는 모든 정보 기기가 개인 간에 유기적으로 연결되고 활용됨으로써 전 세계 어느 곳에나 신속하고 정확하게 정보를 전달할 수 있게 되었다고 하였다. → 5문단

2 적용하기

근거 있는 정답 풀이

② 정보 전송 시스템에서 '과정'은 정보 전달에 적합한 신호 형태로 변환하여 다른 정보 단말 장치로 전송하는 단계이다. 그렇지만 정보 처리 시스템에서 '과정'은 자료의 가공 및 변환 단계로 수집된 자료를 원하는 형태로 정보 처리 기기 내부에서 가공하고 변환할 뿐, 정보를 다른 단말 장치에 전달하지 않는다. → 3, 4문단

근거 있는 오답 풀이

① 정보 처리 시스템에서 '투입'은 입력자가 키보드, 마이크, 카메라, 센서 등을 이용하여 정보 처리 기기에 자료를 입력하는 단계이고, 정보 전송 시스템에서 '투입'은 정보의 입력 단계라고 하였다. → 3, 4문단
③ 정보 처리 시스템에서 '과정'은 자료의 가공 및 변환 단계로 수집된 자료를 원하는 형태로 정보 처리 기기 내부에서 가공·변환하는 반면, 정보 전송 시스템에서 '과정'은 기기 내부에서 정보 전달에 적합한 신호 형태로 변환하여 다른 정보 단말 장치로 전송한다. → 3, 4문단
④ 정보 처리 시스템과는 달리, 정보 전송 시스템에서 '산출'은 수신자 측의 정보 단말 장치로 정보 전달이 완료되어 수신된 정보를 저장하거나 출력하는 단계로 수신자 측에서 진행되는 단계이다. → 3, 4문단
⑤ 정보 처리 시스템에서 '되먹임'은 정보가 제대로 생산되었는지 검증하고 오류가 발생했을 때 입력자에게 재처리를 요구한다. → 3문단

문제 해결 비법

[A]와 같이 지문 일부를 묶어 정보를 묻는 문제는 주로 해당 부분의 정보를 확인하는 문제가 출제된다. 2번 문제와 같이 두 가지 화제를 비교하는 문제는 표를 그려 해당 내용을 정리한 다음, 선택지와 비교해 보는 것이 좋다.

09강 실전 2 패킷 교환 방식 기술 본문 66~68쪽

확인문제 » 1 패킷 교환 2 ○ 3 ×

정답 » 1 ④ 2 ① 3 ④

수능이 쉬워지는 지문 키워드

☑과정의 흐름을 보여 주는 글

이 글은 네트워크상에서 이메일을 보낼 때 메시지가 패킷이라는 조각으로 나뉘어 전송되는 패킷 교환 방식에 대해 설명한 글로, 패킷 교환의 과정을 중심으로 글을 이해해야 한다.

패킷 교환 과정

메시지를 패킷으로 나눔.

⬇

패킷에 헤더가 부착됨.

⬇

패킷 교환망	'버퍼'에 잠시 저장한 후 도착 순서에 따라 전송함.
	각각의 패킷은 통신 지점인 '노드'를 지나감.

⬇

패킷들이 수신지에 일련번호 순서와 상관없이 개별로 도착함.

⬇

패킷이 일련번호 순서대로 원래의 메시지로 재결합함.

- 주제 네트워크상에서 정보를 전달하는 방식인 패킷 교환 방식
- 문단별 중심 내용

1문단: 네트워크상에서의 패킷 교환 방식
2문단: 패킷의 어원과 개념
3문단: 패킷의 구성과 패킷 교환의 개념
4문단: 패킷 교환 과정과 패킷 손실
5문단: 패킷의 이동 경로와 수신 오류의 원인
6문단: 패킷 교환 방식의 장점

1 글의 전개 방식 파악하기

근거 있는 정답 풀이

④ 이 글은 네트워크상에서 메시지를 보낼 때 메시지가 패킷이라는 조각으로 나뉘어 전송되는 패킷 교환 방식에 대해 설명하고 있다. 패킷들이 각기 다른 경로로 전송되기 때문에 데이터 전송 시 하나의 경로에 과부하가 발생하여 전송이 지연되더라도 다른 경로를 통해 패킷을 전송할 수 있다는 장점이 제시되어 있지만, 비유적 표현은 사용되지 않았다.

근거 있는 오답 풀이

① '패킷'은 원래 우편 용어로, 'package(소화물)'와 'bucket(덩어리)'의 합성어라고 하였다. → 2문단

② 보통 한 패킷이 1,024비트의 데이터를 담을 수 있다고 하며 구체적인 수치를 사용하여 패킷의 용량을 제시하였다. → 2문단

③ 패킷은 크게 헤더부와 데이터 영역으로 구성된다고 하였다. → 3문단

⑤ 과거 종이로 편지를 보낼 때와 현재 네트워크상에서 이메일로 편지를 보낼 때를 대비하여 설명하고 있다. → 1문단

2 숨어 있는 내용 찾기

근거 있는 정답 풀이

① '패킷'은 네트워크상에서 정보를 효율적으로 전송·교환하기 위해 용량이 큰 정보를 적당한 길이로 쪼개어 받는 사람 메일 주소로 전달하는 것이라고 하였다. 또한 보내야 할 데이터가 큰 경우에도 여러 패킷으로 나뉘어 전송되므로 정보를 원활하게 전송할 수 있다고 하였다. 따라서 용량이 큰 정보를 받는 사람에게 쉽게 전달하기 위해 패킷으로 나누어 정보를 전달한다고 할 수 있다. → 2, 6문단

3 적용하기

보기 분석

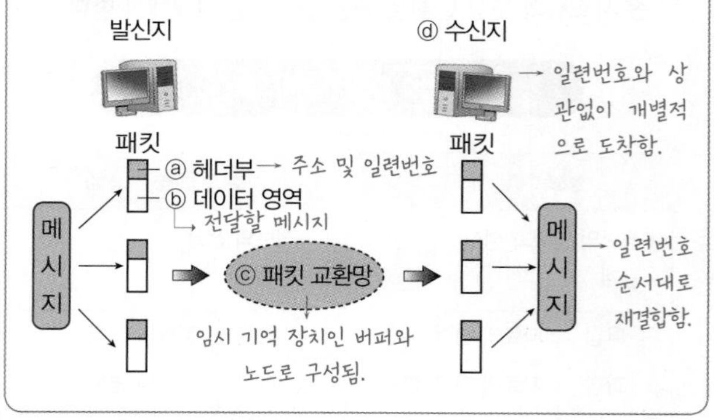

근거 있는 정답 풀이

④ ⓒ를 지나온 각 패킷들은 ⓓ에 일련번호의 순서와 상관없이 개별적으로 도착한다고 하였다. → 5문단

근거 있는 오답 풀이

① ⓐ에는 메시지가 최종적으로 전달될 주소와 패킷의 일련번호 등의 정보가 들어 있다고 하였다. → 3문단

② ⓑ에는 메시지 자체의 내용이 들어 있다고 하였다. → 3문단

③ ⓒ에서 패킷들은 우선 '버퍼'라는 기억 장치에 잠시 저장되는데, 버퍼 공간의 크기가 유한하기 때문에 도착하는 패킷과 전송을 위해 대기 중인 패킷들로 꽉 차 있는 경우에는 지연을 겪을 수 있다고 하였다. → 4문단

⑤ ⓒ를 지나온 각 패킷들이 ⓓ에 모두 도착하면, 일련번호의 순서에 맞게 원래의 메시지로 재결합된다고 하였다. → 5문단

문제 해결 비법

기술을 설명하는 지문에서는 그 원리와 구현 과정을 실제 사례나 그림에 적용하여 해결하는 문제가 자주 출제된다. 그러므로 지문에 나타난 원리나 과정을 꼼꼼하게 파악하고, 〈보기〉의 도식 또는 그림에 적용할 수 있어야 한다. 헷갈리지 않도록 〈보기〉와 관련된 내용을 지문에서 찾아 〈보기〉 옆에 적거나 표시하여 선택지와 비교해 보는 것이 좋다.

어휘 공략하기

본문 69쪽

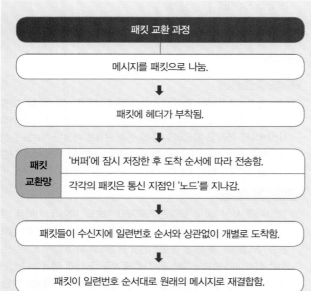

1 (1) 불능 (2) 산출 (3) 전송 (4) 과부하
2 (1) ㉡ (2) ㉣ (3) ㉢ (4) ㉠
3 (1) ㉢ (2) ㉠ (3) ㉣ (4) ㉡

10강 실전 1 칸타타와 소나타 예술 본문 70~71쪽

확인문제 » 1 칸타타, 소나타 2 × 3 ○

정답 » 1 ⑤ 2 ② 3 ⑤

수능이 쉬워지는 지문 키워드

☑분류를 활용한 글

이 글은 바로크 음악 시대에 나타난 칸타타와 소나타의 음악적 특징을 설명한 글로, 두 형식의 유래, 전개 방식, 주제 등을 중심으로 글을 이해해야 한다.

• **칸타타와 소나타의 음악적 특징**

칸타타	• 17세기 바로크 시대의 음악 • 성악곡으로 아리아, 레치타티보, 중창, 합창 등으로 이루어진 음악 형식 • 바흐가 작곡한 칸타타의 두 종류	
	교회 칸타타	설교의 기능을 하며 신앙심을 바탕으로 교훈적인 가사의 의미를 표현함.
	세속 칸타타	결혼이나 생일, 대학 행사 등을 위해 만들었으며 현실적인 경향이 뚜렷함.
소나타	• 17세기에 등장한 음악 형식으로 칸타타와 대비되는 기악곡을 부르는 명칭 • 제시부, 발전부, 재현부, 코다의 4부로 구성	

• 주제 칸타타와 소나타의 음악적 구성과 특징

• 문단별 중심 내용

1문단: 칸타타의 개념과 유래
2문단: 칸타타의 구성 형식과 바흐의 칸타타
3문단: 바흐 칸타타의 유형과 특징
4문단: 소나타의 개념과 유래
5문단: 소나타 형식의 전개와 구성 내용

1 세부 내용 파악하기

근거 있는 정답 풀이

⑤ 칸타타는 독창인 아리아, 대사를 노래하듯이 말하는 형식인 레치타티보, 중창, 합창 등으로 이루어진 음악 형식이다. 그러나 이 글에 칸타타에서 레치타티보보다 아리아를 중시한다는 내용은 제시되어 있지 않다. → 1문단

근거 있는 오답 풀이

① 칸타타는 일반적으로 두 개의 레치타티보와 두 개의 아리아로 구성되었고, 노래를 부를 때는 소프라노를 포함하여 여러 성부를 섞어 사용하는 방법을 구사했다고 하였다. → 2문단

② 소나타 형식은 크게 제시부, 발전부, 재현부, 코다의 4부로 이루어진다. 제시부는 악곡 맨 처음에 두 개의 주제를 보여 주는 부분이고, 발전부는 제시부에서 선보인 주제들을 바꾸고 변형하는 부분으로 작곡가의 기교와 재능이 발휘된다. 재현부는 다시 두 개의 주제가 나타나지만 제1·2주제가 같은 조성이라는 점에서 제시부와는 차이를 보인다. 마지막으로 코다는 소나타의 종결 부분이다. → 5문단

③ 칸타타의 어원은 이탈리아어로 '노래 부르다'를 뜻하는 'cantare'라 하였고, 소나타는 '울리다, 연주하다'라는 뜻의 이탈리아어 'sonare'에서 유래했다고 하였다. → 1, 4문단

④ 교회 칸타타는 진실한 신앙심을 바탕으로 교훈적인 가사의 의미를 음악으로 표현하였고, 세속 칸타타는 현실적인 경향이 뚜렷하여 자연에 대한 사랑, 해학 등 세속적인 감각을 살펴볼 수 있다고 하였다. → 3문단

2 숨어 있는 내용 찾기

근거 있는 정답 풀이

② ⓑ(발전부)는 ⓐ(제시부)에서 제시된 두 주제를 다양한 방법으로 발전시키는 부분이다. 그러나 ⓑ에서 ⓐ에 제시된 주제를 통합하여 연주한다고 볼 근거는 이 글에서 찾을 수 없다. → 5문단

근거 있는 오답 풀이

① ⓐ(제시부)에서 성격이 다른 제1주제와 제2주제가 등장한다고 하였으며, 제1주제는 제1악장의 성격을 좌우하고 곡의 전체적인 성격까지 나타낸다고 하였다. 반면 제2주제는 서정적인 성격을 띤다고 하였다.

③ ⓑ(발전부)는 ⓐ(제시부)에서 선보인 주제들을 조바꿈하고 변형하여 새로운 화음으로 재편성하는 등 작곡가의 기교와 재능이 마음껏 발휘되는 부분이다.

④ ⓒ(재현부)에서는 ⓐ(제시부)의 주제가 재현되지만, 제2주제가 제1주제의 딸림음조로 나타나는 제시부와 달리 제2주제가 제1주제와 같은 조로 나타난다는 점에서 음악적 성격이 차이를 보인다.

⑤ ⓓ(코다)는 소나타의 짧은 종결부로, 보통은 ⓐ(제시부)의 악구와 유사하지만 새로운 주제가 제시되면서 마무리될 수도 있다고 하였다.

3 어휘의 의미 파악하기

근거 있는 정답 풀이

⑤ ㉠은 '몇 가지 부분이나 요소가 모여 일정한 성질이나 모양을 가진 존재가 되다.'의 의미로, 소나타 형식이 크게 제시부, 발전부, 재현부, 코다의 부분이 모여 하나의 전체가 된다는 뜻을 나타낸다. ⑤의 '이루어지다'는 국어의 문장 성분이 3개의 성분으로 구성되어 있다는 의미로 사용되어 ㉠과 가장 유사하다. → 5문단

근거 있는 오답 풀이

①, ② '어떤 대상에 의하여 일정한 상태나 결과가 생기거나 만들어지다.'의 의미이다.

③, ④ '뜻한 대로 되다.'의 의미이다.

10강 실전 2 그레고리안 선법

예술 본문 72~74쪽

확인문제 » 1 그레고리안 선법 2 ○ 3 ×

정답 » 1 ⑤ 2 ① 3 ③

수능이 쉬워지는 지문 키워드

☑분류를 활용한 글

이 글은 그레고리오 성가에 쓰인 그레고리안 선법의 특징과 종류를 설명한 글이다. 다소 생소한 용어가 많이 나오므로 각각의 음역 설정과 중심음, 종지음이 결정되는 방법을 헷갈리지 않고 잘 비교하여 이해해야 한다.

• **그레고리안 선법**

	정격 선법	변격 선법
종류	도리아, 프리지아, 리디아, 믹소리디아	정격 선법의 명칭에 '하이포'라는 접두어를 붙임.
음역	종지음으로부터 한 옥타브 위까지	종지음 아래 4도에서 종지음 위 5도까지
종지음	종류별로 다름. 예 리디아: '바'	종류별로 다름. 예 하이포-리디아: '바'
중심음	종지음의 5도 위의 음	종지음의 3도 위의 음

• 주제 그레고리안 선법의 유형과 음악사적 의의

• 문단별 중심 내용

1문단: 그레고리오 성가의 유래

2문단: 그레고리안 선법의 특징

3문단: 정격 선법의 종지음과 중심음

4문단: 변격 선법의 종지음과 중심음

5문단: 그레고리안 선법의 음악사적 의의

1 세부 내용 파악하기

근거 있는 정답 풀이

⑤ 베토벤은 병에서 회복한 기쁨과 신에 대한 감사의 마음을 종교적인 분위기로 표현하기 위해 하이포-리디아를 사용했다고 하였다. 하이포-리디아는 변격 선법으로, 종지음은 '바'이고 중심음이 '가'라고 하였다. → 4, 5문단

근거 있는 오답 풀이

① 그레고리오 성가는 유럽 지역에 구전되던 성가들을 모아 집대성한 것이라고 하였다. → 1문단

② 그레고리오 성가는 미사나 수도원에서의 기도 등 가톨릭의 종교 의식에서 불렀다고 하였다. → 1문단

③ 그레고리오 성가는 남성이 무반주로 운율에 맞추어 낭송을 하는 것이 특징이며, 남성이 부를 수 있는 한정된 음역으로 이루어져 있다고 하였다. → 1, 2문단

④ 유럽 지역에서 구전될 때의 그레고리오 성가는 교회마다 서로 달랐으며, 이를 그레고리오 대제가 하나로 통일시켜 모든 교회가 동일하게 부르도록 했다고 하였다. → 1문단

2 숨어 있는 내용 찾기

보기 분석

• **그레고리오 성가의 특징**

내용	성스럽고 엄숙한 내용
언어	라틴어 사용 → 평민은 읽을 수 없어 주로 남자 수도사들이 부름.
형식	• 자유로운 리듬, 단조로운 느낌 • 반주나 박자를 최대한 배제한 채 사람의 음성으로만 부름. → 당시에는 악기로 연주하는 음악을 불경스럽다고 여김.

근거 있는 정답 풀이

① 〈보기〉에서는 그레고리오 성가의 가사가 성스럽고 엄숙한 내용으로 되어 있으며, 성가를 부르는 사람은 하나님의 말씀을 온전히 전달하는 역할을 한다고 하였다. 이로 볼 때 ㉡은 하나님의 말씀을 훼손하지 않고 사람들에게 그대로 전달하기 위한 의도로 활용한 형식이라 할 수 있다.

3 적용하기

보기 분석

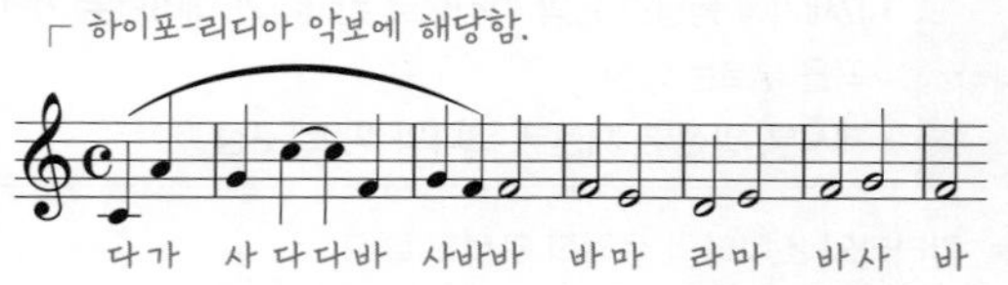

근거 있는 정답 풀이

③ 이 글에서 베토벤은 ㉢을 하이포-리디아를 사용하여 표현했다고 하였다. 하이포-리디아는 '바' 음이 종지음이며, 낮은 '다' 음부터 높은 '다' 음까지의 음역을 가진다. 이를 바탕으로 제시된 주제부 악보를 살펴보면, 하이포-리디아 음역 중 '나' 음은 사용되지 않았다. → 4문단

근거 있는 오답 풀이

① 중심음인 '가' 음은 주제부의 첫 마디에서 낮은 '다' 음의 다음으로 둘째 음에서 사용되었다. → 4문단

② 종지음인 '바' 음은 주제부의 둘째, 셋째, 넷째, 여섯째, 마지막 마디에 사용되었다. → 4문단

④ 하이포-리디아 음역에서 가장 낮은 음은 '다' 음이고, 주제부의 악보도 낮은 '다' 음으로 시작하고 있다. → 4문단

⑤ 주제부 악보인 하이포-리디아는 낮은 '다' 음부터 높은 '다' 음까지를 한 옥타브의 음역으로 가진다. → 4문단

어휘 공략하기

본문 75쪽

1 (1) 종결 (2) 구전되다 (3) 보급하다 (4) 어원

2 (1) 보급 (2) 정리 (3) 회복 (4) 재현

3 (1) ㉡ (2) ㉠ (3) ㉢

11강 실전 1 논증과 오류 인문 본문 78~79쪽

확인 문제 » 1 귀납 논증 2 ○ 3 ○

정답 » 1 ② 2 ⑤ 3 ④

수능이 쉬워지는 지문 키워드 ☑분류를 활용한 글

이 글은 논증을 연역 논증과 귀납 논증으로 나누어 설명하고 있다. 분류를 활용한 글에서는 분류의 기준이 무엇인지를 파악하며 읽어야 한다.

논증 과정에서 전제가 결론을 어느 정도로 뒷받침하는가?

연역 논증	귀납 논증
• 전제들이 모두 참이면 결론도 반드시 참임. • 삼단 논법: 두 개의 전제로 하나의 결론을 도출하는 방식 예 '모든 동물은 죽는다.'(대전제), '호랑이는 동물이다.'(소전제) → '호랑이는 죽는다.'(결론)	• 전제들이 모두 참이라 해도 결론은 거짓일 수 있음. → 오류를 줄이기 위해 노력해야 함. • 성급한 일반화의 오류: 사례가 충분하지 않을 때 발생함. • 편향된 통계의 오류: 관찰한 대상과 표본이 특정 집단에 치우칠 때 발생함.

• 주제 논증의 종류와 귀납 논증에서 발생할 수 있는 오류

• 문단별 중심 내용

1문단: 논증의 정의와 논증의 종류
2문단: 연역 논증의 특징
3문단: 귀납 논증의 특징
4문단: 좋은 귀납 논증이 되기 위한 조건
5문단: 귀납 논증에서 발생할 수 있는 오류

1 글의 전개 방식 파악하기

근거 있는 정답 풀이

② 이 글은 연역 논증과 귀납 논증의 특징을 비교하여 설명하고 있으며, 좋은 귀납 논증이 되기 위한 조건과 귀납 논증의 과정에서 발생할 수 있는 오류의 종류를 예를 들어 설명하고 있다.

근거 있는 오답 풀이

① 삼단 논법에 대해서 설명하고 있으나, 연역 논증이 귀납 논증보다 더 유용한 이유는 글에 설명되지 않았다. → 2문단

③ 연역 논증과 귀납 논증이 처음 등장한 시기는 글에서 설명하고 있지 않다.

④ 연역 논증과 귀납 논증의 개념은 설명하고 있으나, 연역 논증의 신뢰성을 높이기 위한 방법을 소개하고 있지는 않다. → 2, 3문단

⑤ 귀납 논증에서 오류가 일어나는 이유를 설명하고 있지만, 오류 발생에서 연역 논증과 귀납 논증 간의 공통점과 차이점을 비교하지는 않았다. → 5문단

2 적용하기

보기 분석

ㄱ	연역 논증(삼단 논법)
ㄴ	귀납 논증(성급한 일반화의 오류)

근거 있는 정답 풀이

⑤ ㄴ은 두 명의 대학생을 관찰한 사례를 바탕으로 일반화된 결론을 이끌어 내었으므로, 귀납 논증이면서 성급한 일반화의 오류에 해당한다. 삼단 논법이 사용된 것은 ㄴ이 아니라 ㄱ이다. → 2, 3, 5문단

근거 있는 오답 풀이

① ㄱ은 삼단 논법에 해당하는데, 2문단의 사례에 ㄱ을 대응시켜 보았을 때 두 번째 문장의 주어인 '철수'는 첫 번째 전제의 주어인 '학생'에 포함된다. → 2문단

② ㄱ은 삼단 논법에 해당하는데, 삼단 논법에서 결론의 내용은 이미 전제에 포함되어 있다고 하였다. → 2문단

③ ㄴ은 귀납 논증에 해당하는데, 귀납 논증은 충분한 수의 사례를 관찰해야 좋은 논증으로 평가받을 수 있다고 하였다. → 4문단

④ 귀납 논증은 여러 사례를 관찰하여 일반화된 결론을 이끌어 낸다고 하였다. ㄴ의 '그러므로' 앞의 두 문장은 관찰한 사례를, '그러므로' 뒤의 한 문장은 일반화된 결론을 이끌어 낸 것이다. → 3문단

문제 해결 비법

〈보기〉에 제시된 내용은 지문에서 언급된 특정 이론이 구체화된 사례이다. 이와 같이 실전에서는 〈보기〉를 통해 지문과 관련된 상황이나 사례가 구체적으로 제시된다. 따라서 〈보기〉의 사례가 지문의 어떠한 이론과 연결되는지를 파악해야 한다. 그리고 문제를 풀 때는 〈보기〉가 제시된 문항을 가장 마지막에 푸는 것이 좋다. 다른 문제를 풀 때 사용되지 않았던 문단에 〈보기〉 문항을 푸는 정보가 모여 있는 경우가 많기 때문이다.

3 숨어 있는 내용 찾기

근거 있는 정답 풀이

④ 귀납 논증에서 오류를 줄이기 위해서는 다양한 집단에 속한 대상들을 관찰해야 한다고 하였다. 이와 관련하여 5문단의 사례에서는 30대 이상의 집단에 속한 여성들을 조사하지 않았으므로, 이를 대다수 여성들의 입장이라고 보기 어렵다. 따라서 이러한 내용이 ㉠에 들어가야 한다. → 4, 5문단

근거 있는 오답 풀이

① 이 논증의 결론은 대다수 여성들의 입장에 관한 것이므로 남성을 조사 대상에 포함시키는 것은 적절하지 않다.

②, ③ 다양한 집단에 속한 대상들을 관찰한 내용이 ㉠에 들어가야 하므로 적절하지 않다.

⑤ 많은 여성들을 대상으로 조사하는 것은 오히려 오류를 줄일 수 있는 방법에 해당한다. 5문단의 사례는 관찰 대상이 10대와 20대의 여성으로 치우쳐서 오류가 생긴 것이므로 이를 지적해야 한다.

11강 실전 2 명제의 표준 형식 인문

본문 80~82쪽

확인 문제 » 1 표준 형식 2 ○ 3 ×

정답 » 1 ② 2 ⑤ 3 ③ 4 ⑤

수능이 쉬워지는 지문 키워드

☑개념을 설명한 글

이 글은 명제의 개념과 표준 형식을 설명하기 위해 많은 예시를 들고 있다. 이를 바탕으로 각 개념들을 정확히 이해하는 것이 중요하다.

• **명제의 표준 형식**

전체 긍정 명제	'모든 ~는 ~이다.'
전체 부정 명제	'어느 ~도 ~가 아니다.'
부분 긍정 명제	'어떤 ~는 ~이다.'
부분 부정 명제	'어떤 ~는 ~가 아니다.'

• 주제 일상 언어의 문장과 명제의 표준 형식

• 문단별 중심 내용

1문단: 일상 언어에 사용하는 문장의 특징과 논리학의 목적
2문단: 논리학에서 사용하는 명제의 표준 형식
3문단: 전체 긍정 명제와 전체 부정 명제의 형식
4문단: 부분 긍정 명제와 부분 부정 명제의 형식
5문단: 일상 언어의 문장을 표준 형식의 명제로 바꾸는 방법
6문단: 일상 언어를 표준 형식의 명제로 바꿀 때 고려할 점

1 세부 내용 파악하기

근거 있는 정답 풀이

② 논리학에서 쓰이는 문장을 명제라고 하며, 명제란 그 내용이 참인지 거짓인지 명확하게 판단할 수 있는 문장을 뜻한다고 하였다. → 2문단

근거 있는 오답 풀이

① "어떤 학생은 철학자이다."와 같이 '어떤 ~는 ~이다.'라는 형식을 사용하는 명제는 부분 긍정 명제라고 하였다. → 4문단

③ 아리스토텔레스는 명제를 네 가지 표준 형식으로 나누었는데, 여기에는 긍정과 부정의 명제가 모두 포함되어 있다. → 2문단

④ "칼을 쓰는 자는 칼로 망한다."를 교훈적인 말로 받아들이면 전체 긍정으로 읽게 된다고 하였다. → 5문단

⑤ "모든 학생은 철학자가 아니다."는 뜻이 분명하지 않으므로 잘못된 형식을 따르고 있다. 이를 전체 부정의 뜻으로 해석하였다면, 표준 형식은 '어느 ~도 ~가 아니다.'가 된다. → 3문단

2 숨어 있는 내용 찾기

근거 있는 정답 풀이

⑤ "칼을 쓰는 자는 칼로 망한다."라는 문장은 읽는 사람이나 상황에 따라서 그 논리적 의미가 다르다고 하였다. 또한 일상 언어의 문장은 이용되는 경우나 내용에 따라서 그 의미가 다르게 이해되어야 할 때가 많다고 하였다. 하지만 이러한 문제는 논리학의 범위에 속하지 않는다고 하였다. → 5, 6문단

근거 있는 오답 풀이

① 일상 언어는 적절한 해석에 따라 표준 형식의 명제로 고칠 수 있다고 하였다. → 5문단

② 논리학은 기본 명제를 네 가지로 나누고 그것에 맞는 표준 형식이 있다고 하였다. → 2문단

③ 일상 언어의 문장을 기본 명제로 바꿀 수 있으므로, 본질적으로 다르다고 보기는 어렵다. → 5문단

④ 일상 언어 문장을 적절하게 해석한 후, 그것에 맞는 형식으로 고쳐 주면 된다고 하였다. → 5문단

3 적용하기

근거 있는 정답 풀이

③ 〈보기〉의 ㉰는 '경마만'이 사용되었으므로, '경마에 미친 사람이 좋아하는 것'이 경마 이외의 것은 없다는 뜻이다. 하지만 '경마에 미친 모든 사람은 경마를 좋아한다.'라고 고칠 경우, 경마에 미친 모든 사람이 경마 이외의 것도 좋아할 수 있다는 뜻으로도 해석될 수 있으므로 적절하지 않다. 따라서 전체 긍정 명제의 표준 형식을 사용하여 '경마에 미친 사람이 좋아하는 모든 것은 경마이다.'로 고쳐야 한다.

근거 있는 오답 풀이

① '원숭이도 나무에서 떨어진다.'는 나무에서 떨어지는 원숭이도 있다는 뜻이므로, '어떤 원숭이'로 바꾸어 고친 것은 적절하다.

② '소수의 사람들만'은 사람들 중에서 일부분을 의미하는 것이므로, '어떤 사람은'으로 바꾸어 고친 것은 적절하다.

④ '비가 오는 날이면'은 비가 오는 날마다를 의미하는 것이므로, '비가 오는 모든 날'로 바꾸어 고친 것은 적절하다.

⑤ '피서지마다'는 피서지 전체를 의미하므로, '모든 피서지'로 바꾸어 고친 것은 적절하다.

4 어휘의 의미 파악하기

근거 있는 정답 풀이

⑤ ⓐ와 ⓔ에서는 '여러 가지가 섞인 것을 구분하여 분류하다.'의 의미로 사용되었다.

근거 있는 오답 풀이

① '나눗셈을 하다.'의 의미로 사용되었다.
② '음식 따위를 함께 먹거나 갈라 먹다.'의 의미로 사용되었다.
③ '몫을 분배하다.'의 의미로 사용되었다.
④ '하나를 둘 이상으로 가르다.'의 의미로 사용되었다.

어휘 공략하기

본문 83쪽

1 (1) 명확하다 (2) 편향되다 (3) 보편적 (4) 논리학
2 (1) ㉡ (2) ㉢ (3) ㉠
3 (1) 수 관형사 (2) 수사

12강 실전 1 소비자의 청약 철회권

사회 본문 84~85쪽

확인 문제 » 1 소비자 2 ○ 3 ×

정답 » 1 ⑤ 2 ④ 3 ②

수능이 쉬워지는 지문 키워드

☑개념을 설명한 글

청약 철회권의 개념과 이 권리를 행사하기 위해 소비자가 알아야 할 것들에 대해 설명하는 글이다. 청약 철회권과 관련된 구체적인 사례를 중심으로 개념을 이해해야 한다.

청약 철회권	개념	• 소비자가 법이 정한 기한 안에 청약을 자유로이 철회하고 계약을 없던 것으로 되돌릴 수 있는 권리 • 청약: 소비자가 상품이나 서비스를 구입하겠다는 의사 표시 • 철회: 다시 거두어들인다는 뜻
	권리 행사가 불가한 경우	① 상품을 분실하거나 훼손한 경우 ② 상품을 쓰거나 소비하여 상품 가치가 감소한 경우 ③ 시간이 지나 상품의 재판매가 곤란한 경우 – 신선도가 떨어진 신선 식품류 ④ 복제가 가능한 상품의 포장이 훼손된 경우

• 주제 청약 철회권을 통한 소비자의 권리 보호

• 문단별 중심 내용

1문단: 반품과 관련된 문제 사례

2문단: 청약 철회권의 개념

3문단: 소비자가 청약 철회권을 행사할 수 없는 경우

4문단: 판매자가 소비자의 청약 철회를 방해하는 행위

5문단: 소비자가 보호받는 거래 질서 확립 기대

1 글의 전개 방식 파악하기

근거 있는 정답 풀이

⑤ ㉤은 청약 철회권을 행사하여 소비자가 보호받기를 바라는 글쓴이의 견해가 나타난 부분이다. 이를 청약 철회권이 인정되는 근거를 부분별로 밝히는 내용으로 볼 수는 없다.

근거 있는 오답 풀이

① ㉠은 '~ 불가능한 것일까?'와 같이 질문의 형식으로 반품과 관련한 글의 화제를 밝히고 있다.

② ㉡은 청약 철회권의 개념을 설명하기 위해 '청약'과 '철회'의 의미를 각각 밝히고 있다.

③ ㉢은 과일이나 야채를 예로 들어 청약 철회권을 행사할 수 없는 경우를 설명하고 있다.

④ ㉣에서 '흰색 옷은 반품이 불가합니다.', '세일 상품은 반품이 불가합니다.', '고객의 단순 변심으로 인한 반품은 불가합니다.'와 같이 판매자가 소비자의 청약 철회를 방해하는 문구의 예를 나열하여 제시하고 있다.

2 적용하기

근거 있는 정답 풀이

④ 옷을 반품하는데 판매자가 반품 배송비 외에 인건비나 포장비 등을 추가적으로 요구하는 것은 소비자의 청약 철회를 방해하는 행위에 해당한다고 하였다. → 4문단

근거 있는 오답 풀이

① 소비자는 인터넷 쇼핑으로 구입한 상품을 반품하는 경우 그 상품을 받은 날로부터 7일 이내에 반품할 수 있다고 하였다. → 2문단

② 청약 철회권이란 청약을 자유롭게 철회하고 계약을 없던 것으로 되돌릴 수 있는 권리라고 하였다. 따라서 반품이 완료되면 계약은 없던 것으로 되돌아간다. → 2문단

③ 소비자가 잘못하여 반품할 상품을 잃어버리면 청약 철회권을 행사할 수 없다고 하였다. → 3문단

⑤ '세일 상품은 반품이 불가합니다.'와 같은 문구는 판매자가 소비자의 청약 철회를 방해하는 행위로 보고 있다. → 4문단

문제 해결 비법

이 글은 1문단에 사례를 제시하고, 2문단부터 개념을 설명하고 있다. 2번 문항은 1문단을 〈보기〉처럼 활용한 문제 유형이라 할 수 있다. 이런 경우에는 1문단에 제시된 사례를 정확히 이해한 다음, 사례와 연관이 있는 내용을 2문단~5문단 안에서 찾아야 한다. 그리고 이 내용을 선택지와 대응시켜 보면서 문제를 해결해야 한다.

3 숨어 있는 내용 찾기

근거 있는 정답 풀이

② ⓐ의 앞에 제시된 내용은 판매자가 거짓된 사실을 알려 소비자를 속이는 사례들이다. 이는 판매자가 소비자의 청약 철회를 방해하는 행위로, 판매자의 말과 달리 실제로는 소비자가 7일 이내에는 청약을 철회할 수 있다. 하지만 이러한 문구를 본 소비자는 반품할 수 있는 상품임에도 반품을 포기하는 경우도 있는데, 이로 인해 소비자가 청약 철회권을 행사하는 데 어려움을 느끼게 되는 것이다. → 4문단

근거 있는 오답 풀이

① 청약 철회권은 판매자가 아닌 소비자가 가지는 권리이다. → 2문단

③ 반품을 할 수 없는 상품의 종류는 판매자가 결정하는 것이 아니며, 상품을 분실·훼손한 경우, 상품 가치가 감소한 경우, 시간이 지나 상품의 재판매가 곤란한 경우 반품할 수 없다고 하였다. → 3문단

④ 소비자는 구입한 제품의 디자인이나 내용을 복제해서는 안 된다. 그러나 이것이 ⓐ의 이유가 되는 것은 아니다. → 3, 4문단

⑤ 소비자는 자신의 권리가 침해되었을 때는 한국소비자원과 같은 기관의 도움을 받을 수 있다. → 5문단

12강 실전 2 재산권의 제약

사회 본문 86~88쪽

확인 문제 » 1 분리 이론, 경계 이론 2 ○ 3 ○

정답 » 1 ① 2 ① 3 ⑤

수능이 쉬워지는 지문 키워드

☑관점을 제시하는 글

이 글은 개인의 재산권에 특별한 희생이 발생할 때 재산상의 손실을 국가가 보상하도록 요구할 수 있는 권리인 '손실 보상 청구권'에 대해 설명하고 있다. 그리고 손실 보상 청구권이 성립하기 위한 요건인 특별한 희생과, 보상의 대상이 되지 않는 사회적 제약의 구별에 대해 분리 이론과 경계 이론으로 구분하여 소개하고 있다. 따라서 재산권 침해에 따른 두 입장의 차이를 파악하며 글을 이해해야 한다.

사회적 제약과 특별한 희생

분리 이론	경계 이론
• 입법자의 의사에 따라 사회적 제약과 특별한 희생이 결정된다고 봄. • 법을 실제로 시행했을 때 재산권 침해가 사회적 제약을 넘는다면 그 법은 위헌임. • 재산권의 존속이 재산권의 침해와 손실 보상보다 우선임.	• 재산권의 사회적 제약과 특별한 희생은 정도의 차이만 있음. • 재산권 침해의 정도가 사회적 제약의 범위를 넘어서면 특별한 희생으로 바뀐다고 봄. • 보상 내용이 없었다 하더라도 특별한 희생에 대한 보상은 당연히 이루어져야 한다고 봄.

• 주제 재산권 제약에 대한 분리 이론과 경계 이론의 입장 차이

• 문단별 중심 내용

1문단: 손실 보상 청구권의 의미와 성립 요건
2문단: 특별한 희생의 구체적 내용
3문단: 재산권에 있어 사회적 제약과 특별한 희생의 차이
4문단: 재산권 제약에 대한 분리 이론의 입장
5문단: 재산권 제약에 대한 경계 이론의 입장

1 세부 내용 파악하기

근거 있는 정답 풀이

① 헌법 제23조 제1항에서 모든 국민의 재산권은 보장되며 그 내용과 한계는 법률로 정한다고 하였으므로 재산권은 법률에 의해 구체화된다고 할 수 있다. → 3문단

근거 있는 오답 풀이

② 행정 기관이 법에 근거하여 일을 하는 과정에서, 보호할 필요가 있는 개인의 재산권을 침해했다면, 이를 '특별한 희생'이라 하였다. → 1문단

③ 헌법 제23조 제3항에 따르면 '사용'과 '제한' 둘 다 재산권이 국가로 이전되는 것은 아니다. → 2문단

④ 재산권 침해가 특별한 희생에 해당되어야 손실 보상 청구권을 갖는다고 하였다. → 3문단

⑤ 국가가 개인의 재산권을 잠시 빌려 쓰는 것은 '사용'이라고 하였다. '수용'은 개인의 재산권이 국가에 이전되는 것에 해당한다. → 2문단

2 숨어 있는 내용 찾기

근거 있는 정답 풀이

① ㄱ. 분리 이론(㉠)은 입법자의 의사에 따라 사회적 제약과 특별한 희생이 결정된다고 본다. → 4문단

ㄴ. 분리 이론(㉠)에서는 법을 실제로 시행했을 때 사회적 제약을 넘는 재산권 침해가 발생할 경우, 그 법률 자체가 위헌이므로 손실을 보상하는 것이 아니라 해당 법률을 제거해야 한다고 본다. → 4문단

근거 있는 오답 풀이

ㄷ. 경계 이론(㉡)은 재산권 침해가 사회적 제약의 범위를 넘어서면 특별한 희생으로 바뀌므로 이에 대한 보상이 이루어져야 한다고 본다. → 5문단

ㄹ. 경계 이론(㉡)에서는 법률에 보상 내용이 없었다 하더라도 특별한 희생에 대한 보상은 당연히 이루어져야 한다고 본다. → 5문단

3 적용하기

보기 분석

헌법 재판소 (분리 이론)	• B 법률로 인한 재산권 침해가 사회적 제약이라면 합헌임. • B 법률을 실제로 시행했을 때 사회적 제약을 벗어난 과도한 침해가 발생했다고 판단함. → B 법률은 위헌이므로 제거해야 함.

근거 있는 정답 풀이

⑤ 〈보기〉에서 헌법 재판소는 분리 이론의 입장에서, B 법률로 인해 사회적 제약을 벗어난 재산권 침해가 발생하므로 위헌이라고 판단하였다. 이 경우 분리 이론은 재산권의 존속이 우선이기 때문에 재산권을 침해받은 이에게 손실을 보상하는 것이 아니라 B 법률을 제거해야 한다고 본다. 따라서 분리 이론의 관점에서 B 법률에 의한 재산권 침해는 특별한 희생에 해당한다고 판단하지 않을 것이다. → 4문단

근거 있는 오답 풀이

① 헌법 재판소는 개발 제한 구역이 사회적 제약을 벗어나서 토지 소유자의 재산권을 과도하게 침해한다고 판단하였다. 이는 재산권이 사회적 제약에 위반되는지를 판단하였다고 볼 수 있다. → 4문단

② 분리 이론은 재산권 침해가 사회적 제약에 해당하면 법률에 보상 내용이 포함되지 않을 수 있다고 보았지만, 재산권 침해가 사회적 제약을 넘는다면 손실을 보상하는 것이 아니라 그 법률을 제거해야 한다고 보았다. → 4문단

③ 토지 재산권의 공공성을 고려하여 B 법률이 헌법에 위반되는지를 판단하였다. → 3문단

④ 헌법 재판소는 개발 제한 구역의 지정 행위가 사회적 제약을 넘어 개인에게 가혹한 부담을 발생시킨다면 헌법에 위반된다고 보았으며, 따라서 B 법률은 헌법에 위반된다고 판단하였다. → 4문단

어휘 공략하기

본문 89쪽

1 (1) 보상 (2) 반품 (3) 위약금 (4) 철회
2 (1) ㉢ (2) ㉡ (3) ㉠
3 (1) 으나 (2) 아서 (3) 고

13강 실전 1 물질의 특성 과학 본문 90~91쪽

확인 문제 » 1 물질, 특성 2 ○ 3 ×

정답 » 1 ② 2 ① 3 ④

수능이 쉬워지는 지문 키워드

☑ 개념을 설명한 글

이 글은 물질이 지닌 다양한 특성과 이를 실생활에 활용하는 방법에 대해 설명하고 있다. 물질의 특성과 관련된 용어와 그 개념을 중심으로 글을 이해해야 한다.

물질의 특성	개념	어떤 물질이 가진 성질 중에서 다른 물질과 구별되는 고유한 성질
	활용	• 순물질의 특성 활용 • 순물질이 혼합물로 되었을 때 성질이 달라지는 것을 활용 ㉔ 눈길에 염화 칼슘을 뿌리는 것 • 물질의 특성인 끓는점, 녹는점, 어는점, 밀도 등을 활용한 혼합물의 분리 ㉔ 원유를 분리하는 증류탑

• 주제 물질의 다양한 특성과 실생활에서의 활용

• 문단별 중심 내용

1문단: 순물질과 혼합물의 개념

2문단: 물질의 특성의 개념과 활용 사례

3문단: 물질의 특성의 종류와 표시할 때의 주의점

4문단: 물질의 특성을 활용한 혼합물 분리

1 세부 내용 파악하기

근거 있는 정답 풀이

② 물질의 특성은 '물질마다 다르며 같은 물질이면 그 양에 관계없이 일정하다.'라고 하였다. 따라서 순수한 물의 양이 증가하더라도 그 양에 관계없이 물의 밀도는 일정하다. → 3문단

근거 있는 오답 풀이

① 주위의 압력이 높아지면 끓는점도 높아지고, 주위의 압력이 낮아지면 끓는점도 낮아진다고 하였으므로 상관관계가 있다고 할 수 있다. → 3문단

③ '액체 상태의 혼합물을 가열하여 나오는 기체를 각각 냉각하여 액체로 분리하는 방법을 '증류'라고 한다.'라고 하였다. 따라서 증류는 액체 혼합물을 가열하여 각각의 순물질로 분리하는 방법이라고 할 수 있다. → 4문단

④ '물질의 특성에는 끓는점, 녹는점과 어는점, 밀도 등이 있다.'라고 하였고, '물질의 특성을 이용하면 혼합물을 분리할 수도 있다.'라고 하였다. 따라서 물질이 지닌 녹는점이나 밀도의 특성을 이용하면 혼합물을 분리할 수 있다. → 3, 4문단

⑤ '한 가지 물질로 이루어진 순물질은 물질마다 제각기 고유의 특성을 지닌다.'라고 하였다. 따라서 1 기압에서 물의 끓는점이 항상 100℃인 것은 '물'이라는 순물질의 특성에 해당한다. → 2문단

2 숨어 있는 내용 찾기

근거 있는 정답 풀이

① ㉠은 '도로의 물이 순수한 물보다 더 낮은 온도에서 얼게 함으로써 도로가 어는 것을 막는 방법'이라고 하였다. 즉 순물질에 염화 칼슘을 섞어 혼합물로 만들어 어는점을 낮게 하는 것이므로 물질의 어는점을 활용한 방법이다. 그리고 '원유는 ~ 증류하면 끓는점이 비슷한 물질끼리 분리되어 실생활에 필요한 물질들을 얻을 수 있다.'라고 하였다. 따라서 ㉡은 물질의 끓는점을 활용한 방법이다. → 2, 4문단

근거 있는 오답 풀이

② ㉠은 도로의 물이 순수한 물보다 더 낮은 온도에서 얼게 하는 방법이라고 하였다. 따라서 ㉠은 순물질이 가진 고유의 특성이 잘 나타나도록 유도하고 있는 것이 아니라, 순물질이 혼합물로 되었을 때의 성질을 유도한 것이다. → 2문단

③ ㉠은 도로의 물이 순수한 물보다 더 낮은 온도에서 얼게 하는 방법이라고 하였다. 따라서 ㉠은 순물질이 혼합물이 되었을 때 성질이 달라지는 것을 활용한 방법이다. 또한 증류를 이용하여 혼합물을 분리하는 대표적인 예로 원유를 분리하는 증류탑이 있다고 하였다. 따라서 ㉠, ㉡ 모두 혼합물이 가진 이점을 활용한 사례이다. → 2, 4문단

④ '원유는 ~ 증류하면 끓는점이 비슷한 물질끼리 분리되어 실생활에 필요한 물질들을 얻을 수 있다.'라고 하였다. 따라서 ㉡은 혼합물로 바뀌었을 때 달라진 성질이 아니라 순물질의 특성을 활용해 혼합물을 분리하는 방법에 해당한다. → 4문단

⑤ ㉠은 순물질이 혼합물이 되었을 때 성질이 달라지는 것을 활용한 방법이다. → 2문단

3 어휘의 의미 파악하기

근거 있는 정답 풀이

④ ⓐ와 ④의 '낮은(낮다)'의 의미는 '높낮이로 잴 수 있는 수치나 정도가 기준이 되는 대상이나 보통 정도에 미치지 못하는 상태에 있다.'이다.

근거 있는 오답 풀이

① '소리가 음계에서 아래쪽이거나 진동수가 작은 상태에 있다.'라는 의미이다.

② '아래에서 위까지의 높이가 기준이 되는 대상이나 보통 정도에 미치지 못하는 상태에 있다.'라는 의미이다.

③ '품위, 능력, 품질 따위가 바라는 기준보다 못하거나 보통 정도에 미치지 못하는 상태에 있다.'라는 의미이다.

⑤ '지위나 계급 따위가 기준이 되는 대상이나 보통 정도에 미치지 못하는 상태에 있다.'라는 의미이다.

13강 실전 2 김치의 숙성 과정 과학 본문 92~94쪽

확인 문제 » 1 미생물 2 ○ 3 ×

정답 » 1 ② 2 ⑤ 3 ③

수능이 쉬워지는 지문 키워드

☑과정의 흐름을 보여 주는 글

이 글은 미생물을 중심으로 갓 담근 김치가 잘 익은 김치가 되기까지의 숙성 과정을 설명하고 있다. 김치의 숙성 과정에서 어떠한 미생물이 활약하는지를 중심으로 글을 이해해야 한다.

김치의 숙성 과정

김치 초기	김치 중기	김치 말기
일반 세균 급증 → 이산화 탄소 포화 상태를 견디지 못하고 사멸함.	둥근 젖산균 급증 → 산성 환경을 견디지 못하고 사멸함.	막대 젖산균 급증 → 산성 환경을 견디지 못하고 사멸함.

- 주제 미생물을 중심으로 한 김치의 산성화 과정
- 문단별 중심 내용

1문단: 김치 속 미생물들의 생태계
2문단: 일반 세균이 증가하는 김치 초기
3문단: 김치에서 독보적인 세력을 형성하는 젖산균
4문단: 둥근 젖산균이 세력을 떨치는 김치 중기
5문단: 막대 젖산균이 세력을 확장하는 김치 말기 및 몰락기
6문단: 국제 식품으로 성공하기 위한 김치의 과제
7문단: 토종 젖산균 '류코노스톡 김치 아이'

1 글의 전개 방식 파악하기

근거 있는 정답 풀이

② 김치 초기에 일반 세균이 급증하는 모습을, 김치 중기에 둥근 젖산균이 세력을 떨치는 모습을, 김치 말기에 막대 젖산균이 세력을 확장해 나가는 모습을 설명하고 있다. 이는 특정 대상의 변화 과정을 단계에 따라 제시한 것이다. → 2~5문단

근거 있는 오답 풀이

① 김치의 씨앗균을 찾기가 어렵다고 하였지만 이는 김치의 단점은 아니며, 이 글에서 김치의 장점은 언급하고 있지 않다. → 7문단

③ 김치가 지닌 특성을 밝히기 위해 활용한 것은 문헌 자료가 아니라 전문가의 견해이다. → 1문단

④ 이 글은 일반 세균, 젖산균, 효모로 변화되는 김치 생태계를 다룰 뿐, 김치의 생태계에 대한 관점은 제시하고 있지 않다.

⑤ 이 글은 김치 생태계의 변화 과정을 다루고 있지만, 김치가 역사적으로 변천해 온 모습은 제시하고 있지 않다.

2 세부 내용 파악하기

근거 있는 정답 풀이

⑤ 일반 세균은 '이산화 탄소가 포화 상태에 이르면서 더는 살 수 없는 환경으로 변'한다고 하였고, '둥근 젖산균은 더 이상 이러한 환경을 견디지 못하여 세력이 약해지고'라고 하였다. 또한 '막대 젖산균도 자신이 만든 젖산 환경을 더 이상 견디지 못하고 사멸한다.'라고 하였다. 따라서 김치의 숙성 과정에서 일반 세균, 젖산균 모두 자신들이 만든 환경을 더 이상 견디지 못하고 쇠퇴하고 있다. → 2, 4, 5문단

근거 있는 오답 풀이

① 김치 초기에는 '일반 세균들의 개체 수가 최대 10배까지 증가한다.'와 '일시적으로 증가했던 일반 세균은 다시 빠른 속도로 사라지는데'라고 하였고, '이때 산소를 싫어하는 미생물인 젖산균이 ~ 활동을 시작하는데'라고 하였다. 따라서 김치 초기에 급증한 일반 세균이 김치 중기에 젖산균에게 자리를 내어 준다는 것을 알 수 있다. → 2, 3문단

② '다른 미생물이 출현하면 ~ 항생 물질을 뿜어내어 이들을 물리친다.'라고 하였다. 따라서 김치 중기에 젖산 왕국이 되는 것은 젖산균이 항생 물질로 다른 미생물들을 제거하기 때문이다. → 3문단

③ '산성에 강한 막대 젖산균은 ~ 효모가 등장하며 젖산 왕국은 최후를 맞이한다.'라고 하였다. 따라서 김치 말기에 막대 젖산균은 효모의 등장 전까지 김치의 산도를 증가시킨다는 것을 알 수 있다. → 5문단

④ '김치의 산도가 0.5%가 되는 순간 ~ 막대 젖산균이 증식한다.'라고 하였고, '산성에 강한 막대 젖산균'이라고 하였다. 따라서 김치 말기에 둥근 젖산균이 막대 젖산균으로 교체되는 것은 막대 젖산균이 둥근 젖산균보다 산성에 강해서 둥근 젖산균이 살 수 없는 산도 0.5%인 환경에서도 살 수 있기 때문임을 알 수 있다. → 4, 5문단

3 적용하기

근거 있는 정답 풀이

③ '자기 몸 주변에 자신보다 50여 배나 큰 투명 보호막을 만들어 산성이 강한 위장을 거쳐 대장까지 살아간다고 한다.'라고 하였다. 이는 '류코노스톡 김치 아이'가 산성에 강한 이유를 제시한 것으로, 이를 소화 촉진의 기능과 관련짓는 것은 적절하지 않다. → 7문단

근거 있는 오답 풀이

① '막대 젖산균은 둥근 젖산균과 달리 오직 젖산만을 만드는데'라고 하였다. 그런데 '류코노스톡 김치 아이'는 탄산 가스를 만들기 때문에 막대 젖산균으로 보기 어렵다. → 5문단

② '맛을 좌우하는 우수한 젖산균을 찾아내면, 이들을 씨앗균으로 뿌려 같은 양념이라도 색다른 맛과 향을 내는 김치로 만들 수 있다.'라고 하였다. 그런데 '류코노스톡 김치 아이'는 감칠맛을 높여 준다고 하였으므로, 씨앗균으로서 뛰어난 자질을 갖고 있다고 할 수 있다. → 6문단

④ '토종 젖산균 '류코노스톡 김치 아이'를 발견해 학계에서 새로운 종으로 인정받은'이라고 하였다. 따라서 〈보기〉에서 정식 학명을 얻었다는 것은 세계 학계에서 새로운 종으로 인정받았다는 것을 의미한다. → 1문단

⑤ 김치의 중기와 말기에 젖산균이 세력을 떨치는 것을 김치의 젖산 왕국이라고 표현하였다. 따라서 '류코노스톡 김치 아이'가 다른 젖산균보다 1천 배나 많이 번식하는 것은 김치의 젖산 왕국 형성에 큰 도움이 될 것이다. → 4문단

어휘 공략하기

본문 95쪽

1 (1) 고유 (2) 개체 (3) 세력
2 (1) 포화 (2) 일시적 (3) 독보적
3 (1) 출연 (2) 출현 (3) 띄게 (4) 띤

14강 실전 1 생명 기술의 발달

기술 본문 96~97쪽

확인 문제 » 1 생명 기술 2 ○ 3 ×

정답 » 1 ④ 2 ② 3 ③

수능이 쉬워지는 지문 키워드

☑개념을 설명한 글

이 글은 생명 기술의 개념을 바탕으로 그 발달 과정과 다양한 활용 분야, 우리가 가져야 할 태도를 설명하고 있다. 생명 기술의 개념과 그 활용 분야를 중심으로 글을 이해해야 한다.

생명 기술	생명체를 이용하여 유용한 생산물을 만들거나 생명체를 새로운 형태로 변형시키는 것

생명 기술의 활용 ①	생명 기술의 활용 ②
• 농축산물의 품종 개량 • 바이오 에너지 생산 • 미생물을 이용한 환경 정화	• 로봇 의수, 생체 인식 등의 바이오닉스 기술 • 생체 정보를 인식하여 관리하는 스마트 헬스 케어 기술

• 주제 다양한 분야에서 활용되는 생명 기술과 우리가 가져야 할 태도

• 문단별 중심 내용

1문단: 생명 기술의 개념
2문단: 생명 기술의 발달 과정
3문단: 생명 기술의 활용 ① – 농·축산업, 에너지, 환경 분야
4문단: 생명 기술의 활용 ② – 전자 기계 기술, 정보 통신 기술과의 융합
5문단: 생명 기술에 대해 우리가 가져야 할 태도

1 중심 화제와 중심 내용 파악하기

근거 있는 정답 풀이

④ 이 글에서는 생명 기술 발달이 우리 사회에 주는 긍정적 영향과 부정적 영향을 언급하고 있으나, 이에 대한 찬반 논쟁을 제시하고 있지는 않다. → 5문단

근거 있는 오답 풀이

① 생명 기술은 '생명체를 이용하여 유용한 생산물을 만들거나 생명체를 새로운 형태로 변형시키는 것'이라고 하였다. → 1문단

② 생명 기술이 초창기부터 17세기와 19세기를 거쳐 오늘날에 이르기까지 어떻게 발달해 왔는지 밝히고 있다. → 2문단

③ 생명 기술의 활용 분야로 농·축산업, 에너지, 환경 분야, 전자 기계 기술과 정보 통신 기술과의 융합을 제시하고 있다. → 3, 4문단

⑤ 생명 기술의 발달 과정에서 생명 경시 풍조, 인간 존엄성 하락 등의 생명 윤리 문제가 발생할 수 있음을 언급하고 있다. → 5문단

2 적용하기

보기 분석

크리스퍼 유전자 가위 기술
• 유전자 재조합과 관련됨. • 이 기술을 통해 멸종된 동물 복원 작업이 진행 중임.

↓

동물 복원이 성공할 경우
• 생태계의 복원 가능 • 난치병 극복 가능

근거 있는 정답 풀이

② '초창기의 생명 기술은 주로 인간의 경험과 관찰을 바탕으로 이루어졌다.'라고 하였다. 그러나 〈보기〉에서 제시된 멸종된 동식물을 복원하는 작업은 유전자 재조합과 관련된 기술을 활용한 사례로 현재의 생명 기술에 해당한다. → 2문단

근거 있는 오답 풀이

① 생명 기술로 인해 발생할 수 있는 문제점에 유의해야 한다고 하였다. → 5문단

③ '농·축산업 분야에서는 세포 융합이나 유전자 재조합 기술을 통해 농축산물의 품종을 개량하여'라고 하였다. 〈보기〉에서는 유전자 재조합 기술이 생태계 복원이라는 새로운 분야에 사용되었다. → 3문단

④ '생명 기술의 발달은 우리 사회에 긍정적인 영향을 주고 있다.'라고 하였다. 따라서 유전자 가위 기술로 난치병을 치료하는 것은 우리 사회에 긍정적인 영향을 주는 것이다. → 5문단

⑤ '19세기부터는 유전 현상의 과학적 원인을 밝혀내는 방향으로 생명 기술이 발달했다.'라고 하였다. 따라서 유전자 가위 기술은 인류가 19세기부터 유전 현상의 과학적 원인을 탐구해 왔기 때문에 얻은 생명 기술이다. → 2문단

3 어휘의 의미 파악하기

근거 있는 정답 풀이

③ ㉠과 ③의 '늘리다'의 의미는 모두 '수나 분량 따위를 본디보다 많아지게 하거나 무게를 더 나가게 하다.'로 같다.

근거 있는 오답 풀이

① '힘이나 기운, 세력 따위를 이전보다 큰 상태로 만들다.'라는 의미이다.
② '물체의 넓이, 부피 따위를 본디보다 커지게 하다.'라는 의미이다.
④ '재주나 능력 따위를 나아지게 하다.'라는 의미이다.
⑤ '살림을 넉넉하게 하다.'라는 의미이다.

14강 실전 2 적정 기술

기술 본문 98~100쪽

확인 문제 » 1 적정 기술 2 × 3 ○

정답 » 1 ③ 2 ② 3 ④

수능이 쉬워지는 지문 키워드

☑개념을 제시하는 글

이 글은 적정 기술의 개념과 그 특징을 구체적인 사례를 통해 설명하고 있다. 적정 기술의 개념을 바탕으로 그 원리와 한계를 이해해야 한다.

적정 기술	인간 사회 공동체의 정치적, 문화적, 환경적 조건을 두루 고려하여 삶의 질을 향상시키고 해당 지역에서 지속적인 생산과 소비를 할 수 있도록 만들어진 기술

적정 기술의 원리

사례	원리
항아리 냉장고	물이 증발하며 열을 빼앗는 원리
서남아시아의 흙벽돌집	물이 증발하며 열을 빼앗는 원리
극지방의 이글루	물이 얼면서 응고열을 방출하는 원리

적정 기술의 한계

한계	해당 지역 사람들의 경제적 자립 문제를 해결하지 못함.
해결 방법	적정 기술의 개발과 함께 지역 문화에 대한 이해와 현지인 교육이 필요함.

• 주제 적정 기술의 특징 및 원리와 한계

• 문단별 중심 내용

1문단: 적정 기술의 개념과 특징
2문단: 적정 기술이 갖추어야 하는 요건
3문단: 적정 기술의 대표적 사례인 항아리 냉장고
4문단: 항아리 냉장고에 적용된 적정 기술의 원리
5문단: 오래전부터 활용되어 온 인류의 적정 기술
6문단: 적정 기술의 이점과 한계

1 글의 전개 방식 파악하기

근거 있는 정답 풀이

③ 적정 기술은 해당 지역 사람들의 경제적 자립이라는 근본적 문제는 해결하지 못한다는 한계를 갖는다고 하였다. 하지만 이는 적정 기술을 사용함으로써 발생하는 부작용으로 볼 수 없다. → 6문단

근거 있는 오답 풀이

① 적정 기술의 개념을 정의의 방식으로 나타내었다. → 1문단
② 적정 기술을 개발할 때 유의할 점을 여섯 가지 적정 기술의 조건으로 제시하였다. → 2문단
④ 항아리 냉장고, 서남아시아의 흙벽돌집, 극지방의 이글루 등 적정 기술을 활용한 다양한 사례들을 구체적으로 제시하였다. → 3~5문단
⑤ 적정 기술이 일정 부분 성과를 이루었지만 해당 지역 사람들의 근본적인 문제를 해결하지 못한다는 한계를 지닌다는 점을 제시하였다. → 6문단

2 숨어 있는 내용 찾기

근거 있는 정답 풀이

② ㉠은 모래 속의 물이 증발하면서 주변의 열을 빼앗아 간다고 하였고, ㉡도 물병 속의 물이 실내의 열에너지를 흡수해 기화한다고 하였다. 따라서 둘 다 물이 기화할 때 주변의 열을 빼앗는 원리를 이용한 기술이다. → 4, 5문단

근거 있는 오답 풀이

①, ④ ㉠은 적정 기술의 대표적 예로서 경제적으로 낙후된 지역의 소외된 계층을 배려한 기술이지만, ㉡은 적정 기술이 오래전부터 활용되어 왔음을 보여 주는 예에 해당하며, ㉡이 경제적으로 낙후된 지역을 배려한 기술임은 이 글에서 확인할 수 없다. → 1, 5문단
③ ㉠은 냉장고가 없는 지역이나 냉장고가 있더라도 전기가 제대로 공급되지 않아 음식물 보관에 어려움을 겪는 사람들을 위해 발명한 것이다. ㉡은 전기의 사용과는 상관없는 기술이다. → 3문단
⑤ 적정 기술은 현지에서 쉽게 구할 수 있는 자원을 사용하고 적은 비용이 들어야 한다고 하였다. → 2문단

3 적용하기

근거 있는 정답 풀이

④ 라이프스트로가 실패한 이유는 꽤 높은 가격으로 인해 특정 집단에게만 무료로 나누어 주었기 때문이다. 따라서 라이프스트로가 적정 기술로 성공하기 위해서는 올바른 사용을 위한 현지인 교육이 아닌 제작 비용을 낮출 수 있는 방안이 필요하다. → 2, 6문단

근거 있는 오답 풀이

① 라이프스트로는 깨끗한 물을 구하기 어려운 사람들을 위한 휴대용 개인 정수기라고 하였다. 따라서 라이프스트로는 물이 오염된 지역에 사는 사람들의 삶을 향상시키기 위한 기술이다. → 1문단
② 라이프스트로는 꽤 높은 가격으로 인해 그 지역의 특정 사람들만 받을 수 있다고 하였다. 라이프스트로의 가격이 높은 것은 제작 비용이 많이 들었기 때문이라고 추측할 수 있는데, 이는 적은 비용으로 만들 수 있어야 한다는 적정 기술의 조건을 충족하지 못한 것이다. → 2문단
③ 라이프스트로를 무료로 보급했는데 라이프스트로를 받은 사람과 그렇지 않은 사람 사이에 싸움이 발생하였다. 따라서 적정 기술을 보급할 때 누구나 이용할 수 있도록 형평성의 문제를 고려해야 한다는 것을 알 수 있다. → 2문단
⑤ 라이프스트로를 사용하면 누구나 쉽고 안전하게 물을 마실 수 있다고 하였다. 이는 전문 지식이 없어도 쉽게 이용할 수 있어야 한다는 조건과 사용 방법이 간단해야 한다는 적정 기술의 조건을 충족한 것이다. → 2문단

어휘 공략하기

본문 101쪽

1 (1) 기화되다 (2) 경시 (3) 품종 (4) 대류
2 (1) ㉢ (2) ㉣ (3) ㉡ (4) ㉠
3 (3) ○

15강 실전 1 한옥의 건축 원리 예술 본문 102~103쪽

확인 문제 » 1 친자연, 한옥 2 ○ 3 ×

정답 » 1 ⑤ 2 ②

수능이 쉬워지는 지문 키워드 ☑상관관계를 보여 주는 글

이 글은 한옥이 건축의 원리를 잘 활용하여 생활하기에 편리한 집이라는 것을 설명하는 글로, 한옥에 숨겨진 건축 원리와 그 기능의 상관관계를 중심으로 글을 이해해야 한다.

한옥의 건축 원리		기능
바람길을 통한 통풍	➡	• 여름: 남동풍을 집 안 가득 지나가게 하여 집을 시원하게 함. • 겨울: 차가운 북서풍을 완전히 차단하여 추위를 막음.
지붕 처마와 방의 깊이를 통한 햇빛 조절	➡	• 여름: 뜨거운 햇빛이 지붕 처마에 반사되어 나가게 하여 더위를 막음. • 겨울: 처마를 통과해 따뜻한 햇빛을 방 안으로 들여 따뜻하게 함.

• 주제 친자연적 건물인 한옥의 건축 원리와 그 기능

• 문단별 중심 내용

1문단: 한옥에 대한 사람들의 편견
2문단: 한옥의 건축 원리 ① – 바람길을 통한 통풍
3문단: 한옥의 건축 원리 ② – 처마와 방의 깊이를 통한 햇빛 조절
4문단: 한옥이 갖는 진정한 친자연의 의미

1 숨어 있는 내용 찾기

근거 있는 정답 풀이

⑤ 한옥은 생활하기에 편리하도록 만든 집이며 '우리 조상이 자연을 거스르지 않으면서도 더운 여름과 추운 겨울을 이겨 낼 수 있도록 삶의 지혜를 발휘한 것'이라고 하였다. 따라서 ㉠에 들어갈 말은 '자연과 조화를 이루면서 살기에도 편한 집'이 적절하다. → 1, 4문단

2 적용하기

보기 분석

	[그림 1]	[그림 2]
내용	한옥의 중문에서 대청까지 일직선으로 뚫려 있는 모습	• ⓐ: 햇빛이 지붕 처마에 반사되는 모습 • ⓑ: 햇빛이 처마를 통과해 방 안으로 들어가는 모습
건축 원리	바람길을 통해 여름날 바람을 중문에서 대청으로 통하게 함.	처마와 방의 깊이를 통해 여름과 겨울에 집에 들어오는 햇빛의 양을 조절함.

근거 있는 정답 풀이

② 우리 조상들은 여름에 부는 바람의 방향을 고려하여 중문을 남쪽에, 대청을 북쪽에 두어서 중문에서 안마당을 지나 대청 뒷문으로 나가는 시원한 바람길을 만들었다고 하였다. 따라서 [그림 1]에서 여름이 되면 대청과 중문 사이의 바람길을 통해 부는 바람은, '대청'에서 마당을 거쳐 '중문'으로 향하는 것이 아니라 '중문'에서 마당을 거쳐 '대청'으로 향할 것이다. → 2문단

근거 있는 오답 풀이

① 바람길은 일직선으로 나 있어 바람이 머물거나 꺾이지 않는다고 하였다. [그림 1]을 보면 대청에서 중문까지의 바람길이 일직선으로 나 있는 것을 확인할 수 있다. → 2문단

③ 지붕 처마를 적절히 돌출시키고 여름과 겨울의 햇빛이 처마와 만나 이루는 각도의 중간 지점에 창을 내서 여름에는 햇빛을 물리쳤다고 하였다. 따라서 [그림 2]에서 ⓐ는 여름날 돌출된 지붕 처마를 통해 뜨거운 햇빛을 물리치는 모습을 나타낸 것이라 할 수 있다. → 3문단

④ 추운 겨울날 처마를 통과해 방 안으로 들어오는 햇빛을 최대한 확보하기 위해 방을 깊게 짓지 않는다고 하였다. 따라서 [그림 2]에서 ⓑ는 한옥에서 겨울날 처마를 통과한 빛을 방 안으로 끌어들이는 모습을 나타낸 것이라 할 수 있다. → 3문단

⑤ 한옥을 지을 때 여름철 시원한 바람이 거침없이 지나갈 수 있도록 바람길을 내었고, 겨울철 따뜻한 햇빛이 방 안 가득 들어오도록 지붕 처마를 적절히 도출시키고 방의 깊이를 제한했다고 하였다. 따라서 한옥의 바람길을 나타낸 [그림 1]과 한옥의 지붕 처마의 기능을 보여 준 [그림 2]는, 한옥이 자연의 바람과 햇빛을 효율적으로 이용할 수 있도록 건축되었다는 것을 보여 준다고 할 수 있다. → 4문단

15강 실전 2 네거티비즘적 사고 예술 본문 104~106쪽

확인 문제 » 1 네거티비즘, 의의 2 ○ 3 ×

정답 » 1 ② 2 ⑤ 3 ①

수능이 쉬워지는 지문 키워드 ☑개념을 설명한 글

이 글은 네거티비즘적 사고를 바탕으로 타인이나 자연과의 공존을 모색하는 공간 건축을 설명하는 글로, 네거티비즘적 사고를 통한 여러 공간 개념을 중심으로 글을 이해해야 한다.

적정 공간	목적이 무엇이든 필요 이상의 공간을 차지하면 안 됨.
자연 공간	자연 자원을 사용하고 이에 의존함.
통합 공간	제한된 공간의 안과 밖의 사람들이 골고루 혜택을 받고, 모두 이용할 수 있어야 함.
공유 공간	사유 공간을 줄이고 함께 사용하는 공간을 늘려야 함.
자궁 공간	필요에 따라 공간의 크기와 형태를 변화시키되 필요 이상의 공간을 차지하지 않음.

• 주제 네거티비즘적 건축 사고의 특징과 의의

• 문단별 중심 내용

1문단: 네거티비즘적 사고의 개념과 필요성
2문단: 적정 공간의 개념과 특징
3문단: 자연 공간의 개념과 특징
4문단: 통합 공간의 개념과 특징
5문단: 공유 공간의 개념과 특징
6문단: 자궁 공간의 개념과 특징
7문단: 네거티비즘적 공간 개념의 의의

1 중심 화제와 중심 내용 파악하기

근거 있는 정답 풀이

② 지금까지 대다수의 생물들이 살아온 공간은 자연 자원을 적절히 사용하고 이에 의존하는 자연 공간이었으며, 과학 기술에 의존하는 인간의 생활 공간도 자연 공간을 적절히 이용하는 방향으로 고쳐 나가야 한다고 하였다. 따라서 '자연 자원에 대한 의존에서 벗어나 인간의 과학 기술로 자연 자원을 효율적으로 사용해야 한다는 의미'로 이해하는 것은 적절하지 않다. → 3문단

근거 있는 오답 풀이

① 어떤 목적을 위해서든 필요 이상의 공간을 차지해서는 안 된다는 뜻에서 적정 공간이라는 개념이 중요해진다고 하였다. → 2문단

③ 공간 설계는 제한된 공간의 안과 밖에 있는 사람들이 똑같은 혜택을 받도록 해야 하는데, 이처럼 안과 밖의 모두를 위해 이용될 수 있는 공간을 '통합 공간'이라고 한다고 하였다. → 4문단

④ 우리는 사유 공간을 최소한으로 줄이고 그 대신 여러 사람들이 함께 사용할 수 있는 '공유 공간'을 최대한으로 늘려야 한다고 하였다. → 5문단

⑤ 어머니의 자궁이 커짐에 따라 신체 내 다른 공간들이 구조를 변화시키는 것처럼, 우리도 공간 확장을 최소한으로 줄이면서 필요에 따라 공간을 확대하거나 축소할 수 있는 구조적 유연성이 필요하다고 하였다. → 6문단

2 세부 내용 파악하기

근거 있는 정답 풀이

⑤ '네거티비즘적인 사고란, 그 설계로 인해 얼마나 많은 사람들이 도움을 받을 것인가를 생각하는 데 그치지 않고, 그로 인해 어떤 피해가 발생할 것인지도 생각해 보는 것'이라고 하였다. 일회용품의 사용이 환경에 미칠 부정적 영향을 걱정하는 것은, 일회용품의 편리함뿐만 아니라 일회용품으로 인해 발생할 피해를 생각해 보는 것이므로 ㉠에 해당하는 사례라고 할 수 있다. → 1문단

근거 있는 오답 풀이

① 좋은 성적을 기대하는 것은 어떤 피해가 발생할 것인가를 생각해 보는 것이 아니다. → 1문단

② 오래전에 헤어진 이를 그리워하며 슬퍼하는 것은 어떤 피해가 발생할 것인가를 생각해 보는 것이 아니다. → 1문단

③ 이상향을 그리며 동경하는 것은 어떤 피해가 발생할 것인가를 생각해 보는 것이 아니다. → 1문단

④ 어려움에 빠진 친구를 도와주며 뿌듯함을 느끼는 것은 어떤 피해가 발생할 것인가를 생각해 보는 것이 아니다. → 1문단

3 적용하기

보기 분석

새로운 방식의 주차장 서비스	개요	주거지 전용 주차장에 사물 인터넷 시스템 주차 센서를 설치하여 운영함.
	방식	거주자 우선 주차 구획을 배정받은 주민이 스마트폰 앱을 통해 본인이 이용하지 않는 시간대를 등록하여 다른 사람들이 주차할 수 있도록 함.
	특징	주민이 자신의 사유 공간을 공유 공간으로 바꾸어, 다른 사람들이 사용할 수 있게 함.

근거 있는 정답 풀이

① 사유 공간을 최소한으로 줄이고 그 대신 여러 사람들이 함께 사용할 수 있는 공유 공간을 최대한으로 늘려야 한다고 하였다. ⓐ는 주민들이 자신들의 주차 구획을 다른 사람들이 이용하도록 한 것이므로, 사유 공간을 공유 공간으로 기능할 수 있게 한 것이다. 하지만 본인이 이용하지 않는 시간대를 이용하도록 한 것이므로, 사유 공간의 이용 시간을 의도적으로 줄인 것은 아니다. → 5문단

근거 있는 오답 풀이

② 사유 공간은 적정 공간의 한계를 넘을 수 없으며 공유 공간을 최대한 늘려야 한다고 하였다. ⓐ는 주민이 주차하기에 적절하다고 배정받은 공간을 이용 시간대를 달리해 다른 사람이 이용하도록 한 것이다. 따라서 적정 공간의 한계를 넘지 않는 선에서 사유 공간이 효율적으로 이용될 수 있음을 보여 준다고 할 수 있다. → 5문단

③ 공간을 독점하면 다른 사람들에게 어떤 불편을 줄지를 의식하는 것이 네거티비즘적인 사고라고 하였다. ⓐ는 주민들의 사유 공간을 자신들만 쓰지 않고 방문객들의 편의를 위해 공유 공간으로 사용하는 것이다. 따라서 ⓐ는 사유 공간을 주민들이 독점하지 않고 방문객들의 불편을 해소하는 데 도움을 주려는 서비스라고 할 수 있다. → 5문단

④ 전체 생활 공간이 제한되어 있음을 고려하면 사유 공간은 적정 공간의 한계를 넘을 수 없다고 하였다. ⓐ는 해리단길에 주차장이 부족해서 생긴 서비스이다. 따라서 ⓐ는 전체 주차 공간이 제한되어 있음을 고려하여 사유 공간을 활용하는 것이라고 할 수 있다. → 5문단

⑤ 공유 공간을 최대한 늘려야 하지만, 사유 공간의 기능도 함께 할 수 있어야 한다고 하였다. ⓐ에서 주민은 본인이 이용하지 않는 시간대에 다른 사람들이 주차할 수 있도록 한다고 하였으므로, 주민은 자신이 원하는 시간에 그 주차장을 이용할 수 있다. 따라서 ⓐ가 실시되어도 이 공간은 사유 공간의 기능이 유지된다고 할 수 있다. → 5문단

어휘 공략하기

본문 107쪽

1 (1) 인위적 (2) 침략
2 (1) ㉡ (2) ㉠ (3) ㉢
3 (1) × (2) × (3) ○

16강 실전 1 정보화로 발생한 문제

인문 본문 110~111쪽

확인 문제 » 1 문제, 해결 2 × 3 ○

정답 » 1 ③ 2 ⑤ 3 ⑤

수능이 쉬워지는 지문 키워드 ☑관점을 제시하는 글

이 글은 정보화로 인해 발생하는 여러 문제를 지적하고 이에 대한 해결 방안을 제시하고 있는 글로, 글쓴이의 관점이 잘 드러나 있다. '먼저', '마지막으로'와 같은 표지에 주의하며 글에 나타난 문제점을 구체적으로 이해한 후, 글쓴이가 제시한 해결 방안을 파악해야 한다.

문제점		해결 방안
• 사회적 불평등이 심화됨. • 개인 정보가 유출됨. • 인간관계에서 문제가 발생함.	➡	• 개인적 차원: 도덕적 책임을 실천함. • 국가·사회적 차원: 정보화의 역기능을 예방·규제하는 법을 만들고, 불법적인 제작·유통을 막는 기술을 개발함.

• 주제 정보화로 발생한 문제와 해결 방안

• 문단별 중심 내용

1문단: 정보화 사회의 장단점
2문단: 정보화로 발생한 사회적 불평등 심화 문제
3문단: 정보화로 발생한 개인 정보 유출 문제
4문단: 정보화로 인간관계에서 발생하는 문제
5문단: 개인적 차원의 문제 극복 방안
6문단: 국가와 사회적 차원의 문제 극복 방안

1 중심 화제와 중심 내용 파악하기

근거 있는 정답 풀이

③ 1문단에서 정보화 사회에서 문제가 발생함을 언급한 후, 2~4문단에서 사회적 불평등 심화 문제, 개인 정보 유출 문제, 인간관계에서 발생하는 문제 등 그 문제점을 구체적으로 설명한 후, 5~6문단에서 개인적, 사회·국가적 차원에서 이를 해결하는 방안을 제시하고 있다. 따라서 정보화로 인해 발생한 문제점과 그 해결 방안이 글 전체의 중심 내용이 된다.

근거 있는 오답 풀이

① 정보화가 인간의 삶을 편리하게 한다는 정보화의 유용성을 언급하고 있지만, 정보화를 활용한 산업 분야를 제시하고 있지 않다.

② 1문단에서 정보화 사회는 지식과 정보를 시간과 장소에 구애받지 않고 쉽게 얻을 수 있게 한다고 하였다. 이는 정보화가 인간의 삶에 끼친 긍정적 영향이라고 할 수 있지만, 중심 내용이라고 볼 수는 없다.

④ 4문단에서 정보화 사회에서 나타나는 인간관계의 부작용을 제시하고 있지만, 이는 부분적인 내용이므로 이 글 전체의 중심 내용으로 적절하지 않다.

⑤ 불건전한 정보의 제작·유통을 방지할 수 있는 기술을 개발해야 한다는 내용은 정보 통신 기술이 해결해야 할 과제로 볼 수는 있지만, 그와 관련된 기술의 개발 현황을 제시하고 있지는 않다.

2 숨어 있는 내용 찾기

근거 있는 정답 풀이

⑤ 문맥을 보면 '정보 통신 기술이 발달하고, 이러한 기술을 능숙하게 다룰 수 있는 사람들이 늘어나면서'가 ㉠의 원인이고, '개인 정보가 유출되어 악용될 위험이 더욱 커지고 있다.'가 그 결과가 된다. 그러므로 '정보 통신 기술을 다룰 수 있는 사람들이 늘어남. → 개인 정보에 접근할 수 있는 가능성이 높아짐. → 개인 정보가 유출되어 악용될 위험이 커짐.'으로 생략된 내용을 추론할 수 있다.

근거 있는 오답 풀이

① 정보 격차가 커지는 것은 경제력의 차이에서 발생하는 문제로, 이는 2문단의 내용과 관련이 깊다.

② 정보 통신 기술을 능숙하게 다룰 수 있는 사람들이 늘어난다고 해서 사람들의 사회성이 결여되는 것은 아니다.

③ 정보 통신 기술을 능숙하게 다룰 수 있는 사람들이 늘어난다고 해서 정보화의 역기능에 대한 사람들의 경계심이 줄어들지는 않을 것이다.

④ '정보화 사회에서는 많은 데이터를 ~ 개인 정보를 보관한다.'에서 알 수 있듯이, 정보화 사회에서는 개인의 정보가 유용하게 활용되며, 오히려 개인 정보의 가치가 높아지기 때문에 개인 정보 악용의 위험성이 높아진다고 볼 수 있다.

3 관점 비교하기

근거 있는 정답 풀이

⑤ 이 글의 글쓴이는 경제력의 차이로 정보 격차가 발생하고, 이 격차로 인해 빈부의 차이가 더 벌어지기 때문에 정보화가 사회적 불평등을 심화시킨다고 보고 있다. 하지만 〈보기〉는 정보화가 지역 간, 계층 간 격차를 완화해 준다고 보고 있다. 따라서 정보화가 사회적 평등 문제에 긍정적인 영향을 끼친다고 보는 입장이므로, 글쓴이는 ⑤와 같이 반응하는 것이 적절하다. → 2문단

근거 있는 오답 풀이

① 〈보기〉는 정보화가 지역 간의 격차를 완화해 준다고 하였지만 인간관계에 미치는 영향을 언급하지는 않았다. 그러나 글쓴이는 정보화가 인간관계에 문제를 발생시킨다고 하였으므로 둘의 관점이 같다고 볼 수 없다. → 4문단

② 〈보기〉는 지역 간, 계층 간 격차를 완화해 주는 정보화의 순기능을 주장하고 있으므로, 개인 정보 유출 문제에 대한 글쓴이의 관점을 보완하는 것과 관련이 없다. → 3문단

③ 글쓴이는 경제력의 차이로 인해 정보화가 사회적 불평등 문제를 심화시킨다고 보고 있으므로, 개인적 차원에서 도덕적 책임을 실천한다고 하더라도 정보화가 사회적 평등 문제에 긍정적인 효과를 준다고 볼 수는 없다. → 2문단

④ 〈보기〉는 정보화의 문제 개선 방향과는 관계가 없으므로, 정보 통신 기술을 제대로 활용할 수 있는 품성을 길러야 한다는 글쓴이의 주장을 뒷받침하는 정보로 볼 수 없다. → 5문단

16강 실전 2 동물 복지

인문 본문 112~114쪽

확인 문제 » 1 동물, 복지 2 × 3 ×

정답 » 1 ③ 2 ⑤ 3 ⑤

수능이 쉬워지는 지문 키워드

☑관점을 제시하는 글

이 글은 살충제 계란 사건으로 이슈가 된 동물 복지에 대한 글쓴이의 관점이 드러난 글로, 동물을 대하는 철학적 입장의 변화, 동물 복지와 관련된 사회적 합의를 논증하는 과정을 파악한 후, 이를 바탕으로 글쓴이의 관점을 이해해야 한다.

동물에 대한 관점의 변화

• 동물, 특히 가축을 인간의 이익을 위한 상품으로 봄. • 동물을 마치 기계인 양 취급함.	➡	• 동물에게도 어떤 일은 해서는 안 된다는 합의가 존재함. • 동물에게도 행복하게 살 권리가 있다고 생각함.

• 주제 인간은 동물의 복지를 책임져야 한다.

• 문단별 중심 내용

1문단: 살충제 계란 사건으로 동물들의 삶에 대한 관심이 높아짐.

2문단: 동물을 이성적 영혼이 없는 존재로 보는 경향이 공장식 농장의 출현을 가져옴.

3문단: 동물과 인간의 감정을 증명하기는 어려움.

4문단: 동물에게도 복지가 있다는 사회적 합의가 존재함.

5문단: 모든 동물이 행복하게 살 권리를 포함하는 동물 복지

6문단: 인간은 동물의 복지를 책임져야 함.

1 세부 내용 파악하기

근거 있는 정답 풀이

③ 동물의 복지를 책임져야 하는 것은 바로 인간이며, 이는 인간을 보다 인간답게 하는 일이 될 것이라고 하였다. → 6문단

근거 있는 오답 풀이

① 동물에게 감정이 있을 것이라 생각하여 데카르트의 주장에 반박하고자 하여도 사실 우리는 동물이 쾌락이나 고통을 느낀다는 것을 명백하게 입증할 수 없다고 하였다. 동물이 감정을 느낀다는 것을 입증하는 연구 결과와 관련된 내용은 나타나 있지 않다. → 3문단

② 살충제 계란 사건이 동물 복지에 대한 관심을 불러일으키는 계기는 되었지만, 이를 통해 동물 복지가 전면적으로 실현되었다는 내용은 나타나 있지 않다. → 1문단

④ 서구에서 가축을 생명으로 보아 존중하기보다는 이성적 영혼이 없는 존재로 여겼다는 내용은 나타나 있지만, 동양과 비교한 내용은 나타나 있지 않다. → 2문단

⑤ 동물 복지는 기본적인 욕구가 충족되고 고통이 최소화된 상태로 삶의 질과 관련된다고 하였다. 따라서 삶의 질 향상과 기본적 욕구 충족이 우선순위 없이 모두 중요하다. → 5문단

2 글의 구조 파악하기

근거 있는 정답 풀이

⑤ ㉠ 앞에는 '우리는 이웃이 어떤 감정을 느끼며 사는지 역시 정확히 알지 못한다.', ㉠ 뒤에는 '우리는 서로에게 최소한 어떤 일을 해서는 안 된다는 것을 사회적 약속으로 삼고 살아간다.'라는 내용이 나온다. 앞뒤 문맥을 보면 감정이 있는 것을 알지 못해도 지켜야 할 사회적인 약속이 있다는 내용이므로, ㉠에는 '비록 사실은 그러하지만 그것과는 상관없이'의 의미인 '그럼에도 불구하고'가 들어가는 것이 적절하다. → 3, 4문단

3 적용하기

보기 분석

농장의 개선 내용		효과
• 젖소의 자연적 습성 존중 • 되새김을 위한 사료 제공 • 짚이 깔린 누울 자리 제공 • 건조된 상태 유지 • 기계의 청결 관리	⇨	• 소가 심리적 행복을 누릴 수 있음. • 삶의 질이 높아짐.

→ 삼촌은 동물 복지를 실현함.

근거 있는 정답 풀이

⑤ 짚이 깔린 누울 자리 제공, 건조된 상태 유지 등 물리적 환경 개선뿐 아니라, 젖소가 편안하고 불편함을 느끼지 않도록 환경을 조성하였다는 점에서 동물의 심리적 행복을 추구하고 있음을 파악할 수 있다. → 5문단

근거 있는 오답 풀이

① 데카르트는 동물을 마치 어떤 것도 전혀 느끼지 못하는 기계처럼 여겼다. 하지만 삼촌은 동물의 감정을 고려하며 농장의 환경을 개선하였다. → 2문단

② 삼촌이 인간의 권리와 동물의 권리를 비교하는 내용은 나타나 있지 않으며, 동물의 감정과 상태를 배려하는 태도를 보이고 있다.

③ 삼촌은 동물 복지를 위하여 농장을 개선하기는 하였지만, 젖소를 통해 인간을 위한 우유를 생산하고 있으므로 인간의 이익을 위해 동물을 이용하는 행위를 반대한다고 볼 수 없다.

④ '비인도적'은 '사람으로서의 도리에 어긋나는 것.'이라는 뜻으로, 삼촌은 동물과 건전하고 바람직한 관계를 정립하는 측면에서 마땅히 지녀야 할 인도적인 자세를 보이고 있다. → 6문단

어휘 공략하기

본문 115쪽

1 (1) 간과 (2) 합의 (3) 반박 (4) 격차

2 (1) ㉢ (2) ㉠ (3) ㉣ (4) ㉡

3 (1) 경제 (2) 규제 (3) 배제 (4) 우세

17강 실전 1 사회 집단에서의 차별

사회 본문 116~117쪽

확인 문제 » 1 차별 2 ○ 3 ○

정답 » 1 ② 2 ④ 3 ③

수능이 쉬워지는 지문 키워드

☑상관관계를 보여 주는 글

이 글은 사회 집단의 개념을 바탕으로 사회 집단에서 나타나는 차별에 대해 설명하고 있는 글이다. 사회 집단의 구성원이 갖는 심리적 특징에 기인하여 차별이 발생하는 이유와 이를 해결할 수 있는 방안을 중심으로 이해해야 한다.

차별의 발생 이유와 문제점	
발생 이유	사람을 차이를 근거로 부당하게 대우하기 때문
문제점	인권을 침해하고 사회 통합을 저해함.

해결 방안	
개인적 차원	차이를 인정하고 다양성을 존중하는 태도 필요
사회적 차원	차별을 금지하고 사회적 약자를 보호할 수 있는 법률, 정책, 제도 마련

• 주제 사회 집단에서 발생하는 차별과 극복 방안

• 문단별 중심 내용

1문단: 사회 집단의 개념

2문단: 사회 집단의 종류와 분류 기준

3문단: 차이와 차별의 개념과 차별의 발생 원인 및 문제점

4문단: 차별과 갈등의 극복 방법

1 세부 내용 파악하기

근거 있는 정답 풀이

② 둘 이상의 사람이 모여 소속감을 가지고 지속적으로 상호 작용을 하는 집단을 사회 집단이라고 하였으므로, 한 사람만 있는 경우는 사회 집단이라고 볼 수 없다. → 1문단

근거 있는 오답 풀이

① 두 사람 이상이 모여 있더라도 소속감이 없고 지속적인 상호 작용을 하지 않으면 사회 집단이라고 하지 않는다고 하였다. 따라서 같은 기차를 타고 있는 사람들을 사회 집단으로 볼 수 없다. → 1문단

③ 외집단은 자신이 소속되어 있지 않아 이질감이나 적대감을 가지는 집단이다. 소속감과 공동체 의식을 가진 집단은 내집단이다. → 2문단

④ 어떤 집단이든 사회 집단은 각기 다른 외모, 성격, 취향, 종교 등을 가진 다양한 사람으로 구성된다. → 3문단

⑤ 차이를 바탕으로 차별을 행하는 것은 인권 침해이지만, 차별은 차이를 없애는 것이 아니라 서로의 차이를 인정하고 다양성을 존중하는 태도를 가지며, 차별을 금지하고 사회적 약자를 보호할 수 있는 법률과 정책, 제도 등을 통해 극복할 수 있다. → 3, 4문단

문제 해결 비법

글의 세부 내용을 묻는 문제는 단순해 보이지만 글을 꼼꼼히 읽지 않으면 실수하기 쉬운 유형이다. 선택지에서는 지문과 다른 표현으로 내용을 전달하는 경우가 많으므로, 지문과 선택지 모두를 정확히 파악하고 그 둘의 내용이 일치하는지 판단하는 것이 중요하다.

2 적용하기

근거 있는 정답 풀이

④ 차별과 갈등을 해결하기 위해서는 차별을 금지하고 사회적 약자를 보호할 수 있는 다양한 법률과 정책, 제도를 마련해야 한다. 교통 약자의 편의를 위하여 저상 버스를 도입하는 것은 사회적 약자를 보호하기 위함이므로 차별의 예가 아닌 차별과 갈등을 해결하기 위한 대책으로 볼 수 있다. → 4문단

근거 있는 오답 풀이

① 인종 차이를 근거로 상대를 무시하고 있으므로 차별에 해당한다.

② 학력 차이를 근거로 임금을 다르게 지급하여 불이익을 주고 있으므로 차별에 해당한다.

③ 나이 차이를 근거로 취업을 제한하여 불이익을 주고 있으므로 차별에 해당한다.

⑤ 고용된 형태의 차이를 근거로 시설물 이용에 제한을 두고 있으므로 차별에 해당한다.

3 어휘의 의미 파악하기

근거 있는 정답 풀이

③ ㉠과 ③의 '구제(救濟)'는 '자연적인 재해나 사회적인 피해를 당하여 어려운 처지에 있는 사람을 도와줌.'이라는 뜻으로 사용되었다.

근거 있는 오답 풀이

① '이전의 제도.'라는 의미이다.

② '새로 붙인 제목 이전에 원래 쓰던 제목.'이라는 의미이다.

④ '옛적에 만듦. 또는 그런 물건.'이라는 의미이다.

⑤ '해충 따위를 몰아내어 없앰.'이라는 의미이다.

17강 실전 2 협동조합

사회 본문 118~120쪽

확인 문제 » 1 협동조합 2 × 3 ×

정답 » 1 ② 2 ⑤ 3 ②

수능이 쉬워지는 지문 키워드

☑개념을 설명한 글

협동조합의 개념과 특징에 대해 설명하는 글로, 정의, 예시, 비교의 다양한 설명 방법을 통해 서술된 내용이 전달하고자 하는 의미를 정확하게 이해해야 한다.

협동조합의 개념	• 뜻을 같이하는 사람들이 일정한 금액을 모아 공동의 경제, 사회, 문화적 수요와 요구를 충족시키기 위해 자발적으로 결성한 조직 • 재화 또는 용역의 구매·생산·판매·제공 등을 협동으로 영위함으로써 조합원들이 권익을 향상하고 지역 사회에 공헌하는 사업 조직(협동조합 기본법의 정의) • 함께 소유하고 민주적으로 운영되는 사업체를 통하여 공통의 경제, 사회, 문화적 필요와 요구를 충족시키고자 하는 사람들이 자발적으로 결성한 자율적인 단체(국제 협동조합 연맹의 정의)
협동조합의 특징	• 조합원을 중심으로 운영하며, 조합원 한 사람이 한 표의 의사 결정권을 가짐. • 일자리 창출, 사회적 약자 보호, 지역 사회 발전 등 사회적 가치를 실현할 수 있음.

• 주제 협동조합의 개념과 특징

• 문단별 중심 내용

1문단: 협동조합 결성 사례와 뜻
2문단: 협동조합의 설립 조건과 특징
3문단: 협동조합의 운영 방법
4문단: 협동조합 설립의 장점
5문단: 협동조합의 단점과 극복 방안

1 세부 내용 파악하기

근거 있는 정답 풀이

② 협동조합은 모든 조합원이 동일한 의결권을 가지므로 의견 조율 과정을 거쳐 의사를 결정하기까지의 기간도 상대적으로 길어 급변하는 상황에 신속하게 대처하기가 어려울 수 있다. → 5문단

근거 있는 오답 풀이

① 주식회사는 이윤 추구를 목적으로 하고, 협동조합은 사업의 목적이 조합원 간 서로 돕기에 있다고 하였다. → 2, 3문단

③ 주식회사는 주식을 가진 비율에 따라 의사 결정권이 부여된다고 하였으므로 주식을 구입하여 참여하고, 협동조합은 출자금을 내면 누구나 만들 수 있으므로 출자금을 내고 참여할 수 있다. → 2, 3문단

④ 협동조합은 모든 조합원이 협동조합을 공동으로 소유한다고 하였다. 반면 주식회사는 주식을 가진 비율에 따라 의사 결정권이 부여되어 주식을 많이 가진 대주주가 의사를 결정하는 경우가 많다고 하였으므로 주주가 주식회사의 소유 주체로서 의사 결정권을 가짐을 파악할 수 있다. → 2, 3문단

⑤ 주식회사는 주식을 가진 비율에 따라 의사 결정권이 부여되므로 주식을 많이 가진 대주주가 의사를 결정하는 경우가 많고, 협동조합에서는 조합원 한 사람에게 한 표의 의사 결정권이 부여되므로, 조합원의 의사가 존중된다고 하였다. → 3문단

2 적용하기

근거 있는 정답 풀이

⑤ 기후 위기 문제에 뜻을 같이하는 사람들이 일정 금액을 모아 자신들의 목표를 달성하기 위하여 신재생 에너지 발전소를 설립하고 운영하였으므로 협동조합의 사례로 적절하다. → 1문단

근거 있는 오답 풀이

① 금융과 보험 사업은 협동조합으로 만들 수 없으며 같이 사업을 하는 동업의 형태이므로 협동조합이라 볼 수 없다. → 2문단

② 출자금을 모아 사업을 진행하지 않았고, 단체를 결성한 것이 아니므로 협동조합이라 볼 수 없다.

③, ④ 공적인 기여가 있기는 하지만, 뜻을 같이하는 조합원들이 모여 출자금을 모아 단체를 세우는 과정이 없이 이미 있는 회사가 행한 일이므로 협동조합이라 볼 수 없다.

3 관점 비교하기

보기 분석

이탈리아 트렌티노	• 대표적인 협동조합 지역 • 다른 매장이 없고 생협 매장만 있는 마을이 대다수임. • 젊은이들이 돌아와 인구가 늘어남. • 실업률이 낮아지고 소득이 높아 살기 좋은 곳이 됨.

→ 글쓴이와 마찬가지로 협동조합에 대해 긍정적으로 평가함.

근거 있는 정답 풀이

② 이 글의 글쓴이는 협동조합이 지역 사회 발전과 같은 사회적 가치를 실현하는 데 유리하며 '협동조합이 건립된 지역의 취약 계층에게 일자리 및 사회 서비스를 제공하여 복지 시스템을 보완하고 일을 통한 복지에 기여할 수도 있다.'라고 하였으므로 협동조합이 지역 사회 발전에 이바지한다고 생각함을 파악할 수 있다. 또한 이탈리아 트렌티노 지역이 협동조합 덕분에 살기 좋은 곳이 되었다는 사례를 제시하고 있는 〈보기〉 또한 같은 관점을 지니고 있음을 파악할 수 있다. → 3, 4문단

근거 있는 오답 풀이

① 〈보기〉에 생협 매장 이외에 다른 매장이 없다는 정보가 있지만, 〈보기〉는 이를 지역 성장의 원동력으로 평가하고 있다. 이 글에도 협동조합의 독점과 관련된 정보는 나타나 있지 않다.

③ 이 글과 〈보기〉 모두 협동조합이 일자리 제공에 긍정적인 역할을 한다고 생각하고 있다. → 3, 4문단

④ 이 글에 협동조합의 단점을 극복하기 위해서 '협동조합 간의 긴밀한 협력을 통해 지속적인 발전 방향을 모색해야 한다.'라는 내용이 제시되어 있으나, 〈보기〉에는 관련 내용이 나타나 있지 않다. → 5문단

⑤ 이 글에서 '이윤 추구에 몰두하여 협동조합의 기본 정신을 잃어버렸을 경우 지속되기 힘들다.'라며 협동조합이 이윤 추구에 몰두하는 것을 경계하였으나, 〈보기〉에는 관련 내용이 나타나 있지 않다. → 5문단

어휘 공략하기

본문 121쪽

1 (1) 의사 (2) 지속적 (3) 소속감 (4) 의례
2 (1) 저해한다 (2) 적대감 (3) 유리 (4) 부여
3 (3) ○

18강 실전 1 열팽창

과학 본문 122~123쪽

확인 문제 » 1 열팽창 2 × 3 ×

정답 » 1 ② 2 ③ 3 ⑤

수능이 쉬워지는 지문 키워드

☑ 개념을 설명한 글

열팽창의 개념과 열팽창이 일어나는 원리를 설명하고, 우리 주변에서 흔히 볼 수 있는 열팽창 원리를 고려한 사례들을 제시한 글이다. 각 사례들이 열팽창 원리와 어떻게 관련을 맺고 있는지 이해하면서 읽어야 한다.

열팽창의 원리	물체에 열을 가하면 입자 운동이 활발해져 입자 사이의 거리가 멀어져 부피가 팽창함.

열팽창을 고려한 사례	물질의 열팽창 정도를 고려한 사례
• 다리의 연결 부분마다 틈을 둔 것 • 기차 선로 사이가 떨어져 놓여 있는 것 • 가스관 중간을 구부려 놓은 것	• 열팽창 정도의 차이 활용: 바이메탈을 활용한 다리미, 전기장판 등의 과열 방지, 실험 기구의 내열 유리 사용으로 파손 방지 등 • 열팽창 정도의 유사성 활용: 철근과 시멘트, 치과의 충전재의 분리 방지 등

• 주제 열팽창의 개념과 일상 속 활용 사례

• 문단별 중심 내용

1문단: 열팽창을 고려한 일상 속 장치들의 사례

2문단: 열팽창의 개념과 그 사례

3문단: 열팽창이 일어나는 원리

4문단: 열팽창이 물질 종류에 따라 다르게 일어나는 것을 활용한 바이메탈

5문단: 물질의 열팽창 정도를 고려한 일상 속 또 다른 사례

1 숨어 있는 내용 찾기

근거 있는 정답 풀이

② 물질에 열이 가해지면 입자의 운동이 활발해져 입자 사이의 거리가 멀어지면서 열팽창이 일어난다. 따라서 물질마다 열팽창 정도가 다른 것 역시 입자의 운동 정도와 관련된 것으로 볼 수 있다. → 2, 3문단

근거 있는 오답 풀이

① 열을 가하면 입자의 운동이 활발해져서 열팽창이 일어나는데, 열팽창은 액체에도 동일하게 일어나는 현상이라고 하였으므로 적절한 설명이다. → 2문단

③ 수은을 가열하면 그 부피가 팽창한다고 하였으므로, 이 원리를 활용해 온도가 올라감에 따라 수은의 길이가 늘어나는 수은 온도계를 만들 수 있다. → 2문단

④ 실험 기구를 일반 유리보다 열팽창 정도가 작은 내열 유리로 만들어야 뜨거운 물을 담았을 때 잘 파손되지 않는다고 하였다. 이로 볼 때, 일반 유리 기구 안에 물을 넣고 가열하면 유리의 열팽창 정도가 커 파손될 수 있다고 추론할 수 있다. → 5문단

⑤ 열팽창의 정도는 금속마다 다르지만, 물체의 온도가 더 높이 올라갈수록 입자 운동이 더 활발해져 물체의 부피가 더 많이 팽창하는 원리는 모든 금속 물체에 적용된다고 추론할 수 있다. → 3문단

2 적용하기

근거 있는 정답 풀이

③ 금속으로 된 냄비의 손잡이에 플라스틱을 덧대는 것은 냄비를 가열할 때 생긴 열에 손잡이까지 뜨거워지는 것을 막기 위한 것으로, 열팽창과는 관련이 없다.

근거 있는 오답 풀이

① 기차 선로 사이에 틈을 두어 여름에 온도가 올라갈 때 열팽창에 의해 기차 선로 사이가 맞닿아 훼손되지 않도록 한다. → 1, 2문단

② 다리의 연결 부위에 틈을 두어 여름에 온도가 올라갈 때 열팽창에 의해 연결 부위가 팽창되어도 서로 맞닿아 훼손되지 않도록 한다. → 1, 2문단

④ 철근과 시멘트는 서로 다른 물질임에도 열팽창 정도가 비슷하기 때문에 온도가 변하더라도 서로 떨어지지 않아 건물을 잘 지탱한다고 했다. → 5문단

⑤ 고리를 통과하던 금속 구가 가열된 후에는 구의 부피가 팽창되어 고리를 통과하지 못하는 것은 열팽창 때문이다. → 2문단

3 세부 내용 파악하기

근거 있는 정답 풀이

⑤ 4문단의 마지막 문장에서 액체 물질을 언급한 것은 액체 물질 역시 금속과 마찬가지로 서로 팽창하는 정도가 다르다는 사실을 제시하기 위해서일 뿐, 바이메탈에 액체 물질을 이용한다는 설명은 나타나 있지 않다. → 4문단

근거 있는 오답 풀이

①, ② 바이메탈은 과열되면 위험한 기구에 쓰여 특정 온도 이상일 때 전류를 끊기 위한 장치로, 특정 온도 이상으로 올라가면 열팽창 정도의 차이를 통해 전류의 흐름이 끊기는 것을 원리로 한다. → 4문단

③ 바이메탈은 금속에서 나타나는 열팽창 정도의 차이를 활용하므로, 철과 열팽창 정도가 다르다면 놋쇠가 아닌 다른 금속을 사용해도 같은 결과를 얻을 수 있다. → 4문단

④ 바이메탈은 물질이 종류에 따라 열팽창하는 정도가 달라 가열했을 때 특정 물질이 한쪽으로 휘어지는 원리를 활용하고 있다. → 4문단

18강 실전 2 우주에서의 물리 법칙

과학 본문 124~126쪽

확인 문제 » 1 물리 2 ○ 3 ×

정답 » 1 ④ 2 ① 3 ② 4 ②

수능이 쉬워지는 지문 키워드

☑개념을 설명한 글

폐수 여과 등 무중력 공간에서 일어날 수 있는 다양한 문제를 해결하기 위해 원심력 효과를 비롯한 다양한 물리학 법칙을 이용하는 사례와 우주 공간에서 이용되는 물리학 원리들을 설명하는 글이다. 물리 현상을 설명하고 있는 부분에 나오는 물리학 개념과 원리에 주목하여 내용을 이해해야 한다.

우주에서의 물리 법칙 활용	
원심력과 구심력의 개념	• 구심력: 원의 중심 방향으로 작용하여 원운동을 유지하는 힘 • 원심력: 원운동을 하는 물체가 중심 밖으로 나가려는 가상의 힘. 구심력과 반대 방향임.
우주에서의 원심력 활용	• 우주 정거장에서 원심력을 이용하여 인공 중력을 만들어 물을 흘러내리게 함. → 폐수를 여과함. • 인공위성의 공전
우주에서의 물리 법칙 원리 활용	• 관성, 등속 운동, 원심력 등의 물리 법칙을 이용하여 문제를 해결함.

• 주제 무중력 공간에서의 문제를 해결하는 데 활용되는 물리 법칙

• 문단별 중심 내용

1문단: 폐수를 여과해서 사용해야 하는 우주 정거장
2문단: 구심력과 그 반대 방향으로 작용하는 원심력
3문단: 우주 정거장의 물을 여과하는 데 사용하는 원심력
4문단: 물리 법칙을 활용한 우주 공간에서의 문제 해결
5문단: 물리학 원리 이해의 중요성

1 글의 전개 방식 파악하기

근거 있는 정답 풀이

④ ㄴ. 이 글은 중력, 등속 직선 운동, 원심력 등의 과학적 원리에 대해 설명하며 이 원리들을 이용해 우주 공간에서의 문제를 해결할 수 있다고 말하고 있다. → 2, 3문단

ㄹ. 또한 우주 공간에서 폐수를 여과해야 하는 상황을 질문으로 제시하여 독자의 관심을 유도하고 있다. → 1문단

근거 있는 오답 풀이

ㄱ. 이 글은 다른 대상과의 비교나 가설을 제시한 후 이를 입증하는 설명 방식은 사용하고 있지 않다.

ㄷ. 기존의 이론의 문제점이나 기존 이론을 대체할 새로운 이론에 대한 언급은 제시하지 않았다.

2 세부 내용 파악하기

근거 있는 정답 풀이

① 원심력은 원운동을 하는 물체가 중심 밖으로 나가려는 가상의 힘으로, 관성에 의한 효과일 뿐 원심력이 물체의 회전 운동을 발생시키는 것은 아니다. → 2문단

근거 있는 오답 풀이

② 달 기지에서는 중력이 지구의 6분의 1에 불과해 물을 여과할 때 속도가 매우 느리다. 이를 통해 중력의 크기가 물을 여과하는 속도에 영향을 미친다는 것을 알 수 있다. → 1문단

③ 운동하는 물체에 외부의 힘이 작용하지 않으면 등속 직선 운동을 한다고 하였다. → 2문단

④ 우주 공간에 진입한 인공위성은 원심력과 중력이 평형 상태를 이루어 공전하게 된다고 하였다. → 4문단

⑤ 회전하는 우주 정거장은 우주인을 나가지 못하게 잡아 두고, 우주인은 원심력을 정거장 바깥에서 자신을 끌어당기는 중력으로 느끼게 된다고 하였다. → 3문단

3 적용하기

보기 분석

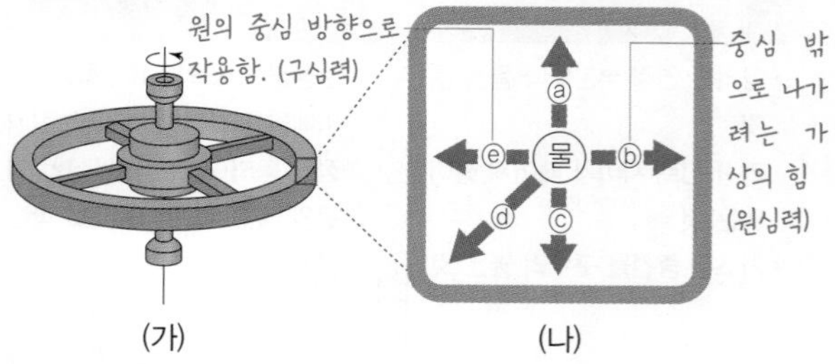

근거 있는 정답 풀이

② 회전하는 물체 안에서는 원심력을 중력처럼 인식하게 되는데, 원심력은 원의 중심 방향으로 작용하는 구심력과 반대 방향으로 작용한다. 그런데 중력이 거의 없는 우주 공간에서는 원심력을 이용해 물을 여과할 수 있다고 했으므로 원심력이 작용하는 방향으로 '물'이 이동하여 필터를 통과하게 될 것이다. 따라서 '물'은 원심력이 작용하는 원회전 방향의 바깥 방향인 ⓑ를 향하게 된다. → 1~3문단

근거 있는 오답 풀이

⑤ ⓔ는 원의 중심 방향으로, 구심력이 작용한다.

4 어휘의 의미 파악하기

근거 있는 정답 풀이

② ⓒ의 '만들다'는 '새로운 상태를 이루어내다.'의 의미로, '가하다' 정도로 교체할 수 있다. '제어하다'는 '감정, 충동 생각 따위를 막거나 누르다.'의 의미이다.

어휘 공략하기

본문 127쪽

1 (1) 부피 (2) 토대 (3) 저항 (4) 변형
2 ③
3 (1) ○

19강 실전 1 에너지 하베스팅 기술 본문 128~129쪽

확인 문제 » 1 에너지 하베스팅 2 ○ 3 ○

정답 » 1 ② 2 ⑤ 3 ①

수능이 쉬워지는 지문 키워드 ☑ 개념을 설명한 글

이 글은 에너지 하베스팅의 개념을 바탕으로 에너지 하베스팅이 주목받게 된 이유와 원리 등을 설명하는 글로, 그 필요성과 방식을 이해하며 읽어야 한다.

에너지 하베스팅: 버려지는 에너지를 모아 활용하는 기술

에너지 하베스팅의 필요성
- 화석 에너지의 문제점을 해결할 수 있음.
- 빛 에너지, 열에너지 등 많은 에너지가 버려지고 있음.
- 소량의 전기를 이용하는 센서나 웨어러블 디바이스에 전력을 공급할 수 있음.

에너지 하베스팅의 방식
- 광전 소자를 이용하여 빛을 전기로 바꾸는 경우
- 압전 소자를 이용하여 압력을 전기로 바꾸는 경우
- 열전 소자를 이용하여 열을 전기로 바꾸는 경우

- 주제 에너지 하베스팅의 필요성과 원리
- 문단별 중심 내용

1문단: 에너지의 필요성과 종류
2문단: 화석 연료 사용의 문제점
3문단: 화석 연료 사용의 문제점을 위한 대안들
4문단: 에너지 하베스팅의 개념과 활용 분야
5문단: 에너지 하베스팅의 원리와 사례

1 중심 화제와 중심 내용 내용 파악하기

근거 있는 정답 풀이

② 이 글에는 에너지 하베스팅을 이용할 수 있는 분야와 사례가 제시되어 있다. 그러나 이는 에너지 하베스팅 도입의 필요성과 장점을 설명하기 위한 것일 뿐, 현재 에너지 하베스팅이 얼마나 어디에 사용되고 있는지 그 현황은 제시되어 있지 않다. → 4, 5문단

근거 있는 오답 풀이

① 화석 연료의 문제점으로 온실가스 발생, 오염 물질 배출, 고갈 가능성 등을 지적하고 있다. → 2문단

③ 신에너지는 기존에 쓰이지 않던 에너지원을 개발하는 것이고, 재생에너지는 기존 화석 연료와 달리 계속해서 재생해서 쓸 수 있는 에너지라고 제시되어 있다. → 3문단

④ 앞으로 늘어날 소형 기기들에 활용할 수 있다는 장점을 통해 에너지 하베스팅이 주목받는 이유를 확인할 수 있다. → 4문단

⑤ 소형 기기들이 늘어나는 현실 속에서 각각 전선을 연결하여 전력을 공급할 수 없다는 문제 상황을 에너지 하베스팅이 해결할 수 있다고 언급되어 있다. → 4문단

2 세부 내용 파악하기

근거 있는 정답 풀이

⑤ 화석 연료 사용으로 인한 문제점을 해결하고 에너지를 효율적으로 이용하기 위한 대안 중 하나로 '에너지 소비를 가급적 줄이는 것'을 제시하고 있다. 따라서 에너지 소비를 줄이면 화석 연료 사용의 문제점이 완화된다고 볼 수 있다. → 2, 3문단

근거 있는 오답 풀이

① 웨어러블 디바이스에 각각 전선을 연결하기 어려운 점을 언급하고 있을 뿐, 현재 웨어러블 디바이스에 전력 공급이 되지 않고 있다고 말한 것은 아니다. → 4문단

② 에너지 하베스팅은 새어 나가고 버려지는 에너지를 모아 재사용하여 에너지 효율을 높이고 에너지를 절약하는 방법이다. 이것만으로 화석 연료 사용을 중단하는 것은 가능하지 않고, 이 기술이 이것을 목적으로 하고 있는 것도 아니다. → 4문단

③ 빛 에너지를 전기로 바꾸기 위해서는 열전 소자가 아니라 광전 소자가 필요하다. → 5문단

④ 에너지 하베스팅은 이미 새어 나온 에너지를 버리지 않고 모아서 사용할 수 있도록 하는 기술이지, 에너지가 새어 나오지 않도록 예방하는 기술은 아니다. → 4문단

3 적용하기

근거 있는 정답 풀이

① 광전 소자는 빛을 전기로 바꾸는 기능을 한다. 따라서 광전 소자를 활용하여 전자파를 빛으로 바꾸는 것은 불가능하다. → 5문단

근거 있는 오답 풀이

② 압전 소자는 압력을 전기로 바꾸는 것으로, 걸을 때 발생하는 압력을 전기로 바꾸는 역할을 할 수 있다. → 5문단

③ 열전 소자는 열을 전기로 바꾸는 장치이므로, 몸속의 열을 전기로 바꾸어 활용하는 것이 가능하다. 실제로 몸속의 열을 전기로 바꾸어 심장 보조 소형 기기의 전원을 공급하는 사례가 있다. → 5문단

④ 열전 소자는 열을 전기로 바꾸는 기능을 하는 것으로, 침낭 속에서 잠을 자는 동안의 사람의 체온을 전기로 바꾸어 휴대폰을 충전하는 장치를 개발하는 것이 가능하다. → 5문단

⑤ 경기 중 선수들의 움직임을 통해 발생하는 압력을 압전 소자를 통해 전기로 바꾸어 경기장을 밝히는 전기를 생산할 수 있다. → 5문단

19강 실전 2 이산화 탄소 포집 저장 기술 기술 본문 130~132쪽

확인 문제 » 1 포집, 연소 후 2 × 3 ×

정답 » 1 ④ 2 ② 3 ④

수능이 쉬워지는 지문 키워드

☑과정의 흐름을 보여 주는 글

이 글은 이산화 탄소 포집 저장 기술 중 연소 후 포집 기술의 공정 과정을 설명하는 글로, 이산화 탄소 포집 저장 기술의 필요성과 개념을 파악한 후, 연소 후 포집 기술의 공정 과정과 그 구체적 방식을 이해해야 한다.

• **연소 후 포집 기술의 공정 과정**

흡수	흡수제를 사용하여 배기가스에 포함된 이산화 탄소를 포집함.
⬇	
재생	열처리 과정으로 이산화 탄소를 분리하여 흡수제를 재생함.
⬇	
압축	흡수와 재생으로 모은 고농도의 이산화 탄소를 압축함.
⬇	
수송	압축된 이산화 탄소를 수송 시설을 통해 땅속의 저장소로 이송함.
⬇	
저장	이산화 탄소를 폐유전이나 가스전에 주입하여 반영구적으로 저장함.

• 주제 이산화 탄소 포집 저장 기술 중 연소 후 포집 기술의 원리와 과정

• 문단별 중심 내용

1문단: CCS 기술의 필요성과 개념
2문단: CCS 기술의 종류
3문단: CCS 기술의 핵심 분야인 연소 후 포집 기술
4문단: 연소 후 포집 기술의 포집 원리와 과정 ① – 흡수, 재생 공정
5문단: 연소 후 포집 기술의 원리와 과정 ② – 압축, 수송, 저장 공정
6문단: CCS 기술의 향후 과제

1 세부 내용 파악하기

근거 있는 정답 풀이

④ CCS 기술이 어떤 과정을 통해 개발되었는지는 이 글에 언급되어 있지 않다.

근거 있는 오답 풀이

① CCS 기술은 이산화 탄소를 포집한 후 땅속에 저장하는 기술이라고 하였다. → 1문단

② CCS 기술에는 연소 후 포집 기술, 연소 전 포집 기술, 순산소 연소 포집 기술의 세 가지가 있다고 하였다. → 2문단

③ 화석 연료 사용 중 발생하는 이산화 탄소가 지구 온난화를 유발하므로 이를 포집·저장하는 기술인 CCS 기술이 주목받고 있다고 하였다. → 1문단

⑤ CCS 기술이 공정 과정에서 많은 에너지가 소요되는 것을 극복해야 하는 과제로 제시하였다. → 6문단

2 숨어 있는 내용 찾기

근거 있는 정답 풀이

② 포화점은 흡수제가 이산화 탄소를 포집할 수 있는 용량에 제한이 있는 것을 의미한다. 따라서 포화점이 향상된 흡수제를 개발하면 한 번 투입된 흡수제로 더 많은 이산화 탄소를 흡착시켜 포집할 수 있으므로 흡수와 재생 공정의 반복 횟수가 줄어들게 된다. → 4, 6문단

근거 있는 오답 풀이

① ㉠, ㉡은 흡수와 재생 공정을 하나로 처리하는 것과는 관련이 없다. → 4, 6문단

③ 흡수제의 포화점 향상은 흡수제를 통해 한 번에 포집할 수 있는 이산화 탄소의 양을 늘리는 것과 관련이 있다. 흡수제의 재생률과의 관련성은 알 수 없다. → 4문단

④ 이산화 탄소를 포집하려면 흡수와 재생 공정을 반복해야 한다. → 4문단

⑤ 흡수 포화점 향상과 이산화 탄소 운송비는 관련이 없다. → 5문단

3 적용하기

보기 분석

ⓐ	흡수 과정에서 이산화 탄소가 포집되고 난 배기가스가 배출됨.
ⓑ	흡수 과정으로, 화석 연료를 태운 후 배기가스와 흡수제가 만남.
ⓒ	흡수 포화점에 다다른 흡수제가 재생탑으로 이동함.
ⓓ	고온의 열처리로 이산화 탄소를 분리하여 흡수제를 재생함.
ⓔ	흡수와 재생 공정의 반복으로 모은 고농도의 이산화 탄소를 압축함.

근거 있는 정답 풀이

④ 재생탑에서 흡수제는 고온의 열처리 과정에서 이산화 탄소와 분리되며 재생된다. 이때 열처리는 외부에서 가해진 열로 하는 것이지, 이산화 탄소의 열을 흡수하는 것이 아니다. → 4문단

근거 있는 오답 풀이

① 흡수제가 이산화 탄소를 포집하면 물과 질소는 굴뚝을 통해 배출되므로, ⓐ로 배출되는 배기가스에는 물과 질소가 포함되어 있다. → 4문단

② 배기가스는 흡수탑에서 흡수제와 접촉하게 되고, 배기가스 중 이산화 탄소가 흡수제에 달라붙게 된다. → 4문단

③ 흡수 포화점에 다다른 흡수제는 연결관을 통해 재생탑으로 이동한다. → 4문단

⑤ 흡수와 재생 공정의 반복으로 모인 고농도의 이산화 탄소는 압축기에서 압축 공정을 한 후 저장소로 이송된다. → 5문단

어휘 공략하기

본문 133쪽

1 (1) ㉢ (2) ㉠ (3) ㉡ (4) ㉣
2 (1) 영구 (2) 수송 (3) 극복
3 (1) 이동할 때 (2) 끊임없이 (3) 작동시키는 데에는 (4) 포집할 수 있는

20강 실전 1 픽토리얼리즘

예술 본문 134~135쪽

확인문제 » 1 픽토리얼리즘, 사진 2 × 3 ○

정답 » 1 ③ 2 ④ 3 ②

수능이 쉬워지는 지문 키워드

☑개념을 설명한 글

이 글은 픽토리얼리즘의 발생 배경과 개념을 제시한 뒤, 그 특징을 로빈슨의 사진을 사례로 들어 설명하고 있다. 로빈슨의 사례를 통해 픽토리얼리즘과 조합 인화 방식의 개념 및 방법을 파악하고, 픽토리얼리즘이 지향한 바를 이해해야 한다.

픽토리얼리즘의 발생 배경	• 사진을 예술로 볼 수 있는가에 대한 논쟁 • 사진의 예술성을 인정받고자 함.

⬇

로빈슨의 픽토리얼리즘	로빈슨의 사진에 대한 평가
• 각각의 장면을 촬영하고 조합하여 한 장으로 인화함.(조합 인화 방식) • 스토리를 구상하여 이에 따라 모델이 연기하도록 지도함. • 사전에 치밀하게 계산하여 촬영하고 구성함.	• 인위적 사진이라고 비판받음. • 사진을 예술의 반열에 올려놓으려는 최초의 노력임. • 사진의 한계를 넘어서고자 한 시도임. • 사진이 작가의 창조성을 표현하기에 부적합하다는 편견을 타파하려는 시도임.

• 주제 픽토리얼리즘과 로빈슨의 사진 기법의 특징과 의의

• 문단별 중심 내용

1문단: 픽토리얼리즘의 발생 배경과 개념

2문단: 사진을 예술로 인정받기 위해 여러 사진을 조합하여 인화한 로빈슨

3문단: 로빈슨의 대표작 「집에 찾아온 봄」의 제작 방식

4문단: 로빈슨의 사진이 갖는 의의

1 세부 내용 파악하기

근거 있는 정답 풀이

③ 픽토리얼리즘의 선구자인 로빈슨의 사진이 사진의 역사에서 어떤 의의를 가지는가에 대해서는 언급되어 있으나, 픽토리얼리즘이 회화에 미친 영향은 언급되어 있지 않다. → 4문단

근거 있는 오답 풀이

① 조합 인화 방식은 여러 장의 사진 원판을 조합한 후 한 장으로 인화하는 것이라고 하였다. → 2문단

② 픽토리얼리즘은 사진을 뿌옇게 만드는 기법을 활용하여 회화에서의 예술성을 사진에서 표현하려 했다고 언급되어 있다. → 1문단

④ 로빈슨은 자신의 작품에 당시의 낭만주의적 경향을 반영하여 사진에 감정을 담으려 했다고 하였다. → 2문단

⑤ 19세기 사진가들은 사진을 예술로서 인정받기 위해 사진에 회화적 기법을 사용하였으며, 그중 로빈슨은 조합 인화 방식이라는 독특한 방법을 사용했다고 하였다. → 1, 2문단

2 적용하기

근거 있는 정답 풀이

④ 이 글에서는 로빈슨이 당시의 낭만주의의 경향을 반영하여 감정을 담아내는 사진을 추구했다는 것, 그리고 낭만주의의 경향은 이성보다는 감정을 중시한다는 것이 언급되어 있다. → 2문단

근거 있는 오답 풀이

① 로빈슨은 조합 인화를 위해 사진을 구성할 각 장면의 밑그림을 미리 그린다고 하였다. → 3문단

② 로빈슨은 사전에 계획한 구도와 밑그림에 맞는 사진이 필요했을 것이므로, 양떼들이 우연히 나타나기를 기다리는 것이 아니라 미리 양떼들을 준비했을 것이다. → 3문단

③ 로빈슨은 모든 대상들이 한꺼번에 위치한 사진을 촬영하기보다는 각각을 촬영하여 그 원판들을 조합하는 방식으로 작업을 하였다. → 2, 3문단

⑤ 자신이 구상한 스토리에 따라 인물의 표정과 포즈를 미리 계산하여 모델들이 이를 연기하도록 지도하는 것이 로빈슨의 작업 방식이다. → 2, 3문단

문제 해결 비법

사례나 상황에 적용하는 문제는 지문에서 관련 있는 부분을 잘 찾아 적용시켜야 한다. 이때 적절하게 적용시키기 위해서는 어휘의 의미, 문장의 의도를 바르게 파악하는 것이 필요하다.

3 숨어 있는 내용 파악하기

근거 있는 정답 풀이

② ㉠, ㉢, ㉣, ㉤은 픽토리얼리즘, 즉 회화적 기법을 사용한 사진과 관련된 것이지만, ㉡은 사진과 다른 예술 장르이다. → 1문단

근거 있는 오답 풀이

① ㉠은 픽토리얼리즘 작가들이 사진에 창조성, 예술성을 부여하기 위해 계획하는 과정이다. → 1문단

③ ㉢은 픽토리얼리즘 작가 중 로빈슨이 조합 인화를 위해 준비하는 계획 중 일부이다. → 2문단

④ ㉣은 로빈슨의 주도면밀한 계획을 강조하는 어휘로, 계획적 사진 촬영의 한 과정이다. → 3문단

⑤ ㉤은 로빈슨이 사진의 장면을 미리 계획하는 것을 일컫는 어휘이다. → 3문단

20강 실전 2 숄더샷 프레임

예술 본문 136~138쪽

확인문제 » 1 숄더샷 프레임 2 × 3 ○

정답 » 1 ③ 2 ⑤ 3 ⑤

수능이 쉬워지는 지문 키워드

☑개념을 설명한 글

이 글은 사진 촬영에서 프레임 구성의 중요성을 언급한 뒤 숄더샷 프레임에 대해 설명하는 글로, 숄더샷 프레임의 개념과 의의를 그 구성 방법을 통해 구체적으로 이해해야 한다.

숄더샷 프레임의 개념	프레임 안에 장애물을 배치하여 감상자가 장애물 너머로 중심 피사체를 보도록 유도하는 프레임 구성 방법

숄더샷 프레임 구성 방법	숄더샷 프레임의 의의
① 중심 피사체 앞에 장애물을 배치함. ② 중심 피사체에 초점을 맞추고 장애물에는 초점을 맞추지 않음. ③ 중심 피사체는 밝게, 장애물은 어둡게 촬영함.	• 의도하지 않았을 때 나타나는 미적 효과를 의도적으로 활용하여 사진의 예술성을 구현함. • 우연적인 것, 불안정한 것의 아름다움을 발견하여 사진 예술의 새로운 방향을 제시함.

• 주제 숄더샷 프레임의 개념 및 특징과 구성 방법

• 문단별 중심 내용

1문단: 사진 촬영에서 프레임을 구성하는 것의 중요성
2문단: 일반적 프레임 구성 방법과 이에서 벗어났을 경우 나타나는 미적 효과
3문단: 숄더샷 프레임의 개념과 효과
4문단: 숄더샷 프레임의 구성 방법
5문단: 숄더샷 프레임이 영화에서 활용되는 방식과 숄더샷 프레임이 갖는 의의

1 중심 화제와 중심 내용 파악하기

근거 있는 정답 풀이

③ 사진 촬영에서 숄더샷 프레임이 시간에 따라 변화해 온 과정은 제시되어 있지 않다.

근거 있는 오답 풀이

① 숄더샷 프레임은 '프레임 안에 장애물을 배치하여 감상자가 장애물 너머로 중심 피사체를 보도록 유도하는 프레임 구성 방법'이라고 하였다. → 3문단
② 숄더샷 프레임을 통해 중심 피사체에 대한 감상자의 집중도가 높아지게 된다고 하였다. → 3문단
④ 숄더샷 프레임으로 사진을 촬영하는 방법을 크게 세 가지로 나누어 제시하였다. → 4문단
⑤ 숄더샷 프레임은 사진 예술의 새로운 방향을 제시했다고 하였다. → 5문단

2 관점 비교하기

근거 있는 정답 풀이

⑤ '숄더샷 프레임(㉠)'은 프레임 안에 장애물을 배치하는 일반적인 프레임 구성 방식에서 벗어난 방법을 통해 감상자가 시각적 긴장감을 느끼게 하고, '엣지샷 프레임(㉡)'은 가장자리나 구석에 중심 피사체를 위치하게 하는, 일반적인 사진과 다른 익숙하지 않는 프레임을 통해 시각적 긴장감을 유발한다. → 3문단

근거 있는 오답 풀이

① ㉠은 조화와 균형을 기본으로 여기던 기존의 인식에서 벗어난 프레임이다. → 5문단
② ㉠은 조화와 균형, 통일을 기본으로 여겼던 기존의 예술적 인식에서 벗어난 프레임이고, ㉡도 익숙한 예술적 인식을 벗어난 프레임이다. → 5문단
③ ㉠은 의도하지 않았을 때 나타나는 미적 효과를 의도적으로 활용하는 프레임이다. → 2문단
④ ㉠은 중심 피사체의 위치보다 장애물의 배치 및 초점, 밝기를 활용하고, ㉡은 중심 피사체를 가장자리나 구석에 위치시킨다. → 4문단

3 적용하기

보기 분석

중심 피사체: 장애물보다 밝음, 초점이 맞추어져 있음.

장애물: 중심 피사체보다 어두움, 흐릿하게 촬영됨, 중심 피사체를 향한 자세

근거 있는 정답 풀이

⑤ 장애물을 중심 피사체보다 크게 촬영한 것은 사실이나, 장애물이 중심 피사체보다 크면 장애물이 감상자의 눈에 더 잘 띄게 되어 장애물을 본 후 중심 피사체를 보기 때문에 시선이 더 중심 피사체로 집중된다. → 4문단

근거 있는 오답 풀이

① 중심 피사체는 밝고 장애물은 어두워 감상자가 중심 피사체에 주목하게 된다. → 4문단
② 장애물을 흐릿하게 촬영하면 초점이 맞추어진 대상을 중심 피사체로 인식하게 된다. → 4문단
③ 장애물의 자세가 중심 피사체를 바라보는 자세를 취하게 되어 중심 피사체에 대한 지시성이 강화되어 있다. → 4문단
④ 장애물이 중심 피사체보다 앞에 놓여 있어 장애물을 본 후 중심 피사체를 보게 된다. → 4문단

어휘 공략하기

본문 139쪽

1 (1) 구획 (2) 구현 (3) 회화 (4) 인화
2 (1) 배치 (2) 타파 (3) 부각
3 (3) ○

21강 실전 1 인간의 본성

인문 본문 142~143쪽

확인 문제 » 1 본성, 맹자 2 ○ 3 ×

정답 » 1 ① 2 ④ 3 ④

수능이 쉬워지는 지문 키워드

☑관점을 제시하는 글

이 글은 인간의 본성에 대한 동양 철학의 논의를 제시하고 있다. '고자'는 생리적 욕망인 식욕과 색욕을 인간의 본성으로 보고, 인간의 본성에는 선이나 악의 성질이 들어 있지 않으므로 교육과 훈련을 통해 선을 만들어야 한다고 보았다. 고자와 달리 '맹자'는 인간의 본성에는 선으로 향하는 본래적 성향과 인의예지의 사단이 있으므로 이 사단을 스스로 확충하고 길러내야 한다고 보았다. 이렇게 하나의 주제에 대해 견해 차이를 제시한 글을 읽을 때에는 차이점을 중심으로 글의 내용을 정리하면서 이해해야 한다.

• **인간 본성에 대한 논의**

고자	• 생리적 욕망, 즉 식욕과 색욕이 인간의 본성이라고 봄. • 인간의 본성에는 선이나 악의 성질이 들어 있지 않음. → 인간의 선은 교육과 훈련을 통해서 만들어짐.
맹자	• 인성은 선으로 향하는 본래적 성향과 도덕적인 행동을 할 수 있는 덕성이 있다고 봄. • 인간은 인의예지의 사단과 옳고 그름을 즉각적으로 가려낼 수 있는 선천적 능력인 양지양능을 지니고 있음. • 인간 스스로가 바른 도덕성을 기를 수 있다는 인간에 대한 믿음을 드러냄. → 사단을 스스로 길러내고 확충해야 함.

• 주제 인간의 본성에 대한 고자와 맹자의 견해

• 문단별 중심 내용

1문단: 인간의 본성에 관한 고자의 견해

2문단: 인간의 본성에는 선으로 향하는 성향이 있다고 본 맹자의 견해

3문단: 인간이 사단과 양지양능을 지니고 있다고 본 맹자

4문단: 인간 스스로가 바른 도덕성을 기를 수 있다고 본 맹자

1 글의 전개 방식 파악하기

근거 있는 정답 풀이

① 이 글은 인간의 본성에는 선으로 향하는 본래적 성향이 있다고 본 맹자의 인성론을, 인간의 본성에는 선이나 악의 성질이 들어 있지 않다고 본 고자의 인성론과 비교하여 그 차이점을 중심으로 설명하고 있다. → 1~4문단

근거 있는 오답 풀이

② 맹자의 인성론을 다루고 있지만 그것을 현대적 관점에서 비판하지는 않았다.

③ 맹자의 인성론을 설명하고 있지만 이것의 장단점에 대해 분석하지는 않았다.

④ 맹자의 인성론이 지닌 문제점을 지적하지도 않았고 해결 방안도 제시하지 않았다.

⑤ 고자의 인성론과 맹자의 인성론을 설명하였지만 그것을 절충하여 통합한 내용은 서술하지 않았다.

2 세부 내용 파악하기

근거 있는 정답 풀이

④ 고자는 인간의 본성에는 선이나 악의 성질이 들어 있지 않으므로, 장인의 손길을 통해 버드나무에서 바구니가 만들어지듯 교육이나 훈련을 통해 선을 만들어야 한다고 보았다. 〈보기〉의 흐름을 고려하면 '인간의 본성은 선하다거나 악하다고 할 수 없다.'라는 내용이 ⓐ에 들어가야 인간의 선은 교육과 훈련을 통해 만들어진다는 내용과 자연스럽게 연결이 된다. → 1문단

근거 있는 오답 풀이

① 고자는 식욕이나 색욕과 같은 생리적 욕망이 인간의 본성이라고 보고, 생리적 욕망은 동물과 인간이 모두 지니고 있는 것이라고 여겼다. 즉 이는 '생리적 욕망이 본성이다.'라는 첫 단계의 내용과 동일하다. → 1문단

② 고자는 생리적 욕망은 인간과 동물이 모두 지닌 것이며, 그 자체의 선악을 구분할 수는 없다고 보았다. → 1문단

③ 고자는 동물과 인간 모두 생리적 욕망을 지니고 있다고 보았다. 이 진술은 ⓐ 앞의 진술인 '생리적 욕망은 인간이나 동물이 모두 지니고 있다.'와 유사하다. → 1문단

⑤ '인간의 선은 교육과 훈련을 통해서 만들어진다고 보았다.'라고 하였으므로, 이는 ⓐ의 다음 내용과 동일하다. → 1문단

3 세부 내용 파악하기

근거 있는 정답 풀이

④ '맹자는 모든 인간이 사단을 가지고 태어났다고 해도 모든 인간이 인격적으로 바른 사람이 되는 것은 아니라고 하였다.'에서 사단을 지니고 태어난다고 해서 누구나 인격적으로 바른 사람이 된다는 내용이 적절하지 않다는 것을 알 수 있다. → 4문단

근거 있는 오답 풀이

① '인성도 선으로 향하는 본래적 성향이 있다고 보았다.'에서 확인할 수 있다. → 2문단

② '인간에게는 도덕적인 행동을 할 수 있는 덕성이 있으므로'에서 확인할 수 있다. → 2문단

③ '감각적, 생리적 욕구에 이끌려서 사단을 무시하고 내버리면 인격적으로 불완전한 사람이 된다고 하였다.'에서 확인할 수 있다. → 4문단

⑤ 맹자는 인간이나 동물이 공통적으로 가지고 있는 생리적 본능은 본성으로 보지 않고 인간만이 독특하게 지닌 도덕성이 있다고 보았는데, 이것이 인의예지의 사단이라고 했다. → 2, 3문단

21강 실전 2 카너먼의 전망 이론 융합 본문 144~146쪽

확인 문제 » 1 심리학, 전망 이론 2 ○ 3 ×

정답 » 1 ① 2 ① 3 ③

수능이 쉬워지는 지문 키워드 ☑관점을 제시하는 글

이 글은 사람들의 선택과 관련하여 인간은 합리적 선택을 하는 존재라고 가정한 전통 경제학의 '기대 효용 이론'과 인간은 이득보다 손실에 민감하게 반응한다고 본 카너먼의 '전망 이론'을 제시하고 있다. 이와 같이 견해 차이를 제시한 글은 하나의 현상에 대한 두 관점의 차이를 정리하면서 읽어야 한다.

사람들의 선택에 관한 견해

기대 효용 이론	전망 이론
• 인간은 대안이 여러 개일 때, 자신에게 최대 이득을 주는 대안을 선택함. • '효용': 재화를 소비할 때 느끼는 만족감 • 인간을 합리적 선택을 하는 존재로 가정한 전통 경제학 이론 → 인간이 합리적 선택을 한다는 전제로 이상적인 경제 상황을 설명함.	• 이득보다 손실에 민감하게 반응하는 인간의 심리가 선택 행동에 미치는 영향을 설명하는 이론 • '전망': 이득과 손실에 대해 사람들이 느끼는 심리 상태 • 심리학자 카너먼의 이론 → 실제 인간의 삶에서 나타나는 선택 행동의 특성을 심리학에 근거해 설명함.

• 주제 심리학에 근거하여 인간의 선택 행동을 설명한 카너먼의 전망 이론

• 문단별 중심 내용

1문단: 심리학을 경제학에 접목시킨 카너먼
2문단: 전통 경제학의 대표적인 이론인 기대 효용 이론
3문단: 기대 효용 이론과는 다른 사람들의 실제 선택 결과
4문단: 카너먼이 제시한 전망 이론의 관점과 '전망'의 개념
5문단: 그래프로 분석한 전망 이론
6문단: 카너먼 이론의 의의

1 세부 내용 파악하기

근거 있는 정답 풀이

① 전망 이론에서 이득과 손실에 대한 인간의 반응을 설명하는 그래프를 설명할 때 '두 축이 교차하는 지점은 현재 '나'의 상황을 의미하는 준거점'이라고 하였다. 따라서 현재 상황을 준거로 하는 것은 기대 효용 이론이 아니라 전망 이론임을 알 수 있다. → 5문단

근거 있는 오답 풀이

② '전통 경제학의 대표적인 이론인 기대 효용 이론에 따르면, 인간은 대안이 여러 개일 때 각 대안의 효용을 계산하여 자신에게 최대 이득을 주는 대안을 선택한다.'에서 확인할 수 있다. → 2문단

③ 카너먼은 '인간이 논리적 사고 과정을 통해 합리적으로 문제를 해결하기보다는 직감에 의해 문제를 해결하려는 경향이 강하다고 주장'했다고 하였다. → 1문단

④, ⑤ '그는 실제 인간의 행동에 나타나는 다양한 양상을 연구하여 ~ 전통 경제학의 전제에 반기를 들고, 심리학적 연구 성과를 경제학에 접목시킨 새로운 이론을 제안했다.'에서 확인할 수 있다. → 1문단

2 숨어 있는 내용 찾기

근거 있는 정답 풀이

① 이득과 손실에 대한 인간의 반응을 설명하는 〈그림〉의 그래프에서 이득 영역에서는 성과(x)의 값이 증가함에 따라 가치(y) 값도 커지므로 '증가'하는 그래프이다. 그러나 그래프의 기울기가 점점 완만해지고 있으므로, 이득 영역에서는 성과(x)가 동일한 크기로 증가할 때마다 성과에 대해 부여하는 가치(y)의 크기가 증가하는 폭이 작아진다고 분석할 수 있다. → 5문단

근거 있는 오답 풀이

② x의 값이 증가함에 따라 y의 값도 커지므로 '증가'하는 그래프이며, 기울기가 완만해지므로 증가의 폭이 커진다고 보기 어렵다.

③ x의 값이 증가함에 따라 y의 값도 커지므로 '증가'하는 그래프이며, 기울기가 완만해도 변화가 있으므로 가치의 크기가 같아진다고 보기 어렵다.

④, ⑤ x의 값이 증가함에 따라 y의 값도 커지므로 '감소'한다고 보기 어렵다.

3 적용하기

근거 있는 정답 풀이

③ ㉠은 자주 접하거나 쉽게 떠올릴 수 있는 사례는 발생 빈도수가 높다고 판단하게 된다는 의미이다. '교통사고로 인한 사망률'이 '당뇨병으로 인한 사망률'보다 높다고 판단하는 근거가 교통사고로 인한 사망 사례를 매체를 통해 자주 보았기 때문이므로 ③은 ㉠의 사례로 적절하다. → 1문단

근거 있는 오답 풀이

① 증명한 사람이 없다는 것이 주장의 근거가 되므로, ㉠의 사례로 적절하지 않다.

② 많은 숫자를 더했다는 것이 주장의 근거가 되므로, ㉠의 사례로 적절하지 않다.

④ 후자가 전자보다 지방이 적게 함유된 식품으로 느껴진다는 것이 근거이므로, ㉠의 사례로 적절하지 않다.

⑤ 후자가 전자보다 힘이 더 많이 드는 일로 느껴진다는 것이 근거이므로, ㉠의 사례로 적절하지 않다.

어휘 공략하기 본문 147쪽

1 (1) 양상 (2) 범주 (3) 빈도수 (4) 접목
2 (1) ㉡ (2) ㉠ (3) ㉣ (4) ㉢
3 ②

22강 실전 1 단청의 기법

예술 본문 148~149쪽

확인 문제 » 1 단청 2 ○ 3 ×

정답 » 1 ⑤ 2 ④ 3 ②

수능이 쉬워지는 지문 키워드

☑분류를 활용한 글

이 글은 한국의 전통 예술을 대표하는 단청을 소개하는 글이다. 각 문단에서 단청의 뜻과 목적, 단청 기법 등을 확인하고, 특히 단청의 세 가지 기법의 차이와 그 효과를 구별하며 글을 이해해야 한다.

단청 기법	방법	효과
빛 넣기	같은 계열의 색에 명도의 차이와 변화를 줌.	경쾌하고 움직이는 느낌을 줌.
보색 대비	서로 다른 계열의 색을 엇바꾸어 씀.	색의 조화를 끌어내고 시각적인 장식 효과를 더함.
구획선 긋기	색과 색 사이에 선을 그어 구역을 나눔.	색조를 두드러지게 함.

• 주제 단청이 가지는 상징적 의미와 기법

• 문단별 중심 내용

1문단: 단청의 의미와 목적
2문단: 건축물의 성격과 의미에 따라 다르게 사용된 단청의 문양
3문단: 단청에 쓰인 색의 특징
4문단: 단청의 빛 넣기 기법과 효과
5문단: 단청의 보색 대비 기법과 효과
6문단: 단청의 구획선 긋기 기법과 효과

1 세부 내용 파악하기

근거 있는 정답 풀이

⑤ 단청에서 색과 색 사이에 흰 분으로 선을 그어 구역을 나누는 구획선 긋기 기법을 사용하면 짙고 옅은 정도인 색조를 더욱 두드러지게 하는 효과를 얻을 수 있다고 하였다. 그러나 이 기법의 목적이 건축물과 자연의 조화에 있다는 내용은 제시되지 않았다. → 6문단

근거 있는 오답 풀이

① '단청은 처음에 건물을 더 오래 보존하기 위해 시작되었는데'에서 확인할 수 있다. → 1문단

② '단청의 문양은 건축물의 성격에 따라서, 그리고 나타내고자 하는 의미에 따라서 달라진다.'에서 확인할 수 있다. → 2문단

③ '단청은 오방색을 기본으로 하여 색을 입혔다.'에서 확인할 수 있다. → 3문단

④ 단청의 빛 넣기를 설명할 때 '문양에 백색 분이나 먹을 혼합해서 밝고 어두운 정도인 명도에 차이와 변화를 주는 기법이다.'라고 한 것에서 확인할 수 있다. → 4문단

2 적용하기

보기 분석

ⓐ~ⓒ는 모두 같은 계열로, 명도에 차이가 있음.

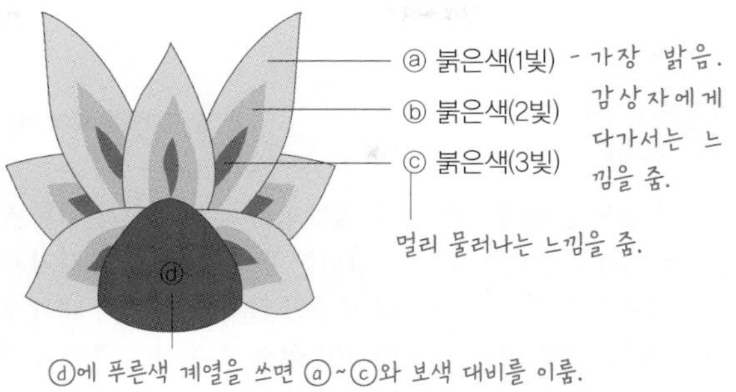

근거 있는 정답 풀이

④ 흰 분으로 선을 그어 구역을 나누는 것은 구획선 긋기 기법이다. 구획선 긋기는 특히 보색 대비가 일어나는 색들 사이에 빠짐없이 긋는다고 하였다. 즉 붉은색 계열과 푸른색 계열의 색이 이어질 때는 꼭 구획선을 긋는 것이다. 그러나 ⓐ, ⓑ, ⓒ는 모두 유사한 붉은색 계열이 이어져 보색 대비를 이루고 있지 않으므로, 그 사이에 구획선을 반드시 그어야 한다는 설명은 적절하지 않다. → 6문단

근거 있는 오답 풀이

① '빛 넣기'는 문양에 배색 분이나 먹을 혼합해서 명도에 차이와 변화를 주는 기법이라고 하였다. ⓐ, ⓑ, ⓒ는 모두 붉은색 계열의 색이 쓰였지만 빛 넣기 기법을 사용하고 있어 명도에 차이가 있다. → 4문단

② 명도가 높은 빛은 감상자에게 가까이 다가서는 듯한 느낌을 주기 때문에 붉은색(1빛)인 ⓐ가 붉은색(3빛)인 ⓒ보다 명도가 높아 더 가까이 다가서는 느낌을 줄 수 있다. → 4문단

③ 보색 대비는 붉은색과 같은 더운 색 계열과 푸른색과 같은 차가운 색 계열을 엇바꾸어 사용해 색의 층이 구분될 때 나타난다. ⓐ~ⓒ에는 붉은색 계열이 쓰였으므로, ⓓ에 푸른색을 입히면 문양 전체의 보색 대비 효과가 더해짐을 추측할 수 있다. → 5문단

⑤ 단청의 문양은 상징적인 의미를 더해 주기도 하는데, 극락왕생을 의미하는 〈보기〉의 연꽃 문양이 상징적 의미를 더할 것이라고 추측할 수 있다. → 1, 2문단

3 숨어 있는 내용 찾기

근거 있는 정답 풀이

② 색채의 통일감은 단청의 기법으로 나타나는 효과에 해당하지 않으므로 ㉠을 활용하는 의도로 볼 수 없다.

근거 있는 오답 풀이

①, ④ 빛 넣기 기법의 효과이다. → 4문단

③ 구획선 긋기 기법의 효과이다. → 6문단

⑤ 보색 대비 기법의 효과이다. → 5문단

22강 실전 2 니체와 표현주의 회화 융합 본문 150~152쪽

확인 문제 » 1 표현주의 2 ○ 3 ×

정답 » 1 ④ 2 ① 3 ②

수능이 쉬워지는 지문 키워드

☑상관관계를 보여 주는 글

이 글은 존재에 대한 서양 철학의 주류적 입장과 이를 부정하는 니체의 철학적 견해를 설명한 후, 이것이 근대 시기 예술에 미친 영향을 설명한 융합 제재의 글이다. 존재에 대한 철학자들의 견해를 비교하고, 이것이 예술, 특히 표현주의 회화와 어떤 관계에 있는지 파악하면서 글을 이해해야 한다.

플라톤의 이데아론
- 현실 세계: 이데아계를 모방해 불완전함. 감각으로 인식할 수 있음.
- 이데아계: 영원불변, 절대적 진리임. 이성으로만 인식할 수 있음.

↕

니체의 '신은 죽었다'
- 영원불변의 세계를 부정, 이성보다 인간적 감성을 중시함.
- 예술을 통해 '힘에의 의지'를 발휘해 허무를 극복하려 함.

↓

표현주의 회화
- 인간의 감정과 욕구를 표현하는 것을 중시함.
- 형태를 의도적으로 왜곡시키고 색과 원색을 과감하고 과장되게 사용함.
- 원근법을 벗어나 다양하게 화면을 구성함.

• 주제 니체의 사상과 그의 영향을 받은 표현주의 화가들

• 문단별 중심 내용

1문단: 존재에 대한 고대 그리스 철학자들의 상반된 입장
2문단: 존재에 대한 플라톤의 철학적 견해
3문단: 존재에 대한 주류적 입장을 비판한 니체
4문단: '힘에의 의지'와 예술을 중시한 니체
5문단: 니체의 영향을 받은 표현주의 화가들의 회화 기법
6문단: 표현주의 화가들이 추구한 예술적 시도의 가치와 의의

1 글의 전개 방식 파악하기

근거 있는 정답 풀이

④ 이 글은 존재에 대한 서양 철학의 주류적 입장을 소개한 후, 이를 부정하는 니체의 철학적 견해와 니체의 견해가 표현주의 회화에 미친 영향을 설명하고 있다.

근거 있는 오답 풀이

① 예술에 대한 니체의 견해가 변화한 과정은 제시되지 않았다.
② 예술을 향한 니체의 견해에 대한 철학자들의 평가는 드러나 있지 않다.
③ 니체의 철학이 표현주의 미술에 미친 영향은 제시되어 있지만, 부정적인 영향을 분석하고 있지는 않다.
⑤ 예술에 대한 니체의 견해와 서양 철학의 주류적 입장의 차이점은 제시되어 있지만, 각각의 장단점을 비교하는 내용은 제시되지 않았다.

2 세부 내용 파악하기

근거 있는 정답 풀이

① '이상 세계에 있는 참된 진리를 모방하고 재현하는 것이 예술의 목적'이라고 한 것은 사실주의 미학이다. 표현주의 화가들은 사실주의 미학을 거부하고 니체의 철학을 적극적으로 수용했다. → 5문단

근거 있는 오답 풀이

② 표현주의 화가들은 '감정의 변화'를 표현하는 것을 중요하게 여겼다. → 5문단
③ 표현주의 화가들은 감정이야말로 인간 존재의 본질을 가장 잘 보여 주는 예술의 요소라고 평가했다. → 5문단
④ 표현주의 화가들은 작품 속의 공간을 현실의 공간을 그대로 재현하지 않고, 인간의 감정과 본능을 드러내면서 다양한 상징적 의미를 지닌 공간이 되도록 표현하였다. → 5문단
⑤ 표현주의 화가들은 예술가의 감정, 즉 주관을 표현하는 것이 예술이 추구해야 하는 최고의 가치라고 여겼다. → 5문단

3 적용하기

보기 분석

표현주의적 특징	• 슬프고 우울한 여인의 감정이 드러남. • 화려한 원색, 선명한 색의 대비, 원근법 무시

근거 있는 정답 풀이

② 표현주의 화가들은 이상 세계가 아닌 현실 세계를 중시하였고, 이성보다 감정을 우선시한 니체의 철학적 견해를 수용해 예술가의 감정, 본능, 욕구를 표현하기 위해 노력했다. 그리고 이를 위해 비례나 형태의 왜곡, 대비되는 원색과 과장된 색채의 의도적 사용, 원근법에서 벗어난 화면 구성의 방식을 사용했다. → 5문단

근거 있는 오답 풀이

① 니체는 인간이 허무에서 벗어나서 삶의 본질을 회복해야 한다고 주장했고, 니체의 영향을 받은 표현주의 화가들은 인간이 지닌 불안, 고뇌를 예술적으로 극복하기 위해 노력했다. → 4, 6문단
③ 니체는 현실 너머의 이상 세계와 초월적 대상을 생명의 근원으로 설정함으로써 인간이 현실의 삶을 부정하게 되고 삶의 의미를 상실하게 되었다고 비판했다. → 3문단
④ 니체는 플라톤이 이성으로만 인식할 수 있다고 한 이데아와 같은 이상 세계와 이성을 중심으로 하는 철학 체계를 부정하였다. → 2, 3문단
⑤ 니체는 '힘에의 의지'는 주변인이나 사물을 자기 마음대로 지배하고 억압하려는 의지가 아니라, 삶의 허무를 극복하려는 의지라고 했다.→ 4문단

어휘 공략하기

본문 153쪽

1 (1) 재현 (2) 보존 (3) 대비 (4) 보색
2 (1) 수용 (2) 모방 (3) 문양 (4) 주류적
3 (1) 번창 (2) 극복 (3) 생성

23강 실전 1 PCR(중합 효소 연쇄 반응) 과학 본문 154~155쪽

확인 문제 » 1 DNA, 증폭 2 × 3 ○

정답 » 1 ⑤ 2 ④ 3 ④

수능이 쉬워지는 지문 키워드

☑과정의 흐름을 보여 주는 글

이 글은 DNA의 양을 증폭시켜 유의미한 결과를 얻어내는 방법인 PCR(중합 효소 연쇄 반응)의 과정을 순서대로 설명하고 있다. 각 단계에서의 온도 변화와 첨가하는 물질, 그리고 그 과정에서 일어나는 DNA의 변화를 중심으로 글을 이해해야 한다.

• PCR 증폭 단계

1단계	• 섭씨 95도, 이중 나선 구조를 푸는 단계
⬇	
2단계	• 섭씨 54도, 원본 가닥에 시발체가 붙는 단계 • 목적에 맞는 시발체를 미리 제조해 두었다가 첨가함.
⬇	
3단계	• 섭씨 74도, 염기들을 원본 DNA 가닥에 붙여 나가는 단계 • DNA 중합 효소와 DNA의 네 가지 염기가 포함된 특수 용액을 첨가함.

• 주제 DNA의 양을 증폭시키는 데 사용하는 방법인 PCR(중합 효소 연쇄 반응)

• 문단별 중심 내용

1문단: DNA의 구조와 유전자의 개념

2문단: PCR이 개발된 이유

3문단: PCR의 첫째 단계와 둘째 단계

4문단: PCR의 셋째 단계

5문단: PCR의 활용 분야

1 세부 내용 파악하기

근거 있는 정답 풀이

⑤ 인체 조직과 마찬가지로 '박테리아나 바이러스 조직에서도 충분한 양의 DNA를 얻기는 어렵다.'라고 하였다. → 2문단

근거 있는 오답 풀이

① '염색체를 구성하는 DNA는 ~ 두 개의 가닥이 꼬여 이중 나선 형태로 되어 있다.'에서 확인할 수 있다. → 1문단

② PCR(중합 효소 연쇄 반응)은 '캐리 멀리스에 의해 처음 이론적으로 완성'되었다고 하였다. → 2문단

③ '네 가지 염기들이 결합된 형태로 다양한 유전 정보가 저장'된다고 하였다. → 1문단

④ '한 생명체가 가진 모든 DNA의 유전 정보는 약 30억 쌍의 DNA로 이루어져 있'다고 하였다. → 2문단

2 적용하기

보기 분석

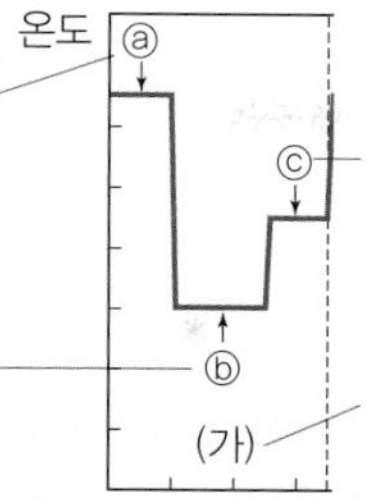

근거 있는 정답 풀이

④ ⓒ는 ⓑ보다 온도가 높아졌으므로 PCR 증폭 단계의 셋째 단계임을 알 수 있다. 셋째 단계에서는 DNA 중합 효소와 DNA의 네 가지 염기가 포함된 특수 용액을 첨가한 후, 온도를 섭씨 74도 정도로 올려야 한다고 하였다. 그런데 어떤 물질도 첨가하지 않는다고 했으므로 잘못된 설명이다. → 4문단

근거 있는 오답 풀이

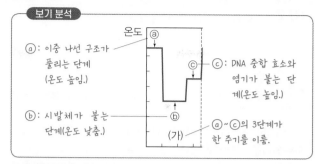

① ⓐ는 가장 온도가 높으므로 섭씨 95도를 사용하는 첫째 단계임을 추론할 수 있다. 첫째 단계는 이중 나선 구조가 풀리는 단계이다. → 3문단

② ⓑ는 ⓐ 다음으로 일어날 뿐만 아니라 온도도 가장 낮으므로 섭씨 54도 정도를 사용하는 둘째 단계임을 추론할 수 있다. 이때는 실험을 위해 시발체를 미리 제조해 놓아야 한다. → 3문단

③ ⓑ는 둘째 단계이다. 이때는 증폭시키고 싶은 DNA 염기 서열 부분에 시발체를 결합시키기 위해, 시발체를 첨가한 후 온도를 섭씨 54도 정도로 낮춰 준다. → 3문단

⑤ '온도를 올리고 내리고 다시 올리는 3단계를 한 주기로 반복하도록 고안한 방법이 PCR이다.'에서 확인할 수 있다. → 4문단

문제 해결 비법

독서 지문에서 제시되는 〈그림〉은 글에서 설명한 내용을 알아보기 쉽게 시각적으로 표현한 것이다. 실제 문제를 풀 때는 글을 읽기 전 지문이나 문제에 〈그림〉이 있는지를 살피고, 글을 독해하면서 지문이나 문제에 있는 〈그림〉에 최대한 많은 정보를 직접 적으며 선택지와 비교해 봐야 한다.

3 숨어 있는 내용 찾기

근거 있는 정답 풀이

④ 개인이 가진 유전자는 모두 다르기 때문에, 아주 적은 양의 DNA만으로 용의자 신원을 확인할 수 있는 PCR의 활용도는 매우 높다고 하였다. 따라서 머리카락에 있는 DNA를 PCR로 증폭시키면 범인의 신원을 알 수 있다. → 1, 5문단

근거 있는 오답 풀이

①, ② 머리카락의 색깔과 유전적 질병 이력으로는 범인의 신원을 확정하기 어렵다.

③ 혈액으로도 PCR 분석은 가능하며, 해당 내용은 ㉠과는 관련이 없다.

⑤ PCR은 유전자 연구를 위하여 만들어졌다.

23강 실전 2 열 수송 융합 본문 156~158쪽

확인문제 » 1 상변화 물질 2 × 3 ×

정답 » 1 ④ 2 ② 3 ②

수능이 쉬워지는 지문 키워드 ☑상관관계를 보여 주는 글

이 글은 상변화의 특성을 활용하여 지역난방에서 물을 데우는 원리를 설명하고 있다. 잠열과 현열의 상관관계, 상변화할 때 잠열의 흡수와 방출이 일어나는 상관관계를 파악하며 읽어야 한다.

열

잠열	현열
• 물질의 온도 변화는 없음. • 물질의 상태 변화는 있음.	• 물질의 온도 변화는 있음. • 물질의 상태 변화는 없음.

고체인 상변화 물질에 열을 가하고 식히는 경우

주변 온도가 녹는점보다 높아지면	주변 온도가 녹는점보다 낮아지면
고체에서 액체로 상변화하고, 잠열을 흡수함.	액체에서 고체로 상변화하고, 잠열을 방출함.

• 주제 상변화 물질을 활용한 열 수송의 효율성 개선

• 문단별 중심 내용

1문단: 열 수송의 효율성을 높이기 위한 상변화 물질의 활용
2문단: 상변화의 예시와 잠열과 현열의 의미
3문단: 상변화 물질을 활용한 열 수송의 과정
4문단: 상변화 물질을 활용할 때 열 수송의 효율성이 높은 이유
5문단: 상변화 물질로 열 수송의 효율성을 높일 때 한계점

1 세부 내용 파악하기

근거 있는 정답 풀이

④ '캡슐의 양이 일정 이상으로 늘어나면 물이 원활하게 이동할 수 없으므로 캡슐의 양을 증가시키는 데에는 한계가 있다.'에서 캡슐의 양을 무한정 늘릴 수 없음을 알 수 있다. → 5문단

근거 있는 오답 풀이

① '지역난방은 열병합 발전소에서 전기 생산을 위해 사용된 열을 회수하여 인근 지역의 난방에 활용하는 것이다.'에서 확인할 수 있다. → 1문단

② 상변화 물질이란 어떤 물질이 주변의 압력과 온도에 의해 이전과 다른 상태로 변할 때 수반되는 잠열을 효율적으로 사용하기 위해 활용되는 물질이라고 하였다. 이를 통해 상변화는 주변 온도나 압력에 의해 물질의 상태가 변화는 것임을 알 수 있다. → 1문단

③ '상변화 물질 캡슐이 든 물은 온수 회수관을 통해 다시 발전소로 회수되어 재사용된다.'에서 확인할 수 있다. → 4문단

⑤ 캡슐 속 상변화 물질은 열 교환기에서 찬물에 열을 전하고, 온도가 녹는점 아래로 내려가면 액체에서 고체로 변하기 시작한다. → 4문단

2 숨어 있는 내용 찾기

근거 있는 정답 풀이

② 상변화 물질을 활용한 열 수송 방식을 사용하면 온수 공급관을 통해 이동한 물의 현열, 그리고 상변화 물질의 현열과 잠열을 모두 사용하여 찬물을 데울 수 있다고 했으므로 기존의 방식보다 훨씬 효율적으로 열을 수송할 수 있다고 추론할 수 있다. → 4문단

근거 있는 오답 풀이

① 열 수송에 활용되는 캡슐에는 상변화 물질이 들어 있다. → 3문단

③ 상변화 물질을 활용하여 열 수송을 한다고 해서 가까운 거리에 열 병합 발전소를 또 지을 수 있는 것은 아니다.

④ 온수 공급관 안의 캡슐이 공급관의 보온 효과를 높여 주는지는 이 글을 통해 알 수 없다.

⑤ 캡슐은 물의 정화와 관련 있는 것이 아니라, 물의 온도와 관련이 있다. 이 글에 물의 정화와 관련된 내용은 제시되어 있지 않다.

3 적용하기

보기 분석

• 벽의 온도에 따른 상변화 물질 A의 변화

15℃보다 높아질 때	고체 상태였다가 잠열을 흡수하여 액체가 됨.
15℃보다 낮아질 때	액체 상태였다가 잠열을 방출하며 고체가 됨.

근거 있는 정답 풀이

② 〈보기〉에서 상변화 물질로 주변 온도와는 무관하게 벽의 온도를 일정하게 만든다고 하였으므로 잠열을 이용하는 문제임을 알 수 있다. 상변화 물질의 녹는점이 15℃이므로, 벽의 온도가 15℃보다 높아지면 상변화 물질은 고체에서 액체로 변한다. 이때는 잠열을 흡수하지만, 잠열은 물질의 온도 변화로 나타나지 않으므로 벽의 온도는 유지될 것이다. → 2문단

근거 있는 오답 풀이

① 벽에 상변화 물질 A를 넣는 것은 벽의 온도를 밤과 낮의 영향을 받지 않고 일정하게 만들기 위해서이다.

③ 벽의 온도가 녹는점보다 높아지면 A는 고체에서 액체로 변한다.

④, ⑤ 벽의 온도가 15℃보다 낮아지면 상변화 물질은 액체에서 고체로 변한다. 이때는 상변화를 통해 잠열을 방출한다.

어휘 공략하기 본문 159쪽

1 (1) 방출 (2) 제조 (3) 공존 (4) 증폭
2 (1) ㉢ (2) ㉣ (3) ㉠ (4) ㉡
3 (1) 얼음, 녹이다 (2) 온도, 낮추다

24강 실전 1 사랑의 본질

주제 통합 본문 160~162쪽

확인 문제 » 1 사랑, 본질 2 ○ 3 ○

정답 » 1 ② 2 ④ 3 ② 4 ③

수능이 쉬워지는 지문 키워드

☑ 개념을 설명한 글

이 글은 사랑의 본질에 대한 아퀴나스와 칸트의 견해를 설명한 글이다. 두 철학자들이 사랑의 본질을 설명하기 위해 사용한 개념을 중심으로 글을 이해해야 한다.

토마스 아퀴나스	
감각적 욕구	• 수동적 반응 • 감각적 인식 능력에 의해 선으로 인식된 것을 추구함.
지적 욕구	• 적극적 반응 • 지성에 의해 선으로 이해된 것을 추구함.
→ 욕구를 추구하는 원천이 사랑이며, 감각적 욕구가 동시에 일어날 때 지성에 의해 판단하고 선택함.	

칸트	
감성적 차원의 사랑	• 인간의 경향성에 근거함. • 도덕성이 없음.
실천적 차원의 사랑	• 보편적인 도덕 법칙으로 명령될 수 있음. • 모든 인간이 갖는 서로에 대한 의무임.
→ 선의지에 따른 실천적 차원의 사랑만이 도덕적 가치가 있음.	

• 주제 아퀴나스와 칸트가 설명한 사랑의 본질

• 문단별 중심 내용

(가)

1문단: 사랑의 본질에 대한 아퀴나스의 설명

2문단: 감각적 욕구와 지적 욕구의 특징

3문단: 아퀴나스가 말하는 인간의 사랑

(나)

1문단: 칸트의 감성적 차원의 사랑과 실천적 차원의 사랑

2문단: 선의지에 따른 행위만 도덕적 가치가 있다고 본 칸트

3문단: 칸트가 말하는 인간의 사랑

1 관점 비교하기

근거 있는 정답 풀이

② 아퀴나스는 선을 추구하는 욕구의 원천을 사랑이라고 하였고, 이때의 선이란 자신의 본성에 적합하며 기쁨을 주는 것이라고 하였다. 하지만 칸트는 인간에게 도덕 법칙을 의무로 지니게 하는 것은 이성이라고 하였다. → (가)의 1문단, (나)의 2문단

근거 있는 오답 풀이

① 아퀴나스는 지성은 대상이 무엇이든 이해한 바에 따라 선악 판단을 다르게 할 수 있다고 보았고, 칸트는 인간을 도덕 법칙을 실천하려고 하는 선의지를 지닌 존재로 보았다. → (가), (나)의 2문단

③ 아퀴나스는 감각적 욕구와 지적 욕구가 있는 곳에는 항상 사랑이 있다고 하였고, 칸트는 감성적 차원의 사랑과 실천적 차원의 사랑이 다르다고 설명하였다. → (가)의 3문단, (나)의 1문단

④ 아퀴나스는 사랑을 전제하지 않는 정념은 없다고 하였고, 칸트는 감성적 차원의 사랑은 인간의 경향성에 근거한 사랑이고, 실천적 차원의 사랑은 의무로서의 사랑이라고 하였다. → (가)의 3문단, (나)의 1문단

⑤ 아퀴나스는 욕구를 추구하는 원천이 사랑이며, 이 욕구는 자신에게 좋은 것인 선을 추구한다고 하였고, 칸트는 인간에 대한 실천적 차원의 사랑은 모든 인간이 갖는 서로에 대한 의무라고 보았다.

→ (가)의 1문단, (나)의 3문단

2 적용하기

근거 있는 정답 풀이

④ 철수가 에어컨을 켜는 행위의 선악을 판단하여 에어컨을 켜지 않기로 추구한 것은 지성에 의해 판단한 것이다. → (가)의 2문단

근거 있는 오답 풀이

① 에어컨을 켜는 행위는 감각적 욕구를 만족시키지만, 지성으로 행위의 선악을 판단한 후 지적 욕구를 따라서 부채질을 했다.→ (가)의 2문단

② 시원해지는 것은 감각적으로 좋은 일이므로 철수가 에어컨을 켜면 감각적 욕구를 만족시킬 수 있게 된다. → (가)의 2문단

③ 더 좋은 일이라는 판단에 따른 행위로, 철수의 지적 욕구를 만족시킨다. → (가)의 2문단

⑤ 감각적 욕구에 의한 행위는 욕구를 불러일으키는 대상에 대해 수동적으로 반응하는 것이다. → (가)의 2문단

3 세부 내용 파악하기

근거 있는 정답 풀이

② 칸트는 선의지에 따라 의무로서의 사랑을 실천하는 것만이 참된 도덕적 가치를 지닌다고 보았다. → (나)의 2문단

근거 있는 오답 풀이

① 이 글에 제시되지 않은 내용이다.

③ 감성적 차원의 사랑의 특징이다. → (나)의 1문단

④ 감성적 차원의 사랑은 욕구나 자연적 경향성에 이끌리는 감정이기 때문에, 의무로 강제하거나 명령을 통해 일으킬 수 없다고 하였다.

→ (나)의 3문단

⑤ 감성적 차원의 사랑은 인간의 경향성에 근거한 사랑이고, 실천적 차원의 사랑은 의무로서의 사랑이라고 하였다. → (나)의 1문단

4 어휘의 의미 파악하기

근거 있는 정답 풀이

③ ⓐ와 ③은 모두 '어떤 마음이 생기다.'의 뜻으로 사용되었다.

근거 있는 오답 풀이

① '자연이나 인간 따위에게 어떤 현상이 발생하다.'의 의미이다.

② '약하거나 희미하던 것이 성하여지다.'의 의미로 사용되었다.

④ '몸과 마음을 모아 나서다.'의 의미로 사용되었다.

⑤ '위로 솟거나 부풀어 오르다.'의 의미로 사용되었다.

24강 실전 2 헌법

주제 통합 본문 163~166쪽

확인문제 » 1 헌법, 기능 2 ○ 3 ○

정답 » 1 ② 2 ② 3 ② 4 ②

수능이 쉬워지는 지문 키워드

☑개념을 설명한 글

이 글은 헌법의 특징과 기능에 대해서 설명하는 글로, 헌법이 고유의 특징을 갖게 된 배경, 공동체 운영을 위한 헌법의 기능과 구체적인 구현 방법을 중심으로 이해해야 한다.

헌법의 특징	
최고 규범성	헌법은 상위 규범이 존재하지 않는 근본 규범임.
자기 보장성	다른 법 규범에 의해 효력을 보장받지 못하므로 스스로를 보장해야 함.
→ 강제적으로 따르게 할 수 없어서 모든 구성원이 헌법을 지키기 위해 적극적 의지를 발휘해야 함.	

헌법의 기능	
국가 창설 토대의 기능	정치적 공동체의 구성 원리를 제시함.
조직에 권한을 주는 기능	국가 기구를 구성하고, 각 조직에 일정한 권한을 부여함.
권력 제한 기능	국가 권력의 자의적 행사나 남용을 엄격하게 통제함.
국민적 합의 도출 기능	국가 운영 형태와 기본적 가치 질서 등에 대한 새로운 합의를 이끌어 냄.
정치 생활 주도 기능	정치적 혼란을 막고 힘의 논리가 정치를 지배하지 못하게 함.

• 주제 헌법의 특징과 기능

• 문단별 중심 내용

(가)
1문단: 헌법의 의의와 최고 규범성
2문단: 헌법의 효력 발생 원리

(나)
1문단: 헌법의 기능 ① – 국가 창설 토대의 기능
2문단: 헌법의 기능 ② – 조직에 권한을 주는 기능
3문단: 헌법의 기능 ③ – 권력 제한 기능
4문단: 헌법의 기능 ④ – 국민적 합의 도출 기능
5문단: 헌법의 기능 ⑤ – 정치 생활을 주도하는 기능

1 세부 내용 파악하기

근거 있는 정답 풀이

② 헌법은 국가 성립에 필요한 국민의 자격, 영토의 범위, 국가 권력의 소재와 행사 절차 등을 분명히 정한다고 하였다. → (나)의 1문단

근거 있는 오답 풀이

① 우리나라의 헌법은 헌법이 최고법임을 명시하지 않고 간접적으로 인정한다고 하였다. → (가)의 1문단

③, ④ 헌법과 국가에 의해 그 효력을 보장받는 하위 법 규범들과는 달리, 헌법은 스스로를 보장해야 된다. → (가)의 2문단

⑤ 조직에 권한을 주는 기능에 해당한다. → (나)의 2문단

2 숨어 있는 내용 찾기

근거 있는 정답 풀이

② 헌법의 최고 규범성은 상위 규범이 존재하지 않는 근본 규범으로서의 특질이고, 자기 보장성은 헌법이 스스로를 보장하는 장치를 스스로 마련하여 지니고 있다는 특질이다. 학생의 질문은 다른 법률이나 권력이 헌법에 따라야 한다는 내용이므로 ⓐ에는 최고 규범성이 들어가는 것이 적절하다. 선생님은 나라에서 하는 일이 헌법에 어긋났을 때 ⓑ를 통해서 헌법을 해석하고 분쟁을 해결한다고 대답하였다. 이는 헌법 재판을 통해 이루어진다. → (가)의 1, 2문단

근거 있는 오답 풀이

① 일반 소송은 헌법의 하위법에 따라 이루어지므로, 헌법을 해석하여 분쟁을 해결하는 역할은 할 수 없다.

③, ④ 헌법은 절대적인 강제 수단이 없기 때문에 헌법의 최고 규범으로서의 효력은 헌법의 내용을 실현하고자 하는 모든 구성원들의 적극적 의지에 좌우된다. 하지만 이는 헌법을 해석하고 분쟁을 해결하는 구체적인 방법과는 거리가 있다. → (가)의 2문단

3 어휘의 의미 파악하기

근거 있는 정답 풀이

② ㉠과 ㉣의 '따르다'는 '관례, 유행이나 명령, 의견 따위를 그대로 실행하다.'의 의미로 사용되었다.

근거 있는 오답 풀이

① '어떤 경우, 사실이나 기준 따위에 의거하다.'의 의미이다.
③ '앞선 것을 좇아 같은 수준에 이르다.'의 의미이다.
④ '남이 하는 대로 같이 하다.'의 의미이다.
⑤ '어떤 일이 다른 일과 더불어 일어나다.'의 의미이다.

4 적용하기

근거 있는 정답 풀이

② 제61조는 국가 권력에 대한 감사와 조사를 통해 국가 권력을 통제하는 헌법의 '권력 제한 기능'을, 제72조는 국민 투표를 통해 국가 안위에 대한 중요 정책에 대한 합의를 도출할 수 있다는 헌법의 '국민적 합의 도출 기능'을 설명하고 있다. → (나)의 3, 4문단

어휘 공략하기

본문 167쪽

1 (1) ㉡ (2) ㉠ (3) ㉢
2 (1) 자의적 (2) 효력 (3) 정당성
3 (1) 최고법으로써의 (2) 최고법으로서의

www.mirae-n.com

학습하다가 이해되지 않는 부분이나 정오표 등의 궁금한 사항이 있나요?
미래엔 홈페이지에서 해결해 드립니다.

교재 내용 문의
나의 교재 문의 | 수학 과외쌤 | 자주하는 질문 | 기타 문의

교재 정답 및 정오표
정답과 해설 | 정오표

교재 학습 자료
개념 강의 | 문제 자료 | MP3 | 실험 영상

Contact Mirae-N
www.mirae-n.com
(우)06532 서울시 서초구 신반포로 321
1800-8890

수학 EASY 개념서

개념수다

개념이 수학의 전부다! 술술 읽으며 개념 잡는 EASY 개념서

수학 0_초등 핵심 개념,
1_1(상), 2_1(하),
3_2(상), 4_2(하),
5_3(상), 6_3(하)

수학 필수 유형서

올리드 유형완성

체계적인 유형별 학습으로 실전에서 더욱 강력하게!

수학 1(상), 1(하), 2(상), 2(하), 3(상), 3(하)

미래엔 교과서 연계 도서

자습서

미래엔 교과서 자습서

핵심 정리와 적중 문제로 완벽한 자율학습!

국어 1-1, 1-2, 2-1, 2-2, 3-1, 3-2
영어 1, 2, 3
수학 1, 2, 3
사회 ①, ②
역사 ①, ②
도덕 ①, ②
과학 1, 2, 3
기술・가정 ①, ②
제2외국어 생활 일본어, 생활 중국어, 한문

평가 문제집

미래엔 교과서 평가 문제집

정확한 학습 포인트와 족집게 예상 문제로 완벽한 시험 대비!

국어 1-1, 1-2, 2-1, 2-2, 3-1, 3-2
영어 1-1, 1-2, 2-1, 2-2, 3-1, 3-2
사회 ①, ②
역사 ①, ②
도덕 ①, ②
과학 1, 2, 3

내신 대비 문제집

올리드 시험직보 문제집

내신 만점을 위한 시험 직전에 보는 문제집

국어 1-1, 1-2, 2-1, 2-2, 3-1, 3-2
영어 1-1, 1-2, 2-1, 2-2, 3-1, 3-2

* 미래엔 교과서 관련 도서입니다.

예비 고1을 위한 고등 도서

룩

이미지 연상으로 필수 개념을 쉽게 익히는 비주얼 개념서

국어 문학, 독서, 문법
영어 비교문법, 분석독해
수학 고등 수학(상), 고등 수학(하)
사회 통합사회, 한국사
과학 통합과학

NEW 올리드

탄탄한 개념 설명, 자신있는 실전 문제

수학 고등 수학(상), 고등 수학(하), 수학 Ⅰ, 수학 Ⅱ, 확률과 통계, 미적분
사회 통합사회, 한국사
과학 통합과학

수학중심

개념과 유형을 한 번에 잡는 개념 기본서

수학 고등 수학(상), 고등 수학(하), 수학 Ⅰ, 수학 Ⅱ, 확률과 통계, 미적분, 기하

유형중심

체계적인 유형별 학습으로 실전에서 더욱 강력한 문제 기본서

수학 고등 수학(상), 고등 수학(하), 수학 Ⅰ, 수학 Ⅱ, 확률과 통계, 미적분

BITE

GRAMMAR 문법의 기본 개념과 문장 구성 원리를 학습하는 고등 문법 기본서

핵심문법편, 필수구문편

READING 정확하고 빠른 문장 해석 능력과 읽는 즐거움을 키워 주는 고등 독해 기본서

도약편, 발전편

word 동사로 어휘 실력을 다지고 적중 빈출 어휘로 수능을 저격하는 고등 어휘력 향상 프로젝트

핵심동사 830, 수능적중 2000

손쉬운

작품 이해에서 문제 해결까지 손쉬운 비법을 담은 문학 입문서

현대 문학, 고전 문학

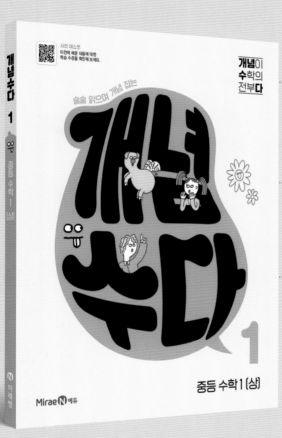